V

ZU DIESEM BUCH

Mehr als Kunst und »hohe« Literatur, mehr als Theater, Oper und Konzert, mehr als Philosophie und Wissenschaft beeinflussen die Massenmedien, die uns zur Füllung der arbeitsfreien Zeit die Ware Unterhaltung anbieten, das kulturelle Klima. Wie frei eine Gesellschaft ist, wie ängstlich oder wie sicher sich die Menschen in ihr fühlen, welche moralischen Standards über das geschriebene Gesetz hinaus das Zusammenleben bestimmen – all das läßt sich an der Unterhaltung und ihren Mythen ablesen. In der Ware Unterhaltung spiegeln sich unsere Nöte, Ängste, Bedürfnisse, Hoffnungen und Träume; sie reflektiert unsere Lebensformen.
Unterhaltung zu verstehen, ein kritischer Konsument zu werden, ist deshalb die Voraussetzung dafür, sich gegen das erdrückende Angebot behaupten zu können und sich mit seiner Freizeit nicht auch seine Freiheit abkaufen zu lassen. Kritische Konsumenten brauchen Information; Information, die ohne ideologische Scheuklappen, ohne überhebliche Herablassung und ohne elitäres Sendungsbewußtsein über die Formen, die Genres, die Mythen und auch die Tricks der Unterhaltung aufklärt, aber das legitime Vergnügen an ihr nicht schmälert.
Das Lexikon »Unterhaltung« liefert das notwendige Wissen für eine Sichtung des Angebots. Mehr Lese-Lexikon als Enzyklopädie, erhebt es keinen Anspruch auf Vollständigkeit, sondern zielt auf Auswahl des Typischen. Die einzelnen Artikel sind in sich abgeschlossen, doch sorgen Querverweise und einleitende Essays für die Erfassung größerer Zusammenhänge. Beschrieben wird, vor welchem sozialen Hintergrund sich bestimmte Unterhaltungs-Genres entwickelt haben, welche Botschaften ihre verschiedenen Erscheinungsformen übermitteln, welche technischen und wirtschaftlichen Faktoren bei ihrer Entstehung eine Rolle spielen, und nicht zuletzt auch, welche eigenständigen Leistungen auch im Bereich der Unterhaltung möglich sind.
Georg Seeßlen, Jahrgang 1948, lebt nach Tätigkeiten als Grafiker, Musiker, Sozialpädagoge, Journalist und Mitarbeiter beim Fernsehen heute als Lektor und Mitbegründer eines Verlages für populäre Kultur (Roloff & Seeßlen) in München.
Bernt Kling, Jahrgang 1947, studierte Politologie; er lebt als Schriftsteller und Übersetzer in Berlin.

Georg Seeßlen
Bernt Kling

Unterhaltung

Lexikon zur populären Kultur

2 Komik Romanze Heimat und Familie Sport und Spiel Sex

rororo

Rowohlt

Die Urfassung dieses Lexikons erschien 1973 in zwei Bänden unter dem Titel »Romantik & Gewalt. Ein Lexikon der Unterhaltungsindustrie« im Manz Verlag München. Für die vorliegende Fassung wurden die Texte überarbeitet und um diejenigen Genres erweitert, die für einen nicht erschienenen dritten Band geplant waren. Alle Beiträge in diesem Band stammen von Georg Seeßlen.

Umschlagentwurf Berndt Höppner

ORIGINALAUSGABE

Veröffentlicht im Rowohlt Taschenbuch Verlag GmbH,
Reinbek bei Hamburg, Januar 1977

Satz Times (Linotron 505 C)
Gesamtherstellung Clausen & Bosse, Leck/Schleswig
Printed in Germany
780-ISBN 3 499 16210 5

Inhalt

Komik

Romanze

Heimat und Familie

Sport und Spiel

Sex

Inhalt von Band 1

Vorbemerkungen zu einem Lese-Lexikon

Die »gewöhnliche« Kultur – Unterhaltung als soziale Institution – Das Genre als Markenzeichen – Auswahl der Stichwörter – Literatur – Bebilderung – Möglichkeiten, mit diesem Buch zu arbeiten – Subjektivität des Buches

Western

Einleitender Essay – Bellah – Billy Jenkins – Billy the Kid – Boetticher – Brand – Buffalo Bill – Cooper – Corbucci – Daves – Dime Novels – Fernsehwesternserien – Ford – Gruber – Hawks – Italowestern – Jesse James – Leone – Mann – Peckinpah – Serienwestern – Unger – Wayne – Westerncomics – Westernparodien – Wildwestromanhefte – Wyatt Earp

Science Fiction

Einleitender Essay – Asimov – Atlan – Bradbury – Brunner – Clarke – Dick – Dominik – Fanzines – Farmer – Franke – Heinlein – Invasion – Katastrophe und Weltuntergang – Klassiker der SF-Literatur – Kubrick – Lem – Mad Scientist – Metropolis – Mutation und Telepathie – New Wave – Perry Rhodan – Planet der Affen – Roboter, Androiden, Cyborgs – SF-Clubs – SF-Comics – SF-Fernsehserien – SF-Hörspiele – SF-Literatur in Deutschland – SF-Magazine – Simak – Space Opera – Superhelden-Comics – Superman – Zeitreise – Zelazny

Horror

Einleitender Essay – Bloch – Corman – Dämonen und Teufelsaustreibung – Dracula – Dr. Jekyll und Mr. Hyde – Fantasy-Literatur – Frankenstein – Frankenstein-Filme – Hexen und Magier – Horror-Comics – Horrorliteratur in Deutschland – Karloff – Lebende Tote – Lovecraft – Lorre – Lugosi – Monster – Phantastik im deutschen Stummfilm – Poe – Polanski – Stars im Horrorfilm – Sword & Sorcery – Tiere als Todesboten – Vampirfilme

Unterhaltung 2

Komik

1

Das Alltagsleben in den modernen Industriestaaten ist von Frustrationen und Versagungen geprägt. Diese Frustrationen äußern sich nicht immer in tragischen oder dramatischen Lebensumständen; zu einem großen Teil werden sie nur als ein leises Unbehagen an der eigenen Lebensführung bewußt. Ein Mittel, dieses Unbehagen zu kompensieren, das gerade deswegen so hartnäckig ist, weil seine Ursachen bei einer Rationalisierung so banal erscheinen, ist das Lachen. Lachend rettet man sich über »peinliche Situationen« (zumeist Situationen mißglückter Kommunikation oder die unvorhergesehene Verbindung von Privatsphäre und Öffentlichkeit), lachend schickt man sich in eine Situation, an der man nichts mehr verändern kann, die einem aber doch widersinnig oder unzweckmäßig erscheint, und lachend kann man in bestimmten Gegebenheiten Aggressionen, Angst oder Betroffenheit abreagieren, wenn sich ein Konflikt als komisch, lächerlich oder verrückt interpretieren läßt.
Einige dieser Peinlichkeiten, dieser kleinen Demütigungen und Verständnisschwierigkeiten, sind unserem alltäglichen Leben von den Bedingungen der Machtverteilung her einprogrammiert. Bestimmte »lächerliche« Situationen wiederholen sich immer wieder, für andere läßt sich eine komische Form finden. Solche Konstellationen, die jeder kennt und die sich auf gesellschaftliche wie natürliche Widersprüche beziehen können, bilden die Grundstruktur der verallgemeinerten Komik in den kolportierten Witzen, der Literatur und schließlich in der Unterhaltung. Kunst und Unterhaltung erlauben es, das Demütigende und Verletzende an den komischen Szenen vordergründig auf andere zu übertragen. Es wäre jedoch einfach, zu glauben, daß das Lachen über den Mann, der auf der sprichwörtlichen Bananenschale ausrutscht, nur ein Akt latenter Aggression, die Freude am Leid des anderen sei. In Wahrheit überfällt uns in solchen Momenten die jähe Furcht, die Welt könne voller Bananenschalen sein, und es wäre nur eine Frage der Zeit, bis wir selbst diesen Sturz vollführten, der gerade deswegen so lächerlich ist, weil das Mißverhältnis zwischen der kleinen Ursache – einem unbedeutenden Ding – und der großen Wirkung – der Verletzung des Menschen und seiner Würde – so offensichtlich den allgemein anerkannten Gesetzen von Ursache und Wirkung hohn spricht. Daß uns die Dingwelt, die wir so sicher in den Griff bekommen zu haben vermeinen, zu Fall bringt, das ist ebenso Element der zum Genre geworde-

»Charlie Chaplin« © Tobis

nen Komik wie die Tatsache, daß wir an der Sprache, die wir selbst geschaffen haben, scheitern können, daß die Logik, unser Mittel zur Zurückdrängung des Irrationalen, durch kleine Ungereimtheiten außer Kraft gesetzt wird und daß wir, nachdem festgefügte Ordnungen von der Neugier des Komikers zerstört worden sind, ganz allein, ungeschützt und nackt der Herausforderung der Welt gegenüberstehen. Unterhaltsam am Lachen ist eben jene Illusion, daß wir glauben, über andere und anderes als die uns betreffende Bedrohung durch die in Unordnung geratene Welt uns zu »amüsieren«. Das Vergnügen realisiert sich in der Komödie wie in der Tragödie über die Verschiebung, und mehr als in allen anderen Genres erleiden in der Komödie die Protagonisten ihr Schicksal stellvertretend für das Publikum. Einen Grad von Menschlichkeit und Güte erhält die Komik nur dort, wo die Lächerlichkeit des Individuums einen Zug des Heroischen aufweist, wo durch die »komische Figur« die Absurdität sichtbar wird, die sich aus dem Antagonismus von Individuum und Gesellschaft ergibt und wo das *happy end* für den Menschen und nicht für die wie immer gearteten Zwänge und Mechanismen der jeweiligen gesellschaftlichen Konventionen spricht. Ein Komiker kann ein tragischer Held sein, der die Grenzen der menschlichen Selbstverwirklichung, d. h. die Möglichkeiten der freien Verfügung über die Gegebenheiten (die materiellen wie die ideellen), auslotet, und er wird dabei Methoden entwickeln, den Spielraum dessen zu erweitern, was man der Übereinkunft gemäß die Wirklichkeit nennt. Er wird uns beweisen, daß die vorgegebene Realität der Interpretation bedürftig ist und daß man durch die schöpferische Interpretation der Wirklichkeit Freiheit gewinnen kann. Er wird uns aber auch zeigen, und das bestimmt seine Tragik, daß es eine biologische Wirklichkeit gibt, die nicht zu verändern ist: Über die Tatsache, daß Steine schwer sind und weh tun, wenn man von ihnen getroffen wird, kann man sich nicht hinwegträumen. In der Auseinandersetzung mit dem Realitätsprinzip gibt dieser Komiker eine Definition dessen, was im Bereich menschlicher Möglichkeiten liegt. Ein Komiker kann aber auch den Konventionen entsprechen, indem er vorführt, daß jede Art der Auflehnung ihre Strafe nach sich zieht, indem er das Lachen als Urteil und Strafe und nicht als Ausdruck der Betroffenheit provoziert; dieser Komiker setzt sich in der Tat dem Gelächter aus, um seinem Publikum jede der Konvention widersprechende Interpretation der Realität als zum Scheitern verurteilt vorzuweisen. Wenn also Lachen immer etwas mit Befreiung zu tun hat, dann kann es im einen Fall zu einer Steigerung der Entfaltungsmöglichkeiten führen und so Freiheit real ermöglichen – ein Musterbeispiel dafür sind etwa die Filme Jacques Tatis, deren Konstruktions- und Aussageprinzipien man unwillkürlich auf seine Umwelt anwendet. Im andern Fall ist es die Befreiung für den Augenblick durch die Bestätigung aller Vorurteile, die sich auf die Unmöglichkeit des Menschen beziehen, »über seinen Schatten zu springen« – diese Art der repressiven Komik ist eine Spezialität des Fernsehens, insbesondre das fernsehgerechte Volksstück (Ohnsorgtheater, Komödienstadel etc.) sorgt dafür, daß das Individuum in seine Schranken gewiesen wird, das *happy end* der Komödie besteht hier in der totalen Anpassung, der Selbstpreisgabe. Das Lachen über den Mann, der aus Strafe für den Versuch, eine nicht sanktionierte Beziehung einzugehen (etwa die Verbindung mit einem leichten Mädchen), in aller Öffentlichkeit bloßgestellt, möglicherweise gar in einer weniger würdigen Aufmachung »ertappt« wird, dieses Lachen gleicht einer ritualisierten Form der Selbstbestrafung, oder, noch deutlicher, einer Präventivmaßnahme gegen die Versuchung, selbst aus dem Gefängnis der Tabus auszubrechen. Wie dem Spiel der Kinder, die über endlose Aneinanderreihungen und Wiederholungen von tabuisierten Wörtern und Begriffen aus der Sexual- und Fäkalsphäre in Gelächter ausbrechen, eine gleichsam erlösende Wirkung zukommt, so ist die Wirkung einer Komödie, die um »Unaussprechliches« kreist und durch Kunstgriffe der Komik doch immer wieder das Tabuisierte anspricht, der kurzzeitigen Öffnung eines Ventils für das Verdrängte vergleichbar. Die moralische Qualität, und mithin die Möglichkeit der Manipulation des Publikums, ergibt sich paradoxerweise aus der Suggestion, der Komiker sei wesentlich dümmer, das Publikum ihm um etliche Grade an Reife und Einsicht überlegen: Dieser Verschiebung verdankt sich die Notwendigkeit eines Urteils über den Protagonisten; unter dem Zwang der Selbstbestätigung verurteilen wir den Komiker und damit das Aufsässige in uns selbst. Auch hier ist das primäre Wesensmerkmal der Unterhaltung nicht der Wunsch nach einem paradiesischen Glückszustand, sondern die Bestätigung des menschlichen Elends. Wir wollen uns nicht in eine Utopie hineinversetzen, sondern wir wünschen Beweise dafür, daß die Welt, so wie sie ist, nicht von uns selbst verändert werden kann. Die Verunsicherung, die von dem Komiker ausgeht, der die Gesetze der Konvention außer Kraft setzt, wird ersetzt durch die Komik der Verächtlichmachung des Rebellierenden. Vergleicht man beispielsweise die Bearbeitungen, die an alten Stummfilmgrotesken vorgenommen wurden, mit den Originalen, so wird man feststellen, daß – bewußt oder unbewußt – das utopische Prinzip der Komödie mit dem resignativen vertauscht wird. Zwar ist die befreiende Funktion in beiden Fällen schon mit der wie immer verdeckten oder verdrehten Aussprache oder bildlichen Vorführung von tabuisierten Vorgängen verbunden, doch was im einen Fall Sensibilität und Phantasie erweckt, im günstigsten Fall auch zur Selbstkritik anregt, das führt im anderen Fall, wo komisch mit blöde gleichgesetzt wird, zur Stabilisierung eines hierarchischen, auf Konformität zugeschnittenen Weltbildes: Dort, wo wir über, und nicht mit dem Komiker lachen, da wird uns bestätigt, daß jemandem, der die Regeln nicht beherrscht, *Recht* geschieht, wenn er als Person Schiffbruch erleidet.

2

Die Affinität der Komik zum Traum, die Kongruenz der Konstruktionsprinzipien beider Bereiche, hat Sigmund Freud in seinem Buch »Der Witz und seine Beziehung zum Unterbewußten« deutlich gemacht. In beiden Fällen geht es *auch* um einen Ausgleich unseres seelischen Haushalts, und in populären Aussprüchen wie »Lachen ist gesund!« oder »Lachen ist die beste Medizin!« drücken wir aus, daß das Lachen sogar eine körperlich notwendige Funktion innehat, die unabdingbar zum leiblichen Wohlbefinden gehört. So definiert etwa R. W. Martens die Komik: »Das Komische löst eine unhemmbare Lust aus, wie sie sonst nur durch sinnliche Genüsse erzeugt zu werden pflegt, die zur Erhaltung des Lebens oder der Gattung dienen.« Der Entzug des Lachens macht ebenso krank, körperlich wie seelisch, wie der Entzug des Träumens Ursache von Krankheitssyndromen ist. Und wie der Traum ist auch das Lachen eine starke, nur im Nachhinein zu rationalisierende Reaktion auf Ansprüche und Konflikte aus der Umwelt. Eine solche physiologische Interpretation des Lachens gibt Th. Lipps: »Komik entsteht durch einen unvermerkten Übergang von großen Dingen zu kleinen. Durch die Wahrnehmung eines fälschlich bedeutsamen Gegenstandes werden wir in eine starke Spannung versetzt, der infolge des absteigenden Charakters des komischen Kontrastes die Befriedigung versagt ist, so daß die angestauten Nervenkräfte die Kanäle, durch die sie normalerweise abfließen würden, verschlossen finden, denn die durch das zweite Glied des Kontrastes erregte Empfindung beansprucht nicht die ganze bereitgestellte Nervenenergie, und der Überschuß, dem nicht gestattet ist, sich durch die Erzeugung in Gedanken und Gefühle auszugeben, muß sich in andrer Richtung entladen und ergießt sich durch die motorischen Nerven zu den Muskeln, welche die krampfartigen Bewegungen erzeugen, die wir Lachen nennen.« Diesen Umstand, daß wir lachen müssen und das Gelächter immer als befreiend und lustvoll erleben, macht sich die Unterhaltungsindustrie zunütze, indem sie den gesamten Vorgang ritualisiert, Konflikte aus dem Alltag, die einen solchen Überschuß hervorrufen, zum Ausgangspunkt für wohlkalkulierte, gleichsam durchkomponierte Lachpartituren nimmt. Was sich für jenen »Übergang von großen Dingen zu kleinen« eignet, das ist abhängig von den Lebensumständen einer Gesellschaft, den Bedingungen einer historischen Zeit, nationalen, schichtenspezifischen und letztlich auch persönlichen Determinanten. So ist beispielsweise der Humor der Amerikaner für den Kontinentaleuropäer nicht ohne weiteres nachzuvollziehen; auch ist man oft erstaunt darüber, was etwa unsere Großeltern noch als Witz verstanden haben.

Die eigentliche Botschaft der Komödie und des Witzes freilich liegt nicht im Lachen selbst; hier wie in allen anderen Sparten muß der Eindruck entstehen, es würde auch etwas Bleibendes, eine Erkenntnis vielleicht, vermittelt. Wer kennt nicht das schale Gefühl, das jemanden ergreift, der einige Zeit »schallend« gelacht hat und plötzlich nicht mehr weiß, worüber. Das Gelächter als Selbstzweck, das gemeinhin mit der Bezeichnung »Albernheit« abgetan wird, steht nicht hoch im Kurs, vielleicht, weil es die körperliche, die »unbeherrschte« Qualität der Komik deutlicher macht, als uns lieb ist. So wird die Komik verbunden mit gesellschaftskritischen oder politischen Inhalten in der Satire, mit folkloristischen in der Dialektkomödie, mit ästhetisch-formalen und polemischen Tendenzen in der Parodie oder mit Erotik in der Salonkomödie und der »light comedy« des Films. Im Nachhinein soll die Lücke, die sich durch einen allzu großen Aufwand an Energie und eine emotional geringwertige Wirkung ergibt, nicht nur physiologisch durch das Lachen, sondern auch intellektuell durch eine Erklärung, im Extremfall durch die Ermittlung und Bestimmung eines »Schuldigen«, geschlossen werden, erst dann kann der Vorgang des Lachens moralisch gerechtfertigt und somit problemlos genossen werden. Freud hat einen Katalog solcher Situationen aufgestellt, die durch ihre »Aufwanddifferenz« zum Lachen reizen und, weil sie »abfuhrfähig« sind, zur Lustquelle werden:

1. Allzu großer Aufwand: Der Clown, der, um eine vergleichsweise bescheidene Wirkung zu erzielen, mit großen Gesten und vielen überflüssigen Bewegungen hantiert, erscheint uns komisch, weil sein Aufwand unzweckmäßig erscheint.

2. Überflüssige Bewegungen: Der Kegelspieler, der, nachdem er seine Kugel geworfen hat, korrigierende Handbewegungen ausführt, ist komisch, weil die Sinnlosigkeit der Geste in einem Mißverhältnis zur Ernsthaftigkeit steht, mit der sie vollzogen wird.

3. Situationskomik: Jemand, der durch ein Übermaß an Anforderungen, etwa in dem nicht lösbaren Konflikt, mehrere Probleme gleichzeitig zu bewältigen, irrationale Verhaltensweisen an den Tag legt, beispielsweise sich dem nichtigsten aller gestellten Probleme mit dem größten Energieaufwand widmet, wirkt komisch, weil er keine funktionale Beziehung von Aufwand und Wirkung mehr herstellen kann.

4. Die Erwartung: Jemand sammelt all seine Kraft, um eine schwer aussehende Kugel hochzuheben, und muß feststellen, daß sie aus Pappe besteht.

Von diesen der Situation entstammenden komischen Effekten setzt Freud die »absichtliche Komik« ab; hier wendet der Protagonist bewußt Techniken des Komischen an, um bestimmte Ziele zu erreichen. Erhalten die Formen der ersten Kategorie ihre Wirkung dadurch, daß der Betrachter sich mit dem Protagonisten vergleicht (und zumeist zu dem erfreulichen Ergebnis kommt, diese oder jene komische Geste wäre bei ihm in der selben Situation unterblieben), somit ein Überlegenheitsgefühl sich einstellt, so sind die Formen der zweiten Kategorie dazu angetan, daß sich der Betrachter mit dem Protagonisten identifiziert und der »Schaden«, den eine komische Situation noch allemal beinhaltet, auf dritte verschoben wird.

1. Aggression: Mit unschuldiger Miene wirft der Clown seinen Widersacher in den Wasserbottich. Komisch dabei ist vor allen Dingen, daß er alle Gesten und Mienen unterläßt, die normalerweise mit der Aggression verbunden sind (Drohgebärden, ein »wütendes« Gesicht etc.).

2. Nachahmung: Ohne böse Absicht ist bereits der Verdoppelungseffekt komisch, weil eine Ursache zwei Wirkungen auslöst, auf eine Frage zwei Antworten erfolgen, die sich zwar äußerlich gleichen, weil beide mit derselben Mimik vorgetragen werden, die aber doch grundverschieden sind, weil es ja zwei verschiedene Personen sind, die da replizieren. In den Laurel-und-Hardy-Filmen zum Beispiel ahmt der schmächtige Stan Laurel den korpulenten Oliver Hardy nach und bewirkt so, daß eine an sich durchaus ernsthafte Aussage komische Wirkung erhält. Eine Nachahmung mit böser Absicht ist

3. Die Karikatur: Durch die Isolierung eines einzelnen Charakterzuges wird das Objekt herabgesetzt.

3. Parodie und Travestie erreichen diese Herabsetzung, indem die Gesamterscheinung des Objekts auf eine niedere Ebene verlagert wird, etwa wenn die würdevolle Redeweise einer Respektsperson auf einen belanglosen Inhalt übertragen wird.
All diese Techniken der Komik haben gemeinsam, daß sie durch die Verschiebung von einer Ebene auf eine andere leben und daß das Niveau-Gefälle unwillkürlich zum Lachen führt. All diese Techniken sind ebenso wirksam auf einem recht derben *level* (wo freilich die Abnützung am größten ist, da das Komische immer von der Überraschung her entsteht), wie sie in äußerst verfeinerten und sublimen Formen zu finden sind. Und schließlich lassen sich sämtliche genannten Techniken in jedem Medium realisieren.

3

Etwas anderes ist es mit dem Humor, bzw. der »Heiterkeit«, die zahlreiche Produkte der Unterhaltungsindustrie zum Markenzeichen erheben. Während die Komik ein »gellendes Gelächter« als Erfolgssignifikanz aufweist, soll bei *heiteren* Stücken nicht unbedingt gelacht, wohl aber befriedigt geschmunzelt werden. Die Technik der »Heiterkeit« ist dabei der Komik durchaus verwandt; in beiden Fällen geht es um die Übertragung emotionsgeladener Situationen auf ein geringeres Energieniveau, im Fall des Heiteren und des »Humors«, der sich obendrein noch philosophisch geriert (der Begriff wird hier verstanden, wie ihn die Unterhaltungsindustrie verwendet), soll damit aber nicht wie in der Komik die Lächerlichkeit einer Situation entlarvt werden, sondern im Gegenteil soll der Ernst eines Konfliktes durch eine leichte Verschiebung verborgen werden, mit Humor, d. h., wenn man alles nicht so »tierisch« ernst nimmt, kann jede Situation gemeistert werden. Ein heiteres Stück über einen Ehebruch beispielsweise wird also davon ausgehen, daß einer der Betroffenen mit der entstandenen Situation nicht zurechtkommen kann, bis er schließlich aus sich selbst heraus, oder durch die Hilfe eines »humorvollen« Dritten, einsieht, daß alles gar nicht so tragisch ist. Der Protagonist des Heiteren meistert einen Konflikt, indem er sein eigenes Emotionsniveau herabschraubt und durch Einsicht in die Unabänderbarkeit seines Schicksals einer an sich konsequenten Affekthandlung aus dem Wege geht. Durch diese Methode lassen sich sowohl falsche gesellschaftliche Konventionen, die einen starken verinnerlichten psychischen Druck ausüben, ihrer Nichtigkeit überführen – obwohl die »Technik des Heiteren« kaum eine Möglichkeit zur Analyse oder zur Frage nach den Ursachen offenläßt – als auch real bedeutsame Konflikte gesellschaftlicher wie persönlicher Art verharmlosen. Insbesondre wo dieses Verfahren auf die Politik angewendet wird, ist ersichtlich, wie stark vermittels dieses »Humors« der Mensch über die Probleme seines Lebens getäuscht werden kann. Heiterkeit, wie sie uns in bestimmten Romanen, Filmen (die deutsche Filmkomödie scheint sich hier geradezu spezialisiert zu haben) oder Fernsehserien präsentiert wird, ist aber nicht nur deswegen gelegentlich so penetrant, weil sie die Härte gesellschaftlicher Konflikte leugnet, sondern auch deshalb, weil sie bei den Protagonisten wie beim Publikum zu einer gewissen emotionalen Ausdörrung führt, indem sie die affekthafte Beteiligung am seelischen Geschehen um einige Grade vermindert. Emotionale Indifferenz wird nachgerade zum Allheilmittel; der fatalistische Humor findet sich mit den Gegebenheiten ab und zieht allenfalls noch einen Lustgewinn aus der Tatsache, daß andere sich noch gequälter, noch leidenschaftlicher und angestrengter mit ihrem Leben auseinandersetzen und dabei doch nichts erreichen.

4

Daß Lachen gesund ist, kann nicht in Abrede gestellt werden. Ob das Lachen, das die Unterhaltungsindustrie mit ihren Produkten provoziert, allerdings immer heilsam ist, das mag bezweifelt werden. Worüber wir lachen (nicht wodurch wir lachen – das wird sich immer gleich bleiben!), das charakterisiert aufs exakteste unseren jeweiligen Standort der Humanität. Das aggressive, aufklärerische Lachen der Satire, das sich gegen die Herrschaft richtet, mag als Zeichen für unseren Willen zur Freiheit und zur Selbstverwirklichung des einzelnen gelten. Das Lachen über uns selbst und unseresgleichen kann Ausdruck des Selbstzweifels sein, der Selbstkritik oder der Selbstbestätigung dienen. Wo wir aber über die »Zu-kurz-Gekommenen«, die Minderheiten bei uns und anderswo lachen, da müssen wir uns fragen, ob wir nicht aus Furcht, zur Rechenschaft gezogen zu werden, in die Verächtlichmachung des Gegenübers fliehen. Gerade weil die Komik eine Waffe ist, und jeder weiß aus eigener Erfahrung, wie weh das Gelächter der anderen tun kann, müssen wir sehr genau beobachten, womit uns die Unterhaltungsindustrie lachen machen will.

Literatur

Jurij Borev: Über das Komische. Berlin (DDR) 1960. M. Eastman: Enjoyment of Laughter. New York 1936. Franz Forster: Studien zum Wesen von Komik, Tragik und Humor. Wien 1968. Erwin Gradmann: Phantastik und Komik. Bern 1957. Martin Grotjahn: Vom Sinn des Lachens. Psychoanalytische Betrachtungen über den Witz, das Komische und den Humor. München 1974. Wolfgang Hirsch: Worüber lachen wir? Vom Geheimnis des Komischen. Heidelberg 1963. Friedrich Georg Jünger: Über das Komische. Berlin 1936. Demetrios Kutsogianopulos: Ontologie der Komik. Freiburg 1959. Robert Bernard Martin: The Triumph of Wit. Oxford 1974. Gottfried Müller: Theorie der Komik. Würzburg 1964. Bernd Schoeller: Gelächter und Spannung. Zürich/Freiburg 1971. Alfred Stern: Philosophie du rire et des pleurs. Paris 1949. Marie Collins Swabey: Comic Laughter. A Philosophical Essay. New Haven/London 1961.

Archie

Amerikanische Comic-Serie. Die Figur des College-Studenten Archie, der im *campus* vorwiegend mit den Schwierigkeiten des *dating-game* zu kämpfen hat, wurde von Bob Montana geschaffen, der in erster Linie die Zeitungs-Streifen gestaltet, während andere Zeichner die Hefte übernahmen. Der immense Erfolg dieser Serien (mehrere Comic-Book-Reihen mit einer Gesamtauflage von etwa 50 Millionen Exemplaren jährlich) liegt hauptsächlich darin begründet, daß hier alle Ideale des mittelständischen Amerikaners und das Lebensgefühl einer apolitischen, an Konsum und Erfolg orientierten Jugend verherrlicht werden. Die Serien stellen eine Lebens- und Orientierungshilfe dar, die die Einübung in soziale und geschlechtliche Beziehungen mit jenem *sense of humour* betreibt, der in Amerika noch immer als Erfolgsgarantie gilt. Die Typologie der Serien läßt außer politischen Opponenten und Negern kaum ein nationales Stereotyp aus: Neben dem rothaarigen Archie, dem normalsten, mittelmäßigsten von allen, obwohl oder gerade weil ihm Charakteristiken des *fall guy*, des Verlierers, anhaften, agieren der Weiberfeind Jughead, der seine Libido ganz auf das Verzehren von Hamburgern, das Schlafen und gelegentliche Bosheiten verlegt hat (die verselbständigte »Macke« als Lebensgefühl findet sich in zahlreichen amerikanischen *funnies*, vgl. etwa → Peanuts, → Zeichentrickfilme); der überaus sportive aber geistig minderbemittelte Moose, Inbegriff des Erfolgs durch sportliche Leistungen, mit nur mildem Spott bedacht; der jugendliche *He-man* Reggie, dem alles einfach zu glatt zu

Milde Satire in den Archie-Comics: The Archies © Archie Comic Publications, Inc.

gelingen scheint, als daß der Erfolg von Dauer sein könnte; das schwächliche wissenschaftliche Genie Dilton Doily und eine Anzahl ältlicher, die Jugend insgeheim bewundernder Lehrer. Um die Gunst Archies bewerben sich die schwarzhaarige Veronika, Tochter eines Multimillionärs und entsprechend arrogant, und die patente Betty, als Tochter »armer« Leute eher pragmatisch und nicht zimperlich, wenn es darum geht, ihrer Rivalin ein *date* mit Archie wegzuschnappen.

In den Archie-Serien wird jeder *fad*, d. h. jede Modeerscheinung innerhalb der College-Jugend, seismographisch nachgezeichnet; nachdem die *flower power* in ihrer vom Politischen abgelösten Form auch den *campus* erreicht hatte, feierten die Zeichner wahre Orgien psychedelischer Kleidung und Accessoires. Moden wie Hulla-Hoop, Roller-Skating, Surf usw. fanden immer sofort ihre Entsprechung in den Archie-Comics, während politische Vorgänge innerhalb der Studentenschaft oder etwa die doch hier und da auftauchende Einsicht, daß das *dating-game* nicht unbedingt den Weg zu einer befriedigenden Sexualität darstellen könnte, wenn überhaupt, nur als Karikaturen in Erscheinung treten. Die Flucht in die »Macke« wird als einzig legitimes Mittel der Abwehr sozialer Repression angepriesen. Die Etikette und Konventionen, so verkünden Archie und seine Freunde in ihrer penetranten Harmlosigkeit, sollen nicht nur akzeptiert, sondern als eigentlicher Lebensinhalt begriffen werden.

Die Perfektion dieser heilen Teenagerwelt erreichte kaum eine der zahlreichen Imitationen: »Binky« und »Scooter« (DC), »Millie the Model« (Marvel), »Bunny« (Harvey-Comics) oder »Tippy« (Tower Publ.). Als für die Fernsehzeichentrickserie »Archie« eine musikalische Untermalung fehlte, gründete man die Beatgruppe »The Archies«, die mit ihrem *plastic-pop* (Teenager-Musik) ihre musikalischen Vorbilder, die ebenfalls für eine Fernsehserie gegründeten »Monkees«, an Beliebtheit bald übertragen.

Asterix

Französische Comic-Serie von René Goscinny (Text) und Albert Uderzo (Zeichnungen), die seit 1961 in dem Journal »Pilote« erscheint. Bei der Konzeption ihrer Serie um den kleinen schlauen Gallier Asterix und seinen bärenstarken, ebenso naiven wie empfindlichen Freund Obelix konnten sich die Autoren auf Untersuchungen stützen, die besagten, daß neben Napoleon und Jeanne d'Arc Vercingetorix der beliebteste französische Nationalheld sei. Da die Unterhaltungsindustrie diesen Teil der Geschichte bisher vernachlässigt hatte (von einigen, meist italienischen, Historienfilmen abgesehen), lag es nahe, die Popularität des gallischen Freiheitskämpfers für eine Comic-Serie zu nutzen. Die Beliebtheit der Serie verdankt sich jedoch auch der Tatsache, daß die Autoren es verstanden haben, mehrere erfolgsträchtige Elemente zusammenzufügen: Da ist zunächst das Motiv der ungleichen Freunde, das von den frühen Komödien über → Laurel und Hardy bis hin zu den → Komödienfernsehserien unsrer Tage immer wieder Anwendung fand. Da finden sich ausgedehnte Schlägereien, die durch die unverhältnismäßige Überlegenheit der Gallier (ein Zaubertrank macht sie unbesiegbar) gegenüber den römischen Legionären etwas Sportives, selbstzweckhaft-Spielerisches erhalten, und schließlich beinhaltet die Serie ein erkleckliches Maß an Chauvinismus und Spott gegen *underdogs*. (Der Sänger Troubadix etwa wird, sobald er zu singen beginnt, verprügelt oder gefesselt und geknebelt). »Jede Serie hat das Gallierdorf als Rahmen. Das Abenteuer beginnt an einem friedlichen Sommermorgen, der an Ferien erinnert, und endet mit der heiligen Handlung des gemeinsamen Wildschweinessens. Dieser feste Hintergrund vermittelt ein Gefühl der Sicherheit. Der Leser weiß, er findet den vertrauten

Das Schlußbild jeder Asterix-Geschichte: Das Dorf feiert den Sieg
© Ehapa Verlag/Dargaud S.A.

Umkreis wieder. Sein bürgerlicher Beharrungsinstinkt wird angesprochen. Die Autoren benutzen – und bestätigen – die Mentalität eines Großteils ihrer Landsleute« (Günter Metken). Satirische Anspielungen auf die Lebensgewohnheiten der mittelständischen Franzosen, die Geschichte, den Widerstandskampf der Franzosen gegen die deutsche Besatzungsmacht sowie Moden und Zeiterscheinungen werden in der Form von »Parallelgags« vorgebracht: Während im Vordergrund sozusagen der »Hauptgag« abläuft, läßt sich im Hintergrund (Goscinys berühmte »Kleinigkeiten«) eine in ihrer satirischen Schärfe meist weitergehende zusätzliche Pointe entdekken. Dies ist eine zeichnerische Technik, die dem filmischen Verweis (→ Parodie im Film) ähnelt. Das Formelhafte der Asterix-Comics, das immerwiederkehrende Schema der Rahmenhandlung, erlaubt weitere Pointen in Form von geringfügigen Abweichungen; solch ein Überraschungseffekt ergibt sich beispielsweise, wenn am Ende einer Geschichte ausnahmsweise einmal nicht der Barde Troubadix geknebelt am Baum hängt, sondern ein anderer Störenfried.

Inzwischen liegen fast zwanzig Asterix-Bände vor, die allein in Frankreich eine Auflage von weit über zehn Millionen Exemplaren aufweisen. Die erste Übersetzung ins Deutsche nahm der → Kauka-Verlag vor, wobei der Serie allerdings durch die Übersetzung eine militant revanchistische Richtung gegeben wurde: Die Römer fungierten als amerikanische Besatzungsmacht, die DDR wurde als Land der tumben Ostgoten verunglimpft und der nervende Troubadix als Parlamet bezeichnet, was sich unschwer als Anspielung auf Parlament ausmachen läßt. Inzwischen hat der Ehapa-Verlag die Herausgabe übernommen, der sich um eine getreue Übersetzung und die Beibehaltung sprachlicher und typographischer Pointen bemüht. Zwei lange Zeichentrickfilme fanden ihr Publikum, obwohl sie, wie die meisten Verfilmungen von Comic-Strips, die Qualität ihrer Vorlage nicht erreichten.

Anmerkung
Günter Metken: Comics. Frankfurt 1970.
Literatur
H. Barraud/S. de Sede: La mythologie d'Astérix. In: »La Nouvelle Critique« Nr. 26. Paris 1969. Dirk Busche: Tarzan, Asterix und Charlie Braun. In: »Spielen und Lernen« Nr. 2. Velber 1972. Comics. Gnom von Gallien. In: »Der Spiegel« Nr. 47. Hamburg 1966. Jörg Drews: Geschichte als gargantueske Slapstick-Komödie. »Ergebt euch, beim Jupiter!« – »Niemals, beim Tutatis!« In: »Süddeutsche Zeitung« vom 27./28. September. München 1969. Elsemarie Maletzke: Der spinnt, der Goscinny. In: »Pardon« Nr. 4 Frankfurt 1974. Peter Rühmkorf: Sternstunden mit Asterix. In: »Sprit« Nr. 1. Hamburg 1973. Spécial Albert Uderzo. In: »Schtroumpf. Les Cahiers de la bande dessinée« Nr. 23. Grenoble 1974. Spécial René Goscinny. In: »Schtroumpf. Les Cahiers de la bande dessinée« Nr. 22. Grenoble 1973. André Stoll: Asterix. Das Trivialepos Frankreichs. Bild- und Sprachartistik eines Bestseller-Comics. Köln 1974.

Capra
Frank Capra, italienisch/amerikanischer Filmregisseur, geb. 1897, der seit 1921 in Hollywood arbeitet und hier die bedeutendsten Filme des Stummfilmstars Harry Langdon (→ Stummfilmgroteske) gestaltete. In seinen späteren Tonfilmen, etwa »It Happened One Night« (Es geschah in einer Nacht – 1934), »Mr. Deeds goes to Town« (Mr. Deeds geht in die Stadt – 1936) oder »You Can't Take It With You« (1938) verbanden sich Elemente des *slapstick*-Humors mit solchen der → Screwball-Comedies (»It Happened One Night« gilt neben W. S. Van Dykes [vgl. *Crime*] »The Thin Man« als erster Film dieses Genres) und mit sozialen Tendenzen. Während des Zweiten Weltkrieges drehte Capra zwölf Lehrfilme für die Serie »Why We Fight«; in dieser Zeit (1944) entstand auch der Klas-

Glenn Ford in »Die unteren Zehntausend« von Frank Capra

siker des Schwarzen Humors, »Arsenic and Old Lace« (Arsen und Spitzenhäubchen). »Frank Capra ist ein bewundernswert persönlicher Filmautor, aber welch ein Salzstangenphilosoph«, schreibt Andrew Sarris, und tatsächlich hat Capra in seinen sozialen Komödien seiner oft durchaus hellsichtigen Gesellschaftskritik eine naive Gegenwelt der gutwilligen Idealisten gegenübergestellt, die »zeigt, wie nett jedermann sein kann, wenn man ihm nur eine Chance gibt« (Leslie Halliwell), eine Glücksverheißung durch die Solidarität aller gegen das Kapital oder gegen die Regierung, ohne daß die Herrschaftsbedingungen einer weitergehenden Analyse unterzogen würden. Während Capras Filme mit ihrer Sympathie für die *outsider*, ihrer emotionalen Opposition und ihrem sporadischen Anti-Intellektualismus immer reine Märchen bleiben und dies auch gar nicht verleugnen, sind die → Komödienfernsehserien, die gelegentlich Methodik und Stil von Capras Filmen aufnehmen, weit eher dem Verdacht auszusetzen, daß mit den Mitteln der Komödie die politische Realität verdeckt werden sollte.

Anmerkungen

Andrew Sarris: The American Cinema. Directors and Directions. New York 1968. Leslie Halliwell: The Filmgoers Companion. London 1971.

Literatur

Andrew Bergman: Frank Capra and Screwball Comedy, 1931–1941. In: Ders.: We're in the Money. New York/Evanston/San Francisco/ London 1972. Peter Bogdanovich: Capra versus Selznick. In: Ders.: Pieces of Time. New York 1973. Raymond Durgnat: Old Wheelers, New Dealers. In: Ders.: The Crazy Mirror. New York 1969. Frieda Grafe/Enno Patalas: Das Medium als Massage. It Happened One Night von Frank Capra. In: Dies.: Im Off. Filmartikel. München 1974. Richard Griffith: Frank Capra. Index Series No. 3. London 1950. Leland A. Poague: The Cinema of Frank Capra. London 1976.

Cartoon

1. Bezeichnung für eine künstlerisch anspruchsvolle Gattung von Zeichnungen, die vor allem die Elemente der Groteske und des »schwarzen Humors« verwenden. Die Cartoons der bekanntesten Zeichner (Tony Munzlinger, Jules Feiffer, Chas Addahs, Tomy Ungerer in Amerika; Wolinski, Bosc, Sempé in Frankreich; F. K. Waechter, Kurt Halbritter, Robert J. Gernhardt in Deutschland, um nur einige zu nennen) werden in → satirischen Zeitschriften, aber auch in andren Magazinen zwischen den Texten gebracht.
2. Titel einer satirischen Sendung, die von Loriot (Victor von Bülow) gestaltet wurde. Zunächst eine Zusammenstellung internationaler → Zeichentrickfilme, entwickelte sich das Magazin zu einer satirischen Revue, deren Reiz vor allem in der schauspielerischen Wandlungsfähigkeit Loriots begründet lag. Mit »sanfter Perfidie« parodierte er Formen, Mythen und Prominenz des Fernsehens und Modeerscheinungen des Kulturbetriebes. Die Reihe, die einen außerordentlichen Publikumserfolg erzielte, wurde 1973 unterbrochen, in veränderter Form aber wiederaufgenommen.

Chaplin

Charlie (Charles Spencer) Chaplin, amerikanischer Schauspieler und Regisseur, geb. 1889. Als Sohn verarmter *music-hall*-Artisten zum Teil in englischen Fürsorgeheimen aufgewachsen, trat er als Achtjähriger in der Kinder-Varieté-Truppe »The Eight Lancashire Lads« auf und spielte dann auf dem Theater kleine Rollen, bis ihm sein Bruder Sydney eine Anstellung bei Fred Karno verschaffte, der zu dieser Zeit *comedy-shows* zusammenstellte und mit ihnen Auslandstourneen unternahm. Bei der zweiten Tournee durch Amerika, 1912, wurde Mack Sennett (→ Stummfilmgroteske) auf den jungen Komiker aufmerksam und nahm ihn für eine Wochengage von 150 Dollar bei seiner Keystone Pictures Corp. unter Vertrag. Mit »Making a Living« (Regie: Henry Lehrman) begann die Reihe der Filme für die Keystones, *one-reelers* oder *two-reelers*, die sämtlich von

Frank D. Williams fotografiert wurden und bei denen zunächst Lehrman, Mack Sennett selbst und George Nichols Regie führten. Vom Publikumserfolg seiner Filme begünstigt, konnte Chaplin 1914 seinen ersten Film in eigener Regie realisieren (»Caught in the Rain«). In diesem Jahr entstanden 35 Chaplin-Filme, deren Drehdauer zwischen einem Nachmittag und neun Tagen lag und deren Budget 1000 Dollar nicht überschritt.

Im nächsten Jahr wechselte Chaplin zur Essanay über, der Firma des Cowboystars Max Anderson (vgl. *Western* → Serienwestern). Zwischen 1915 und 1916 drehte er 14 Filme mit dem Kameramann Rolland Totheroh, mit dem Chaplin bei fast allen späteren Filmen zusammenarbeitete. Seine Partnerin in diesen Filmen war Edna Purviance, die dem Frauenbild der *victorian beauty* (vergl. *Sex*) entsprach. In dieser Zeit entstand auch »The Tramp«, Chaplins »bester Film, seit er zum Film gekommen ist« (McDonald/Conway/Rico), der eine Veränderung der Filmgestalt Charlot und eine Hinwendung zu einem etwas pathetischeren, »bedeutsameren« Stil brachte: Wie so oft in seinen späteren Filmen verschwindet Charlot in »The Tramp« zum Schluß auf einer schier endlos erscheinenden Straße. Der aggressive und egoistische Tramp ist hier ein Indikator für den schlechten Zustand der Gesellschaft; der Gag, so der französische Filmhistoriker Sadoul, erhält polemische Bedeutung.

1916, auf dem Höhepunkt seines Ruhms, verließ Chaplin die Essanay und ging zur Mutual Film Co., für die er mit den Kameramännern Totheroh und William C. Foster elf Filme realisierte. Noch deutlicher wurde in diesen Streifen die Sozialkritik; mit »The Immigrant« (1917) gar begann »Chaplin sich in den USA unbeliebt zu machen. ›The Immigrant‹ konnte verstanden werden als satirische Antwort auf die polemische Frage, die um diese Zeit erstmals in amerikanischen Zeitungen gestellt wurde: warum Chaplin nicht daran dächte, sich in den USA einbürgern zu lassen« (Joe Hembus). In diesem Film gibt es eine Szene, die später oft von der Zensur geschnitten wurde: Charlot als Einwanderer flirtet mit der Freiheitsstatue. Oder: »Die nach der Neuen Welt auswandernden Passagiere eines Dampfers bekommen auf der Überfahrt nur karge Kost. Am Tisch sitzen zwei Reihen Hungriger. Es wird aber jedesmal nur eine Reihe Eßnäpfe ausgegeben! Wer die Chance zum Essen bekommt, hängt davon ab, nach welcher Seite das Schiff sich im Wellengang neigt. Die Esser müssen sitzenbleiben, die Näpfe aber rutschen mit den Schiffsbewegungen hin und her. Und das Publikum lacht Tränen, es amüsiert sich über die Auswanderer, die in ihrem Hunger kleine Betrügereien erfinden, um sich gegenseitig das Essen wegzuschnappen . . .« (Kurt Wortig). Diese Szene verweist nicht nur auf die humanistische Komponente, die in Chaplins Filmen bis hin zu »Modern Times« immer deutlicher werden sollte, sondern auch auf das autokathartische Element in seinem Werk, die schrittweise Aufarbeitung seines Traumas vom Elend und der Lieblosigkeit. Die Filmfigur Charlot begibt sich, durch die Lebensumstände böse, ja sogar brutal geworden, auf die Suche nach einem besseren Ich.

1917 schloß Chaplin einen Vertrag mit der First National Exhibitor's Circuit ab, wo er, um mehr Unabhängigkeit zu erreichen, auch als sein eigener Produzent auftrat. In der angespannten Lage im Vorkriegsamerika häuften sich seine Schwierigkeiten mit einer Presse, die seinen Mangel an Patriotismus rügte, und der Öffentlichkeit, die seine tatsächlichen und erfundenen »Affairen« für im höchsten Grade »unamerikanisch« hielt. Unter den neun Filmen, die Chaplin für die First National drehte, befindet sich auch die Kriegssatire »Shoulder Arms« (Gewehr über!, 1918), die noch vor der Uraufführung von der Zensur um alle Szenen geschnitten wurde, die die alliierten Staatsoberhäupter betrafen. In der Schilderung des potenzierten Elends im Schüt-

Charlie Chaplin und Paulette Goddard in »Modern Times« Verleih: Tobis

zengraben lieferte Chaplin, bei aller Komik, ein wahrhafteres Bild der Kriegssituation, als es andere mit dem Anspruch größten Realismus taten. Der »kleine Mann«, der sich über sein Elend hinwegträumt, ist in jedem Fall der Verlierer des Krieges. 1920 entstand Chaplins erster Langfilm »The Kid«, über den Herbert Ihering 1923 schrieb: »Der Film ist hier so in seine eigenen spielerischen Mittel verliebt, wie in Raimunds Zaubermärchen das Theater in sich selbst verliebt ist. ›The Kid‹ zeigt hinreißender als irgendeiner der bisher in Deutschland vorgeführten amerikanischen Filme die Naivität und Romantik, die trotz der technischen und mechanischen Überbetonung des Lebens im Amerikaner frei werden kann.« In diesem Film beginnt die Spaltung der Chaplinschen Figur in einen aggressiven und egoistischen Teil und einen humanen, altruistischen Teil: »The Kid«, dessen sich der Tramp annimmt und das Fensterscheiben einwirft, damit Charlot als Glaser Arbeit bekommt, verkörpert die wilde Lebensgier Charlies in den früheren Filmen, während Chaplin selbst eine gereiftere, auch moralische Kriterien anerkennende Person darstellt.

»A Woman of Paris« (1923), Chaplins erster »dramatischer« Film, in dem er selbst nur einen kurzen Auftritt hatte, war der erste Beitrag für die von ihm zusammen mit David W. Griffith und Mary Pickford gegründete Firma United Artists. Diesen Film hat Chaplin leider nicht mehr zur Wiederaufführung freigegeben.

In den Jahren 1924/25 entstand »The Gold Rush« (Goldrausch), eine Paraphrase auf das historische Geschehen um die Gruppe Donner – einer der bekanntesten Fälle von Kannibalismus in der Pioniergeschichte Amerikas. Chaplin ironisierte hier ein Pro-

Titelbild der französischen Filmzeitschrift »Cahiers du cinéma«

blem, das für seine eigene Lebensgeschichte so bedeutsam war, daß er sich nur mühsam in einem fortwährenden Abstraktionsprozeß davon befreien konnte: den Hunger. Charlie kocht seinen eigenen Schuh und verspeist ihn voller Hingabe, wobei ihm die Schnürsenkel als Spaghetti dienen und er die Nägel, die sich in der Sohle befinden, wie Knochen abnagt, ängstlich bedacht, nichts zu vergeuden. Berühmt geworden ist auch die Szene mit dem »Brötchentanz«: Charlie läßt auf zwei Gabeln gespickte Brötchen einen anmutigen Tanz beginnen. »The Circus« (Der Zirkus – 1928) war Chaplins letzter Stummfilm. Hatte sich Charlie in »Goldrausch« zu einem im moralischen Sinne guten Menschen entwickelt, so wirkt hier Charlot doch eher starr; wie in seinen früheren Filmen ist sein Verhalten nur ein wie automatischer Reflex auf seine Umwelt und nicht eine bewußte Haltung zu ihr. »The Circus« ist, wohl auch wegen der persönlichen Umstände in Chaplins Leben (Scheidung von seiner Frau Lita Grey, Beschlagnahme seiner Studios und seines Hauses etc.), einer der bittersten Filme, die er gedreht hat. »City Lights« (Lichter der Großstadt – 1931) war eine gewagte Balance zwischen Tragik und Komödie, in der Thematik dem Puntila-Stoff von Bert Brecht verwandt. »Modern Times« (Moderne Zeiten – 1936), Chaplins konsequentester sozialkritischer Film, war die Kollektiv-Darstellung der demütigenden Arbeitswelt und des Elends der Arbeitslosigkeit, das durchaus in diesem Film zurückgeführt wird auf die Situation einer Klassengesellschaft. Charlie ist von seiner monotonen Arbeit am Fließband so geprägt, daß er nicht aufhören kann, auch in seinen Arbeitspausen und seiner Freizeit die immer gleichen Handreichungen zu vollführen. Er wird, im Wortsinn, von einer Maschine verschlungen, und mit der roten Warnungsfahne eines Lastwagens, die er aufgehoben hat, um sie dem Fahrer zurückzugeben, wird er zum unfreiwilligen Anführer einer Demonstration streikender Arbeiter und wird als Rädelsführer verhaftet. »The Great Dictator« (Der große Diktator – 1940), uraufgeführt 14 Monate vor der Kriegserklärung Deutschlands an Amerika, stellt den *gag* in den Dienst politischer Aufklärung: Hynkel, die Karikatur Hitlers einerseits und die konsequente, martialische Fortsetzung des frühen Charlot andrerseits, der ein tänzerisches Spiel mit dem Globus vollführt, bis dieser platzt, steht dem armen jüdischen Figaro im Ghetto gegenüber, der seine Kunden im Takt der »Ungarischen Tänze« von Brahms einseift; in dieser Doppelrolle drückte Chaplin am deutlichsten die Gespaltenheit seines Wesens aus. »Monsieur Verdoux« (Der Heiratsschwindler von Paris – 1946) war die »indirekte Denunziation des viel weiter und tiefer gehenden Unrechts, das im Faschismus nur vorübergehende Gestalt gewonnen hatte« (Gregor/Patalas). Chaplin hatte in den Filmen der zwanziger und dreißiger Jahre den alten Charlie, den aggressiven Egoisten, den asozialen, amoralischen Misanthropen überwunden; hier in diesen beiden Filmen tauchte er wieder auf: das pervertierte »Prinzip des autonomen Individuums« in Gestalt des faschistischen Diktators und in der des Kleinbürgers als Massenmörder (Monsieur Verdoux). Verdoux ist ein alternder Bankangestellter, der durch die Wirtschaftskrise sein gesamtes Vermögen verloren hat und der, um seiner gelähmten Frau und seinem Sohn ein angenehmes Leben zu ermöglichen, sich auf das Geschäft des Mordens verlegt. Er tötet mehrere Frauen, nachdem er sie dazu gebracht hat, ihm ihr Geld anzuvertrauen; und er vollführt dieses Geschäft mit derselben Akribie und demselben Pflichtbewußtsein, wie er seine Arbeit in der Bank erledigt hat, während seine aufopfernde Liebe seiner Familie gilt. In seinen frühen Filmen war Charlie so spontan und naiv, daß er abwechselnd gut und böse war. Späterhin, als die Moral in die Welt des Tramps eingebrochen war, die mit seinem Lebenswillen oft konkurrierte, teilte sich die Figur in Charlot und den eigentlichen Chaplin, der selbst gerne nur gut sein wollte und sich, wo der Konflikt zu groß zu werden drohte, mit Sentimentalität behalf. Nun waren die beiden Wesen wieder vereint und offenbarten wohl deutlicher als Chaplin selbst ertragen konnte, die Dialektik von Wohlanständigkeit und Grausamkeit, von Moral und Aggressivität. Charlie ist, wie André Bazin schreibt, »dem Wesen nach ein sozial Nicht-Adaptierter, Verdoux ein Über-Adaptierter«, er ist der reine Geschäftsmann, der die Moral in sein Weltbild aus Chance und Risiko integriert hat.

In seinen späteren Filmen, »Limelight« (Rampenlicht – 1952), »A King in New York« (Der König in New York – 1957) und »A Countess from Hong Kong« (Die Gräfin von Hongkong – 1967), die alle sehr stark autobiographisch getönt sind, entwickelte Chaplin einen »Altersstil«, der erst sehr spät Anerkennung gefunden hat. »Limelight« stellt den Philosophen Chaplin vor: Der alternde Clown Calvero, der sich selbst opfert, sucht seinen Frieden mit der Welt, will ein Versöhnter werden; doch gerade weil Calvero im Gegensatz zu Charlie so wortreicher Erklärungen für seine Haltung bedarf, wirkt diese Versöhnung ein wenig unglaubwürdig. Es war die Weisheit des Naiven, die Chaplin zu einem großen Künstler gemacht hatte, als Programmatiker überforderte er sich.

Daß Chaplin lange Zeit in Deutschland nur als stöckchenschwingender Spaßmacher galt, liegt vor allem an der Praxis der Verleiher und des Fernsehens, seine Filme in zerstückelten Versionen mit völlig unqualifizierter Synchronisation herauszubringen. So hat beispielsweise Werner Schwier in seiner Fernsehreihe »Es darf gelacht werden« rücksichtslos und, man kann getrost sagen, barbarisch zusammengeschnitten, was ihm recht erschien, und so die Filme ihrer immer auch vorhandenen tragischen Komponente beraubt. Ähnlich gingen die beiden Amerikaner Vernon P. Becker und Mel May vor, die etwa für den Film »The Funniest Man in the World« (Der lustigste Mann der Welt – 1969) nicht weniger als 16 Chaplin-Filme aus den Jahren 1914 bis 1918 zu einer mit Songs, Versen und Musical-Elementen unterlegten Version zusammenschnitten.

»Der lustigste Mann der Welt« war Chaplin in der Tat nie. Er selbst schrieb: »Ich habe gehungert, gekämpft und mich geschlagen. Bis mein Schmerz sich in Gelächter entlud. Und nun lacht alle Welt über mich als Clown. Es ist gut, daß viele nicht ahnen, welche schmerzlichen Erkenntnisse dieses Lachen gestalteten. Sie würden dann vielleicht nur noch lächeln, und vom Grunde des Lächelns löst sich mitunter die Träne. Ich habe sehr viel gearbeitet, wenn Lachenmachen eine Arbeit sein kann. Wahrscheinlich sterbe ich einmal daran. Die Menge wird eine Zeitungssekunde aufhorchen, wie am Silvesterabend im ›Goldrausch‹, aber ein neuer Spaßmacher wird den Schuß abgeben und Charlie, der

Clown, wird vergessen sein.«

Anmerkungen

McDonald/Conway/Ricci: The Films of Charlie Chaplin. New York 1965. Joe Hembus: Charlie Chaplin und seine Filme. München 1972. Kurt Wortig: Gag-Buch des Films. Düsseldorf 1963. Ulrich Gregor/Enno Patalas: Geschichte des Films. Reinbek 1976.

Literatur

André Bazin/Eric Rohmer: Charlie Chaplin. Paris 1972. Charles Chaplin: Die Geschichte meines Lebens. Frankfurt 1964. Charles Chaplin: Hallo Europa. Leipzig 1928. Charlie Chaplin jr.: Mein Vater Charlie Chaplin. Konstanz 1961. Sergej Eisenstein: Charlie Chaplin. Zürich 1961. Michael Gold: Charlie Chaplins Parade. Berlin 1955. Michael Hanisch: Über ihn lach(t)en Millionen: Charlie Chaplin. Berlin 1976. Donald W. McCaffrey: Focus on Chaplin. Englewood Cliffs/London 1971. Jean Mitry: Charlot et la fabulation chaplinesque. Paris 1957. Jean Mitry: Tout Chaplin. Paris 1972. Robert Payne: Der große Charlie. Charlie Chaplin, seine Filme und sein Leben. Frankfurt 1953. Isabel Quigly: Charlie Chaplin. The Early Comedies. London 1968. Georges Sadoul: Das ist Charlie Chaplin. Wien 1954. Wolfram Tichy: Charlie Chaplin in Selbstzeugnissen und Bilddokumenten. Reinbek 1974. Parker Tyler: A Little Boy Lost, Marcel Proust and Charlie Chaplin. New York 1947. Francis Wyndham/David King (Hg.): My Life in Pictures by Charles Chaplin. London 1974.

Clair

René Clair (René Chomette), französischer Filmregisseur, geb. 1898, der in seinen »filmischen Balletten« einen Beitrag zum »poetischen Realismus« des französischen Films lieferte. Seine heiteren, ironischen Komödien »Sous les toits de Paris« (Unter den Dächern von Paris – 1930), »Le Million« (Die Million – 1931) oder »À nous la liberté« (Es lebe die Freiheit – 1931 – ein Film, der zu einer wichtigen Inspiration für den italienischen Neorealismus wurde) zeichneten ebenso ein satirisches Bild des Pariser Kleinbürgertums zur Zeit der Jahrhundertwende wie seine frühen Stummfilme »Paris qui dort« – 1924, »Entr'acte« (Zwischenakt – 1924) und vor allem »Un Chapeau de paille d'Italie« (Der Florentiner Hut – 1928). In »À nous la liberté« lieferte Clair eine schlüssige Kritik der unmenschlichen Bedingungen der Fabrikarbeit, in der Gleichsetzung von industrieller Arbeitswelt und Gefängnis ging der Regisseur noch einen Schritt weiter als → Charlie Chaplin mit seinem sozialkritischen Film »Modern Times«, dem man im übrigen vorgeworfen hat, ein Plagiat des Clair-Films zu sein. »Le Quatorze Juillet« (Der letzte Milliardär – 1934), eine Abrechnung mit dem Faschismus und der Macht der Monopole, wurde ein finanzieller Mißerfolg, und Clair verließ Frankreich, um zunächst in England (»The Ghost Goes West« – 1935) und schließlich in Amerika zu arbeiten. Auch für seine Hollywoodfilme (»I Married a Witch« – Meine Frau die Hexe – 1942) gilt, daß sich die Glaubhaftigkeit vor allem in den wie beiläufig gesprochenen Dialogen zeigt und weniger in den immer etwas bemüht poetischen Bildern. »Clair ist poetisch, doch seine Poesie erscheint mir ein wenig synthetisch; sie ist gleichsam aus Poesie hergestellt«, schrieb Viktor Schklowskij.

1946 aus den Vereinigten Staaten nach Frankreich zurückgekehrt, knüpfte Clair an seine alten Themen an. »Le Silence est d'or« (Schweigen ist Gold – 1947) entstand frei nach Molières Komödie »Die Schule der Frauen«. In der Geschichte eines alternden Filmregisseurs, der sich in ein junges Mädchen verliebt, schließlich aber der Konkurrenz seines jungen Assistenten weichen muß, spiegelte er auch die Problematik seines eigenen Metiers. In »Les Belles de nuit« (Die Schönen der Nacht – 1952) geht es um einen Musiklehrer und Komponisten, der sich, von seiner Umwelt frustriert, in die Vergangenheit zurückträumt und in verschiedenen Epochen als Pianist gefeiert wird. Nach »Les Grandes Manœuvres« (Das große Manöver – 1955), einer insgesamt weniger ansprechenden Satire auf Militärs und Autoritäten der *belle epoque*, gelang ihm mit »Porte des Lilas« (Die Mausefalle – 1955) noch

einmal ein heiter-reflektiertes Spiel mit den menschlichen Typen der Pariser Vororte. »Tout l'or du monde« (Alles Gold der Welt – 1961) zeigte deutlich den Verfall seines Talents.
Clairs Gesamtwerk wird heute im allgemeinen eher skeptisch beurteilt, so bezeichnen ihn Fieschi/Ollier als einen »Novellisten, der Sklave einiger Formeln ist« und Gregor/Patalas meinen zu seinem Alterswerk: »Seine vertraute dramaturgische Meisterschaft verwandelte sich in Hilflosigkeit«.

Anmerkungen
Viktor Schklowskij: Schriften zum Film. Frankfurt 1966. Fieschi/Ollier: Der Film: Sprache oder Ausdruck? In: »Akzente« Nr. 3. München 1968. Ulrich Gregor/Enno Patalas: Geschichte des Films. Reinbek 1976.
Literatur
Barthélémy Amengual: René Clair. Paris 1969. Jaroslav Brož: René Clair. Prag 1973. René Clair: Jeux du hasard. Nouvelles écrits. Paris 1976. René Clair: Schweigen ist Gold. (Filmtext) Nachwort von Jean Mitry. Hamburg 1962. Georges Charensol/Roger Régent: Un maître du cinéma – René Clair. Paris 1952. Jean Mitry: René Clair. Paris 1960. Cathérine de la Roche: René Clair. An Index. London 1958.

Deutsche Filmkomödien

Gustav Gründgens, der mit »Die Finanzen des Großherzogs« (1934) und »Capriolen« (1937) selbst zwei Komödien inszeniert hat, meinte, nach den »Gesetzen des künstlerischen Ernstes« befragt: »Man muß auch Unterhaltung können – aber mit Haltung!« Das, was Gründgens nicht gerade präzis »Haltung« nennt, die Verbindung der Komödie mit der »Festigung der Moral« (anstatt, wie beispielsweise in den amerikanischen → Screwball Comedies, mit deren Aufweichung), ist wohl die Ursache dafür, daß die deutsche Filmkomödie Komik nie als Mittel der Befreiung oder auch nur als gelöstes, selbstzweckhaftes Spiel begriffen hat. In der Zeit des Stummfilms waren die »eleganten« Komödien neben den Abenteuerfilmen etwa von Harry Piel das beliebteste Genre der Unterhaltungsfilme; seine Stars (Georg Alexander, Jacob Tiedtke, Alfred Abel, Mia May und andere) agierten noch ganz im Stil des erotischen und burlesken Boulevardtheaters. Dramaturgie und Botschaft entsprachen sich insofern, als das *happy end* des Films jeweils die vollständige Unterordnung der Protagonisten unter die gängigen Moralvorstellungen bedeutete. Die Tabus, in denen es in diesen Filmen wie in jeder komödiantischen Form der Darstellung ging, waren nicht so sehr erotischer Art, sie betrafen in erster Linie die Standesdünkel und Klassenunterschiede, die die Verbindung eines Liebespaares verhinderten.

Die Komödien zur Zeit des Tonfilms bevorzugten meist eine operettenhafte Form; hauptsächlich österreichische Komponisten schrieben Melodien, die als Gerüst einer grundsätzlich optimistischen, wenig realistischen Handlung dienten. Immerhin erreichten die besten Filme dieses Genres (»Melodie des Herzens« – 1929 – Regie: Hanns Schwarz; »Die Drei von der Tankstelle« – 1930 – Regie: Wilhelm Thiele; »Der Kongreß tanzt« – 1931 – Regie: Erik Charell; »Amphitryon« – 1935 – Regie: Reinhold Schünzel) eine Leichtigkeit, die die fast peinlich wirkenden *remakes* aus den fünfziger Jahren vermissen lassen (»Melodie des Herzens« – 1950 – Regie: Wolfgang Liebeneier; »Die Drei von der Tankstelle« – 1955 – Regie: Hans Wolff; »Der Kongreß tanzt« – 1955 – Regie: Franz Antel). Die Stars der Filmkomödien der dreißiger Jahre, Willy Fritsch, Lilian Harvey, Adele Sandrock, → Heinz Rühmann, Theo Lingen, Paul Kemp und Hans Moser blieben auch in der Zeit des Zweiten Weltkrieges populär. Unter der Herrschaft der Nationalsozialisten kaprizierte sich die Filmindustrie vornehmlich auf zwei Arten des Unterhaltungsfilmes, zum einen auf den heroischen Historienfilm, der Führerschaft, blinden Gehorsam und Militarismus verherrlichte, zum andern auf die unpolitische Komödie, die den Kleinbürger zeigte,

Jetzt geht es wieder los:
Der neueste, tollste, frechste „Lümmel"-Film
Oberlümmel Hansi Kraus, seine berüchtigten Klassenkameraden, ein Dutzend verstaubter Pauker, viele komische Käuze und ein zugereister Affe sorgen dafür, daß Ihnen das Lachen nicht vergeht.
„Das ist die Höhe!" – sagen die Lehrer
„Das ist das Höchste!" – sagen die Lümmel
Wir hau'n die Pauker in die Pfanne!
Die Lümmel von der ersten Bank
5. Teil
mit Uschi Glas · Hansi Kraus
Fritz Wepper · Rudolf Schündler · Ruth Stephan
Hans Terofal · Balduin Baas · Karl Schönböck
Doris Kiesow · Monika Dahlberg
und Theo Lingen
Regie: Harald Reinl
Drehbuch: Georg Laforet · Musik: Rolf Wilhelm · Bild: Peter Reimer · Schnitt: Hermann Haller
Der Titelschlager von F. Berlipp/T. v. Stolzenau ist als CORNET-Schallplatte erschienen
Ein Harald Reinl-Farbfilm der FRANZ SEITZ-FILMPRODUKTION, München und der TERRA-FILMKUNST GmbH., Berlin
Constantin-Film

der sich selbst bescheidet und sich aus den Geschäften der Großen heraushält. (Filme etwa: »Wunschkonzert« – 1940 – Regie: Eduard von Borsody; »Wiener G'schichten« – 1940 – Regie: Geza von Bolvary; »Es war eine rauschende Ballnacht« – 1939 – Regie: Carl Froehlich.) Helmut Käutner gelangen mit seinen Filmen »Große Freiheit Nr. 7« (1944, mit Hans Albers) und »Unter den Brücken« (1945) atmosphärisch dichte Komödien, die nicht dem Geist des Nationalsozialismus verpflichtet waren.

Unter den wenigen akzeptablen Filmkomödien der Nachkriegszeit befinden sich »Herrliche Zeiten« (1950 – Regie: Günther Neumann und Erik Ode), »Berliner Ballade« (1948 – Regie: Robert A. Stemmle) und »Das Wirtshaus im Spessart« (1958 – Regie: → Kurt Hoffmann). Zu den temporeichsten und am ehesten mit amerikanischen Filmen des Genres zu vergleichenden Filmkomödien dieser Zeit gehörten die Filme von E. W. Emo, deren leichter hysterischer Einschlag einen Umschlag in Sentimentalität verhinderte. Daneben dominierten in den fünfziger Jahren Serien von Filmen mit bekannten Komikern wie Heinz Erhard (»Witwer mit fünf Töchtern« – 1957 – Regie: Erich Engels), Heinz Rühmann und Schlagerfilme mit den damaligen Idolen Peter Kraus und Conny Froboess, die durch komödiantische Zutaten bereichert wurden. Ausgerechnet Helmut Käutner, der mit »Der Hauptmann von Köpenick« (1956) noch einen beachtlichen Film geschaffen hatte, war es dann, der ein neues Genre kreierte, das an Phantasie- und Niveaulosigkeit kaum mehr zu unterbieten war: »Lausbubengeschichten« (1964) hatte mit der Vorlage von Ludwig Thoma nicht mehr als den Titel gemein, und die Nachfolgefilme (etwa: »Tante Frieda – Neue Lausbubengeschichten« – 1965, und »Wenn Ludwig ins Manöver zieht« – 1967 – Regie bei beiden Filmen: Werner Jacobs) fügten neue Episoden hinzu, die nach dem immer gleichen Muster eine zotige Situationskomik mit der Beschwörung einer heilen »guten, alten Zeit« verbanden. Um Hansi Kraus, den Star dieser Filme, wurde auch die Serie der Pauker-Filme aufgebaut, die mit »Die Lümmel von der ersten Bank – 1. Teil: Zur Hölle mit den Paukern« (1967 – Regie: Werner Jacobs, nach einem Roman von Alexander Wolf) begann. Die Handlung dieses Filmes spricht für sich: Der Sohn eines Millionärs (!) terrorisiert seine Lehrer, bzw. um auch für einige »Frivolitäten« Raum zu schaffen, seine Lehrerinnen, so lange, bis ein junger, dynamischer Lehrer die Sympathie der Schüler erringt, der die Tochter des Direktors nur deswegen heiraten darf, weil sein Onkel der Kultusminister von Baden-Württemberg ist. Die Karikaturen der Lehrer in diesen Filmen scheinen verstaubten Witzblättern entnommen zu sein; eine Methode, sich der Auseinandersetzung mit der Realität zu entziehen ist es, Zustände einer satirischen Kritik zu unterwerfen, die längst überwunden sind, und so das Überlegenheitsgefühl des Publikums zu stärken. Weitere Folgen dieser Serie (»Pepe, der Paukerschreck« – 1968, oder »Wir hau'n die Pauker in die Pfanne« – 1970) stammten von Harald Reinl, der insbesonder durch zahlreiche konfektionierte Heimatfilme (vergl. *Heimat und Familie*) bekannt geworden war.

Neben Kurt Hoffmann war es vor allem Wolfgang Staudte, der in seinen Komödien politische Stoffe aufgriff; mit einigen Filmen wie »Der Untertan« (1951, nach Heinrich Mann) und »Rosen für den Staatsanwalt« (1959) zeichnete er stimmige psychologische Miniaturen zum Wesen des Faschismus. In »Herrenpartie« (1964) reisen ehemalige Wehrmachtsoldaten in einem Gesangverein zu einem jugoslawischen Dorf, wo sie während des Krieges eine Anzahl Geiseln erschossen haben; ihr

Plakat zum 5. Teil der »Lümmel«-Serie von Harald Reinl Verleih: Constantin

Verhalten zeigt, daß sie nichts dazugelernt haben. Andre Filme, wie beispielsweise seine Version der »Dreigroschenoper« (1963) gelangen Staudte weniger, wobei auch kommerzielle Erwägungen und der Druck der Produzenten beteiligt gewesen sein mögen. Wie wenig die Regisseure der Nachkriegszeit bereit waren, sich mit der politischen Realität auseinanderzusetzen, zeigen die Filme von Rolf Thiele, der in »DM-Killer« (1964) die sozialkritischen Aspekte seiner Geschichte (Entlassene Gangster kommen durch legale Ausnützung von Konjunkturbedingungen zu einem Vermögen) verspielte und nur die Klischees einer Öffentlichkeit reproduzierte, die dem politischen System, das das Wirtschaftswunder hervorgebracht hatte, noch skeptisch gegenüberstand und sich durch die verhängnisvolle Gleichsetzung von Politik und Wirtschaft mit kriminellen, schmutzigen Geschäften selbst entpolitisierte. Dieser Entpolitisierung diente auch Samy Drechsels »Zwei Girls vom roten Stern« (1965), eine Spionagesatire im UNO-Milieu, deren Botschaft lautete: »Gäbe es ein wenig mehr Humor und würden sich die großen Mächte nicht immer todernst befehden, ginge manches besser auf dem Globus.« Was anders, als ein globales »Politik verdirbt den Charakter« steckt hinter dieser Aussage? Vergleicht man diesen Film mit dem thematisch verwandten »Ninotschka« von → Ernst Lubitsch, so wird deutlich, mit welcher Lieblosigkeit und zynischen Banalität die deutsche Filmkomödie nach dem Krieg ihrem Publikum nach dem Mund zu reden versuchte. Die Naivität, die aus Lubitschs Film ein realistisches, ehrliches Werk macht, ist in diesen Filmen erzwungen, gesucht, falsch; der Zuschauer wird betrogen. Während Wolfgang Staudte heute hauptsächlich fürs Fernsehen arbeitet, hat sich Rolf Thiele auf luxuriöse Sex-Komödien (»Komm nur, mein liebstes Vögelein« – 1971) spezialisiert.

Mehr mit erotischen als mit politischen oder gesellschaftlichen Themen beschäftigen sich auch die Filme der jungen kommerziellen deutschen Regisseure. Die Filme von Horst Manfred Adloff (»Die goldene Pille« – 1967/68), Marran Gosov (»Engelchen« – 1967/68, »Bengelchen« – 1968), Ulrich Schamoni (»Quartett im Bett« – 1968) oder Michael Verhoeven (»Engelchen macht weiter, hoppe hoppe Reiter« – 1968) unterscheiden sich nur durch eine zur Schau getragene Schnoddrigkeit von den Werken der Regisseure Thiele, Franz Peter Wirth, Harald Reinl, Hans Marischka usw., die noch immer den »Humor« im deutschen Film repräsentieren. Als gelungene Komödien im westdeutschen Film der sechziger und siebziger Jahre lassen sich wohl nur zwei Filme ansehen: »Zur Sache Schätzchen« (1967 – Regie: May Spills) und »Harlis« – Regie: Robert van Ackeren).

Daß der deutsche Film sich mit der Komödie so schwer tut, ist nicht allein den Regisseuren anzulasten; es fehlt sowohl an Autoren, die nicht, wie es augenscheinlich der Fall ist, als Kompensation der vermeintlichen Minderwertigkeit des Genres, alles mit aggressivem Spott überhäufen, was sich intellektuell oder künstlerisch gibt, als auch an Schauspielern, die das Wort Komödie nicht sofort mit Schmierentheater in Verbindung bringen.

Literatur

Heiko R. Blum: 30 Jahre danach. Dokumentation zur Auseinandersetzung mit dem Nationalsozialismus im Film 1945 bis 1975. Köln 1975. Freunde der deutschen Kinemathek e. V. (Hg.): Filme der Ära Adenauer. Berlin 1972. Joe Hembus: Der deutsche Film kann gar nicht besser sein. Bremen 1961. Horst Knietzsch: Wolfgang Staudte. Berlin (DDR) 1966. Klaus Kreimeier: Kino und Filmindustrie in der BRD. Ideologieproduktion und Klassenwirklichkeit nach 1945. Kronberg/Ts. 1973. Marion Kroner: Film – Spiegel der Gesellschaft? Heidelberg 1973. Martin Osterland: Gesellschaftsbilder in Filmen. Stuttgart 1970. Walther Schmieding: Kunst oder Kasse – Der Ärger mit dem deutschen Film. Hamburg 1961.

Disney

Walt Disney (Walter Elias Disney, 1901–1966), amerikanischer Filmschöpfer und Gründer eines gigantischen Unterhaltungsunternehmens. Im Todesjahr Disneys verbuchte das Disney-Imperium, das nun von seinem Bruder Roy verwaltet wird, einen Umsatz von 464 Millionen und einen Nettogewinn von 50 Millionen DM.

Waren Disneys erste Kreationen, Micky Maus und → Donald Duck, noch »so hart, wie die Zuschauer es hätten sein müssen, um mit ihrer Lage fertig zu werden, und wie es doch nur eine Phantasiefigur sein konnte« (Enno Patalas – der erste Mickey-Mouse-Film erschien 1928, Donald Duck 1936), so näherten sich im Verlauf der Zeit die Disney-Filme immer mehr jener Mischung aus Optimismus, Verspieltheit, Süßlichkeit und Sentimentalität an, die sie heute auszeichnet. Der erste abendfüllende Zeichentrickfilm »Snow White and the Seven Dwarfs« (Schneewittchen und die sieben Zwerge – 1937) leitete eine Serie von Märchen-Verfilmungen ein, die eine ausgereifte Tricktechnik, aufwendige Verfahren und sorgfältige Bearbeitung der Synchronisation mit einer Ästhetik der Niedlichkeit, des runden, bunten und *glamour*haften Traums verband: »Pinocchio« (1939), »Fantasia« (1940, der Film, der versuchte, klassische Musik in zum Teil abstrakter, zum Teil programmatisch-epischer Form in Bilder umzusetzen, entstand in Zusammenarbeit mit dem Dirigenten Leopold Stokowski und beinhaltete ebenso kitschige wie geniale Momente), »Dumbo« (Dumbo, der fliegende Elefant – 1941), »Bambi« (1943, nach der Novelle von Felix Salten entstanden, zeigte besonders penetrant Disneys Untugend, die Tierwelt zu vermenschlichen, was, wie sein Biograph

Sorgfältige Charakterisierung der einzelnen Figuren: Walt Disneys »Schneewittchen und die sieben Zwerge« (1937) Verleih: Fox-MGM

Einer der erfolgreichsten Langfilme von Walt Disney: »Dumbo« (1941) Verleih: Fox-MGM

Richard Schickel schreibt, einer »Enthumanisierung der Kunst« gleichkommt), »Cinderella« (1950), »Alice in Wonderland« (Alice im Wunderland – 1951), »Peter Pan« (1953), »Lady and the Tramp« (Susi und Strolch – 1956), »One hundred and One Dalmatians« (Pongo und Perdita – 1961) und »The Jungle Book« (Das Dschungelbuch – 1967 – ein Film, der weder die Magie und Poesie der Vorlage von Rudyard Kipling, noch die Realistik und atmosphärische Dichte der ersten Verfilmung von Zoltan Korda [1942] erreichte). Daneben erscheint etwa jährlich eine Zusammenstellung von Kurzfilmen, die ihre Erstaufführung zumeist als Vorfilme von anderen Disney-Filmen erlebten, wie klassische Abenteuerfilme (»Treasure Island« – Die Schatzinsel – 1950), Trickkomödien (»The Absent-Minded Professor« – Der fliegende Pauker – 1961), Western (»The Nine Lifes of Elfego Baca« – Die neun Leben des Sheriff Baca – 1959), »realistische« Tierfilme (»That Darn Cat« – Alles für die Katz – 1964) und Musicals (»Marry Poppins« – 1964). »Ich glaube, daß die meisten Menschen lieber lächeln möchten, als sich künstlich deprimieren zu lassen«, meinte der Goldwater-Anhänger Disney einmal, der, so Richard Schickel, das Wort Kultur für »unamerikanisch« gehalten hatte; und in der Tat läßt sich lächeln in Disneys Welt, in der Märchen-Elfen wie sterile *Pinup-girls* erscheinen, in der niemand zu arbeiten braucht und in deren Mischung aus Aufwendigkeit und Billigkeit man gar nicht anders kann, als nachhaltig die Realität zu verdrängen. Wie Disney die Tiere vermenschlicht, und damit ein Stück Natur zur Ware macht, so macht er auch keinen Unterschied zwischen Erwachsenen und Kindern; seine Filme sollen von möglichst vielen gesehen werden. Die Kindlichkeit in diesen Filmen, ein aseptischer Hauch von

Pummeligkeit und realitätsloser Glückseligkeit ist eine Projektion der Erwachsenen: Nie lehnt sich hier ein Kind (oder ein Tier) gegen die angestammte Autorität auf; die Sozialisation der Jungen, bezeichnenderweise beliebtestes Thema seiner Filme, ist eine Abfolge stolzer Momente von Eltern und Kindern, wenn wieder einmal ein Verhalten oder eine Fähigkeit gelernt wird. Die Unbeholfenheit der Kinder (und Tierkinder eignen sich dazu besonders gut), das nachsichtige Lächeln der Eltern, illustriert dabei, wie gut die Hierarchie funktioniert.

1955 wurde der Grundstein für Disneyland gelegt, jenes gigantische Mahnmal der Künstlichkeit voller nachgemachter Matterhörner, Eisberge, Mississippidampfer, Dschungel, Wüsten etc., das sich Disney als »Denkmal seiner selbst und seiner Ideen vom Guten, Wahren und Schönen in dieser Welt« (Schickel) errichtete. 1971 begannen die Arbeiten zu »Disney-World«, einem Vergnügungspark in Florida, der noch gigantischer wird. Die Ersetzung der Realität durch eine durch und durch künstliche Antiwelt ohne jeden Konfliktstoff wie Sexualität, Arbeitskampf oder Politik ist von den Disney Productions zum Prinzip erhoben worden. Daß diese Welt keinerlei Bezug nimmt auf die Alltagswelt, gar nicht mehr vormachen will, sie wäre realiter erreichbar, eine idyllische Utopie wie der Heimatfilm etwa (vgl. *Heimat und Familie*), sondern durch das Angebot einer durch und durch »guten« Gegenwelt, in die man sich von Zeit zu Zeit zurückziehen kann, die die schlechte Realität des schon als außen begriffenen Alltages bestätigt, sich selbst als Belohnung auffassend, das macht aus den Disney-Produktionen einen »wahrhaft amerikanischen Traum«.

Die Disney-Comics erscheinen deutsch im Ehapa-Verlag; mit mehr als 400000 Exemplaren wöchentlich ist »Micky Maus« die auflagenstärkste Comic-Zeitschrift der Bundesrepublik. Daneben erscheinen u. a. »Donald Duck«-Sonderhefte und Taschenbücher, die italienische Versionen der Disney-Comics ins Deutsche übertragen.

Anmerkungen

Enno Patalas: Stars. Geschichte der Filmidole. Frankfurt 1966. Richard Schickel: The Disney Version. New York 1968.

Literatur

Maurice Bessy: Walt Disney. Textes et propos de W. Disney. Paris 1970. Diane Disney-Miller: Mein Vater Walt Disney. Gütersloh o. J. R. D. Feild: The Art of Walt Disney. New York 1942. Christopher Finch: The Art of Walt Disney. From Mickey Mouse to the Magic Kingdom. New York 1973. Mario Gentili: Walt Disney: Magic Moment. Milano 1973. Joseph Morgenstern: Walt Disney (1901–1966): Imaginer of Fun. In: »Newsweek« vom 23. Dezember. New York 1966. Walt Disney (1901–1966). In: »Der Spiegel« Nr. 52. Hamburg 1966. Walt Disney oder: die Kunst, die Maus zu melken. In: »Film« Nr. 2. Velber 1967.

Donald Duck

Donald Duck, Zeichentrick- und Comicfigur von → Walt Disney. Den satirischen Stil der Donald Duck-Comics, der dazu führte, daß der Enterich im Matrosenanzug zeitweilig sogar die Mickey Mouse an Beliebtheit übertraf, schuf der Zeichner Karl Barks. Er führte auch jene Figur ein, die im Kontrast zu Donald die Grenzen des amerikanischen Selbstverständnisses markiert: Uncle Scrooge (Dagobert Duck). Scrooge, der hartherzige, geizige Geldfetischist verkörpert die eine Seite des Traums vom *selfmade man*, die des Erfolgs. Über die Dikkens-Adaption hinausgehend haftet ihm noch etwas vom »Citizen Kane« an; sein Verhalten ist ebenso unamerikanisch, denn anders als etwa Ford oder Rockefeller gründet »der reichste Mann der Welt« keine Stiftungen, nimmt er am gesellschaftlichen und politischen Leben kaum teil. Donald hingegen versucht ständig, alles richtig zu machen; mit riesigem Elan und nicht abzutötendem Optimismus geht er ans Werk und erreicht doch nur, daß er mit Schimpf und Schande davongejagt oder von seinem Onkel Scrooge um das redlich

In den Zeichentrickfilmen ist Donald oft der Eindringling, der die Harmonie der Natur stört: »Donald Duck geht in die Luft« Verleih: Fox-MGM

verdiente Geld betrogen wird. Donald ist der *fall-guy*, der geborene Pechvogel, ein ausgebeuteter Über-Adaptierter, der eine wie eingebaute »Mißerfolgsgarantie« besitzt. Hat er einmal Ansätze von Erfolg aufzuweisen, so schlägt sein Gefühlshaushalt in eine dermaßen groteske Selbstüberschätzung um, daß er zwangsläufig wieder versagen muß.

Donald ist es zu verdanken, daß die Disney-Serien auch von Erwachsenen gelesen werden, während sich die Kinder eher mit den drei Neffen Donalds identifizieren, schon deshalb, weil diese immer schlauer als die Erwachsenen sind und mit ihrer pragmatischen Pfadfindermentalität der Mystifikation der Erwachsenen entgehen. Huey, Louie und Dewey (Tick, Trick und Track) befinden sich zudem ständig auf irgendwelchen abenteuerlichen Schatzsuchen, um wieder und wieder Scrooges Geldspeicher aufzufüllen. Nebenbei persifliert Barks hier alle gängigen Actionklischees, vom Western bis zur Science Fiction.

Daneben finden sich in den Donald Duck-Geschichten noch einige bedeutsame Nebenfiguren: Da ist einmal Gladstone Gander (Gustav Gans), das »Schoßkind des Glücks« und auf den ersten Blick das genaue Gegenteil von Donald. Doch sein asoziales Verhalten, seine dandyhafte Arroganz machen, daß er im Ringen um die Gunst der Mittelstands-Schönen Daisy dem tölpelhaften, aber treuherzigen Donald zumeist unterliegt. Gyro Gearloose (Daniel Düsentrieb) ist eine der in den Comics so häufigen Persiflagen auf den *mad scientist* (vgl. *Science Fiction*), doch mildert seine Einsicht in die Grenzen der Technik und seine deutliche *underdog*-Situation den dabei auftretenden anti-intellektuellen Effekt. Grandma Duck verkörpert den alten amerikanischen Pioniergeist; sie ist die einzige ungebrochene Autorität der Familie Duck, und nur sie vermag bisweilen Scrooge in die Schranken zu verweisen. Seit Karl Barks die Geschichten nicht mehr zeichnet, haben sich die Donald Duck-Comics von einer Satire auf die amerikanischen Mythen zu reinen Aktions- und Klamauk-Stories entwickelt.

In den → Zeichentrickfilmen hatte Donald Duck von je eine ganz andere Funktion: Er ist hier meistens ein gewalttätiger Verfolger (etwa der beiden Backenhörnchen Chip and Dale), der zum Schluß doch von den körperlich schwächeren, aber geistig überlegenen Verfolgten besiegt wird. Die Dramaturgie des Trickfilms, die nach *action* verlangt, läßt eine solche Differenzierung der Charaktere, wie Barks sie vornahm, nicht zu.

Literatur

Malte Dahrendorf: Donald Duck als Buhmann. In: »Westermanns Pädagogische Beiträge« Nr. 2. Braunschweig 1971. Ariel Dorfman/Armand Mattelart: How to Read Donald Duck. Imperialist Ideology in the Disney Comic. New York 1975. Erika Fuchs: Haben Sie eigentlich etwas gegen Donald Duck? In: »Eltern« Nr. 1. München 1970. Grobian Gans (Michael Czernich): Der Donald Duck in uns. In: »Die Zeit« (»Zeitmagazin«) Nr. 15. Hamburg 1974. Grobian Gans (Michael Czernich): Die Ducks. Psychogramm einer Sippe. Reinbek 1972. Horst Künnemann: 40 Jahre im Druck: Donald Duck. In: »Die Zeit« (»Zeitmagazin«) Nr. 15. Hamburg 1974.

Feldman

Marty Feldman, englischer Komiker, geb. 1935, der, seit er 1968 zum erstenmal in der Serie »Marty« in England zu sehen war, zum populärsten Fernsehkomiker Europas wurde. Seine Komik, die er der extremen Wandlungsfähigkeit seiner – dennoch unverwechselbaren – Physiognomie verdankt, ist von einer Grausamkeit geprägt, die die latente Brutalität des Alltags sichtbar macht und somit, bei aller Absurdität, realistisch bleibt. Seine grotesken Personifikationen: der Taxifahrer, der einen Vernichtungskrieg gegen die Fußgänger führt; der sadistische, zumeist ältere Mann, der Postbeamte, Fahrkartenverkäufer, Ladenbesitzer, Reisebüro-Angestellte etc. durch die Impertinenz seiner Fragen, das Beharren auf sinnlosen Wünschen oder Informationen zur schieren Verzweiflung bringt; seine Karikaturen von »Respektspersonen«, die aus der Rolle fallen oder sozusagen aus der Rolle gedrängt werden – sie alle zeigen immer wieder, daß den Großteil zwischenmenschlicher Kommunikation in unsrer Gesellschaft die Gewalt ausmacht, die, wie Feldman in seinen Sketches zeigt, getarnt wird und von den Betroffenen, den Opfern, nicht gesehen werden will. Feldman, »ein Spaßmacher wie eigens für das Fernsehen erfunden« (Film 6/71) bearbeitet sein Thema mit den unterschiedlichsten Mitteln; gerade er, der sich äußerlich so sehr als »Typ« anbietet, stellt keine feststehende Figur dar. Jede Verkleidung paßt ihm, als wenn er nie anderes getragen hätte, und Sketch um Sketch rundet sich das Bild einer Welt aus lauter Marty Feldmans. Er beherrscht die aggressive, physische Komik der → Marx Brothers (der greise Groucho Marx, mit dem Feldman zuweilen eine verblüffende Ähnlichkeit hat, ist in einer seiner Shows aufgetreten und sang mit zitternder Stimme zu romantischer Klaviermusik obszöne Lieder) ebenso wie die komischen Verwicklungen der Logik eines → Karl Valentin. Ein weiteres Merkmal seines Erfolges ist das rapide Tempo seiner Shows (einzelne Sketches dauern nur wenige Sekunden); der Rhythmus seiner Auftritte ist selbst ebenso aggressiv wie mitreißend.

In Deutschland wurde Marty Feldman zunächst in einer Spätsendung des ZDF vorgestellt, später wurden seine Serien (»Marty«, »Marty Feldmans Comedy Machine«) in den Dritten Programmen ausgestrahlt. Die deutsche Synchronfassung (die »Stimme« Feldmans spricht der Kabarettist und Filmschauspieler Dieter Hallervorden), eine der sorgfältigsten Bearbeitungen aus-

ländischer Serien, entspricht – man ist versucht zu sagen: ausnahmsweise – dem Niveau des Originals. Eine Zusammenstellung aus der Serie »Marty Feldmans Comedy Machine« errang 1972 die Goldene Rose von Montreux, den Preis für die beste Unterhaltungssendung.
In jüngster Zeit ist Feldman auch im Film erfolgreich gewesen, insbesondre in den Filmen von Mel Brooks (»Young Frankenstein« – Frankenstein junior – 1975) und Gene Wilder (»The Adventures of Sherlock Holmes' Smarter Brother« – Sherlock Holmes cleverer Bruder – 1976) reüssierte er in parodistischen Rollen.

Fields
W. C. Fields (William Claude Duckinfield, 1879–1946), amerikanischer Komiker, der rotnasig, Martini trinkend und fluchend als bösartiger Kleinbürger seine Umwelt terrorisierte. Obwohl er bereits in der Stummfilmzeit eine beachtliche Zahl von Filmen gedreht hatte (Debüt: »Pool Sharks« – 1915) und in »Tillie's Punctured Romance«, dem ersten *full length feature* (6 Filmrollen) der → Stummfilmgroteske zusammen mit → Charlie Chaplin aufgetreten war, kam seine große Zeit erst mit dem Tonfilm, wo er, unter Pseudonymen wie Mahatma Kane Jeeves oder Otis Criblecoblis seine Drehbücher oft selbst schreiben konnte. Niemand anders als er verkörperte den Micawber in »David Copperfield« (1934) so überzeugend; Fields, der einmal meinte, »Jemand der kleine Hunde und Kinder haßt, kann nicht ganz schlecht sein«, spielte immer sich selbst, eine »monströse Ausgeburt des amerikanischen Puritanismus. Und nicht einmal Dickens hätte sich eine solche abwegige und kompromißlos kleinliche Bösartigkeit in einem menschlichen Wesen ausdenken können« (Andrew Sarriss).
Fields demolierte den Mythos von der amerikanischen Familie, indem er ihn, ein tyrannischer Vater und misogyner, antierotischer Ehemann, von innen her aushöhlte. Sein besonderer Haß galt dabei den Kindern; mit den Kinderstars, die zu dieser Zeit die Leinwand bevölkerten, lieferte er sich vor und hinter der Kamera groteske Duelle (sie klebten ihm Kaugummi auf den Stuhl, er goß ihnen vor dem Auftritt Martini in die Limonade etc.). Einige seiner besten Filme drehte Fields mit Arthur Ripley (etwa: »The Barber Shop« und »The Fatal Glass of Beer« – beide 1933) und Eddie Cline (»Never give a Sucker an Eaven Break« – Gib niemals einem Trottel eine Chance – 1941; »My Little Chickadee« – 1940, wo er zusammen mit Mae West [vgl. *Sex*] auftrat, was Gelegenheit gab, die herausfordernde Sexualität der West in komischen Kontrast zu Fields' ebenso aggressiver Asexualität zu setzen). Daneben arbeitete er mit Regisseuren wie David W. Griffith (»That Royle Girl« – 1926), Gregory LaCava (»Running Wild« – 1927), William Dieterle (»Her Majesty Love« – 1930), Norman McLeod (»Alice in Wonderland« – 1933, → Marx Brothers), Norman Taurog (»It's a Gift« – 1934), George Marshall (»You Can't Cheat an Honest Man« – 1939) und Julien Duvivier (»Tales of Manhattan« – 1942).
Fields war im Leben und in seinen Filmen von einem hypochondrischen Mißtrauen gegenüber seiner Umwelt besessen, gleichzeitig ein hemmungsloser Aufschneider, der in zu großen Zylinderhüten einherstolzierte und überall einen Streit suchte, um sein pessimistisches und misanthropisches Weltbild zu bestätigen. Seine – unübersetzbaren – Sprachschöpfungen waren das Ergebnis einer umfassenden Negation (Flüche wie »Godfrey Daniel« sind in den allgemeinen Sprachgebrauch übergegangen). Seine Geschicklichkeit – er war in früheren Zeiten als Jongleur aufgetreten – setzte er niemals ein, um zu einer positiven Lebensgestaltung zu kommen: Höhepunkt seiner Virtuosität war es, wenn er eine Treppe herunterfiel, ohne einen Tropfen aus seinem randvoll gefüllten Martiniglas zu verschütten.

Marty Feldman in der Episode »Der Leibwächter« aus dem Film »Müssen Männer schön sein« von Sergio Martino

Während die anderen Filmkomiker meistens ihre Aggression gegen autoritäre und gewalttätige Charaktere richteten, wendete Fields Gewalt vorzugsweise gegen Untergebene, Schwächere und Frauen an, während er gegenüber Autoritäten sich unterwürfig oder sogar freundlich zeigen konnte; das Schwache an sich war ihm verhaßt, gleichsam, als neidete er den Schwächeren die Liebe und die Fürsorge, die ihnen entgegengebracht wird.
Die gegenwärtige Fields-Renaissance, die sicher tiefergehende Ursachen hat, als daß sie, wie Sarris meint, lediglich eine Reaktion gegen das Sacharin-Süße der modernen → Hollywoodkomödie ist, hat dazu geführt, daß Fields-Filme auch in Deutschland einem breiteren Publikum zugänglich gemacht werden; besonders das Fernsehen hat hier Pionierarbeit geleistet. Das Verständnis des Fieldschen Humors findet allerdings seine Grenze in der Unverständlichkeit seiner näselnden *slang*-Parodien.

Anmerkung

Andrew Sarris: The American Cinema. Directors and Directions. New York 1968.

Literatur

Richard J. Anobile (Hg.): A Flask of Fields. Verbal and Visual Gems of the Films of W. C. Fields. New York 1972. Richard J. Anobile (Hg.): Godfrey Daniels! Verbal and Visual Gems from the Short Films of W. C. Fields. London/New York 1975. Donald Deschner: The Films of W. C. Fields. Secaucus, N. J. 1974. Eine Chance für den Trottel. In: »Der Spiegel« Nr. 53. Hamburg 1971. William K. Everson: The Art of W. C. Fields. New York 1967. W. C. Fields: W. C. Fields by Himself. New York 1974. Peter W. Jansen: Der Filmkomiker W. C. Fields wiederentdeckt. Legende vom Menschenfeind. In: »Die Zeit« vom 4. Februar. Hamburg 1972. Carlotta

Monti/Cy Rice: W. C. Fields and Me. London 1976. Michael Taylor (Hg.): Fields for President. New York 1971. Nicholas Yanni: W. C. Fields. New York 1974.

Hoffmann

Kurt Hoffmann, deutscher Filmregisseur, geb. 1910, Sohn des bekannten Kameramannes Carl Hoffmann, war Assistent bei Reinhold Schünzel, Wolfgang Liebeneiner und anderen, bevor er 1939 sein Regiedebüt gab (»Paradies der Junggesellen« mit → Heinz Rühmann in der Hauptrolle). Bekannt wurde er vor allen Dingen durch seine im Zweiten Weltkrieg entstandenen Unterhaltungsfilme »Quax der Bruchpilot« (1941, ebenfalls mit Rühmann) und »Kohlhiesels Töchter« (1943). Seine Nachkriegsfilme, obzwar auch im Ausland geschätzt, fanden bei der deutschen Kritik zumindest geteilte Aufnahme. Joachim Kaiser schrieb: »Alle Menschen werden Brüder, wo sein sanftes Kino weilt«, und in der Tat hat sich Hoffmann nie exponiert, nie etwas gewagt, auch wenn er scheinbar »heiße Eisen« aufgriff, wie in »Wir Wunderkinder« (1958).

Als Repräsentant jenes Nachkriegskinos, das erst durch den jungen deutschen Film in Frage gestellt wurde, liebäugelt Hoffmann mit Kultur und Geistigkeit, bleibt aber wie der größte Teil der Nachkriegsfilmemacher aus Scheu vor dem Intellektuellen letztlich einer kleinbürgerlichen, gelegentlich bornierten Anschauung verhaftet und vermittelt in seinen Filmen ein Weltbild, das der Weigerung entspricht, sich und seinem Publikum Klarheit über die Situation in Deutschland nach dem Kriege zu verschaffen. Er weicht aus in den Kabarettstil und den Momentrealismus, d. h. er beschreibt Situationen nur aus dem Augenblick heraus und enthält sich jeder Analyse. Hoffmann »huldigt einem verschwommenen Humanismus, der sich unbändig darüber freut, wenn alle Menschen lieb und nett sind und sich gut vertragen. Er hat Geschmack und einen Sinn für das Modische, ist aber froh, wenn er mit dem allzu Modernen nichts zu schaffen hat. Er steht auf der Seite der Moral, die freilich eine sehr private, keine gesellschaftliche Moral ist – und natürlich gönnt er sich wie alle Ehrenmänner gelegentlich eine ruchlose Pose« (Joe Hembus). Vor allem »Wir Wunderkinder« ist, auch wenn manch einer glaubte, hier eine Stimme des anderen Deutschlands zu hören, ein Beispiel für die politische Indifferenz im deutschen Nachkriegsfilm; Hugo Hartungs Roman diente nur als Vorwand, die apolitische Haltung zu verherrlichen, der Hoffmann selbst sich verschrieben hat. Die rüden, barbarischen Nazis, die sich vor allem durch schlechte Manieren auszeichnen, werden hier dem edlen Kulturmenschen gegenübergestellt, der sich nicht wehren kann, weil er zu sensibel und zu weich ist. Der Nazi, der dem Helden des Filmes so zu schaffen gemacht hat, taucht schließlich nach dem Ende des Krieges wieder auf, und diesmal setzt der Held ihm Widerstand entgegen; ein persönlicher, ein privater Widerstand ist dies freilich, der nichtssagend bleibt und dem nichts an der Aufarbeitung der Geschehnisse liegt. Der Held hat sich der veränderten Situation angepaßt, er bewegt sich nun nach liberal-bürgerlichen Modellen und läßt sich folgerichtig nicht mehr alles gefallen. Der kleine Mann in Hoffmanns Filmen erscheint immer nur als unschuldiges Opfer, nie als Mitläufer, geschweige denn als aktiver Vertreter inhumaner Gesinnung; das Böse verdichtet sich in den Gestalten der PGs und der »Berufsfaschisten«, die letztlich erscheinen wie eine fremde Besatzungsmacht, die mit dem Volk nichts gemein hat.

Hoffmanns Stil ist dem Reinhold Schünzels sehr verwandt, die musikalische Auflösung einzelner Szenen verdankt er seinem Vorbild. In Filmen, deren Sujet sich mit Hoffmanns Weltbild decken, etwa »Das Fliegende Klassenzimmer« (1954), »Ich denke oft an Piroschka« (1955), »Heute heiratet mein Mann« (1956), »Das Wirtshaus im

Spessart« (1958) erreicht der Regisseur eine handwerkliche Solidität und Schlüssigkeit im Aufbau. (Immerhin war Hoffmanns Tucholsky-Verfilmung »Schloß Gripsholm« von 1963 sogar in der DDR erfolgreich.) Ärgerlich und ein Symptom für den schlechten Zustand der Satire im deutschen Film werden seine Filme dort, wo das Thema über diese Haltung hinausgeht wie in »Bekenntnisse des Hochstaplers Felix Krull« (1957), »Wir Wunderkinder« (1958) und »Lampenfieber« (1959).

Anmerkung

Joe Hembus: Der deutsche Film kann gar nicht besser sein. Bremen 1961.

Hollywoodkomödien

Die Tradition der → Stummfilmgroteske und der → Screwball Comedies haben nur wenige Regisseure des Hollywoodfilmes fortsetzen können; insbesondre in den Nachkriegsjahren und den fünfziger Jahren herrschten glatte Gesellschaftskomödien vor, die sich um so unterschiedliche Stars wie etwa Doris Day oder Sophia Loren aufbauten und in ihrer Tendenz eher eine die soziale Realität beschönigende als eine kritische Funktion aufwiesen. Leitbild dieser Komödien war nicht mehr »der Mensch in der Revolte«, der einen heroischen Kampf mit den Anforderungen einer kollektiven Massengesellschaft führt, sondern der angepaßte Durchschnittsmensch, der sich über einige »komische« Zwischenfälle endgültig in die »gute« Gesellschaft integriert. Von den Regisseuren, die trotz des schablonisierten Hollywood-Kommerzes einige ansprechende Filme realisierten, seien einige genannt:

Billy Wilder, der aus Österreich stammende Drehbuchautor und Regisseur, hatte als Co-Autor unter anderem bei → Lubitsch gearbeitet, bevor er in den fünfziger Jahren einige bittere, ironische Komödien reali-

Barbra Streisand und Ryan O'Neal in Peter Bogdanovichs »Is' Was, Doc?«
Verleih: Warner-Columbia

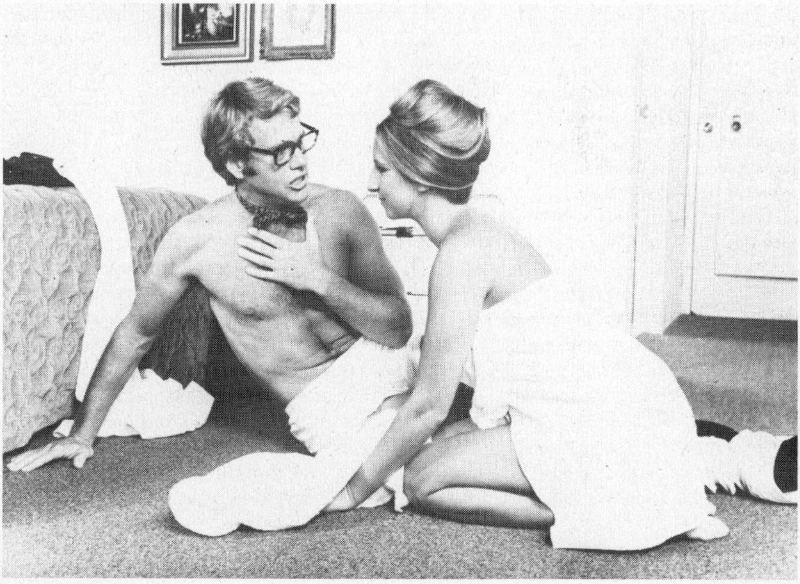

sierte. Sie entwickelten sich nahtlos aus den Filmen der schwarzen Serie, zu der er mit »The Lost Weekend« (Das verlorene Wochenende – 1945 – die Schilderung der Selbstzerstörung eines Trinkers) einen bedeutenden Film beigesteuert hatte. In seinen Komödien herrschte ebenso ein totaler Zynismus, der dem pessimistischen, fast unbeteiligten Grundton der schwarzen Serie glich, wie in seinen »ernsten« Filmen. »The Seven Year Itch« (Das verflixte siebte Jahr – 1955), »Some like it Hot« (Manche mögen's heiß – 1959), »The Apartment« (Das Appartement – 1960) und »Kiss Me, Stupid« (Küß mich, Dummkopf – 1964) zeigten gepeinigte Individuen, die sich »im Netz der herrschenden Ordnung verfangen« (Gregor/Patalas) hatten. Um den Menschen herum herrscht Mechanik und die stetige Anforderung, »richtig zu funktionieren«, und um dies zu gewährleisten, wird das Individuum einer ständigen, schon gar nicht mehr bewußten Demütigung ausgesetzt. Was aus Wilders Komödien so pessimistische, vielleicht sogar »böse« Filme macht, ist die Tatsache, daß seine komischen Figuren keine bewußten Antagonisten dieses Systems oder kämpferische Nonkonformisten sind, sondern unschuldige Opfer, und das sentimentale *happyend*, das alle seine Filme beschließt, wirkt um so deprimierender, als damit die Unzerstörbarkeit dieser unmenschlichen Ordnung dokumentiert wird. In seinen späteren Filmen (etwa »Irma La Douce« – 1963) wurde das Element der Sentimentalität noch stärker in den Vordergrund gerückt, während sich in der formal brillanten Komödie »The Front Page« (Extrablatt – 1974) eine gewisse inhaltliche Leere bemerkbar machte.

Auch Frank Tashlin, der oft mit → Jerry Lewis gearbeitet hat, karikiert die Mechanik einer Gesellschaft, die sich selbst die Menschlichkeit ausgetrieben hat. In Filmen wie »Hollywood or Bust« (Alles um Anita – 1956), »The Girl Can't Help it« (Schlagerpiraten – 1956) oder »Will Success Spoil Rock Hunter« (Sirene in Blond – 1957) nahm er vor allem die Erscheinungen der amerikanischen Kulturindustrie, Star- und Sexkult, Bestechlichkeit und Reklame aufs Korn. »Die Gestalten dieser Filme entstammen der Psychopathologie des amerikanischen Alltags: ein Kino-Fan, der nur solchen Situationen gewachsen ist, die ihn an ähnliche Filme erinnern, die er gesehen hat (Hollywood or Bust), eine völlig unmusikalische Blondine, die durch ihr Talent, spitze Schreie auszustoßen, zum Rock 'n' Roll-Star avanciert (The Girl Can't Help it), ein Reklameagent, der eine Diva heiratet, um dem von ihm vertretenen Waschmittel zum Erfolg zu verhelfen (Will Success Spoil Rock Hunter)« (Gregor/Patalas). Tashlins überdrehte Komik, die freilich selbst der parodierten Mechanik gehorcht, bleibt bei aller Aggressivität doch an der Oberfläche; sie macht das Elend der zum Warenzeichen gewordenen Menschen zwar deutlich, ergreift aber nicht für sie Partei.

Wesentlich genauer entwickelte Preston Sturges Gesellschaftskritik aus seinen Komödien, der in der Ironisierung der eigenen Produktionsbedingungen als Vorläufer des in seinen Mitteln »moderneren« Tashlin gelten kann. In seinem Debütfilm »The Great McGinty« (Der große McGinty – 1940) kritisierte er nicht nur die Korruption in der amerikanischen Politik, sondern auch die naive Gutgläubigkeit der Komödien von → Frank Capra. War in »The Lady Eve« (Die Freibeuterin – 1941) das Verhältnis von scheinbar emanzipierten Frauen und vertrottelten Männern (Inhalt der → Screwball Comedies) Thema der Satire, so in seinem Meisterwerk »Sullivan's Travels« (Sullivans Reisen – 1941) die »großmütige«, verlogene Haltung Hollywoods zu den Ausgestoßenen der Gesellschaft: Ein Regisseur beschließt, das Elend der Landstreicher, über das er Filme dreht, selber kennenzulernen, gerät auf seinen »Wanderungen« durch einen falschen Verdacht in ein Straflager und beschließt,

Woody Allen in »Mach's noch einmal, Sam!« von Herbert Ross Verleih: CIC

nachdem er die Begeisterung der Mithäftlinge für einen → Disney Film beobachtet hat, keine sozialkritischen Filme mehr zu drehen, sondern nur noch anspruchslose Filme, die reines, »befreiendes« Lachen auslösen. Auch in seinen anderen Komödien (etwa »Hail the Conquering Hero« – Heil dem Eroberer und Helden – 1944; »Mad Wednesday« – 1947, mit Harold Lloyd; »Unfaithfully Yours« – Die Ungetreue – 1948) lieferte er unsentimentale, bittere Bilder aus der amerikanischen Mythologie. Nicht nur ist Sturges' Komik dazu angetan, den gesellschaftlichen Terror, dem das Individuum ausgesetzt ist, sichtbar zu machen, sie entlarvt auch das Lachen selbst als ein Mittel, die Augen vor der Realität zu verschließen.

George Cukor hat seine ersten Regie-Erfahrungen am Broadway gesammelt. Er wird vor allem als Regisseur weiblicher Stars gerühmt; beispielsweise stellte er Katherine Hepburn in Filmen wie »Philadelphia Story« (Die Nacht vor der Hochzeit – 1940) oder »Adam's Rib« (Ehekrieg – 1949) als bereits etwas ältliche Frau heraus, die durch eine Leidenschaft zu einem neuen Leben erblüht. Seine Komödien sind gleichsam gemilderte → Screwball Comedies, die das Recht der Frauen auf Selbstverwirklichung betonen.

Blake Edwards' turbulente Komödien stehen ganz in der Tradition der *slapsticks.* In seinen Komödien (»Operation Petticoat« – Operation Petticoat – 1959; »Breakfast at Tiffany's« – Frühstück bei Tiffany – 1961; »The Great Race« – Das Große Rennen – 1970) geht es ihm nicht nur um die Situationskomik, sondern auch um die Möglichkeit des Menschen, *im Augen-*

blick, in der vollkommenen Präsenz, Glück zu empfinden: »Bei Edwards zählen die Momente« (Frieda Grafe). Mit »Wild Rovers« (Missouri – 1972) gelang Edwards auch eine vorzügliche Westernparodie (vgl. *Western*), wie er in »The Pink Panther« (Der rosa Panther – 1963) das Kriminalgenre persifliert hatte.

Stanley Donen, der vor allem durch seine Musical-Filme mit Gene Kelly bekannt geworden ist, realisierte mit »Indiscreet« (Indiskret – 1958) und »Charade« (1963) vor allem von der Farbe her bestechende »elegante« Komödien. Während er mit »Arabesque« (Arabeske – 1966) an den Erfolg der Kriminalfilmparodie »Charade« anzuknüpfen wußte, zeigte er in »Two on the Road« (Zwei auf gleichem Weg – 1966) in recht sarkastischer Weise die unartikulierte Gestik in einer festgefahrenen Ehe. Die ein wenig unentschlossen inszenierte, zwischen Verständnis und Vorurteil schwankende Homosexuellen-Komödie »Under the Staircase« (Unter der Treppe – 1969) fand geteilte Aufnahme. Donens *sophisticated comedies*, obzwar formal brillant, neigen im Inhaltlichen immer zu einer etwas mittelmäßigen Haltung, Amüsement schlägt selten in Kritik um.

In jüngster Zeit haben insbesondere in Cineasten-Kreisen zwei Regisseure starke Beachtung gefunden: Der »Filmfetischist« Peter Bogdanovich lieferte mit »What's Up Doc?« (Is' was, Doc? – 1972) fast eine Anthologie sämtlicher Elemente der filmischen Komödie.

Woody Allen, Drehbuchautor, Regisseur und Darsteller zugleich, entwickelt in seinen Filmen eine spezifische Art von Humor, die im Gegensatz zu → Jerry Lewis, mit dem ihn die psychologische Ausgangssituation seiner Figur verbindet, nicht mehr dazu fähig ist, die desolate Situation des einzelnen zu überwinden. »Anders als Jerry, dem seine Phantasien – zum Beispiel in ›Der verrückte Professor‹ – ganz konkret bei der Überwindung seiner Neurosen helfen, findet sich Woody in seiner geträumten Innenwelt ebensowenig zurecht wie im wirklichen Leben« (Hans C. Blumenberg). Während Allens Filme »Take the Money and Run« (1969) und »Bananas« (1971) in Deutschland erst nach dem Erfolg von seinen späteren Filmen zu sehen waren, seine satirische Version des Bestsellers »All You Wanted to Know About Sex« (Was Sie schon immer über Sex wissen wollten . . . – 1972) wenig Beachtung fand, wurde er mit »Play it Again, Sam« (Mach's noch einmal, Sam – 1973) auch hierzulande einem größeren Publikum bekannt.

Wie der Western gehört die Komödie zu den »filmischsten« Genres der Unterhaltung, und mehr noch als er hat die Filmkomödie die Möglichkeit, den Bereich des nur Unterhaltenden zu verlassen und seinem Publikum Aufschluß über die Situation zu geben, in der es sich befindet. Mag man das Vergnügen, mit seiner eigenen, geschundenen Karikatur konfrontiert zu werden, masochistisch nennen, mag man geltend machen, daß der Zuschauer die eigenen Schwächen auf die komische Figur auf der Leinwand übertrage und sich so der Notwendigkeit der Veränderung enthebe, mag man wie Adorno konstatieren, daß etwa → Donald Duck (stellvertretend für jeden komischen Typus auf der Leinwand) seine Prügel einsteckt, damit der Zuschauer die eigenen nicht bemerkt, was sonst als die Komödie könnte ein Korrektiv innerhalb der Unterhaltungsindustrie sein, die uns vergessen machen will, daß wir in einer Welt der Widersprüche und des persönlichen Leides leben.

Anmerkungen

Ulrich Gregor/Enno Patalas: Geschichte des Films. Reinbek 1976. Hans C. Blumenberg: Die Wehmut hat Widerhaken. In: »Die Zeit« Nr. 14. Hamburg 1973.

Literatur

André Bazin: Le cinéma de la cruauté. Erich von Stroheim, Carl Theodor Dreyer, Preston Sturges, Luis Buñuel, Alfred Hitchcock, Akira Kurosawa. Paris 1975. Wolf-Eckart Bühler: Peter Bogdanovich. In: »Filmkritik« Nr. 1. München 1973. Oreste del Buono: Billy Wilder. Parma 1968. Ian

Cameron: Die synthetische Welt Frank Tashlins. In: »Filmkritik« Nr. 7. München 1964. Daniel Dohter: Er zeigte die »Hölle der Frauen«. In: »Film-Korrespondenz« Nr. 7. Köln 1974. Jean Domarchi: George Cukor. Paris 1965. Raymond Durgnat: The Crazy Mirror. Hollywood Comedy and the American Image. New York 1972. G. P. Garrett/O. B. Hardison/J. R. Gelfman: Film Scripts 3. »The Apartment«, »The Misfits«, »Charade«. New York 1972. Claire Johnston/ Paul Willemen (Hg.): Frank Tashlin. Edinburgh 1972. Gavin Lambert: On Cukor. London 1973. Eric Lax: Woody Allen and his Comedy. London 1976. William Luhr/Peter Lehman: Detecting, Defecting & Whistling in the Dark. The Recent Films of Blake Edwards. In: »The Velvet Light Trap« No. 13. Cottage Grove, Wisc. 1974. Axel Madsen: Billy Wilder. London 1968. Gerald Mast: The Comic Mind. Comedy and the Movies. Indianapolis/New York 1973. K. U. Nastvogel: »Awfully large for a pill«. Komiker und ihre sprachliche Kommunikation. In: »Film-Korrespondenz« Nr. 9. Köln 1975. Georg Seeßlen: Klassiker der Filmkomik. Eine Einführung in die Typologie des komischen Films. München 1976. J. Ursini: The Fabulous Life & Times of Preston Sturges. New York 1973. Vergangenheit ist besser. Interview mit Peter Bogdanovich. In: »Film-Korrespondenz« Nr. 1. Köln 1974. Billy Wilder/ I. A. L. Diamond: »The Apartment« und »The Fortune Cookie«. London 1971. Tom Wood: The Bright Side of Billy Wilder, primarily. Garden City, N. Y. 1970.

Hope

Bob Hope (Leslie Townes Hope), amerikanischer Filmschauspieler und Fernsehkomiker, geb. 1904, der bereits als Star der *vaudevilles* und der Bühnenmusicals berühmt war, bevor er 1938 sein Filmdebüt mit »The Big Broadcast of 1938« gab. Den Zenit seiner Beliebtheit erreichte er in den vierziger Jahren vor allem mit den Filmen der »Road«-Serie, zusammen mit Bing Crosby und Dorothy Lamour: »The Road to Singapore« (1940), »The Road to Zanzibar« (1941), »The Road to Morocco« (1942), »The Road to Utopia« (1945), »The Road to Rio« (1947) und »The Road to Bali« (1952). Hope spielte hier immer eine dummschlaue, eher feige Type, die sich mehr vermittels eines egoistischen Instinkts als durch Intelligenz immer wieder den mannigfaltigsten Gefahren entzieht. »Das einzige, was man bei diesen Filmen genau vorhersagen konnte, war, daß Bob Hope das Mädchen seiner Träume nicht bekommen würde. Ansonsten konnte alles vorkommen, von *insider*-Witzen über Paramount (der Produktionsfirma dieser Filme, Verf.) bis zu sprechenden Kamelen« (Leslie Halliwell). Das Paar Hope/Crosby ergänzte sich zu einem Bild des amerikanischen Selbstverständnisses; während Hopes unermüdlicher Eifer die Dinge in Bewegung hielt, brachte Crosbys Klugheit verfahrene Situationen wieder ins Lot.

Eine andre Rolle spielte Hope in den späteren Komödien. In »Eigth on the Lam« (Acht gehen türmen – 1966) von George Marshall verkörpert er einen biederen verwitweten Bankangestellten, der durch Zufall an 10000 Dollar gerät, von seiner Firma der Unterschlagung bezichtigt wird und mit seinen sieben Kindern und einem Hund solange vor der Polizei flüchtet, bis sich seine Unschuld herausgestellt hat. Das Motiv der Verdächtigung des unschuldigen Hope findet sich auch in dem ein Jahr früher entstandenen Film »Boy, Did I Get a Wrong Number« (Völlig falsch verbunden – Regie: George Marshall), wo er als Makler durch eine falsche Telefonnummer die Bekanntschaft mit einem dem Filmbetrieb entkommenen Sex-Star macht und durch mißverständliche Situationen in den Verdacht gerät, das Mädchen umgebracht zu haben. Hopes »verfolgte Unschuld« (was sich immer auch erotisch interpretieren läßt) diente Marshall für eine Satire auf den Filmbetrieb und den Hollywoodmythos, dem Hope als relativ milde Karikatur des typischen *Yankee* aufsitzt.

Schon im Zweiten Weltkrieg war Bob Hope berühmt geworden durch seine Auftritte vor den Soldaten an der Front. Der gebürtige Engländer war dem Land, das seinen Durchbruch brachte, so dankbar, daß er immer ein überdurchschnittlich »guter

Bob Hope in »The Private Navy of Sergeant O'Farrell« (Wo bitte gibt's Bier an der Front) von Frank Tashlin

Amerikaner« zu sein bestrebt war. Hope, einer der reichsten Männer Amerikas, zeigte insbesondre in seinen Fernsehshows und seinen Auftritten vor den Soldaten in Vietnam eine gelegentlich bis an die Grenzen unfreiwilliger Komik reichende »rechte Gesinnung«, die ihn zum Parteigänger jener imaginären Gruppe machte, die Nixon »die schweigende Mehrheit« nannte.

Anmerkung

Leslie Halliwell: The Filmgoers Companion. London 1971.

Literatur

Bob Hope: I Never Left Home. New York 1944.
Joe Morella/Edward Z. Epstein/Eleanor Clark: The Amazing Career of Bob Hope. New Rochelle 1973.

Kabarett und Satire im Fernsehen

Seit Beginn des deutschen Fernsehprogramms erfreuten sich die alljährlichen Übertragungen der neuen Programme der bekannten Kabarettensembles »Münchner Lach- und Schießgesellschaft«, »Berliner Stachelschweine« und »Kom(m)ödchen« großer Beliebtheit; die Live-Übertragungen, die, sozusagen um sich zu rechtfertigen, stets wirksam das zustimmende Schmunzeln anwesender politischer Prominenz ins Bild rückten, verloren mit der Zeit an Glaubwürdigkeit und Brisanz, und obwohl die eine oder andre Sendung Publizität durch den Protest angegriffener Persönlichkeit erhielt, verloren diese Sendungen parallel zur Krise des Kabaretts an Wirksamkeit. Gerade der Rahmen einer festlich gekleideten und gestimmten Prominenz, die artig dem zumeist recht oberflächlichen Spott applaudierte, verhinderte eine Renaissance des Kabaretts in dem neuen Medium und rückte die Übertragungen in die Nähe der Büttenreden-Sendungen zur Karnevalszeit; die »öffentlichen Spaßmacher« hatten mit einem Publikum zu kämpfen, das zwar um jeden Preis erheitert, aber nicht aufgeklärt, zur Veränderung angeregt werden sollte. Die restaurative Gesellschaft der fünfziger Jahre leistete sich das Kabarett gerade deshalb, weil es als Institution altmodisch geworden war.

Eine fernsehgerechte und darum gesellschaftlich wirksame Form der politischen Satire im Fernsehen kreierte dann das Magazin »Hallo Nachbarn«, das vom Norddeutschen Rundfunk in 16 Folgen von 1963 bis 1965 ausgestrahlt wurde. Verbunden durch die ebenfalls satirischen Zwischenbemerkungen eines Moderators (Richard Münch) kritisierten Sketche, kurze Filme und Lieder, Ereignisse der Tagespolitik wie die Gewohnheiten der Staatsbürger, die sich mit der zunehmend arrogantere Züge annehmenden politischen Macht behäbig einzurichten trachteten. Zu den Autoren der Reihe gehörten neben Joachim Roering, der die Leitung der Sendung innehatte, Art Buchwald, Wolfgang Ebert, Joachim Fest, Eckart Hachfeld, Volker Ludwig, Jürgen von Manger, Martin Morlock, Wolfram Siebeck, Thierry und Franz Winzentzen. Die konservative Presse (Die Welt: »Hier war die Freiheit über die Liberalität offen zur Libertinage geworden.«) im Verbund mit den kritisierten Politikern erzwangen schließlich ein Verbot der »Televisionen eines Untertanen« (Untertitel der Sendung). Die kurzlebige Wiedergeburt von »Hallo Nachbarn« (der Untertitel lautete nun, in Anlehnung an ein Politiker-Wort: »aber in netter Form«) erreichte weder die formale noch die inhaltliche Brillanz der ersten Reihe. Weniger Aufsehen erregte Joachim Roering mit seiner späteren Serie »Abramakabra«, deren erste Folgen zwar sehr hübsche »schwarze« Sketches beinhalteten, jedem dezidiert politischen Thema aber aus dem Weg gingen. Unter dem Zwang zum »positiven« Humor – ein Beispiel für die verinnerlichte Selbstzensur vieler Fernsehschaffender – verfiel das Magazin zusehends auf Parodien im Bereich kultureller Modeerscheinungen; gefahrlos läßt sich parodieren, was selbst schon Parodie seiner selbst ist.

Auch die ARD-Serie »Zeitvertreib« fand wenig Anklang beim Publikum, wenn auch einige der Satiren auf Leistungs- und Konsumzwang (etwa, wenn ein Mann, dem der Arzt zur Entspannung Hobbies verschreibt, aus jedem solchen Zeitvertreib in Windeseile einen professionellen Job macht) den Nerv gesellschaftlicher Frustrationen trafen. Die Flucht vor dem konkret Politischen ins Groteske, in die unverbindliche Clownerie, trat dieses von Kurt Wilhelm gestaltete Magazin indessen ebenso an, wie fast alle satirischen Fernsehsendungen nach dem Desaster von »Hallo Nachbarn«; die Satire beißt sich an den überspitzten Formen fest und geht so einer Auseinandersetzung mit den Ursachen aus dem Weg.

Hans Hermann Köper und Gerhard Schmidt, die Autoren des satirischen ZDF-Magazins »Expreß«, erreichten mit ihrer relativ unaggressiven Serie trotz später Sendezeit immerhin beachtliche Einschaltquoten zwischen 14 und 22 %. Neben den harmlosen, in der Qualität recht unterschiedlichen Attacken auf den Zeitgeist finden sich vor allem Persiflagen auf beliebte Sendungen des Fernsehens. Obwohl es einleuchtend erscheint, daß nur zwei Autoren (Köper und Schmidt schreiben alle Drehbücher selbst) unter dem Zwang zum Neuen eine Reihe zweitrangiger Ideen realisieren müssen, wird das Magazin nun statt vierteljährlich sechsmal im Jahr ausgestrahlt. Daneben verfaßte das vielbeschäftigte Kölner Team auch die Texte für eine parodistische Musik-Show (»Die

Nacht ist nicht allein zum Schlafen da«) und die satirische Jubiläumssendung des ZDF (»Zehn Jahre sind genug«). Während der Westdeutsche Rundfunk mit der von Michael Pfleghar geleiteten Nonsense-Serie »Klimbim« relativ problemlose, wenn auch zum Teil gekonnt gestaltete Unterhaltung bot, gelang es Dieter Hildebrandt, in der Sendereihe »Notizen aus der Provinz« (ZDF) wieder polemischere politische Töne anzuschlagen.
Die auffallende politische Abstinenz, die sich die satirischen Sendungen im Fernsehen auferlegen, hängt zum einen mit der veränderten Situation in Deutschland zusammen: Köper und Schmidt beispielsweise, die nach eigener Aussage gerne politisch polemisieren würden, meinen: »Da wir eher links sind als rechts, sind wir in einer ähnlichen Lage wie die Kabaretts«, d. h., um die mögliche Demokratisierung der Gesellschaft unter einer sozialliberalen Regierung nicht zu gefährden, verzichten die Autoren auf eine scharfe Kritik, die eher den Gegnern als den Befürwortern größerer Liberalität dienen würde. Es mag dahingestellt bleiben, inwieweit dieses Argument eine Schutzbehauptung darstellt, und ob nicht eher Resignation, die Einsicht in die Grenzen politischer Aufklärung die eigentliche Ursache für die Flucht in den *gag*, in die Absurdität ist. Zum andern neigt eine im gar nicht einmal nur negativen Sinn saturierte Gesellschaft eher dazu, die Absurdität, die Widersprüchlichkeit ihrer Existenz und damit die Quelle »befreienden« Lachens mehr in den gesellschaftlichen Konventionen, dem kulturellen und zivilisatorischen Überbau also, zu suchen als in der Widersprüchlichkeit politischer Herrschaft. Insofern mag es gerechtfertigt sein, daß man nicht mehr die Machenschaften eines Franz Joseph Strauß, sondern die eitle Selbstgefälligkeit einer Anneliese Rothenberger zum Thema der Satire wählt. Durch die Entwicklung der Satire vom Kämpferischen zum lustvoll Makabren (die im übrigen ebenso in den anderen Medien, etwa → satirischen Zeitschriften, zu beobachten ist) entsteht allerdings die Gefahr, daß sich die Satire in den Einheitsbrei dessen eingliedert, was das Fernsehen als Unterhaltung versteht.

Literatur

Heinz Brüdigam: Kitsch, Kunst und Klimbim. In: »Spontan« Nr. 4. Hamburg 1974. Ich halte meinen Kopf in die Röhre. Interview mit Dieter Hildebrandt über »Notizen aus der Provinz«. In: »Süddeutsche Zeitung« vom 28. März. München 1974. Kabarett. Tour de Trance. In: »Der Spiegel« Nr. 42. Hamburg 1972.

Kauka-Comics

Einer der wenigen Verlage in Deutschland, die eigene Comics produzierten, war der Kauka-Verlag in München. Er begann Anfang der fünfziger Jahre mit den Serien »Till Eulenspiegel« und »Münchhausen«. »Fix und Foxi«, die erfolgreichsten Gestalten der Kauka-Comics, bekamen 1953 ihr eigenes Magazin, das sich zu einem der auflagenstärksten *Comic Books* in Deutschland entwickelte. Zielgruppe dieser Publikation sind vor allem die Jugendlichen im Alter von 7 bis 14 Jahren; der Humor der Streifen ist dementsprechend auf einem derb-aggressiven *slapstick*-Effekt und einer dem vermeintlichen oder tatsächlichen Teenager-Idiom entliehenen Sprache aufgebaut. Die beiden Füchse Fix und Foxi sind ebenso hilfsbereit und wohlerzogen gegenüber Oma Eusebia und ihrer Angebeteten Lupinchen, wie sie gegenüber dem Taugenichts und Störenfried Lupo zuweilen bis an die Grenze des Sadismus reichende Aggression an den Tag legen, obwohl oder gerade weil Lupo nicht ein Bösewicht im eigentlichen Sinne ist, sondern eher ein Unangepaßter, ein »Gammler« vielleicht, der sich in erster Linie einen guten Tag machen will. Die von Kauka selbst entworfenen Figuren unterscheiden sich von den → Disney-Comics vor allem dadurch, daß sie keine satirischen oder gar gesellschaftskritischen Züge aufweisen. Sie sind positi-

ve oder negative Leitbilder, die gerade durch ihre Normalität bestechen und in ihren Aktionen eine kindgerechte Meinungsbildung betreiben. Das selbstbewußte, immer aber konforme Auftreten der Helden erinnert streckenweise an die Kinderbücher Erich Kästners, hier wie dort ist die Orientierung an der Erwachsenenwelt und die »Keßheit« Quelle eines Humors, der mit jeder Pointe auch eine Wertung vermittelt. Penetrant wurde diese Methode vor allem, als Mitte der sechziger Jahre die Kauka-Comics versuchten, eine massive politische Beeinflussung zu betreiben, die sich insbesonders einem emotionalen Antikommunismus (die Ablehnung der Ostpolitik der Regierung Brandt war zeitweilig sogar in die Richtlinien für die Texter aufgenommen) und Anti-Intellektualismus verschrieb.
In weiteren Produktionen (etwa: »Primo-Comics«, »F. F.-Extra«, »F. F.-Album«) brachte Kauka auch einige französische und belgische Serien erstmalig in deutscher Übersetzung, so → Lucky Luke, »Les Schtroumpfs« (Die Schlümpfe, von Peyo) oder »Peer Viking« von Dick Matena. In »Lupo modern« (einem Vorläufer der »Primo-Comics«), das neben Zeichenserien auch Elemente des Star-Kults und der Teenagerberatung publizierte, erschien zeitweilig auch die Serie → Asterix als »Siggi und Babarras«. Der plumpen politischen Anspielungen wegen (»eindeutig neo-imperialistische Tendenzen«) zog der französische Verlag seine Lizenz jedoch zurück. Ähnlicher politischer Entgleisungen haben sich diese Comics – der Verlag besteht mittlerweile in dieser Form nicht mehr – in jüngster Zeit enthalten, nachdem auch Pädagogen und Kritiker ihre Besorgnis über die Manipulation der Jugendlichen durch harmlos erscheinende Bildergeschichten geäußert hatten.

Literatur

Otto Köhler: Mächtig stark. In: »Der Spiegel« Nr. 38. Hamburg 1969. Dieger Pforte: Deutschsprachige Comics. In: Hans Dieter Zimmermann (Hg.): Vom Geist der Superhelden. Berlin 1970. Fee Zschocke: Mit Fix und Foxi gegen Micky Maus. In: »Der Stern« Nr. 44. Hamburg 1972.

Keaton

Buster Keaton (Joseph Francis Keaton), amerikanischer Schauspieler, Produzent und Regisseur (1859–1966), der nach einer Ausbildung im *vaudeville* seit 1917 in zahlreichen *two-reelers* zusammen mit dem Komiker Roscoe »Fatty« Arbuckle auftrat und seit »The Playhouse« (1920) durch die Gründung einer eigenen Produktionsfirma in der Lage war, ausschließlich eigene Ideen zu realisieren. Unter den Komikern der → Stummfilmgroteske ist Keaton derjenige, der am ehesten den Geist der Pionierzeit verkörpert. Der kleine, dem Lebenskampf scheinbar so wenig ge-

Der »Explosions- und Prügel-Humor« der Kauka-Comics © 1970 Rolf Kauka

Zeitgenössisches Plakat zu »Der Kameramann« (1928)

wachsene Mann triumphiert nicht durch List und gelegentlich auch Tücke wie → Charlie Chaplin über die Unbilden seiner Umwelt, sondern durch vollendete Konzentration auf eine gestellte Aufgabe, die Unbedingtheit seines Wollens, seine Aufrichtigkeit und seine Loyalität allen Geschöpfen gegenüber. Buster nimmt alles ernst und schont sich nie; auch da, wo vielleicht Verstellung, Flucht oder Neutralität angebracht wäre, stellt er sich heldenhaft jedem Problem. Unter dem Zwang einer funktionalisierten Außenwelt wird er zum Entdecker und Erfinder: die zu einer eindimensionalen Funktion bestimmten Dinge verwendet er in überraschenden, der Logik von Gebrauchs- und Warenwert zuwiderlaufenden Zusammenhängen. Keaton meistert den Lebenskampf, weil er in den Dingen mehr zu sehen versteht als das, wozu sie gedacht sind. Dieses Verfahren, die Dinge (und schließlich auch die Menschen) aus dem Gefängnis der vorgeprägten Funktionalität zu befreien, ist der Struktur nach der Poesie verwandt. Berühmt geworden ist Keaton durch das *dead pan*, die Ausdruckslosigkeit seines Gesichtes (»der Mann, der niemals lachte!«), das auf seine absolute Treue sich selbst gegenüber verweist; er wird sich weder, um einen Vorteil zu erringen, verstellen, noch wird er sich je der Mechanik eines Rollenspiels unterwerfen. »Sein Ausdruck verleiht seinem Tun etwas Heroisches, und in der Tat ist er ja auch im Umgang mit den Gegenständen als eine Art Pionier zu bezeichnen« (Reinhard Prießnitz).

Die Grundfigur der Handlung in allen seinen Filmen ist zunächst ziemlich einfach: Buster wird unversehens und zumeist ohne eigenes Zutun in ein Abenteuer gestoßen (in »Go West« – Buster Keaton, der Cowboy, 1925 – beispielsweise wird er aus dem fahrenden Zug geworfen und findet sich in der Wüste wieder). Ohne einen Fluchtversuch zu unternehmen, stellt sich der Held dem Abenteuer, bewältigt, geradlinig und rechtschaffen in der Sache, phantasiereich und unkonventionell in den Methoden, die aus den abenteuerlichen Umständen resultierenden Probleme, ein Mädchen wird begehrt und schließlich errungen, und das *happy end* stellt sich ein. Im Gegensatz zu den meisten anderen *slapstick*-Komikern setzt sich Buster nicht nur mit der Technik auseinander; fast immer wird er auch mit einer »totalen Landschaft«, mit Wüsten, Schneeebenen, dem Meer konfrontiert, die seine Verlorenheit und seinen Heldenmut unterstreichen, das Gemachte (die Technik) und das Gewordene (die Natur) sind gleichermaßen Herausforderungen an das Individuum. Die Treue, die Keaton zu sich selbst beweist, verdeutlicht sich vor allem in der Anhänglichkeit an sein hervorstechendes Attribut, den kleinen, runden Strohhut, den er sorgfältig hütet und unter keinen Umständen preiszugeben bereit ist: In »Steamboat Bill jr.« (1927) soll Buster eine »standesgemäßere« Kopfbedeckung verpaßt werden; er geht in einen Hutladen und probiert ein Dutzend Hüte aus; ohne zu bemerken, daß es sein eigener ist, kramt er den unter einen Stapel von verschiedensten Kopfbedeckungen geratenen Strohhut hervor, betrachtet sich befriedigt und will, im Bewußtsein, seine Aufgabe erfüllt zu haben, das Geschäft verlassen. In »Go West« legt er sich zwar bereitwillig die ihm vor die Füße geworfene martialische Cowboy-Bekleidung an, das Statussymbol des breitrandigen Hutes allerdings verschmäht er. Dennoch ist Keaton weniger eine feststehende Figur als beispielsweise Chaplin; er tritt in jedem Film als ein neuer Mensch in einer neuen Umgebung auf. Dies hängt vorwiegend damit zusammen, daß Buster ein Mensch ist, der in seinen Abenteuern Erfahrungen macht und sich verändert, nie passiert ihm zweimal dasselbe Mißgeschick.

Als verlorenes Individuum steht Buster Keaton der Masse gegenüber, die gesichts- und gestaltlos als alles einverleibender Brei sich über die Natur ergießt; es sind Polizisten in »Cops« (1922), eine Kuhherde und

Buster Keaton bei Dreharbeiten zu einem Kurzfilm in Kanada: »The Railrodder« (1965) von Gerald Potterton

die Masse der von ihr aufgeschreckten Stadtbewohner in »Go West«, eine Unzahl heiratslustiger Frauen in »Seven Chances« (Sieben Chancen – 1926 – in diesem Film zeigte sich besonders deutlich Keatons Meisterschaft in der allmählichen Steigerung des Tempos; parallel zur Bedrohung der in Bewegung geratenen Masse wird die erzählte Zeit immer mehr mit der Erzählzeit identisch). In »The General« (Der General – 1927), der mehr über die grausame Zerstörung des ersten »modernen« Krieges, des amerikanischen Bürgerkrieges, aussagte als »realistische« Monumentalschinken wie »Vom Winde verweht«, geht es um die Massenhaftigkeit des Sterbens, der sich der Held zwischen den Fronten ausgesetzt sieht. Der Film, der nach tatsächlichen Begebnissen inszeniert wurde, zeigte durch die unnachgiebige Komik Keatons die Absurdität nicht nur dieses Krieges und ist, wie Chaplins »Shoulder Arms« und sein »The Great Dictator« ein Beweis für die humanistischen Intentionen, die auch die Groteskkomiker bewegten.

Die Einführung des Tonfilms brachte zunächst das Ende von Keatons Karriere. Er hatte zwar in verschiedenen Filmen wie zum Beispiel »Sunset Boulevard« (Boulevard der Dämmerung – 1950 – Regie: Billy Wilder, → Hollywoodkomödie) oder »Limelight« (Rampenlicht 1952 – Regie: Charles Chaplin) kürzere Auftritte, doch erst mit dem überraschenden Erfolg seiner alten in Wiederaufführungen gezeigten Stummfilme zu Beginn der sechziger Jahre war er wieder in tragenden Rollen zu sehen. So verband der 1964 entstandene Film »The Western Story. The Gorilla Story. The Army Story« (Buster Keaton in Wildwest) eine Rahmenhandlung, in der der gealterte Keaton einen Verkäufer in einem Sportgeschäft spielte, der von Abenteuern und Heldentaten träumte, mit alten *two-reelers.* Richard Lester hetzte Keaton kurz vor dessen Tod als traurige Karikatur des *stoned face* durch seinen Film »A Funny Thing Happened on the Way to the Forum« (Toll trieben es die alten Römer – 1966).

Über das Geheimnis seines Erfolges befragt, äußerte sich Buster Keaton: »Ich studierte eingehend, auf welche Weise die englischen Komiker, die ich für vollkommen hielt, ihre Erfolge erzielten, und kam allmählich hinter ihr Geheimnis: es bestand darin, daß sie immer ein wenig ernster als das Leben selbst waren.« Ernster als das Leben selbst zu sein, das ist das Vorrecht der Philosophen.

Anmerkung
Reinhard Prießnitz: Keaton, Komik, Kommunikation. In: »Neues Forum« Nr. 223. Wien 1972.

Literatur
Rudi Blesh: Keaton. New York 1966. Jean-Pierre Coursodon: Buster Keaton. Paris 1973. Winfried Günther/Wolfram Tichy (Hg.): Buster Keaton. Frankfurt 1971. Fritz Hirzel: Das große Steingesicht oder Pioniere angesichts der Katastrophe. In: »Cinema« Nr. 66/67. Adliswil 1971. Buster Keaton (und Charles Samuels): My Wonderful World of Slapstick. New York 1960. Fred van der Kooy: Fragmente einer Zelluloidkaros-serie. 1. Keaton. In: »Cinema« Nr. 3. Zürich 1974. Jean-Patrick Lebel: Buster Keaton. Paris 1964. Enno Patalas: Versuch über Buster. In: »Filmkritik« Nr. 9. München 1964. David Robinson: Buster Keaton. London 1969. Wolfram Tichy/Wolfram Schütte/John Gillet/James Blue/Christopher Bishop/Walter Schobert/Hans Helmut Prinzler: Buster Keaton. München 1975.

Kid-Comics
In der Frühzeit der Comic-Strips waren Kinder die beliebtesten und erfolgreichsten Protagonisten der »funny pages«, der Comic-Beilagen der Zeitungen. Die Kinder in diesen Comics hatten allerdings wenig gemein mit der Niedlichkeit (etwa von »Dennis the Menace«) oder der »Philosophie« (→ Peanuts, »Miß Peach«) heutiger Kid-Comics, sie waren Nachfahren der Lausbuben aus der Literatur (Mark Twain, Horatio Alger etc.) und der Zeichengeschichte (vor allem »Max und Moritz« von Wilhelm Busch stand Pate). Mit »The Katzenjammer Kids« gestaltete der deutschstämmige Zeichner Rudolph Dirks den ersten eigentlichen *Comic Strip,* der auch heute noch produziert wird. Hans und Fritz, zwei Jungen von geradezu diabolischer Bösartigkeit, terrorisieren beständig einen bärtigen Kauz, den »Captain«, der jeden Streich mit dem selben Sadismus zurückzahlt. Der totale Krieg, den die Katzenjammer Kids gegen alle Autoritäten führen (»Society iss nix!«) ist – in zum Teil abgeschwächter Form – auch das Movens der anderen *kids* in den Comics. Etwa in »Buster Brown« von Richard Outcolt, »Little Jimmy« von James Swinnerton oder »Tim and Tom the Terrible Twins« von C. W. Kahles ging es um einen unbarmherzigen Kampf der Kinder mit den Erwachsenen. Da die Kid-Comics sich aber keineswegs ausschließlich an Kinder richteten, läßt sich unschwer folgern, daß auch Erwachsene sich mit dem sadistischen Anarchismus solcher »Teufelsbraten« identifizierten und daß sie einen durchaus realen Reflex auf die sozialen Bedingungen der Einwanderer (die Zeichnung der Helden als Angehörige ethnischer Minderheiten findet sich in den meisten Streifen) darstellten. Im Vergleich zu diesen Serien waren die Streiche von den »Just Kids« von

»Dennis the Menace« auf dem Titel seines Comic Books und als Werbefigur für das Blutspenden © Fawcett und Hank Ketcham/Marsteller Int. und Newsweek

Ad Carter oder den »Reg'lar Fellers« von Gene Byrnes fast harmlos. Ähnlich wie die Kinder in den Kid-Comics von heute (etwa »Winthrop« von Dick Cavalli, »Nubbin« von Sam Burnett und George Crandall oder »Tiger« von Bud Blake) waren auch sie zwar rechte Quälgeister, doch ihre Streiche überschritten nie das Maß dessen, was von einem normalen Kind zu erwarten ist.

Der erfolgreichste Kid-Comic derzeit ist »Dennis the Menace« von Hank Ketcham. Dennis, die »Nervensäge«, der seine mittelständischen Eltern oft an den Rand der Verzweiflung bringt, ist niemals absichtlich böse oder gewalttätig; seine Neugier und sein Eifer, die Welt der Erwachsenen zu durchschauen und für sich verfügbar zu machen, führt jedoch regelmäßig zu Zerstörung und Aufruhr. Die Diktatur durch die eigenen Kinder, vor denen sich alle amerikanischen Eltern zu fürchten haben, spiegelt auch die Serie »Miß Peach« wieder, die ähnlich wie die »Peanuts« soziale und weltanschauliche Fragen von den Kindern erörtern läßt und dabei insbesondere satirische Wirkungen erzielt. Die Unwissenheit und Ignoranz der Lehrerin Miss Peach und ihrer Kollegen dient hier dazu, die Gewandtheit (»die Bereitschaft, die Macht zu übernehmen«) der Kinder herauszustellen. Mit ihren Helden geht diese von Mel Lazarus gestaltete Serie wesentlich unkritischer um, als es Charles Schulz mit seinen Peanuts tut.

Komiker

In der Frühzeit des amerikanischen Fernsehens waren die Komiker die ungekrönten »kings of TV«; ihre Sendungen verzeichneten die höchsten Einschaltquoten, was sie sagten, fand mehr Gehör beim amerikanischen Volk als so manche Politikerrede. Dies ist zwar heute nicht mehr in diesem Maße der Fall, aber immer noch machen Komiker-Sendungen einen großen Teil des Programms aus. Die Elemente der Komik waren und sind unterschiedlich: Da ist Milton Berle, der reichlich derbe Späße bringt, sich Sahnetorten ins Gesicht werfen läßt und in Frauenkleidern auftritt. Jackie Gleason versucht eher, Szenen in der Art → Chaplins nachzustellen, während Sid Caesar mit seinem Partner Coca die Filmidole Hollywoods karikiert. Die amerikanischen Komödiantenserien, die ihr wie unter einem Lachzwang stehendes Publikum Woche für Woche nicht nur amüsieren, sondern auch massiv beeinflussen, verfügen über einen größeren Etat als beispielsweise die Produzenten von Westernserien: Der Wochenetat für Jackie Gleasons Show beträgt 140 000 Dollar, 200 Angestellte arbeiten an den einzelnen Folgen; 170 000 Dollar werden für Martin & Rowans »Laugh-In« jede Woche ausgegeben. Obwohl fast alle Stars unter den Komikern, Jim Nabor, der früh verstorbene Lenny Bruce, Mort Sahl und Dick Gregory, Millionäre sind, wird das meiste Geld nicht für die Gagen der Komiker, sondern für neue Ideen, *jokes* und *gags* ausgegeben, die einzeln gekauft oder von hochdotierten *gagmen* erdacht werden. (Einige dieser amerikanischen gag-men arbeiteten auch für die deutsche satirische Fernsehserie »Klimbim«; → Kabarett und Satire im Fernsehen.) Wie sehr die Komiker eine moralische Instanz darstellen, zeigt vor allem ihr soziales Engagement. Es ist Tradition, daß die Komikerasse einen Teil ihrer riesigen Gagen caritativen Einrichtungen zur Verfügung stellen. Joey Bishop beispielsweise brachte 800000 Dollar für körperbehinderte Kinder auf, und diese Geste ist nicht so sehr eine Werbemaßnahme, als vielmehr die Rechtfertigung einer exponierten Stellung. Gerade diejenigen, die damit, daß sie sich oder andre lächerlich machen, ein Vermögen verdienen, müssen besonders integre und sozial denkende Menschen sein, sonst würde man ihrer Macht mißtrauen. Die wenigsten der bekannten Komiker sind wie → Bob Hope auf dem rechten Flügel der politischen Parteien zu finden. Gregory beispielsweise ist aktiver Bürgerrechtskämpfer und Steve Allen investiert einen gehörigen Teil seiner Gagen in den Kampf gegen die Todesstrafe in den Vereinigten Staaten.

Eine vergleichbare Stellung haben die Komiker in Deutschland nie eingenommen, von den Schauspielern verschiedener Volkstheater abgesehen, ist es nur wenigen gelungen, auf dem Bildschirm zu reüssieren. »Leute, die in deutschen Unterhaltungsfilmen bekannte Größen sind, wirken auf dem Bildschirm plötzlich wie fade Limonade« (Josef Mühlbauer). Dies hängt zum einen damit zusammen, daß der in Form eines Solo-Vortrages übermittelte, monologisierende Humor eines Komikers an bestimmte regionale Voraussetzungen gebunden ist; die Dialektsprache ist ebenso ein Element der Komik wie eine spezifische Gestik, die der Parodie eines bestimmten regionalen Typus entspricht. Auch hier mußte zwangsläufig das Fernsehen mit seiner überregionalen Verbreitung nivellierend wirken. Zum andern ist die Wirkung eines Komikers auf dem Bildschirm wesentlich stärker von der persönlichen Ausstrahlung abhängig, als auf der Leinwand, wo Maske und Regie das ihre tun, oder im Rundfunk, wo nur die Stimme zählt. Scheinbar ungeschminkt muß er ohne Stütze einer komischen *story* sein Publikum zum Lachen bringen. Von den regional eingefärbten Komikern haben es – auf sehr unterschiedliche Weise freilich – vor allem Wolfgang Neuß mit seinem Berliner, Willy Reichert mit seinem schwäbischen und Jürgen von Manger mit seinem Ruhrgebiet-Idiom verstanden, die Schwierigkeiten des Mediums zu meistern. Mit dem langsamen Nachlassen der Beliebtheit von Sendeformen, die den bunten Abenden gleichen (vergl. *Sport und Spiel*), tritt auch die Form des Solovortrags zurück hinter mehr filmischen Formen der Komik im Fernsehen.

Anmerkung

Josef Mühlbauer: Fernsehen. Das Wunder und das Ungeheuer. Freiburg 1959.

Literatur

Playboy Interview: Rowan and Martin. In: »Playboy« No. 10. New York 1969. Larry Wilde: The Great Comedians Talk About Comedy. New York 1968.

Kommiß-Comics

Satirische Comics, die den Kommiß-Betrieb der amerikanischen Armee aufs Korn nehmen. Die Kriegsfunnies sind vor allem in der Zeit des Zweiten Weltkrieges entstanden und waren ein fester Bestandteil publizistischer Truppenbetreuung. Neben »Private Buck« von Clyde Lewis, »Private Breger« von Dave Breger und verschiedenen kurzlebigen Serien, war vor allem die Serie »Sad Sack« beliebt, die auch heute noch dank der subventionierten Freiexemplare für die Armee-Angehörigen hohe Auflagen (bei Harvey-Comics) erzielt. »Sad Sack« ist ein *fall guy*, ein unbeholfener, apathischer Berufssoldat, der wegen seines unsoldatischen Charakters nur dazu nütze ist, den Kasernenhof zu fegen oder riesige Berge von Kartoffeln zu schälen. Die Verspottung des Unsoldatischen, das mit Unmännlichem gleichgesetzt wird, geht zwar einher mit milder Kritik an der Militärhierarchie (es gibt einen korrupten General, ein allzu autoritärer Offizier schindet seine Leute, ein eitler Major behängt sich mit Orden, um Eindruck zu ma-

Milder Spott auf den Kommißbetrieb in »Sad Sack« © Harvey Comics chen), doch dient die Serie im Großen und Ganzen der Verherrlichung der »Mutter Armee«, die eben auch, wie es in jeder Familie üblich ist, ein paar schwarze Schafe aufweist. Dem Versager »Sad Sack« stehen alle die *tough guys* (etwa: rauhe Kerle) gegenüber, für die es nichts Herrlicheres gibt, als im Schlamm herumzurobben, auf Panzer zu klettern und ihr Leben fast ausschließlich in der Kaserne zu verbringen, abseits von der Welt der verweichlichten Zivilisten.

Seit 1950 erscheint eine GI-Comic-Serie ganz anderer Art, »Beetle Bailey« von Mort Walker. Der Berufssoldat Beetle Bailey ist eine Art amerikanischer Schwejk, der aus den Notwendigkeiten des Militärlebens das für sich selbst Angenehmste macht und sich, bei aller Hingabe zur Armee, doch mehr am zivilen Leben orientiert als an der soldatischen Haltung. Er entzieht sich allen Pflichten so gut es geht und weiß die Integrität seiner Person auch gegenüber Demütigungen durch seine Vorgesetzten zu bewahren. Sein hauptsächlicher Gegenspieler ist der fette und gefräßige Sergeant Snorkel, der allerdings seinerseits sehr viel Pragmatismus und Cleverness aufbringt, um sich gegenüber dem vertrottelten General Halftrack durchzusetzen.

Von Beetle Bailey abgesehen – hier werden unter anderem auch solche brisanten Themen wie die Rassendiskriminierung in der amerikanischen Armee behandelt – haben die GI- und Kriegsfunnies nur selten eine wirklich kritische Funktion. Vielmehr soll den Soldaten durch die Tatsache, daß es ganz offensichtlich Leute in der Armee gibt, die noch mehr durchmachen, noch mehr gedemütigt werden als sie selbst, ihr eigenes Dasein erleichtert werden. Dabei mag es für unsere Begriffe fast unvorstellbar sein, mit welcher Härte oft irgendwelche »heiligen Kühe« verspottet werden; dies ist eine Funktion der Haltung des Berufssoldaten zu seinem Job, der sich, anders als etwa der Absolvent einer Militärakademie, in nichts von einem anderen unterscheidet, außer, daß die Strapazen noch etwas höher, das Sozialprestige noch etwas geringer ist. Der GI lacht über den General (in »Sad Sack«), der sich einen riesigen herzförmigen *swimming pool* Eimer für Eimer von seiner Truppe füllen läßt, um vor einem Mannequin anzugeben. An diesem General, der immer mit Sonnenbrille und Seidenschal umherstolziert und dem man ansieht, daß er bestimmt noch in keinem Schützengraben gelegen hat, reagiert er seinen Haß ab und nicht an dem Vorgesetzten, der zusammen mit der letzten Post auch die neuesten Comics von »Sad Sack« verteilt.

Komödienfernsehserien

Neben → Komödienstadel und Ohnsorgtheater, → Zeichentrickserien und Soloauftritten von → Komikern lacht »die deutsche Fernsehfamilie« (Friedrich Knilli) vor allem über Familienserien im Komödiengewande. Ob nun deutscher (»Unsere Tochter, das Fräulein Doktor«) oder amerikanischer Provenienz, die Struktur dieser heiteren Stücke, die meist im Werbeprogramm ausgestrahlt werden, ist immer dieselbe: da wird durch einen kurzzeitigen Konflikt, in dessen Verlauf so etwas wie Situationskomik realisiert wird (beliebt sind mißverständliche Situationen, falscher Verdacht und fehlgeschlagene »kleine« Betrügereien), die Autorität des Vaters oder einer Ersatzfigur in Frage gestellt und durch das besonnene Verhalten der väterlichen Autorität und die Einsicht in die Notwendigkeit der Anpassung seitens der Jugendlichen wieder aufgebaut. Paradoxerweise scheinen sich gerade unvollständige Familien (eine vaterlose in »Heute abend: Doris Day«, eine mutterlose in »Eddies Vater« etc.) dazu zu eignen, dieses Schema zu transportieren. Das Verdienst, eine Familie intakt zu halten, trotz der Schwierigkeiten der Rollenverteilung (»Ich muß dem Jungen Vater und Mutter sein!«) eine funktionierende Sozialisationsinstanz herzustellen, ist hier um so größer, und um so eindringlicher kann die Notwendigkeit betont werden, daß sich die Familie als Instanz zur Nivellierung persönlicher Interessen zugunsten der Interessen von Staat, Gesellschaft und Autorität zu bewahren hat. Der Jugendliche in diesen Komödienserien leistet oft Triebverzicht, indem er etwa einen Sexualpartner verläßt, der in Konkurrenz zu seiner »lustigen« Familie steht; materielle Gesichertheit und eine fragwürdige Humorigkeit ist seine Belohnung. (Vgl. *Heimat und Familie* → Familienserien.)

Eine andre Form der Fernsehkomödienserie ist die Parodie auf gängige *action*-Serien: Krimiserien wie »Die Zwei« (Amerika) oder »Suchen Sie Dr. Suk« (Deutschland) persiflieren zwar Sprache und Handlungsaufbau des Genres, aber ohne die ideellen Grundlagen, Heldenkult, Gewaltverherrlichung und Autoritätsdenken in Frage zu stellen; ähnliches gilt für Westernparodien (in der deutschen Serie »Stadt ohne Sheriff« wird immerhin versucht, die gewaltfreie Lösung von Konflikten in den Vordergrund zu stellen). Die parodistischen Serien, die vor allem durch den Temporeichtum von Sprache und Handlung wirken, verharmlosen bis zu einem gewissen Grad ihr Genre und verbergen deren Militanz, die sie nur scheinbar ablegen, unter dem Schleier komischer Einzelheiten.

Der *crazy humor* etwa eines → Marty Feldman hat es in Deutschland einigermaßen schwer, sich durchzusetzen, obwohl die Aneinanderreihung kurzer Sketches und Szenen, durch Rahmenhandlungen oder Moderation verbunden, die fernsehgerechteste Art der Komik darstellt, da sich insbesondere elektronische Trickverfahren wirkungsvoll einsetzen lassen (→ Kabarett und Satire im Fernsehen). Mit solchen elektronischen Verfremdungen arbeitete beispielsweise die Serie »Monty Python's Flying Circus«, die auch vom deutschen Fernsehen übernommen wurde. Das Produktionsteam dieser Reihe stellte mit »Blödeln für Deutschland« eine freilich wenig ansprechende deutsche Version her. Ebensowenig wie die österreichische Serie »Lodyinski's Flohmarkt« verstanden es deutsche Sendungen wie Michael Pfleghars »Perlico-Perlica« oder Dieter Hildebrands »Plonk« den Nonsense als Form der Unterhaltung zu kultivieren.

Anmerkung

Friedrich Knilli (Hg.): Die Unterhaltung der deutschen Fernsehfamilie. München 1971.

Literatur

Manfred Delling: Bonanza und Co. Fernsehen als Unterhaltung und Politik. Eine kritische Bestandsaufnahme. Reinbek 1976. Knut Hickethier: Unterhaltung in Fortsetzungen – Fernsehspielserien im Vorabendprogramm. In: Peter von Rüden (Hg.): Das Fernsehspiel. München 1975.

Komödienstadel und Ohnsorgtheater

Beliebte deutsche Fernsehproduktionen, die die Tradition des Volksstücks aufnahmen, unter dem Zwang zur Allgemeinverständlichkeit aber die Elemente der Dialekt-Sprache und der satirischen Behandlung regionaler Sonderprobleme weitgehend eliminierten. Während das Komödienstadel nur aus Studio- und Tourneeproduktionen zusammengestellt wird, hat das Ohnsorgtheater (1902 von Richard Ohnsorg gegründet) ebenso wie die 36 Jahre alte Millowitsch-Bühne in Köln und die Wiener Löwinger-Bühne ein festes Haus. In den fünfziger und den frühen sechziger Jahren rangierten die Volkstheatersendungen an der Spitze in der Beliebtheit von Unterhaltungssendungen, danach verlagerte sich das Interesse mehr auf solche Serien, die Elemente des Volkstheaters mit Problemen der Familie verknüpften (vergl. *Heimat und Familie* → Familienserien). Immerhin waren im Jahre 1969 bei zehn Volkstheatersendungen, die ARD und ZDF ausstrahlten, durchschnittlich 51 % der Geräte eingeschaltet. (Zum Vergleich: Beim klassischen Schauspiel betrug der Durchschnittswert im selben Zeitraum 7 %.)

Die Botschaft des Volkstheaters im Fernsehen, so beschrieb es der Dramatiker Franz Xaver Kroetz, ist »so komisch wie möglich zu zeigen, wie albern es ist, wenn der Diener sein eigener Herr sein will, weil der liebe Gott schon weiß, was er tut.« Um diese Botschaft (das Individuum versucht in einer grotesken Überschätzung seiner selbst einen Anlauf zu einer zumeist sogar nur kurzfristigen Selbstverwirklichung zu nehmen, stößt aber sofort an die Begrenzungen, die die gesellschaftliche Hierarchie gesteckt hat, macht sich lächerlich, tritt zurück ins Glied und wird belohnt durch ein schales *happyend*, das seine Resignation verschleiert) möglichst schmackhaft zu machen, werden im Verlauf des Stückes einige Tabus angeritzt, was allein durch die Ansprache eine kurzzeitige Entlastung vom Druck der verinnerlichten Normen gestattet, gekoppelt freilich immer mit der Ablehnung der Tabuverletzung, wie überhaupt im genormten Volksstück das befreiende Lachen sich nur als Auslachen realisieren kann. Diese Tabus entstammen zumeist dem Bereich familialer Sozialisation: Inzest (der Vater poussiert mit der Tochter, natürlich wissen beide von ihrem Verwandtschaftsverhältnis nichts, der Bruder will die Schwester heiraten etc.), der fäkalische Bereich (da wird einem, im dramatischsten Fall, Jauche vor die Tür gekippt, ein andrer erzählt ausgiebig von seinen Verdauungsschwierigkeiten etc.) und schließlich die hemmungslose Aggression gegenüber dem Ehepartner (diebisch im Sinne des Wortes ist die Freude des weiblichen Teils des Publikums im Parkett, wenn die matronenhafte Ehefrau ihren schwächlichen Mann verprügelt, wenn sie mit den Utensilien ihrer häuslichen Knechtschaft, mit Nudelhölzern, Putzlappen oder Kochtöpfen eine moralische Verfehlung ihres Gatten ahndet, und umgekehrt identifizieren sich die Männer mit dem schlauen Ehegemahl, der sich durch geschickte Betrügereien kleine außerhäusliche Freuden verschafft – zugleich werden die Vorurteile gegenüber dem anderen Geschlecht jeweils fixiert; hämisch konsumiert wird das im Grunde zutiefst pessimistische Bild von der ehelichen Partnerschaft als permanentem Kampf).

Je brutaler die Protagonisten im Fernseh-Volksstück aufeinander losgehen, desto größer ist der Lacherfolg. Heil in dieser Welt sind nur die festen Grenzen, die Unabdingbarkeit des psychischen Elends, mit dem man sich wie die verprügelten Helden abzufinden hat. Während die großen Komiker des Films (etwa → Charlie Chaplin, → Buster Keaton, → Jacques Tati) ihrem Leiden immer auch eine tragische Komponente gaben, ist das Leiden hier nur lächerlich, Objekt der Schadenfreude und Weisung, niemals so dumm sein zu wollen, eigene Bedürfnisse zu entwickeln, nichtkonformes Verhalten zu zeigen. Paradoxerweise ist es im Volksstück die Welt der Jungen, die zum Ideal erhoben wird; die Jungen kommen mit ihrer Umwelt schon viel besser zurecht, sie haben gelernt, sich den Realitäten unterzuordnen, sie sind sympathisch, weil sie zeigen, wie erfolgreich man wird, wenn man die Spielregeln beherrscht. Ihre Beziehungen untereinander, die gänzlich jeder Romantik oder Poesie entbehren, sind »realistisch«, regeln sich über das Warenverhältnis und dienen dem Aufbau »einer Existenz«. Langmut gegenüber den komischen Alten ist das Signum ihrer Überlegenheit, in ihren Gesichtern spiegelt sich die gestaltlose Leere als Zeichen des Einverständnisses mit ihrem eigenen seelischen Tod.

Diese Sprache im Volksstück, der Dialekt, der zum Akzent verkommen ist, dient der Unterscheidung, ist Maßstab für den Grad der Angepaßtheit: die Jungen, fast ausnahmslos, sprechen angenähertes Hochdeutsch. War im originären Volksstück der Dialekt noch eine Eigentümlichkeit des Volkes, mit der man sich positiv von der Kunstsprache, genauer der Herrschaftssprache Hochdeutsch absetzte und dadurch das Bewußtsein der Eigenständig-

Henry Vahl und Heidi Kabel in ». . . und oben wohnen Engel«

keit förderte, so wendet sich die Sprache des Volks in der Fernsehkomödie gegen das Volk selber. Gelacht wird über die »kognitiven Fehlleistungen« (Melchior Schedler) dessen, der mit der Sprache, einem Machtmittel der Herrschenden, nicht zurechtkommt. Dabei wird jeder Sprachwitz vermieden, der beispielsweise verdeutlichen könnte, daß die Sprache selbst etwas Lächerliches hat, gerade weil sie so zu einem Funktionssystem geworden ist, das die Phantasie einengt (→ Karl Valentin) und nur unter peinlich genauer Einhaltung vorgegebener Regeln verwendet werden darf. Die Darsteller des modernen Volkstheaters setzen sich selbst der Lächerlichkeit aus, um die Einsicht in die Lächerlichkeit (d. h. die aus Widersprüchen resultierende Notwendigkeit der Veränderung) der Realität zu verhindern. Der Dialekt, als Artikulationsmittel der Unterklassen, wird diffamiert als Zeichen der Erfolglosigkeit, Sprachbarrieren erscheinen als selbstverschuldetes Schicksal.

Die glückliche Wendung im Fernseh-Volksstück kommt als kapitalistischer *deus ex machina* immer von außen, wird niemals selbst erarbeitet, sondern von einer gesichtslosen Außenwelt in Form von Lottogewinnen, Erbschaften etc. zugeteilt. Die Gleichsetzung von Glück und Geld geht einher mit der Abwertung der Produkte der eigenen Arbeit, wie überhaupt das Schicksal eines Individuums im Volksstück nur deshalb der Vorführung wert erscheint, weil man über es lachen kann. Die Mitleidlosigkeit, mit der das Erdulden von Pein geschildert wird, richtet sich gegen den, der »sich selbst zu wichtig nimmt«.

Neben den regional eingefärbten Familienserien wie »Familie Hesselbach« oder »Kapitän Harmsen« hat die vom ZDF produzierte Werberahmenserie »Königlich Bayrisches Amtsgericht« von Georg Lohmeier (Regie: Ernst Schmucker) die Popularität des Volksstücks erreicht. (Sehbeteiligung der in zwei Reihen 1969 und 1970 ausgestrahlten Serie: zwischen 46 und 50 %.) Diese »alpenländische Idylle« ist insofern eine konsequente Weiterführung des Volksstücks im Fernsehen, als hier mit der Identifikationsfigur des »Herrn Rat«, der sich gütig, väterlich und zuweilen streng mit den bauernschlauen Spitzbübereien seiner »Befohlenen« auseinandersetzen muß, das Prinzip der Herrschaft Gestalt gewonnen hat. Mit den Augen des Richters sieht man das Volk als eine Schar zwar rührender, aber doch unmündiger Kinder.

Daß diese Art der Unterhaltung, in der die sozial niederen Schichten sich selbst verachten lernen oder den geringen Abstand zu den noch Unterprivilegierteren genießen, nicht immer Erfolg hat, zeigte sich an der Ablehnung, die das Publikum der Serie »Hei-Wi-Tip-Top« entgegenbrachte, in der zwei Stars des Volkstheaters, Willy Millowitsch und Heidi Kabel (Ohnsorgtheater) zusammen auftraten. »Ein Großteil des Publikums«, meinte Hannes Hoff, Unterhaltungschef des WDR, dessen niveauvolleres Programm von den Verantwortlichen gebremst wurde, »ist nicht so dumm, wie man in den Fernsehhäusern glaubt.«

Anmerkung

Melchior Schedler: Ist das Volk so tümlich? In: »Fernsehen und Film« Nr. 7 Velber 1971.

Literatur

Bertolt Brecht: Volkstümlichkeit und Realismus. In: Ders.: Gesammelte Werke Band 19. Frankfurt 1967. Bruno Fischli: Monsieur le Capital und Madame la Terre. Zur ideologischen Funktion des völkisch-faschistischen Heimatstücks (1897–1933). In: »Diskurs« Nr. 6/7. Köln 1973. Christoph Funke: Thesen und Fragen zum Volksstück. In: »Theater der Zeit« Nr. 12. Berlin 1967. Karl Veit Riedel: Volkstümliche Strukturen des Fernsehspiels. In: »Hessische Blätter für Volkskunde« Nr. 58. Frankfurt 1967.

Laurel und Hardy

Stan Laurel (Arthur Stanley Jefferson, 1890–1965) und Oliver Hardy (1892–1957). Das amerikanische Komiker-Duo, das in Deutschland unter dem Namen »Dick und Doof« bekannt wurde, begann im Jahre 1926 seinen unermüdlichen Kampf mit den Tücken der Objekte. 77 Kurz- und 25 Langfilme haben die beiden gemeinsam realisiert, und bei dieser Zahl ist es fast zwangsläufig, daß die Qualität der Filme schwankt und einige der *gags*, die sie berühmt gemacht haben, im Verlauf ihrer Karriere zu Tode geritten wurden. Laurel und Hardy teilen mit ihren Innovationen das Schicksal der Erfinder und Neuerer, deren ursprüngliche Einfälle von der Kritik nicht gerecht von den ermüdenden Nachahmungen und Wiederholungen unterschieden werden.

Ist es in den früheren Einaktern (von »Putting Pants on Philip« – 1926 bis »Tit for Tat« – 1935) noch der vergebliche Versuch einer positiven Meisterung der Dingwelt, die eine manchmal ebenso derbe wie realistische Komik hervorruft, so leiden die Protagonisten in ihren »klassischen« Langfilmen »Jailbirds« – 1931, »Sons of the Desert« (Die Wüstensöhne – 1933), »Way Out West« – 1937, oder »Our Relations« (Die Doppelgänger von Sacramento – 1936) am Subjekt, d. h. an ihrer gegenseitigen Abhängigkeit, an ihrer fast eheähnlichen Beziehung, die von praktischer Solidarität bis zu unmotiviert ausbrechender Aggressivität die ganze Skala menschlicher Kommunikation umreißt. Diese Psychologisierung ihrer Komik wurde in den letzten Jahren ihrer gemeinsamen Karriere von Regisseuren, die ihre Intentionen nicht verstanden, zugunsten recht grober Klamauk-Effekte aufgegeben (»Great Guns« – 1941, » The Big Noise« – 1944, oder ihr

Das Paar, das mit sich selber und mit der Umwelt in ständigem Konflikt lebt
Verleih: Fox-MGM

letzter gemeinsamer Film »Atoll K« – 1950).

Das Geheimnis der Übereinstimmung der beiden, zumindest dort, wo es darum geht, sich gegen Dritte zur Wehr zu setzen, liegt in der komplementären Beschaffenheit ihrer Existenzen und findet seinen Ausdruck in gemeinsam gesprochenen Sätzen oder in den Versuchen, zur selben Zeit dasselbe zu tun, was dann freilich wieder zur Aufhebung jeder Effektivität führt. Dazu kommt, besonders in den Ritualen der Gestik und der Sprache, ein Verhalten, das der Abkapselung der Kinder gegenüber der Erwachsenenwelt gleicht: die einem außenstehenden Dritten wie Nonsense anmutenden Dialoge, ihre »Geheimsprache«, die nur sie selbst verstehen. Der pseudo-elegante Ollie und der kindliche Stan, an sich friedfertige Menschen, reagieren auf vermeintliche oder tatsächliche Aggressionen mit der Deformation ihrer Widersacher. Diese Deformationen (in »Our Relations« etwa werden einem eitlen Kapitän die Brusthaare weggebrannt, seine Nase wird verdreht etc.) sind der Ausdruck einer tief verwurzelten Furcht vor der Instabilität der menschlichen Erscheinungsform. Gekoppelt ist dies folgerichtig mit Szenen, die auf groteske Weise Klaustrophobie-Ängste heraufbeschwören: Zu dritt windet man sich in einer Telefonzelle, eine ganze Gruppe von Menschen versucht in einem Kleinwagen Platz zu finden etc.; die Platzangst ist die Neurose des Dicken, der nicht einmal Platz in seinen Anzügen findet und der schon ganz einfach aus Mangel an Lebensraum destruktiv wird, während der kleine und schmächtige Stan Zerstörung seiner Umwelt eher fast planvoll als Ausdruck ei-

Im »richtigen« Moment die Hosen zu verlieren – auch das gehörte zur Komik von Laurel und Hardy Verleih: Fox-MGM

ner grundsätzlichen Negation betreibt. Dabei sind beide erfüllt von Sehnsucht nach einem unkomplizierten, funktionierenden Dasein, nach einer störungsfreien Selbstverwirklichung. Doch während der eine (Ollie) es immer wieder durch die Anpassung an die Normen und Verhaltensweisen der für ihn so unerreichbaren »guten Gesellschaft« versucht, will der andre (Stan) zurück in die Kindheit, will er von der Welt nichts wissen. So wird der eine zum Schicksal des andren, und das ungute Fatum, das man sich gegenseitig ist, wird nur durch trotziges Weitermachen um jeden Preis überwunden. Zu Recht werden Laurel und Hardy als die Meister des *slow-burn* bezeichnet. In der Tat ist das willentliche Herabschrauben des Affektes auf die Höhe einer Sparflamme, die sie als Opfer von Aggressionen und Widerwärtigkeiten auszeichnet, ein probates Mittel, den versteckten Sadismus, für den ein Konflikt nur noch als Vorwand dient, kenntlich zu machen. In ihren Filmen tritt der *slow-burn* in zwei Varianten auf: »Einmal läßt das Opfer mit mühsam gewahrter Beherrschung alles über sich ergehen, während es in ihm brodelt und kocht. Dabei registriert das Opfer jede Gemeinheit des Peinigers mit schmerzlicher Neugier, wieweit es der denn noch treiben werde, ängstlich bedacht, nicht zu früh affekthaft zu reagieren, ehe sich der Gegner in seiner ganzen Bosheit offenbart hat« (Helmut Regel). Mit solchem Verhalten, nach außen einem heitergelösten Zeremoniell vergleichbar, wird ein Gipfel von Sadismus erreicht, der das vollständige Auskosten der Qualen des

Gegenüber mit einschließt. Die andre Variante des *slow-burn*: Das Opfer kämpft seinen Wunsch nach Rache nieder und zwingt sich mit sichtbarer Pein zu milder Resignation. Dies ist besonders der Fall, wenn sich die Aggression gegen einen Menschen richtet, der dem Opfer gemeinhin am Herzen liegt. Vor allem Ollie muß immer wieder seinen Zorn auf Stan niederkämpfen. (Gelegentlich versteht man unter *slow-burn* auch eine »Spätzündung«, die verzögerte Einsicht in die Ernsthaftigkeit einer Situation oder das verspätete Verständnis einer Aggression; doch diese *gag*-Technik wurde von Laurel und Hardy nicht sehr häufig angewandt.) In den Tonfilmen kommt ein Element verbaler Komik hinzu, das auch dazu beigetragen hat, daß die Popularität von Laurel und Hardy die Umstellung in der *sound-era* überdauert hat: Stan bewirkt eine babylonische Sprachverwirrung immer dann, wenn er sich als Sprachrohr Ollies aufspielt, wobei er unfähig ist, die aufgenommenen Sätze so umzuformen, daß sie verständlich werden; eine Verbalisierung des Verdoppelungseffektes, der schon in den Stummfilmen vorgegeben war.

Stan Laurel erklärte ihre Popularität einmal so: »Die Leute haben uns gern, weil sie sich uns überlegen fühlen . . . und weil sie glauben, daß sie weniger dumm sind.« Ihre »Dummheit« bestand darin, daß sie, nachdem sie einen schweren Flügel über einige hundert Treppenstufen zu einer Villa hochtransportiert hatten, merkten, daß es einen bequemeren Weg hintenherum gab und sie den Flügel wieder hinuntertrugen, um den besseren Weg zu nehmen. Das Publikum lacht über Stan und Ollie, weil sie unfähig sind, sich den Realitäten anzupassen, etwas einzusehen, Erfahrungen zu verarbeiten und schließlich, sich unter die Gegebenheiten des Lebens oder der Gesellschaft unterzuordnen. Ihre Unbelehrbarkeit ist ihre Verweigerung gegenüber dem Realitätsprinzip, im Gegensatz etwa zu den → Marx Brothers hat diese Verweigerung jedoch selten auch den Anspruch einer Selbstbefreiung angenommen.

Seit 1970 wurde in insgesamt 96 Folgen die Serie »Dick und Doof« vom Zweiten Deutschen Fernsehen ausgestrahlt, die allerdings durch eine ganz auf Klamauk abgestimmte Bearbeitung und die Zerstückelung der Filme zu den im Werberahmenprogramm üblichen Zwanzig-Minuten-Sendungen die Talente der beiden Komiker eher verdeckten.

Anmerkung

Helmut Regel: Die Doppelgänger von Sacramento. In: »Filmkritik« Nr. 9. München 1966.

Literatur

Richard J. Anobile: The Best of Laurel and Hardy. Verbal and Visual Gems from the Crazy World of Laurel and Hardy. London 1975. Charles Barr: Laurel & Hardy. London 1967. Raymond Borde/Charles Perrin: Laurel et Hardy. Lyon 1965. Jean-Pierre Coursodon: Laurel et Hardy. Paris 1965. Danske filmuseum (Hg.): Laurel and Hardy. Kopenhagen 1970. William K. Everson: The Films of Laurel and Hardy. Secaucus 1974. Roland Lacourbe: Laurel et Hardy, ou l'enfance de l'art. Paris 1975. John McCabe: The Comedy World of Stan Laurel. London 1975. John McCabe: Mr. Laurel and Mr. Hardy. New York 1961. John McCabe/Al Kilgore: Laurel & Hardy. London 1975. Leonard Maltin (Hg.): The Laurel and Hardy Book. New York 1973. Leonard Maltin (Hg.): Laurel & Hardy: Sons of the Desert. New York 1973.

Lewis

Jerry Lewis (Joseph Levitch), amerikanischer Komiker und Filmregisseur, geb. 1926, der zunächst durch Bühnenauftritte und Filme zusammen mit seinem Partner Dean Martin bekannt wurde: »My friend Irma« (1949), »Artists and Models« (Maler und Mädchen – 1955), »Pardners« (Wo Männer noch Männer sind – 1956), »Hollywood or Bust« (Alles um Anita – 1956), »Rock a Bye Baby« (Fünf auf einen Streich – 1958). Während Lewis hier einen femininen, unsicheren Jungen verkörperte, stellte Martin einen allenfalls in seiner Starrheit und einer um eine Spur überzogenen Männlichkeit komisch wirkenden Erfolgs-

Jerry in ungleichem Kampf: »Don't Give Up the Ship« von Norman Taurog (1959)
Verleih: Fox-MGM

menschen dar, der es mit äußerer Ungeduld und innerer Genugtuung duldet, daß Jerry ihn als Muttergestalt annimmt. Der mit sozialen und sexuellen Problemen gleichermaßen belastete Jerry »verkörperte eine Art komisches Gegenstück zu der tragischen Figur James Dean, auch er ein sozialer ›Versager‹, auch er gehemmt gegenüber dem anderen Geschlecht, auch er ein Spiegelbild kollektiver Furchtkomplexe, mit dem Unterschied, daß er ihnen ein Ventil bot, indem er sie der Lächerlichkeit aussetzte« (Enno Patalas).

Nach seiner Trennung von Dean Martin wandelte sich die Filmfigur Jerry Lewis. In Filmen wie »The Bellboy« (Hallo Page! – 1959), »Cinderfella« (Aschenblödel – 1960), »The Ladies' Man« (Zu heiß gebadet – 1961), »The Nutty Professor« (Der verrückte Professor – 1963), »Who's Minding the Store« (Jerry, der Ladenhüter – 1964), »The Patsy« (Der Wunderknabe – 1964), »The Disorderly Orderly« (Der Tölpel vom Dienst – 1964) oder »The Family Jewels« (Das Familienjuwel – 1965) war an die Stelle der »Mutter« Dean Martin die Gesellschaft getreten, der Jerry es recht machen will. Doch hatte die Beziehung zu Dean Martin schon darunter »gelitten«, daß Jerry im Widerspruch zwischen dem Wunsch nach der Geborgenheit und dem Bestreben nach der Herausbildung einer eigenen Persönlichkeit seinen Partner oft gleichsam gegen seinen Willen hereinlegte oder seinen falschen Führungsanspruch entlarvte, so rebelliert er nun, obwohl die soziale Anerkennung seine größte Sehnsucht ist, gegen seine Integration. Diese Rebellion manifestiert sich vorzugsweise im Bereich des Körperlichen; während es Jerry mehr recht als schlecht gelingt, so zu sprechen, wie man von ihm erwartet (wobei sein immer etwas weinerlicher Ton die Mühe charakterisiert, die ihm die Kontrolle über seine Sprache bereitet – und in Momenten der Gefahr oder des übergroßen Zwanges entlädt sich seine aufgestaute, verdrängte Kindlichkeit in wahren Wortkaskaden chaotischer Assoziationen), ist er mit solcher artistischen Brillanz »tölpelhaft«, zerstört so zielgerichtet das Interieur, daß seine Aversion gegen die Einbeziehung seiner Person in die lieblose Erwachsenenwelt nur zu deutlich wird. Dabei ist die körperliche Deformierung seiner Widersacher und seiner selbst wichtiger Bestandteil seines im Innern wehrhaften und tapferen Verhaltens: »Dieser Drang, das maltraitierte Objekt auch in physiologischer Veränderung zu sehen« (Rolf-Rüdiger Hamacher), ein Stilmittel, das schon die → Stummfilmgroteske kultivierte, ist ebenso Ausdruck kindlicher Furcht wie Teil einer materialistischen Poesie der Sinnlichkeit, in seiner Konsequenz den italienischen Filmen des poetischen Realismus vergleichbar.

Jerry Lewis, der immer mehr dazu überging, seine Filme selbst zu inszenieren, verdankt eine Reihe der Stilmittel seines Humors und die Disziplinierung seines komischen Talentes (das Grimassenschneiden als Selbstzweck trat zunehmend hinter subtileren Ausdrucksformen zurück) der Zusammenarbeit mit dem Regisseur Frank Tashlin (→ Hollywoodkomödien). Dieser hatte als Cartoonist bei → Walt Disney begonnen, und seine Vorlieben galten der Satire auf das Konsum- und Erfolgsdenken der Amerikaner, dem irrationalen *Comic Strip-gag* und der Technik des filmischen Verweises (→ Parodie im Film). Tashlin und Lewis kreierten zusammen auch den »anti-*gag*«, eine elliptische Form der Montage, die den Höhepunkt einer grotesken Szene ausspart und nur die Folgen zeigt: In »Geisha Boy« etwa stürzt sich ein schwergewichtiger Baseballstar ins Schwimmbassin eines Hotels. Der Sturz ins Becken wird nicht gezeigt, sondern nur das plötzlich aus allen Türen strömende Wasser.

Mit → Chaplin verbindet Jerry Lewis nicht nur die Tatsache, daß auch er einen Film gedreht hat, in dem er durch die Verkörperung einer Doppelrolle auch die »böse« Seite seines Wesens herausgearbeitet hat (»Which way to the Front« – Wo bitte geht's zur Front – 1972), sondern auch die Verknüpfung von persönlichem und künstlerischem Werdegang. Bei beiden entstanden, durch frühkindliche Frustrationen ausgelöst, neurotische Fehlhaltungen, die sich wie ein roter Faden durch ihr Werk ziehen, das einer mählichen Katharsis gleicht. In den neueren Filmkomödien, etwa »Boeing Boeing« (1966), »Three on a Couch« (Drei auf einer Couch – 1966), »The Big Mouth« (Ein Froschmann an der Angel – 1967), »Hook, Line and Sinker« (Jerry, der Herzpatient – 1969) beginnt, im Gegensatz zu den Filmen Tashlins, wo Jerrys Lage hoffnungslos, er selbst nur ein Indikator für die Grausamkeit der Welt ist, der Held über seine Lage zu reflektieren. In diesen Filmen erleidet Jerry nicht nur, er spielt auch selber Schicksal, wie in »Three on a Couch«, wo er drei frustrierte Frauen von ihren Neurosen heilt, indem er sich selbst in ihre jeweiligen »Traummänner« verwandelt, um endlich seine Braut, die Psychiaterin der drei, heiraten zu können, oder er schlägt, wie in »Hook, Line and Sinker« gegen seine Peiniger (seine Frau und ihren Liebhaber) zurück.

Der Erfolg von Lewis' Symbolik der Erfolglosigkeit als Lebensweise hängt zusammen mit der Situation im Amerika von heute und – wie sich am Erfolg der Jerry-Lewis-Retrospektiven zeigt – auch in Deutschland; es ist die Krise des Individualismus, dem durch die veränderten Produktions- und Sozialisationsbedingungen nur noch der Rückzug in die »Verrücktheit« bleibt. Wie dort die Mythen vom einsamen Westerner oder Gangster ausgehöhlt sind, so sind auch hierzulande Individuen längst zu »Charaktermasken« vertrocknet. Der *rugged individualism* gehört seit dem Beginn des *New Deal*, der langsamen – sehr langsamen – Überführung Amerikas (und Deutschlands) in einen monopolkapitalistischen Wohlfahrtsstaat und der schrittweisen Integration der rassischen und ethnischen Minderheiten, der Vergangenheit an, und trotzdem wird er besonders im Kino (das Fernsehen ist da schon viel weiter und dementsprechend fader), einem romantischen Geschichtsverständnis entsprechend, immer noch hochgehalten. Spurenhaftes, unverarbeitetes Bewußtsein der eigenen Lage führt zu dem Wunsch, noch weiter unten in der Skala des Erfolgs stehende Menschen, Figuren, die im Bestreben, Individualität zu gewinnen, noch stärker Schiffbruch erlitten haben, als Kompensationsmedium zu haben; die Karikatur der eigenen Situation dient so als Blitzableiter. »Aber auch diese Karikatur enthält noch die gleichen Züge individueller Fortkommensmöglichkeiten. Freilich sind hier nicht mehr die Verhältnisse und die Tüchtigkeit, mit der sie gemeistert werden, für die Karriere maßgeblich, sondern allein das Glück. Dem Typ, den Lewis kreiert hat, gelingt es nicht, ›seine Umwelt zu unterwerfen‹. Er wartet auf ihre eigene, irrationale Veränderung. Dabei ist es für Lewis überflüssig, sich über die Ursachen oder den Vorgang selbst Gedanken zu machen. Er stellt das Ergebnis lediglich fest. Solcher Wunderpositivismus hat den unbedingten Glauben an die irrationale Ordnungskraft und deren Unausbleiblichkeit im Gefolge« (Hans Fischer). Wenn Fischer hier auch nur von den Filmen der Zeit vor der Wandlung Jerrys zu einem aktiven Kämpfer für seine Entfaltung ausgeht, so findet sich doch diese märchenhafte Komponente in zahlreichen Filmen, die durch »wunderbare« Erhöhung der gepeinigten Inkarnationen des »kleinen Mannes«, der Rekruten, Pagen, Balljungen auf dem Golfplatz und aller in ihrem Beruf Drittrangigen, die Jerry Lewis darstellt, das anfängliche Elend vergessen machen. Doch wird Jerry späterhin immer mehr zu einem subversiven Rebellen, der sich durch die Behauptung seiner Eigenständigkeit gegenüber den Verlockungen einer korrupten Gesellschaft das Glück persönlicher Befriedigung redlich verdient hat.

Jerrys Haltung den Frauen gegenüber entspricht dem Trauma der Männer in einer Zeit der sich wandelnden Rollenverteilung. Mit dem Problem einer überstarken Mutterbindung, und, damit verknüpft, der Neigung zur Homosexualität behaftet, kann Jerry doch zuweilen zu einem zärtlichen und verständnisvollen Liebhaber werden, der sogar seine supermännlichen Konkurrenten ausschalten kann. André S. Labarthe (zit. nach Fischer) hat die Frauengestalten in Lewis' Filmen untersucht und drei Typen von Frauen unterschieden:

1. Die natürliche Frau: eine Zusammenfassung der traditionell unaktiven, etwas dümmlich-reizlosen Frau, die aber zunehmend auch Kennzeichen eines »guten Kameraden« erhält und in den späteren Filmen sogar maßvoll emanzipiert ist. (Beispiele: das unbeholfene Mädchen in »The Ladies' Man«, die ewig Sahnekuchen essende dicke Dame in »The Bellboy«.) Zu diesen Frauen hat Jerry meistens eine verhältnismäßig gute Beziehung.

2. Die Kommandeuse: Sinnbild der beruflich emanzipierten Frau, die, weil sie ihre »Weiblichkeit« verloren hat, ihre ganze Energie in die kraft ihres Amtes ermöglichte Unterdrückung ihr untergebener Männer legt. (Der weibliche Offizier in »The Sad Sack«, die Mutter [!] in »Cinderfella« oder Mrs. Welonmelon in »The Ladies' Man«.)

3. Die Vampirfrau: die sexuell emanzipierte, reißende, verschlingende Frau, der sich der Mann nur als Sexualobjekt unterwerfen kann. Den beiden letzten Frauentypen steht Jerry negativ gegenüber, von ihnen wird er verfolgt, gepeinigt und gedemütigt.

In seinen Filmen steht Jerry Lewis vor der Notwendigkeit, erwachsen zu werden, ohne freilich die »normale« Entwicklung über das Stadium der Pubertät durchlaufen

Jerry und die Kommandeuse: »The Sad Sack« von George Marshall Verleih: Fox-MGM

zu können (dies verbietet die Stärke des Mutter-Imagos). So bleiben Teile von Jerrys Wesen – wie bei vielen Amerikanern – immer kindlich, was sich beispielsweise in seiner Bastelleidenschaft ausdrückt, an seinem Drang, an allen Dingen herumzuprobieren, bis diese meist zu Bruch gehen, an seiner Leidenschaft, Dinge in Bewegung zu bringen, Vorgänge, die in der Psychologie als Stimulans für den Integrationsprozeß gewertet werden. Die Komik dieser Situation liegt darin, daß sie, weil sie verspätet

auftaucht, nicht zum Ende geführt werden kann, somit als komischer Widerspruch in der Person selber erhalten bleibt und einen Kreislauf von Integrationsversuch, Destruktion, Regression und erneutem Anlauf zur Integration anregt.
Vom Tollpatsch hat sich Jerry entwickelt zu einem amerikanischen Durchschnittsjungen, der eingesehen hat, daß ein Sprung über seine Klassenschranken nicht mehr möglich ist: aus dem Tellerwäscher wird kein Millionär. Mit seinen Sozialisationsproblemen kämpfend, sucht er sein Glück in der Anpassung und läßt sich manchmal, um in die Gesellschaft aufgenommen zu werden, willenlos ausbeuten. Schließlich kündigt sich eine dritte Phase an: Jerry beginnt mit seinen Unterdrückern Spielchen zu treiben. Die Komik, die er vorher produzierte, um andre über sich lachen zu machen, wendet er nun selbst als ein bewußtes Mittel der Individuation an. Er »flüchtet sich in eine absurde Welt, die sich dem Zuschauer als *gag* darbietet, für Jerry jedoch die einzige Form des Überlebens darstellt« (Hamacher). Das freilich ist auch die Crux eines so gearteten Humors, wie vieler an der Oberfläche zunächst aufklärerischer Filmkomödien (→ Jacques Tati, → Marx Brothers, → Charlie Chaplin): Sie sind vom Standpunkt einer feindseligen Isolation aus gedreht, und der humanistische Anspruch, den sie immer auch beinhalten, läßt sich nur über die Sentimentalität realisieren, von der insbesondere der *Regisseur* Jerry Lewis oft ausgiebig Gebrauch macht. Einige Folgen der Jerry-Lewis-Show, die bestimmte Schlüsselszenen aus seinen Filmen in Form kurzer Sketches darbringen, sind, in Originalfassung mit deutschem Kommentar, auch im Deutschen Fernsehen ausgestrahlt worden.

Anmerkungen
Enno Patalas: Stars. Geschichte der Filmidole. Frankfurt 1967. Rolf-Rüdiger Hamacher: Mit Gags überleben. In: »Medium« Nr. 9. Frankfurt 1972. Hans Fischer: America's Own Fool. In: »Filmstudio«. Frankfurt 1963.

Literatur
Peter Bogdanovich: Mr. Lewis is a Pussycat. In: Ders.: Pieces of Time. New York 1973. Rainer Gansera: Jerry Lewis. Films for Fun. Sonderheft »Filmkritik« Nr. 208. München 1974. Wolfram Knorr: Deformation des Körpers. In: »Die Weltwoche« Nr. 35. Zürich 1974. Jean-Louis Leutrat/Paul Simonci: Jerry Lewis. Paris 1964. Jerry Lewis: Wie ich Filme mache. The Total Filmmaker. Reinbek 1976. Gérard Recasens: Jerry Lewis. Panorama critique. Paris 1970. Noel Simsolo: Le monde de Jerry Lewis. Paris 1969.

Little Nemo

Comic Strip-Serie von Winsor McCay, die von 1905 bis 1911 im *New York Herald* erschien und heute zu den Klassikern des künstlerischen Comics gezählt wird. Beeinflußt von Malerei und Plakatkunst des Jugendstils einerseits und der »Alice in Wonderland« von Lewis Carroll andrerseits, schuf McCay eine Serie, die in ihrem spielerischen Umgang mit der Formenwelt der Realität und der Phantasiefülle, mit der er Little Nemo, einen kleinen New Yorker Jungen, Abenteuer im »Slumberland« erleben ließ, einen Höhepunkt der Comics-Kunst darstellt.
»Slumberland« (Schlummerland) ist die Welt des Traums, in die Little Nemo jeden Abend geführt wird, begleitet von dem rundlichen, immer etwas boshaften Flip, dem »Kannibalen« Impy, seinem Hund Slivers und einem »Doctor Pill«. In dieser Traumwelt gibt es alles, was es auch in der Realität gibt, die Häuser vom New York der Gründerzeit, den *Central Park*, die Autos und Zeppeline. Nur ist eben alles auf groteske Weise »verkehrt«, die Häuser stehen waagrecht statt senkrecht, oder sie regnen vom Himmel, Pilze werden riesengroß, Bäume winzig klein etc. Little Nemos Abenteuer werden immer phantastischer: Schließlich sucht König Morpheus, der Herrscher von Slumberland, für seine Tochter einen Verlobten und verfällt dabei ausgerechnet auf Nemo. Der Reihe nach versuchen nun fast alle Bewohner von Slumberland, Little Nemo in ihre Welt zu

bringen, doch kurz vor dem Ziel passiert immer irgend etwas Unerwartetes, das Nemo erwachen und ihn zu Hause aus dem Bett fallen läßt. Nach zwanzig Wochen schließlich gelingt es ihm, Slumberland zu erreichen, und weitere zwanzig Wochen dauert es, bis er bis zur Prinzessin gelangen kann.
Diese Rahmenhandlung unterteilte McCay in jeweils eine Seite umfassende Episoden, deren letztes *panel* unabdingbar zeigte, wie Nemo aus dem Bett fällt oder von seinem Vater unsanft geweckt wird. Neben vielschichtigen, mehrdeutigen (Traum-)Symbolen verwendete McCay in seinen Strips auch Elemente der *slapstick*-Komik, und gelegentlich gab es auch Lausbübereien, wie sie in den → Kid-Comics üblich waren, freilich gesteigert ins Phantastische: aus Schneebällen werden Menschenlawinen, Hefeteig begräbt eine ganze Stadt. »McCay ist der Sigmund Freud des Comic Strips. Als Zeitgenosse des Wiener Arztes läßt er seinen kleinen Helden fast systematisch den Traum erforschen. Er entdeckt seine Logik, seine Assoziationen, seine aus der Gegenwart wie aus dem Märchenfundus gespeiste Bildsprache« (Günter Metken). Das Werk von Winsor McCay, der auch den ersten Zeichentrickfilm, »Gertie the Dinosaur«, schuf, verweist auf die künstlerischen und literarischen Möglichkeiten des Mediums Comic. Leichter als in jedem anderen Medium läßt sich hier die Verbindung von Realismus und Poesie, von Traum und Wirklichkeit, schließlich von Kunst und Unterhaltung herstellen. Die Little Nemo-Comics sind in einer deutschen Übersetzung beim Melzer-Verlag erschienen.

Anmerkung
Günter Metken: Comics. Frankfurt 1970

Literatur
Comics. Page aus Zucker. In: »Der Spiegel« Nr. 49. Hamburg 1972. Dietrich Leube: Das böse Erwachen. McCays »Little Nemo in Slumberland« von 1905: Ein Bilderbogen-Buch für Kinder und Erwachsene. In: »Süddeutsche Zeitung« vom 19./20. August. München 1972. Hans-Eberhard Lex: Aus Max und Moritz wurden die Comic-Helden »Katzenjammer Kids«. In: »Neue Rheinzeitung« vom 24. Dezember. Mainz 1968. Günter Metken: Klein Nemo im Traumland. In: »Frankfurter Rundschau« vom 14. Februar. Frankfurt 1970. Gisela Mühlberger: Einer der Urväter der Bildergeschichten. In: »Frankfurter Rundschau« vom 3. Februar. Frankfurt 1973. Lutz Reinecke/Peter Riley: Who is Who in Comicland. In: »Underground« Nr. 2. Frankfurt 1970.

Lubitsch

Ernst Lubitsch (1892–1947), deutscher Filmregisseur, der nach einer Zeit als Darsteller (eine Stummfilmserie präsentierte ihn als die komische Figur »Meyer«) und Regisseur (»Carmen« – 1918, »Madame Dubarry« – 1919 oder »Die Flamme« – 1921) 1922 nach Hollywood ging, eingeladen von Mary Pickford, die mit einem neuen Regisseur ihr Image zu verändern trachtete. Der Kostümfilm »Rosita«, der entstand, nachdem die Pickford einen Faust-Stoff abgelehnt hatte, brachte allerdings mehr Erfolg für Lubitsch als für den Star; der Regisseur blieb, durch einen Fünfjahresvertrag mit Warner Bros. abgesichert, in Amerika. Unter dem Einfluß von → Chaplins Film »A Woman of Paris«, in dem wohl zum erstenmal in der Geschichte des amerikanischen Films eine psychologische Motivation in die Dramaturgie eingeflochten wurde, verfeinerte Lubitsch seine bereits in den deutschen Filmen angelegte Technik der Komödie, die später als der »Lubitsch-*touch*« stilbildend wurde. Sein zweiter Film für Warner kennzeichnet seine Haltung dem Thema gegenüber, das in allen seinen Filmen bestimmend war: die Erotik der Frau, die, wo sie sich selbst verwirklicht, zu einer Bedrohung der patriarchalischen Männerherrschaft wird. »The Marriage Circle« (1924) spielt in der Wiener Aristokratie, in der Welt Arthur Schnitzlers. Doch im Gegensatz zu diesem zeichnet Lubitsch die Frauen nicht mehr als willenlose Spielbälle der männlichen Willkürherrschaft in einer grundlegend frauenfeindli-

»To Be or Not To Be« von Ernst Lubitsch

chen Welt; die Frau selbst wird bei ihm zum Aggressor. Im Gegensatz zu den *amerikanischen* Regisseuren ist diese Aggression immer im Zeichen des Lustprinzips zu sehen, dient nicht, wie etwa in den → Screwball Comedies, dem sozialen Aufstieg durch die Heirat oder einem versteckten Machtkampf, sondern dem Vergnügen. Der Hauch von Frivolität, der Lubitschs Filme auszeichnet, ist von daher erklärlich; sein Werk ist dem Zensor vermutlich nur deshalb immer wieder entkommen, weil niemand in seinen Filmen eine »anstößige« Stelle benennen könnte, ohne in den Verdacht zu geraten, »eine schmutzige Phantasie« zu haben. Denn Lubitsch geht »diskret« vor, er spart aus, nimmt die Erwartung des Zuschauers ins Spiel: »Ich lasse den Zuschauer von seiner Einbildungskraft Gebrauch machen. Kann ich etwas dafür, wenn er meine Anspielungen mißversteht?«

»Three Women« (1924), die Geschichte eines Mannes, der zugleich eine etwas ältere Frau (aus finanziellen Gründen) und deren Tochter (aus erotischen Gründen) umwirbt, begünstigte durch seinen immensen Erfolg Lubitschs Karriere und ermöglichte es ihm, in freier Wahl über seine Stoffe und seine Darsteller zu entscheiden. »Forbidden Paradise« (1924), eine Satire auf das Hollywoodsystem in Gestalt eines kleinen fiktiven Sklavenstaates, zeigte Pola Negri als die Apotheose der Lubitsch-Frau: Sie hat als absolute Herrscherin den Punkt erreicht, wo Aggression nicht mehr vonnöten ist.

Nach dem Aufkommen des Tonfilms (»The Love Parade« – 1929) entdeckte Lubitsch die Möglichkeiten, die in der Gestaltung der Musik, in der Affinität von Melodie und Gefühl liegen; die neuen Stars Jeanette MacDonald und Maurice Chevalier sind seine »Produkte«. In den Jahren zwischen 1931 und 1934 war Lubitsch auf der Höhe seines Ruhms; die Moral seiner Filme – »Genieße den Augenblick, und wer gut stiehlt, hat mehr vom Leben!« – entsprach exakt dem Geist der Zeit nach der großen Wirtschaftskrise. »Trouble in Paradise« (Ärger im Paradies – 1932), ein Film, der schon im Titel den Widerspruch bezeichnet, aus dem er lebt, beinhaltet all jene Stilmittel, mit denen Lubitsch den Filmbesucher auf angenehme Weise die Illusionen durchschauen lehrte. Lubitsch ließ sein Publikum nie vergessen, daß es sich im Kino befand; immer was gerade als gesichert gelten kann, wird in der nächsten Sekunde in Frage gestellt (etwa, wenn man in Venedig einen romantischen Gesang hört und in der nächsten Einstellung erfährt, daß es ein alter Mann auf einem Müllkahn ist, der da singt). Diese pointierte, manchmal groteske, manchmal melancholische Verunsicherung, die differenzierte Handhabung von Zeit und Rhythmus im Film ist das exakte Gegenbild zur *slapstick*-Komödie (→ Stummfilmgroteske): »Goodbye slapstick – hello nonchalance!«

Seine bedeutendsten Filme dieser Periode »The Smiling Lieutenant« (1931), »If I had a Million« (1932), »Angel« (Engel – 1937), »Ninotchka« (1939), »That Uncertain Feeling« (Ehekomödie – 1941) und »To Be or Not To Be« (Sein oder Nichtsein – 1942) sind gekennzeichnet von der Offenheit der Filmgestaltung und dem Bemühen, das Publikum in jeder Phase mitdenken und auch nachdenken zu lassen. Danach, als der »Hays Code« (die Richtlinien zur Selbstzensur des amerikanischen Filmwesens) seine Arbeit zu beeinträchtigen drohte, zog Lubitsch sich für ein Jahr als Produktionschef der Paramount von der Regiearbeit zurück. Die Filme »A Royal Scandal« (1944), »Clunny Brown« (1945), »Dragonwyck« (Weißer Oleander – 1946) und »That Lady in Ermine« (Die Frau im Hermelin – 1948, von Otto Preminger vollendet) zeigten seine ungebrochene Produktivität.

Literatur

Bernd Eisenschitz: Ernst Lubitsch. Paris o. J. Lotte H. Eisner: Stroheim und Lubitsch. In: »Filmkritik« Nr. 230. München 1976. Michael Krey: Regisseur-Biographie: Ernst Lubitsch. Aachen 1969. Mario Verdone: Ernst Lubitsch. Lyon 1964. Herman G. Weinberg: The Lubitsch Touch. New York 1968.

Lucky Luke

Französische Comic-Serie von Morris (Maurice de Bevere) und René Gosciny (→ Asterix). Lucky Luke, der komische »einsame Cowboy«, der traumhaft sicher mit seinem Colt umgeht und dem sein übersensibles Pferd »Jolly Jumper« und der trottelhafte Hund »Ran Tan Plan«

mehr zu schaffen machen als die Bösewichter des Westens (Billy the Kid, Jesse James, der korrupte Richter Roy Bean und vor allem die vier Dalton-Brüder, die immer wieder aus dem Gefängnis ausbrechen), hinter denen er im Auftrag der Regierung her ist, reitet durch einen Westen, der wie die Aneinanderreihung von gängigen Westernfilmszenen erscheint. Der Zeichner Morris, der von 1946 bis 1955 die Serie allein gestaltete, bevor er mit dem absoluten Star der französischen Comic-Szene ein Team bildete, hatte bei einem sechsjährigen Amerikaaufenthalt, während dessen er bei der satirischen Zeitschrift → Mad Erfahrungen in der parodistischen Bearbeitung populärer Mythen gesammelt hatte, umfangreiche Quellenstudien über die Geschichte des amerikanischen Westens betrieben. Neben Serien wie → Asterix, »Gaston Lagaffe« (von André Franquin, dt. Jojo in verschiedenen → Kauka-Comics) und »Les Schtroumpfs« (von Pejo, dt. Die Schlümpfe) ist Lucky Luke einer derjenigen französischen und belgischen Comics, die das Medium vom Odium der Primitivität befreien und das in seiner Entstehungszeit bestimmende Element, die Satire, mit dem Vergnügen an zeichnerischer Könnerschaft koppeln. Die Parodie bleibt mild, und im Gegensatz zum amerikanischen Vorbild Mad oder etwa den Westernparodien des Italieners Jacovitti (»Cocco Bill«) fehlt Lucky Luke jeder Zug des Makabren, des schwarzen Humors und der Attacke. Die Serie, eine der meistgelesenen in Europa, besticht vor allem durch die sensible Erfassung der in den Western zelebrierten Rituale. Groteske Situationen entstehen immer dort, wo »allgemein-menschliche« Gefühle oder fast spießige Konventionen (alle Farmer in Lucky Luke beispielsweise müssen sich mit einem tyrannischen Groß-

Lucky Luke im Kampf gegen »Billy the Kid« © Europress/Realpresse

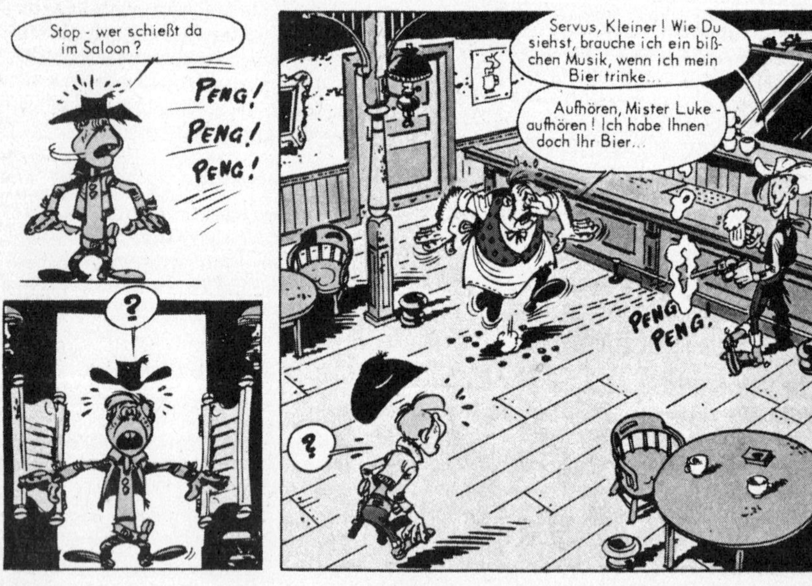

vater herumschlagen, der ständig von »den alten Zeiten« schwadroniert) mit den geforderten dramatischen Ritualen in Konflikt geraten, oder wenn besonders bösartige Veranlagungen auf kindliche Versagungen zurückgeführt werden, wie etwa bei Billy the Kid, dem seine Vorliebe für rote Bonbons zum Verhängnis wird.
Mittlerweile sind über dreißig Alben von »Lucky Luke« erschienen; 1972 entstand der erste Zeichentrickfilm, der allerdings, obwohl er besonders sorgfältig (im langwierigen *full animation*-Verfahren) hergestellt worden war, nicht die Reputation der Comics erreichte.

Deutsche Ausgabe von »Mad«

Mad
Die amerikanische satirische Zeitschrift Mad wurde 1952 von Harvey Kurtzman gegründet und erschien bis 1955 im Format und in der Aufmachung eines normalen Comic-Heftes. In den Anfangsjahren brachte sie ausschließlich Persiflagen auf bekannte Comic-Serien; die Zeichner dieser Serien waren Wallace Wood, Jack Davis und Will Elder. Vor allem Elder verstand es, in seinen Streifen durch eine Fülle sich von *panel* zu *panel* verändernder Details auf all das hinzuweisen, was im *Comic Strip* gemeinhin verschwiegen wird: die Überschwemmung der Straßen mit (auch geistigem) Müll, der Aberwitz der Werbung, die sich aufdringlich immer vor das Geschehen drängt, die neurotische Grausamkeit des Alltags. Elders Zeichenstil und seine Stories, die zugleich mit einer bekannten Comic-Figur immer auch einen amerikanischen Mythos angriffen (so trug Superman [vgl. *Science Fiction*] in jedem *panel* anstatt seines charakteristischen S-Symbols das Markenzeichen wechselnder Firmen; → Archie und seine Spießgesellen waren ständig betrunkene Teufelsbraten, die mit den Werken von Marx und Freud unterm Arm die bürgerliche Welt terrorisierten etc.), lassen sich am ehesten mit den anarchischen, eklektischen Filmen der → Marx Brothers vergleichen. Elder schuf später zusammen mit Harvey Kurtzman die Serie »Little Annie Fanny« für den Playboy (vgl. *Sex*), eine Satire auf den Sexrummel, bei der Elders von Bildern strotzende Phantasie allerdings etwas gezügelt ist.
1955 wandelte sich Mad, nachdem keine berühmte Comic-Serie mehr zu parodieren übrig blieb, zu einer satirischen Zeitschrift, die insbesondere die Freizeit- und Konsumgewohnheiten des Durchschnittsamerikaners attackierte. Stilbildend waren hier vor allem die Film- und Fernsehsatiren von Mort Drucker und die oft grausam genauen Alltagsschilderungen in Dave Bergs Serie »The Lighter Side of . . .«, die das *suburban life*, das Leben in den Vorstädten der Metropolen mit ihrer betont mittelständischen Kultur beleuchtete. Das Magazin, das konsequenterweise auf Anzeigen verzichtet, bringt bis heute hauptsächlich Beiträge im Comic-Stil, was wohl auch seine Popularität erklärt (Auflage 1971: 2,15

Millionen Exemplare). Die Attacken, die die Zeichner und Texter gegen den amerikanischen »Konsumkosmos« führen (manchmal, wie im Falle des Zeichners Don Martin auch gegen den »gesunden Menschenverstand«) bleiben freilich immer ein wenig harmlos, da im Gegensatz zu anderen → satirischen Zeitschriften der Spott kaum mit politischer Aufklärung verbunden wird.

Literatur

Marshall McLuhan: Comics. Die Zeitschrift »Mad« als verrückte Vorschule des Fernsehens. In: Ders.: Die magischen Kanäle. Düsseldorf/Wien 1968.

Marx Brothers

Die Marx Brothers, Söhne eines aus dem Elsaß eingewanderten Varieté-Künstlers, traten zunächst in *vaudevilles* (Musik- und Komödienshows im Theater) auf. Chico (Leonard Marx, 1891–1961) spielte Piano, und seine Komik resultierte aus seinem unglaublichen Akzent, mit dem er die englische Sprache in eine lautmalerische Ursprache verwandelte. Harpo (Adolph Marx, 1893–1964) dagegen, kindlich und immer auf der Jagd nach einer schönen Frau, die er in den Hintern kneifen oder in den Arm beißen konnte, wollte oder konnte überhaupt nicht sprechen und machte sich seiner Umwelt durch Autohupen, Kinderpfeifen und andre Lärminstrumente verständlich. Nebenbei spielte er ein Monstrum von Harfe, dessen sanfte und zärtliche Melodien in irrwitzigem Widerspruch zu seiner aggressiven Haltung Menschen und Dingen gegenüber standen. Groucho (Julius Marx, geb. 1895) hatte einen angemalten Schnurrbart, rauchte dicke Zigarren und karikierte in seiner Großmäuligkeit und seiner offenkundigen Bereitschaft, andere Leute übers Ohr zu hauen, den amerikanischen *business-man* der Prosperität. Zwei weitere Marx-Brüder, Gummo und Zeppo, die zumeist nur kleinere Liebhaberrollen in den Rahmenhandlungen spielten, verließen das Team später. Nachdem ihre Komödien auch auf dem Broadway erfolgreich waren, erhielten sie einen Filmvertrag der Paramount. »The Cocoanuts«, nach der *vaudeville*-Komödie von George Kaufman inszeniert, die die Marx Brothers bereits im Theater zum Erfolg geführt hatten, war zwar von der filmischen Umsetzung des Marxschen Humors noch weit entfernt, zeigte aber die Grundstruktur ihrer weniger gesellschaftskritischen als anti-gesellschaftlichen Komik sehr deutlich: »Die Marx Brothers sind Maschinen, die jede nach ihrem eigenen unbekannten System funktionieren, die reagieren auf alle erdenklichen äußeren Impulse, überraschend, aber nicht unheimlich, die irgendeine komplizierte Hollerithkarte in ihrem Mechanismus stecken haben, die ihr Verhalten programmiert« (Enno Patalas). Die Marx Brothers reagieren auf ihre Umwelt, indem sie alles, was ihnen freiwillig oder unfreiwillig mitgeteilt wird, umfunktionieren und einem Mechanismus der Assoziationen unterwerfen, der seinerseits die so verwandelten Realitätspartikel als ein Stück mehr oder minder leerer Mechanik entlarvt. Im Bereich der Sprache wird diese mechanische Verwandlung der Realität besonders kenntlich als Selbstschutz- und Selbstbehauptungsmaßnahme, etwa wenn Groucho ein Sprichwort oder eine konventionelle Redewendung, mit der er dem Diktat der Gesellschaft unterworfen werden soll, aufnimmt, aus einem Satz eine ganze Kavalkade ähnlich konstruierter Sätze macht oder ein Wort zum Anlaß einer langen Assoziationskette benutzt, an deren Ende immer die Umkehrung der ursprünglichen Aussage oder die Wendung einer Sprachkonvention gegen den Sprecher selbst steht: »Yes, one for all, and all for one, and tea for two, and all for me.«

Nachdem auch »Animal Crackers« (1930) nach einem erfolgreichen Bühnenstück der Marx Brothers gedreht worden war, schrieben für »Monkey Business« (Die Marx Brothers auf See – 1931) S. J. Perelman und Will B. Johnstone ein Originaldreh-

Choreographie der Zerstörung: die Marx Brothers

buch. Regie führte, wie auch im nächsten Film »Horse Feathers« (Blühender Blödsinn – 1932) Norman McLeod, der als Animator von → Zeichentrickfilmen begonnen hatte. »Horse Feathers« (1932), eine Attacke gegen das amerikanische *college*-Leben, zeigte Groucho als einen Schulleiter, der den Lehrbetrieb dadurch lahmlegt, daß er seinen ganzen Ehrgeiz darauf verwendet, die *football*-Mannschaft der Schule zum Sieg zu führen. Während Groucho und Chico die Stars der gegnerischen Mannschaften mit üblen Tricks ausschalten, verbrennt Harpo, als Hundefänger des *college*, Bücher. Leo McCarey, der eine Reihe von Filmen mit → Laurel und Hardy inszeniert hatte, übernahm die Regie von »Duck Soup« (Die Marx Brothers im Krieg – 1933), einem der erfolgreichsten Filme des »dreigezackten Angriffs auf die menschliche Gesellschaft« (Raymond Durgnat). In diesem filmischsten aller Marx-Werke attackierten die Marx Brothers die Machtpolitik, den Krieg, die nationalen Heldenmythen und die politische Phraseologie; kein Wunder also, daß Mussolini den Film 1933 verbieten ließ. Groucho als Präsident Rufus T. Firefly, den eine adlige Millionärswitwe ins Land Freedonia gerufen hat, um (ausgerechnet!) der Korruption und der schwindenden Staatsfinanzen Herr zu werden, erpreßt hohe Steuern vom Volk und zwingt es gleichzeitig »zum Fröhlichsein«, hat auf wichtigen Ministerkonferenzen nur eine schadhafte Badewanne im Sinn, zettelt unsinnige Kriege an, umwirbt auf schockierend ehrliche Weise das Geld der Millionärin und schießt in der

Schlacht auf die eigenen Leute. Wie in allen Filmen der Marx Brothers wird auch hier durch die Anwendung »falscher« Verhaltensweisen deutlich, wie betrügerisch und irrational die von den Medien und dem kulturellen Überbau verbreiteten Muster des »richtigen« Verhaltens sind. Die Konventionen, die die Marx Brothers unterlaufen, einmal, indem sie sie beim Wort nehmen, zum andern, indem sie sie ihrer eigenen Mechanik unterwerfen, sich selbst verfügbar machen, sind Teil derjenigen Manipulationen, die die Einsicht in die eigene Situation verhindern. Die Revolte der Marx Brothers gegen Floskeln, Konventionen, Moral und Anstand (im solipsistischen Materialismus Grouchos, der pragmatischen »Kriminalität« Chicos, der dem Typus des italienischen Einwanderers gleicht, der sich mit allen ihm zur Verfügung stehenden Mitteln durchsetzen muß, und in der polymorphen Sexualität Harpos, dessen Auftreten immer zu einer Art erotischen Burleske wird) zeigt auf, wie viele Möglichkeiten zur Selbstverwirklichung im Gefüge von Staat, Gesellschaft, Sitte und Moral verlorengegangen sind.

Irving Thalberg, der Produktionschef der MGM, engagierte die Marx Brothers 1935 für seine Firma, für die sie weitere fünf Filme drehten, etwa »A Night at the Opera« (Die Marx Brothers in der Oper – 1935), »At the Circus« (Die Marx Brothers im Zirkus – 1939), die Westernpersiflage »Go West« (1940) und »The Big Store« (Die Marx Brothers im Kaufhaus – 1941). In den Filmen, die MGM produzierte, waren die Charaktere der Marx Brothers geglättet, sie erschienen als liebenswerte Sonderlinge, deren Attacken gegen die Umwelt immer im Dienste irgendeiner guten Sache standen. Nach dem Tode Irving Thalbergs 1937 (Groucho in seinen Erinnerungen: »Nach Thalbergs Tod schwand mein Interesse am Film dahin.«) mußten sie sich zunehmend dem Diktat der Produzenten und durchschnittlicher Regisseure beugen; nur »The Big Store« von Charles Reisner zeigte noch stellenweise die Aggressivität und den Elan der früheren Filme. »Love Happy« (1950), der einzige Film für United Artists schließlich wurde künstlerisch und finanziell ein solches Fiasko, daß sich die Marx Brothers vom Film zurückzogen.

Im Gegensatz zu den meisten andren Komikern sind die Marx Brothers in ihren Filmen nicht der Tücke des Objektes, ihrem eigenen Schicksal oder ihren Neurosen ausgeliefert, sondern sie spielen selber Schicksal. Nicht aus Unvermögen oder wegen Anpassungsschwierigkeiten bringen sie die Welt durcheinander, nicht einmal, wie man zunächst zu glauben geneigt ist, aus latentem Sadismus wie → Laurel und Hardy oder → W. C. Fields, sondern weil sie sich ständig von ihrer Umwelt zu selbstzweckhaften Darbietungen, zur Verwandlung der Realität in Spiel anregen und verleiten lassen, und diese Unterwerfung der Welt unter das Lustprinzip ist nur deshalb nicht funktionabel, weil sie den Erfordernissen einer Gesellschaft widerspricht, die sich eher von Korruption regieren läßt, als sich der Phantasie und dem Spiel hinzugeben. Da unter dem Druck von Zwangsmechanismen die Aktionen der Marx Brothers gelegentlich selbst etwas Zwanghaftes annehmen, liegt die Komik in der Revolte, und nur in den frühen Filmen taucht das Moment einer Utopie auf, die Sehnsucht danach, wie die Marx Brothers alle Erscheinungen der Umwelt mit Lust besetzen zu können.

Anmerkungen

Enno Patalas: Stars. Geschichte der Filmidole. Frankfurt 1967. Raymond Durgnat: Sexus Eros Kino. München 1967.

Literatur

Joe Adamson: Groucho, Harpo, Chico and Sometimes Zeppo. New York 1973. Richard J. Anobile (Hg.): Why a Duck? Visual and Verbal Gems from the Marx Brothers' Movies. New York 1971. K. S. Crichton: The Marx Brothers. Garden City, N. Y. 1950. Raymond Durgnat: The Marx Brothers. Wien 1966. Allen Eyles: The Marx Brothers. Their World of Comedy. London

1969. Marx Brothers. Chuzpe unter Brüdern. In: »Der Spiegel« Nr. 4. Hamburg 1967. Arthur Marx: Son of Groucho. London 1973. Groucho Marx: The Groucho Letters. Letters from and to Groucho Marx. New York 1967. Groucho Marx: Memoirs of a Mangy Lover. New York 1973. Groucho Marx: Schule des Lächelns. Zürich 1961. Harpo Marx: Harpo Speaks! New York 1961. I. Sinclair: Groucho Positive, Groucho Negative. London 1973. Franz Ulrich: Marx Brothers Festival. In: »Zoom/Filmberater« Nr. 13. Bern/Zürich 1975.
Paul D. Zimmerman/Burt Goldblatt: The Marx Brothers at the Movies. New York 1970.

Nick Knatterton

Deutsche *Comic Strip*-Serie von Manfred Schmidt, die sowohl das Medium als auch das Kriminalgenre mit seinen Unwahrscheinlichkeiten und Übertreibungen karikierte. Schmidt wurde durch ein amerikanisches Superman-Heft zu seiner Figur angeregt (vgl. *Science Fiction*): »Ich nahm mir vor, diese primitivste aller Erzählformen so gründlich zu parodieren, daß den Leuten die Lust an der blasenreichen, auf Analphabeten zugeschnittenen Stumpfsinnsliteratur verging. Vom Superman befruchtet kam ich in einer stürmischen Herbstnacht des Jahres 1950 und unter Rotwein-Anästhesie ziemlich schmerzfrei mit dem spitzköpfigen Meisterdetektiv Nick Knatterton nieder.« Die Serie, die ab Dezember 1950 in der Illustrierten Quick erschien, wurde für Schmidt auch zum Transportmittel politischer Aufklärung; in den die Zeichnungen oft überwuchernden Blasen und Boxen attackierte er vor allem die Wiederaufrüstungspolitik und – oft ein wenig ungelenk – die Praktiken des Finanzamtes. Sein Ziel, das Medium unmöglich zu machen, erreichte er freilich nicht: »Meine löbliche Absicht, die Bildgeschichten lächerlich zu machen, ging total daneben. Durch Knatterton bekamen die Deutschen erst richtig Appetit auf blasengespickte Comic Strips und verschlangen immer mehr von dem Zeug. Daß Knatterton eine Parodie sein sollte, schluckten die wenigsten.« Der Humor der Knatterton-Strips ist allerdings dem → Cartoon eher verwandt als dem Comic. Die gar nicht so analphabetische Sprache der Comics, die variantenreiche Bild- und Typographiesymbolik und das filmische Verhältnis der Comics zu Zeit und Raum wurde von Schmidt nur wenig berücksichtigt; schon deshalb mußte die Attacke gegen das Medium danebengehen. Der Erfolg der Knatterton-Comics resultierte vielmehr daraus, daß Schmidt zum einen in Stories und Kommentaren das Mißtrauen der Deutschen gegenüber ihrem jungen Staat in den fünfziger Jahren ansprach, und zum andern daraus, daß er die detektivischen Abenteuer seines Superhelden mit deftigen erotischen Anspielungen würzte. Die Popularität des Über-Sherlock-Holmes im großkarierten Knikkerbocker-Anzug mit Schiebermütze, der auf Faschingsbällen mit einer Nick-Knatterton-Maske erschien, war so groß, daß 1959 ein abendfüllender Spielfilm gedreht wurde (Karl Lieffen erlebte »Nick Knattertons Abenteuer«, Regie führte Hans Quest). Neben diesem nicht gerade geistreichen Film erschien das Profil des hakennasigen Meisterdetektivs auch auf Werbebildern für Apfelsinen, Schnaps, Spielzeug etc. Nick Knatterton war der Held seiner Zeit, die erste zaghafte Verknüpfung deutschen Humors mit den populären Mythen der Unterhaltungsindustrie, die aus den Vereinigten Staaten importiert wurden. 1971/72 erschienen nochmals alle Nick-Knatterton-Abenteuer in zwei Sammelbänden, und dem Verkaufserfolg nach zu urteilen, ist die Figur aus dem nun schon Vergangenheit gewordenen Wirtschaftswunder-Deutschland nach wie vor populär (Nick Knatterton Gedenkausgabe, Band I und Band II, Oldenburg/Hamburg 1971 bis 1972). Manfred Schmidt selbst allerdings weigert sich, weitere Fortsetzungen zu zeichnen: »Der innere Widerwillen gegen die Knatterton-Zeichnerei war so groß geworden, daß mein Gehirn dem Zeigefinger die Willens-Zufuhr sperrte.«

Parodie im Film

Eine Technik des filmischen Humors ist der Verweis, die Parodie andrer Filme (Verweise auf außerfilmische Vorgänge sind demgegenüber dem allgemeinen Repertoire der Satire zuzuordnen, dazu u. a. → Hollywoodkomödie, → Screwball Comedies, → Deutsche Filmkomödie). Eingeführt und populär gemacht haben diese Technik die Clowns der → Stummfilmgroteske, insbesondere Mack Sennett, dessen destruktiver Humor sich oft auf die erfolgreichen Filme seiner Zeit bezog. Als Moment der Satire (der filmische Verweis dient ebensooft der *hommage* für einen bewunderten Filmschöpfer oder der Kennzeichnung einer fortgeführten Tradition) sind besonders Verweisungen auf solche Filme ergiebig, denen entweder Mangel an Geschmack oder Ehrlichkeit unterstellt werden kann (Rührstücke, Melodramen), die besonders aufwendig gestaltet sind (Ausstattungsfilme, wie Bibel-Verfilmungen etc.) und extrem ritualisierte Filmformen (Western, Kriegsfilme) oder aber Filme, deren Botschaft im politischen oder moralischen Sinne kritisiert werden soll.

Die Verweisung im Film kann sich zweier Möglichkeiten bedienen:

1. Der Verweis wird parallel zur Handlungsebene des Films angelegt; eine Situation wird geschildert, während sozusagen im Hintergrund die Verweisung auf einen anderen Film abläuft. Das Geschehen des Filmes kann also auch dann verstanden werden, wenn die Verweisung nicht realisiert wird; dieser »verdeckte Verweis« (Hans-Peter Kochenrath) ist oftmals ein reiner *insider-joke*, den ein Nicht-Fachmann gar nicht verstehen kann oder soll. Das Herausfinden aller Verweisungen in einem Film ist zu einem Teil jenes Filmfetischismus geworden, der als Teil einer Sonderkultur Kritik und Publikum ergriffen hat – Woody Allen hat in seinem Film »Play it Again, Sam« (Mach's noch einmal, Sam – 1973 – Regie: Herbert Ross) diesen fetischistischen Filmkonsum ebenso karikiert, wie er sich selbst als Meister der Verweisung gezeigt hat. Ein weiteres Beispiel für den verdeckten Verweis ist Peter Bogdanovichs »What's Up Doc?« (Is' was, Doc? – 1972), gewissermaßen ein Verweisfilm, dem die Handlung nur Vorwand ist, um in einer rauschhaften Abfolge von *gags* die Klassiker des Hollywoodfilms zu zitieren; *hommage* und Satire entsprechen sich hier.

2. Im Gegensatz dazu steht der offene Verweis, der in die Handlung integriert ist und der, wenn er nicht nachvollzogen wird, eine Lücke im Verständnis des Films hinterläßt. Beispiel: In »Duck Soup« imitiert Harpo Marx (→ Marx Brothers) die Szene des opfermütigen Botenritts eines jungen Soldaten aus den beliebten Filmen über den Unabhängigkeitskrieg, »Paul Revere's Ride«. Anstatt seine Botschaft zu überbringen, läßt sich Harpo von einer schönen Frau einladen (eine Umkehrung des melodramatischen Abschieds-*topic*) und zieht es dann doch vor, sein Pferd mit ins Bett zu nehmen (Persiflage auf das Treueverhältnis von Mensch und Tier).

Einige Beispiele für die Technik des filmischen Verweises:

1. Das Zitat: Die Szene, die man persiflieren will, wird direkt original eingeschnitten, der betreffende Schauspieler tritt selber auf oder eine Szene aus einem anderen Film wird genau nachgespielt.

2. Die Überziehung: Wieder wird eine Szene nachgespielt, doch um eine Kleinigkeit überzogen, so daß die latente Lächerlichkeit deutlich wird. Dasselbe läßt sich mit dem Gebaren oder der Stimme eines Schauspielers machen, was besonders dort komische Wirkung erhält, wo die Haltung des Zitierten (etwa: Männlichkeit, Sicherheit, Draufgängertum) in groteskem Mißverhältnis zur Person des Darstellers (»Unmännlichkeit«, Unsicherheit, Ängstlichkeit) steht. Entsprechend wird von den Komikern zumeist das Leitbild des *tough guy*, des harten Burschen (James Cagney, Humphrey Bogart, John Wayne, Steve

McQueen) imitiert.
3. Die Verkleinerung: Eine spektakuläre Szene aus einem Ausstattungs- oder Actionfilm wird auf einer niederen Ebene wiederholt. Bekanntes Beispiel: In »Une Grosse Tête« (Eddie und die scharfen Kurven – 1961 – Regie: Claude de Givray), einem Film, der fast ausschließlich auf der Verweistechnik aufgebaut ist, wird das Wagenrennen aus »Ben Hur« (vgl. *Abenteuer* → Antike Helden) in Schnitt und Aufnahmeverfahren wiederholt auf der Ebene eines Go-Cart-Rennens.
4. Die Verlagerung: Für eine bestimmte Filmart signifikante Schlüsselszenen werden in ein andres Milieu verlagert, die an sich harmlose Auseinandersetzung zwischen zwei Männern nimmt die Form eines *show-down* aus den Westernfilmen an, ein Requisit, das einer Filmgattung eigen ist, taucht auf etc.
Die Anwendung des filmischen Verweises dient neben der Anreicherung des eigenen Films mit zusätzlichen *gags* und Selbstreflektion des Mediums auch der Hinzufügung einer neuen Dimension. Die verdeckten Anspielungen machen einen Film unerschöpflich, d. h. der Zuschauer *kennt* den Film nicht nach einmaligem Ansehen, sondern kann immer Neues entdecken, neue Bezüge finden. Das Vergnügen am Entschlüsseln der Verweisungen ist ein gleichsam kriminalistisches, ein Vergnügen zudem, das den Zuschauer an sein Medium bindet, eine Vertrautheit und heimliches Einverständnis zwischen Filmschöpfer und Publikum vermittelt. Es ist andrerseits aber auch ein Weg des Films in die Esoterik; nach der Entdeckung des optischen Zitierens kann es geschehen, daß man hochwissenschaftliche Fachliteratur benötigt, um alle Verweise einer Komödie zu verstehen.
Das klassische Beispiel eines Verweisfilms ist Frank Tashlins »Hollywood or Bust« (1956), in dem sich → Jerry Lewis und Dean Martin, zwei Filmomanen, die ganze Titelvorspanne herzusagen wissen und sich nur in Filmszenen und -dialogen miteinander verständigen, durch die Traumfabrik kämpfen und auf ihrem Weg durch die Studios die Aufbauten und Drehorte von Filmen aller Genres vom Western bis zum Gangsterfilm durcheinanderbringen.
Als Sonderfall des filmischen Verweises wäre noch das Selbstzitat zu erwähnen, das in seiner Funktion von ironischer Selbstdistanz (→ Chaplin, Jerry Lewis) über die Etablierung eines Markenzeichens (Hitchcock) bis zu eitler Selbstbespiegelung (Jean Cocteau) reichen kann. Filminterpretation als Teil einer Filmkultur braucht Spuren, die zu verfolgen sind; daß die filmischen Verweisungen sich fast ausschließlich beschränken aufs Feld der Komödie markiert den Unterschied zwischen der Literatur und dem Film.

Anmerkung
Hans-Peter Kochenrath: Die Verweisung im Film. In: »Filmstudio« Frankfurt 1963.

Literatur
Gerald Mast: The Comic Mind. Comedy and the Movies. Indianapolis/New York 1973. Elder Olson: The Theory of Comedy. Bloomington, Ind./London 1968. Wylie Sypher: The Meanings of Comedy. In: Ders. (Hg.): Comedy. Garden City, N. Y. 1956.

Peanuts
Amerikanische Comic-Serie von Charles Monroe Schulz, geb. 1923. Schulz, im Nebenberuf Laienprediger in der »Church of God«, einer konservativen Sekte protestantischen Zuschnitts und Zeitungspsychologe in etwa 700 Blättern, schuf die Figuren um den *born looser* Charlie Brown 1950. Der ursprüngliche Titel der Serie lautete »Li'l Folks«, das United Feature Syndicate, das den Vertrieb der Serie übernahm, gab ihr den Namen Peanuts. Anfangs waren die Kinder in der Serie noch vergleichsweise »normal« und standen in der Nachfolge der Lausbuben-Comics wie »The Katzenjammer-Kids« oder »Henry«. Nach und nach jedoch wurden die Charaktere immer differenzierter und die Kinder erlebten in ihrer nun gar nicht heilen Welt die Kämpfe mit den Anforderungen der

Zeitweilig erschien auch eine deutsche Heftserie mit Peanutsgeschichten
© gvm/United Feature Syndicate

Gesellschaft. Charlie Brown ist der Durchschnittsmensch, der um jeden Preis Erfolg haben will und doch gerade deswegen von Mißerfolg zu Mißerfolg taumelt und von seiner Umwelt hemmungslos ausgenützt und verspottet wird. Während er als *underdog* trotzig und tapfer sein Mißgeschick trägt, haben sich die anderen weit besser mit der Gesellschaft arrangiert; um ihre Entfremdung zu überwinden, haben sie sich geistige Krücken zugelegt, kleine und große »Macken«, die, zumindest nach außen, harmlos erscheinen, ihr Leiden an der Umwelt aber sehr deutlich ausdrücken. Da ist einmal Schroeder, der musikalisch begabte Junge, der sich ganz in die Welt der Musik zurückzieht und sich als Übervater Beethoven ausgesucht hat, der buchstäblich zum Mittelpunkt seines Lebens wird. Linus, der jugendliche Intellektuelle, braucht seine »Schmusedecke«, die ihm *security* (Sicherheit) gibt, während die tyrannische Lucy van Pelt, die unglücklich in den »Künstler« Schroeder verliebt ist, ihre Frustration in oft sinnloser Aggression insbesondere gegen Charlie Brown auslebt. Snoopy, der philosophierende Hund, ist der Zyniker der Peanuts, der das Leben nur als ein Spiel begreifen kann und die Moral, mit der sich die Peanuts herumschlagen müssen, kategorisch ablehnt. Sein Eckermann ist sein »Sekretär« Woodstock, ein kleiner Vogel, der nicht fliegen kann und der Snoopys Aussprüche mit einer winzigen Schreibmaschine zu Papier bringt. Schulz reflektiert in seinen Streifen auch immer die jeweils herrschenden Modeerscheinungen und geistigen Trends; 1950 trat die Psychoanalyse in Amerika ihren Siegeszug an – Lucy eröffnete einen Stand für »Psychiatrische Hilfe«; nach 1960, so Reitberger/Fuchs, bekam Charlie Brown Ähnlichkeit mit der Romanfigur »Herzog« von Saul Bellow; als im Gefolge des Films »The Blue Max« das Genre der Fliegerfilme Popularität gewann, begann Snoopy in seinen Tagträumen den Kampf mit dem »Roten Baron« von Richthofen, und die Hippie-Bewegung schließlich fand ihren Niederschlag in dem etwa verlorenen, selbstgenügsamen Woodstock.

»Peanuts« ist die derzeit erfolgreichste Comic-Serie der Welt; sie wird in über 1300 Tages- und Wochenzeitungen in 189 Sprachen publiziert. Bei der Mondunternehmung Apollo 10 trugen Weltraumkapsel und Landefähre die Namen Charlie Brown und Snoopy. Reklameartikel und Gebrauchsgegenstände wie Kopfkissen, Briefpapier, Babylätzchen, *T-shirts*, Puppen etc. profitieren von der Beliebtheit der Peanuts. Die »Creative Development Corporation« führt die Geschäfte, und eine »Snoopy Company« projektiert für 30 Millionen Dollar einen Peanuts-Vergnügungspark nach dem Vorbild von Disneyland. Von den Taschenbüchern, die die Zeitungsstrips zusammenfassen, sind bis jetzt 50 Millionen verkauft worden, und schließlich gab es auch ein Peanuts-Musical. Der Produzent Lee Mendelsohn und der Regis-

seur Cuauhtemoc »Bill« Melendez inszenierten nach einem Drehbuch von Schulz den ersten Peanuts-Film »A Boy Named Charlie Brown« (Charlie Brown und seine Freunde – 1971). Melendez, der früher Animator bei → Walt Disney gewesen war (»Pinocchio«, »Fantasia«), leitete auch die Produktion des zweiten Kinofilms »Snoopy Come Home« (Snoopy – 1972) und der Peanuts-Fernsehserie, von der sieben Folgen auch im deutschen Fernsehen gezeigt wurden. Wenn auch in den Trickfilmen der Schulzsche Humor und seine Philosophie, die sich gerade in den »Denkschritten« von *panel* zu *panel* am ehesten offenbart, nicht adäquat wiedergegeben werden konnte und die Anreicherung mit Musical-Elementen nicht eben förderlich gewesen ist, so sind Melendez' Filme doch gelungenere und kongenialere Adaptionen als beispielsweise die Filmversionen von → Asterix oder → Lucky Luke.
Obwohl sich die Peanuts-Comics mit ihrem steigenden Grad an *sophistication* wohl in der Hauptsache an Erwachsene richten, bieten sie doch auch für Kinder die Möglichkeit einer ironischen Selbstbespiegelung: »Indem Schulz das Kindliche im erwachsenen Menschen gestaltet, macht er auch für die Kinder die unverständliche Erwachsenenwelt durchsichtiger und lustiger« (Eva Kalthoff, die für die Kinderserien verantwortliche Redakteurin des ZDF). Diese Mixtur von Kindlichkeit und Erwachsensein, von Naivität und der geschickten Auslegung gesellschaftlicher Regeln zu seinen eigenen Gunsten, erlaubt es Schulz, den Sozialisationsprozeß der mittelständischen Jugend als die vollkommene Spiegelung des Konflikts zwischen Individuum und Gesellschaft in den hochentwikkelten Industrie- und Konsumgesellschaften zu zeichnen. Freilich findet Schulz' satirische Analyse dort ihre Grenzen, wo es um die Auseinandersetzung zwischen verschiedenen Gruppen oder Schichten innerhalb der Gesellschaft geht; der *underdog* Charlie Brown muß sich zwar »philosophisch« und psychologisch mit der Sozietät auseinandersetzen – der vom Mittelstand geforderte Triebverzicht ist sein Problem – doch von dem ganz konkreten Leiden an der Gesellschaft, von der Unterdrückung durch Armut, Rassendiskriminierung und politischer Repression ist bei den Peanuts nicht die Rede. In jüngster Zeit tritt in der Serie zwar auch der Negerjunge Franklin auf, der selbstbewußt und hilfreich ist, aber er bleibt merkwürdig blutleer, hat keine Phobie oder »Macke«, die die anderen als Personen so stark kennzeichnen, und schließlich ist er ganz offensichtlich wie die anderen ein Angehöriger des Mittelstandes, eine Ausnahme also. So »kaputt« die Welt der Peanuts nach innen auch ist, sie bleibt heil doch in ihrer hermeneutischen Abriegelung gegen alles, was nicht dem mittelständischen Weltbild entspricht.

Anmerkung

Reinhold C. Reitberger/Wolfgang J. Fuchs: Comics. Anatomie eines Massenmediums. Reinbek 1973.

Literatur

Dirk Busche: Tarzan, Asterix und Charlie Brown. In: »Spielen und Lernen« Nr. 2. Velber 1972. Good Grief. In: »Time« vom 9. April. New York 1965. Jeffrey H. Loria: What's It All About, Charlie Brown? Peanuts Kids Look at America Today. New York 1968. Wolf Scheller: Gar liebliche Geschichten um Donald und Daisy. Mit den Comics hält das Absurde Einzug ins bürgerliche Heim. In: »Frankfurter Rundschau« vom 30. Dezember. Frankfurt 1972. Robert L. Short: The Gospel According to Peanuts. New York 1964. Zyniker auf der Hundehütte. In: »Der Spiegel« Nr. 45. Hamburg 1972.

Popeye

Amerikanische Comic-Figur, die von Elzie Crisler Segar geschaffen und später von Bela Zaboly, Ralph Stern und Bud Sagendorf fortgeführt wurde. Die Serie begann unter dem Titel »Thimble Theatre« als Zeitungsstrip, und Popeye war nur eine unter den vielen Figuren, bis schließlich der Matrose, der übermenschliche Kräfte bekommt, sobald er Spinat zu sich nimmt, so

Der »Spinatmatrose« Popeye und der Schnorrer J. Wellington Wimpy stellen sich vor; Zeichnung von Segar © Kings Feature Syndicate

populär geworden war, daß man die Reihe nach ihm benannte und bald auch *Comic Books* mit seinen Abenteuern herausgab. Hauptursache für groteske Situationen waren zu Segars Zeiten vor allen Dingen die Heiratsabsichten von Olive Oyl, deren sich Popeye, um seiner Unabhängigkeit willen, erwehren muß. In den Bemühungen, aus ihrem angebeteten Helden einen braven Bürger zu machen, steht Olive ihr ganzer Familienclan (dem »Thimble Theatre« noch ganz gewidmet war) zur Seite. Wie in sehr vielen satirischen *strips* in der Frühzeit der Comics ist in »Popeye« die humoreske

Situation verwandt mit der Lage der Einwanderergruppen, schon weil Popeye mit nahezu anarchistischen Mitteln seine Integration in die Gesellschaft verhindert und vor allem durch sein phantasievolles, fast lyrisches Kauderwelsch die soziale Adaption über die Sprache unterläuft. Sprachschöpfung und Poesie bewies Segar auch in der Namensgebung der Nebenfiguren: Popeyes Freunde heißen Toar, Alice the Goon, Eugene the Jeep (Goon und Jeep sind so in den Sprachgebrauch übergegangen, daß sogar der Webster diese Worte verzeichnet), Popeyes Adoptivsohn »his adoptik child«, Swee'Pea und der monoman auf *hamburger* versessene Wimpy. Die soziale Funktion des Humors in den frühen *funnies*, die die Sprach- und Anpassungsschwierigkeiten der Einwanderer nicht im Sinne einer Abwertung karikierten, sondern im Gegenteil das Selbstbewußtsein der Randgruppen stärkten, ist in »Popeye« besonders deutlich dort, wo der »Spinatmatrose« seine Anfälle von Zorn bekommt, immer dann nämlich, wenn er sich einer Autorität unterwerfen oder einer Konvention folgen soll. Diese Lebensphilosophie faßt Popeye selbst so zusammen: »I yam what I yam an' tha's all I yam!«
Dieser anarchistische Humor, der mit seinen Sprachspielereien und seinem sozialen Rebellentum vorwiegend die Erwachsenen ansprach, wurde nach Segars Tod aufgegeben zugunsten einer mehr an den Kindern orientierten, einfacheren Situationskomik. Die Popularität Popeyes begann zu sinken, nachdem die Integration der verschiedenen Einwanderergruppen vorangeschritten war und die neue Art der Komik im Gefolge von → Walt Disney mit der Betonung der Elemente Aggressivität, Sentimentalität und Verspottung des *fall guy*, des Außenseiters, Publikumserfolge verzeichnete. In den → Zeichentrickfilmen von Max Fleischer war Popeye bereits als spaßiger *action*-Held aufgetreten, und der Erfolg dieser Filme veränderte auch den Popeye im *Comic Strip*. Fleischers über 250 Kurzfilme, in denen Popeye sich mit dem bösen Bluto und den Launen von Olive Oyl herumschlägt, wurden seit 1960 im amerikanischen Fernsehen ausgestrahlt und gehörten zu den populärsten Sendungen. Schließlich schuf man auch eine neue Version, die Fleischers Filme jedoch bei weitem nicht erreichte.
Der internationale Erfolg von Popeye hängt auch zusammen mit der Förderung durch den Konzernführer William Randolph Hearst, dem unter anderem das »King's Feature Syndicate« gehörte, das »Popeye« weltweit vertreibt. Segar selbst, dessen Werk neben dem satirischen Comic »Krazy Kat« und der Abenteuerserie »Terry and the Pirates« von Milton Canniff zu den besten Comics der Welt gezählt wird (Lupoff/Thompson), identifizierte sich so stark mit seiner Thimble-Theatre-Welt, daß er sich trotz Hearsts Drängen weigerte, jemals eine andre Serie zu zeichnen.

Anmerkung

Dick Lupoff/Don Thompson: All in Color for a Dime. New York 1970.

Rühmann

Heinz Rühmann, deutscher Filmschauspieler, geb. 1902, der im Film und später auf der Bühne und dem Fernsehschirm den »kleinen Mann« verkörperte, der auf Grund seiner Einsicht in die Begrenztheit seiner Möglichkeiten und seines Verzichts, in die Geschäfte der »Großen« einzugreifen, zu einer als weise mißverstandenen Selbstbescheidung gelangt. Der Humor seiner Filme besteht in der Botschaft, daß mit ihm Frustration und Öde des Alltags am besten überwunden werden könnten. Erlernt der Rühmannsche Idealtypus dieses »Das-Leben-nehmen-wie-es-kommt« in seinen ersten Filmen (»Die drei von der Tankstelle« – 1930 – Regie: Wilhelm Thiele, wo es um den Verzicht auf eine begehrte Frau geht) als junger, stets aufrichtiger und bescheidener Mann, so gibt er es in den späteren ebenso mild wie konsequent autoritär und – natürlich – mit den Mitteln des

Humors an seine Schützlinge weiter (eine Paraderolle dieser Art spielte er etwa als Lehrer, der seine Schüler auf den »richtigen Weg« bringt, in Axel von Ambessers 1958 entstandenem Film »Der Pauker«).
Während des Krieges – scheinbar apolitische Filme, in denen abseits vom historischen Geschehen ein kleinbürgerliches Glück realisiert wird, bildeten neben den heroischen Filmen den Hauptteil der Filmproduktion – arbeitete er unter anderem mit Regisseuren wie Helmut Käutner (→ Deutsche Filmkomödien; »Kleider machen Leute« – 1940 nach Gottfried Keller), dem auch als Komiker bekannten Theo Lingen (»Hauptsache glücklich« – 1941) und Helmut Weiss (»Die Feuerzangenbowle« – 1944) zusammen. Berühmt wurde vor allem der Film »Quax der Bruchpilot« (1941 – Regie: → Kurt Hoffmann); diese Groteskkomödie zeigte Rühmann, selbst ein leidenschaftlicher Flieger, als kleinen Angestellten, der in einem Preisausschreiben die kostenlose Ausbildung zum Sportflieger gewinnt und schließlich nach etlichen komischen Zwischenfällen nicht nur seine Lizenz, sondern auch die angebetete Frau erringt. Typisch für die an Autorität und Obrigkeit orientierte Auffassung der menschlichen Selbstverwirklichung ist, daß das Glück, die Erfüllung einer Sehnsucht, von außen, von einer Fügung gleichsam, zugeteilt und durch die Erfüllung einer gestellten Aufgabe gesichert wird. Wunder, so versichert der Rühmannsche Typus, geschehen dem demutsvoll sein Los tragenden, und das Leben ist eine große Lotterie, in der man nur gewinnen kann, wenn man daran glaubt, daß vor dem Schicksal alle gleich sind.
In der Kriegszeit führte Rühmann auch in mehreren Filmen Regie, in denen er nicht selbst auftrat: »Lauter Lügen« – 1938; »Lauter Liebe« – 1940; »Sophienlund« – 1943; »Der Engel mit dem Saitenspiel« – 1944; »Die Kupferne Hochzeit« – 1948. Neben den bereits erwähnten »pädagogischen« Rollen verkörperte Rühmann in den Nachkriegsfilmen anachronistische Figuren, die die Tatsache, daß die Zeit über sie hinweggegangen ist, mit Haltung und – natürlich – mit Humor ertragen (der Film »Der eiserne Gustav« – 1958 – Regie: Georg Hurdalek, beispielsweise hält einem Vergleich mit Murnaus thematisch verwandtem »Der letzte Mann« nicht stand). Während er den Schwejk (»Der brave Soldat Schwejk« – 1969 – Regie: Axel von Ambesser) als rührenden Kleinbürger gab, lieferte er seine beste schauspielerische Leistung in Helmut Käutners »Der Hauptmann von Köpenick« (1957), obwohl oder gerade weil der Film die kritischen Intentionen der Vorlage von Carl Zuckmayer nur wenig berücksichtigte. Vollends bedeutungslos sind jene Filme, die Rühmann in den sechziger und siebziger Jahren mit Regisseuren wie Rolf Thiele (»Grieche sucht Griechin« – 1966 nach einer Prosakomödie von Friedrich Dürrenmatt), Kurt Hoffmann (»Dr. med. Hiob Prätorius« – 1965 nach einem Stück von Curt Goetz) oder Franz Peter Wirth (»Oh Jonathan« – 1973) realisierte. Der Typ des rührenden Spießbürgers, dessen Menschlichkeit sich der verständigen Auseinandersetzung mit dem Allzu-Menschlichen verdankt, ist zur bloßen Gestik herabgesunken. Massive Vorurteile gegen das Moderne, Wissenschaftliche und Intellektuelle ersetzen hier die in den früheren Filmen noch gegebene stimmige Milieubeschreibung.
In seinen nach Theaterstücken entstandenen Fernsehspielen (etwa »Mein Freund Harvey«, »Der Hausmeister«, »Tod eines Handlungsreisenden«) hat Rühmann versucht, seiner Figur eine tragische Dimension zu geben, den Mythos eines um jeden Preis positiven, optimistischen Spießers zu dementieren, indem er dessen Scheitern vorführte. So eindrucksvoll diese Stücke die Qualität des Schauspielers demonstrieren – das Publikum wollte ihn in der Rolle des verschmitzten kleinen Mannes sehen, dessen Wenn-man-trotzdem-lacht-Humor standhaft den Anforderungen einer auf

Rationalität und der bewußten, vorurteilsfreien Mitwirkung des einzelnen basierenden Gesellschaftsform widerstand. 1972 hat die ARD ein Paket von nahezu dreißig älteren und neueren Rühmann-Filmen angekauft, die nach und nach gesendet werden sollen; dem *Schauspieler* Rühmann wurde damit kein guter Dienst erwiesen.

Literatur

Hans Hellmut Kirst: Heinz Rühmann. Ein biographischer Bericht. München 1969. Rolf Lehnhardt: Heinz Rühmann. In: Ders.: Tele-Lieblinge. Elf Portraits mit Übersicht über Fernseh- und Filmrollen. Rommerskirchen 1973. Rühmann. Einmal reicht. In: »Der Spiegel« Nr. 32. Hamburg 1969.

Satirische Zeitschriften

Satirische Zeitschriften stellen die Unterhaltung durch das Komische in den Dienst politischer Aufklärung oder Propaganda. Von der Korruption in der Politik über falsche Gesetzgebung bis zu den Verstiegenheiten von Mode und Kulturindustrie mag alles Thema satirischer Polemik sein, was einem rationalen Humanismus zuwiderläuft. Die Mittel der Satire sind dabei ebenso vielfältig wie die Inhalte: die satirische Zeichnung, bzw. *Comic Strips*, die Kurzgeschichte, fiktive Reportagen, Anzeigen oder Nachrichten, Interviews oder Reden von Politikern etc., Glossen (es wird etwa zu einem bestimmten Vorgang Zustimmung geheuchelt, was freilich die Ablehnung um so deutlicher macht), die Fotomontage, → Cartoons, »Fundsatiren« und ironische Kommentare. Die bedeutendsten satirischen Zeitschriften sind: »Pardon« (Deutschland), → »Mad«, »National Lampoon« (USA), »Harakiri«, »Le Canard enchaîné« (Frankreich), »Punch« (England), »Nebelspalter« (Schweiz), »La Pilule« (Schweiz). Zwischen Unterhaltungs- und politischem Meinungsjournalismus nehmen die satirischen Zeitschriften eine Sonderstellung ein; konsequent verzichten einige von ihnen (Mad, Harakiri) auf jegliche Anzeigen der werbungtreibenden Wirtschaft.

Schweinchen Dick

Grundmotiv dieser Zeichentrickserie, die von Warner Bros. für das amerikanische Fernsehen hergestellt und vom Zweiten Deutschen Fernsehen im Werberahmenprogramm wöchentlich einmal ausgestrahlt wird, ist die Verfolgung eines (scheinbar) Schwachen durch einen der Größe und der physischen Erscheinung nach Stärkeren. Im entscheidenden Moment reagiert der Schwächere listiger als der Stärkere, lockt ihn in eine Falle oder hetzt ihn auf einen unbeteiligten Dritten, der ihn dann verprügelt. Im Verlauf solcher Auseinandersetzungen werden alle mehrmals furchtbar lädiert, sind mit Pistolen erschossen, mit Dynamit in die Luft gesprengt worden, sind kilometertiefe Abhänge hinuntergefallen, verbrannt oder mit einem Hammer auf den Bruchteil ihrer eigentlichen Körpergröße im wahrsten Sinne des Wortes zusammengeschlagen worden; zu Beginn der nächsten Szene erscheinen sie aber wieder völlig hergestellt, nur ihr Haß und ihre Zerstörungswut scheint noch um einige Grade gestiegen zu sein. Bugs Bunny (Hase Bunny), die Ente Daffy Duck, Porky Pig (Schweinchen Dick), Tweety und Sylvester und der »Roadrunner«, um nur einige der in den Filmen auftauchenden Figuren zu erwähnen, unterscheiden sich nur graduell von den meisten der amerikanischen kommerziellen → Zeichentrickfilme; der Widerspruch zwischen äußerst brutalem Vorgehen und der Niedlichkeit des Aussehens, das Prinzip der körperlichen Deformation mit anschließender »Auferstehung« (Aggression wird als folgenlos dargestellt) und die Motivation der Aggressivität durch die Moral des »Fressens-oder-Gefressen-Werdens« findet sich hier wie in »Tom und Jerry«, den → Disney-Zeichentrickfilmen oder in den *slapstick-comedies* (→ Stummfilmgroteske). Neben dieser »Ohrfeigen- und Dynamit-Komik« leben die Filme von der Parodie der vorgegebenen Muster verschiedener Genres der Unterhaltungsindustrie wie Western, Gangsterfilme (»Bunny

Schweinchen Dick alias »Porky Pig«
Foto: ZDF

and Claude«) oder Melodramen, von Satiren auf geschichtliche und gesellschaftliche Probleme und auf Märchen und Sagen. (Beispiel: Das Märchen von den drei kleinen Schweinchen, die der große böse Wolf fangen will, indem er ihre Häuser umpustet, wird übertragen auf eine von drei kleinen Schweinchen gebildete Jazz-Kapelle, in der der Wolf für sein Leben gerne mitspielen würde, was ihm aber, weil er nur laut aber falsch spielt, verweigert wird. Aus Rache bläst er mit seiner Trompete jeweils den Nachtklub um, in dem die Schweinchen spielen.)

Die Serie, die ihrer unmotivierten Aggressivität wegen ins Kreuzfeuer der Kritik von Pädagogen und Psychologen geraten ist, ist nicht immer so negativ angesehen worden wie derzeit. 1970 schrieb Hans-Günther Pflaum im (katholischen) »film-dienst«: »Auf absurde Weise findet sich auch entschwundener amerikanischer Pioniergeist in ungeheuer umständlichen, den Starken oft boykottierenden technischen Erfindungen und Apparaturen wieder. Pausenlose, oft eigentlich alberne Scherze werden durch ihr Überraschungsmoment zu zündenden Gags, die sich oft wiederholen, jedoch, wie bei Keaton, in variierter, immer neuer Form. Erstaunen läßt nicht zuletzt die Sympathie-Verteilung: *Für* die mexikanischen Mäuse – *gegen* die amerikanische Gringo-Katze, *für* ein harmloses Federvieh – *gegen* einen bewaffneten Flieger, *für* das rekrutierte Kaninchen – *gegen* den brutalen Schleifer etc.; lauter Märchen, an denen sich Kinder und Erwachsene gleichermaßen erfreuen können.« (Diese Kritik bezieht sich auf eine Zusammenstellung von Schweinchen-Dick-Fernsehfilmen, die 1970 unter dem Titel »Bugs Bunny und seine Freunde« in den Kinos lief.)

1972 wurde von der hessischen SPD-Abgeordneten Dorothee Vorbeck die Absetzung der Serie im Werberahmenprogramm gefordert, nachdem der amerikanische Verhaltensforscher Professor Robert M. Liebert es nach Versuchen als bestätigt ansah, daß die im Fernsehen gezeigten Gewaltszenen bei Kindern zu erhöhter Aggressivität führen. Ähnlich schrieb der Kölner Professor Udo Undeutsch, er halte »Schweinchen Dick für teilweise gefährlich, weil unmotivierte Aggressivität nachahmenswert dargestellt werde«. 1973 wurde die Serie um die »brutale Sau« (Günter Herburger in Konkret) abgesetzt.

Screwball Comedies
Komödien des Hollywoodkinos, vor allem in den dreißiger und vierziger Jahren, die einen neuen Frauentypus, »selbstbewußt, eigensinnig und energisch« (Ulrich Kurowski) dem zumeist spleenigen, intellektuellen Mann gegenüberstellten. Ob die Bezeichnung *screwball* (= Wirrkopf) eher auf die quirligen, agilen Frauen vom Typ der Jean Arthur, Claudette Colbert, Ka-

therine Hepburn, Miriam Hopkins oder Carole Lombard zutrifft, oder auf die vertrottelten, in irgendeine abwegige Idee verrannten Männer, von Cary Grant, Gary Cooper, James Stewart etwa verkörpert, zutrifft, bleibt zumindest fraglich. Die bedeutendsten Regisseure dieses Genres sind → Frank Capra, Preston Sturges (→ Hollywoodkomödien) und Howark Hawks (vgl. *Western*), der in Filmen wie »Bringing up Baby« (Leoparden küßt man nicht – 1938) oder »I was a Male Warbride« (Ich war eine männliche Kriegsbraut – 1948) »die verhängnisvollen Etappen der Verblödung besonders intelligenter Menschen« (Jacques Rivette) darstellte. Während → Lubitschs Filmkomödien als Vorläufer der Screwball Comedies gelten dürften, steigerte Alfred Hitchcock (vgl. *Crime*) das Genre zur Schilderung der Grausamkeit des Kampfes zwischen dem amerikanischen Mann und der Frau (»Mr. and Mrs. Smith« – 1941); dieser Film »ist die etwas komischere Variante von Hitchcocks Filmen über Mord« (Kurowski). Weitere Regisseure: Gregory La Cava (»My Man Godfrey« – 1936), Leo McCarey (»The Awful Truth« – 1937), George Cukor (→ Hollywoodkomödien) und George Stevens (»Woman of the Year« – Die Frau, von der man spricht – 1942). Die Screwball Comedies treffen, bei aller Unterschiedlichkeit der Intentionen ihrer Regisseure, einen empfindlichen Nerv: Der Mann in einer überorganisierten, der Leistung verhafteten Gesellschaft, verliert die Fähigkeit zur Sinnlichkeit; er muß nun von der Frau aus seinem gleichsam jungfräulichen Dornröschenschlaf erweckt werden, und dennoch wird, zumindest dem Schein nach, die Struktur des Patriarchats aufrechterhalten.

Anmerkungen

Ulrich Kurowski: Lexikon Film. München 1972. Jacques Rivette: Génie de Howard Hawks. In: »Cahiers du Cinéma« Nr. 23. Paris 1953.

Literatur

Raymond Durgnat: The Crazy Mirror: Hollywood Comedy and the American Image. New York 1970. Albert Govani: Cary Grant. Chicago 1971. Gerald Mast: The Comic Mind. Comedy and the Movies. Indianapolis/New York 1973. Ted Sennett: Lunatics and Lovers. A Tribute to the Giddy and Glittering Era of the Screen's »Screwball« and Romantic Comedies. New Rochelle 1973.

Stummfilmgrotesken

Die *slapstick*-Komödie ist, wie manche Filmhistoriker meinen, entstanden aus den kleinen Farcen und Albereien, die sich die Entdecker und Schöpfer der Filmtechnik in ihren Versuchsfilmen leisteten, etwa »L'Arroseur arrosé« (1895) von Lumière. Ein frühes Vorbild für die destruktiven und dynamischen Stummfilmgrotesken von Mack Sennett, der das Genre am erfolgreichsten kommerzialisiert hat, ist der Franzose Max Linder, zugleich auch einer der ersten international bekannten Stars des jungen Mediums. Zu dessen wirbelnder Komik fügte Sennett die Typen-Komik der italienischen und englischen *trick-films* und schließlich, als eigene Invention, das Element der Parodie auf die «seriöseren« Filme der Zeit und die politischen und gesellschaftlichen Geschehnisse. Mack Sennett, der selbsternannte *»King of Comedies«*, lancierte zwar die meisten Talente der Stummfilmgroteske (→ Charlie Chaplin, Marie Dressler, Edgar Kennedy, Charlie Chase, den vor Chaplin beliebtesten Komiker Ford Sterling, Harry Langdon und »den Schieler« Ben Turpin), ob er sie freilich immer auch künstlerisch förderte, ist zumindest fragwürdig. »Seine Anlagen reichten aus, um ein Pionier zu werden, nicht aber für einen Vollender« (Donald McCaffrey). Sennetts Stil eines rein destruktiven Humors »ohne Menschlichkeit« (Leslie Halliwell) stellte sich am reinsten in den Kurzfilmen mit den »Keystone Cops« dar, einer akrobatischen Polizistengruppe, die in wilden, verrückten Jagden zu Fuß oder auf gebrechlichen Lastwagen ebenso einfallsreiche wie – zumeist – unschuldige Fliehende verfolgte.

Neben Charlie Chaplin und → Buster Keaton, der im übrigen nie mit Sennett zusammengearbeitet hat, brachte die amerikanische Stummfilmgroteske eine Reihe von großartigen Talenten hervor, von denen zwei besondere Würdigung verdienen: Harry Langdon und Harold Lloyd. Langdon (1884–1944) hatte sich von einem mittelmäßigen *vaudeville*-Theaterkomödianten zu einem der großen Filmstars entwikkelt und war in den Jahren 1926 und 1927 der »Größte von allen« und das Tagesgespräch der New Yorker Kritiker. Seinen Erfolg verdankte er zu einem guten Teil den Regiekünsten von → Frank Capra, der es in Filmen wie »Tramp Tramp Tramp« (1926) und »Long Pants« (1927) verstand, das kindliche Gemüt Langdons in Kontrast zu setzen zu einer geschäftstüchtigen, dynamischen und oft auch unbarmherzigen Welt, der Harry sich tapfer, aber doch mit immer ein wenig beleidigter Miene stellt. Mit dem Charakter eines hilflosen Kindes und dem Aussehen eines unverständig lächelnden Pierrots war er ein »dummer Clown«, jemand, der mehr Schadenfreude provoziert als Respekt vor seinen Bemühungen, die Widerstände zu überwinden, die ihm von einer erfolgsorientierten Erwachsenenwelt entgegengestellt werden. Harrys trauriges, bleiches Kindergesicht ist eine Maske der Ahnungslosigkeit, mit der er sich gegen die Erwachsenen, vor allem gegen die Frauen, wappnet. Dahinter freilich lauert eine Aggressivität, die weit über das Maß bloßer Clownerie hinausgeht und einer kategorischen Ablehnung der Realität gleichkommt: In »Long Pants« träumt er davon, daß er seine Braut mit dem Revolver seines Vaters erschießt. Langdons Stern begann mit dem Aufkommen des Tonfilms rasch zu sinken, und obwohl er immer wieder sporadische Auftritte in etlichen → Hollywoodkomödien hatte (von »Hallelujah I'm a Bum« – 1934 bis »Spotlight Scandals« – 1944), starb er als verbitterter und vereinsamter Mann, im Leben wie in seinen Filmen unfähig, sich an neue Gegebenheiten anzupassen.

Harold Lloyd, geb. 1893, war eine Karikatur des »netten Jungen von nebenan«. Der beflissene junge Mann mit der dicken Hornbrille verkörperte den amerikanischen Mythos vom optimistischen, untragischen, konformen »nice boy«, der nur deswegen immer wieder in komische Situationen gerät, weil er einen solchen Übereifer bei der Befolgung gesellschaftlicher Spielregeln an den Tag legt, daß sich ein groteskes Mißverhältnis offenbart zwischen seiner Unbeholfenheit und den Anforderungen, denen er sich, ohne nach deren Sinn zu fragen, unterwirft. Es sind folgerichtig die amerikanischen Erfolgssymbole wie Wolkenkratzer (Lloyd war berühmt dafür, daß er die waghalsigen Turnereien an Uhrzeigern und Gerüsten ohne *stuntman* ausführte – er war in früheren Jahren als Seiltänzer aufgetreten) und das Footballspiel, mit denen er sich ständig herumzuschlagen hatte. Mehr energiegeladen als charmant war Lloyd ein Produkt der *jazz-era*, der überoptimistischen Zeit vor der großen Wirtschaftskrise; den Schock der Krise überlebte sein Image nicht. In »Mad Wednesday« (Verrückter Mittwoch – 1947) kennzeichnete Preston Sturges den ungebrochenen Optimismus des immer noch Erfolglosen als Selbstbetrug. »Die leere Motorik seiner Betriebsamkeit verdeutlicht sich an der Rückblende auf seinen Erfolg als Football-Spieler – ein Zitat aus ›The Freshman‹ (einem Harold Lloyd-Film aus dem Jahre 1925). Ohne es zu wissen, spielte Lloyd hier das Dementi seines eigenen Mythos« (Enno Patalas).

Neben den Western (vgl. *Western*) ist das Genre der Stummfilmgroteske für die Entwicklung des Films von entscheidender Bedeutung gewesen. Die physische Aktion, die mehr oder minder grammatisierte Sprache der Gesten und Gebärden und die Entdeckung der Bewegung als eigentlichen Gehalt des Films ist das Wesen einer Filmgattung, die dem Unterhaltungsbedürfnis ebenso Rechnung trägt, wie sie der philo-

Harry Langdon in »The Strong Man«

sophischen, ja tragischen Interpretation offen bleibt. *Slapstick* ist die Begegnung des Individuums mit den Grenzen der Entfaltungsmöglichkeiten, die vorgegeben sind durch die Zwänge der Gesellschaft und der Materie; die sinnliche Konkretion des Lebenskampfes gebiert ein Lachen, das nie ganz frei von Hysterie ist. Gemildert wird dies nur durch die Sentimentalität und das Pathos, das sich die großen Clowns gestatten.

Die Elemente der Stummfilmgroteske, die Komik der körperlichen Interpretation der Wirklichkeit sind nach der Einführung des Tonfilms weitergeführt und in Verbindung mit verbalen Momenten zum festen Bestandteil der Filmkomik geworden. In Amerika übernahmen Hugh Herbert, Joe E. Brown, → W. C. Fields, Eddie Cantor, Abbott und Costello und vor allem die → Marx Brothers die vorgeformten Rituale der Jagd, der *comic rescue*, der »Materialschlachten« und der Deformationen, und auch in den intellektuelleren Filmkomödien von Danny Kaye, Preston Sturges und → Jerry Lewis finden sich Anleihen und sogar bewußte Zitate der *slapstick comedies.* Freilich: Während Frankreich an Komikern der *slapstick*-Tradition Talente wie Fernandel, Louis de Funès, → Jacques Tati oder Pierre Etaix vorzuweisen hat, Italien Toto und Walter Chiari, England Norman Wisdom und → Marty Feldman, ist in Deutschland dem destruktiven, anarchischen Humor der Groteske nie ein wirklich fähiger Darsteller zugetan gewesen, abgesehen vielleicht von → Karl Valentin, der aber leider nie das Glück hatte, mit einem kongenialen Regisseur zusammenarbeiten zu können.

Die Komiker der Groteske sind die Negative der pathetischen Helden, Korrektur und Karikatur zugleich. Ihr Wesen ist dem Zeitgeist ebenso verwandt wie das der

Stars (vgl. *Sex*), und ihre Funktion liegt darin, daß sie ihrem Publikum ermöglichen, sich für Stunden dem Druck der durch die Unterhaltungsindustrie vermittelten Leitbilder zu entziehen. In Zeiten der Stabilität erinnern sie an die generelle Instabilität aller Dinge und Verhältnisse.

Anmerkungen

Donald McCaffrey: Four Great Comedians. Chaplin, Lloyd, Keaton, Langdon. London/New York 1968. Leslie Halliwell: The Filmgoer's Companion. London 1971. Enno Patalas: Stars. Geschichte der Filmidole. Frankfurt 1967.

Literatur

E. M. Blistein: Comedy in Action. Durham 1964. Raymond Borde: Harold Lloyd. Lyon 1968. William Cahn: A Pictorial History of the Great Comedians. New York 1970. Homer Dickens/Dion McGregor: The Funny Girls. New York 1973. William K. Everson: The Films of Hal Roach. New York 1971. Charles Ford: Max Linder. Paris 1966. Gene Fowler: Father Goose. The Story of Mack Sennett. New York 1934. Joe Franklin: Classics of the Silent Screen. New York 1959. Joseph Gallagher: Fred Karno: Master of Mirth and Tears. London 1971. Billy Gilbert: Movie Comedy Teams. New York 1975. Michael Hanisch: Über sie lach(t)en Millionen: Harold Lloyd, Buster Keaton, Laurel & Hardy. Berlin (DDR) 1976. Walter Kerr: The Silent Clowns. New York 1975. Roland Lacourbe: Harold Lloyd. Paris 1970. Kalton C. Lahue: Mack Sennett's »Keystone«: The Man, the Myth, and the Comedies. Cranburg/London 1971. Kalton C. Lahue: World of Laughter. The Motion Picture Comedy Short, 1910–1930. Norman, Okl. 1966. Kalton C. Lahue/Terry Brewer: Kops and Custard: The Legend of Keystone Films. Norman, Okl. 1967. Kalton C. Lahue/S. Gill: Clown Princes and Court Jesters. New York/London 1970. Harold Lloyd: An American Comedy. New York 1928 (Nachdr. 1971). Leonard Maltin: Movie Comedy Teams. New York 1974. Gerald Mast: The Comic Mind. Comedy and the Movies. Indianapolis/New York 1973. Jean Mitry: Mack Sennett. 1880–1960. Paris 1967. David Nathan: The Laughtermakers: A Quest for Comedy. London 1971. Richard Schickel: Harold Lloyd. The Shape of Laughter. Boston 1974. Georg Seeßlen: Klassiker der Filmkomik. Eine Einführung in die Typologie des komischen Films. München 1976. Mack Sennett (und Cameron Shipp): King of Comedy. Garden City, N. Y. 1954. David Turconi: Mack Sennett. Paris 1966. D. Manning White/R. H. Abel (Hg.): The Funnies. An American Idiom. New York 1963.

Tati

Jacques Tati (Jacques Tatischeff), französischer Filmregisseur und Darsteller, geb. 1908, der nach einer Zeit als Pantomime in *music-halls* und Nebendarsteller in verschiedenen Filmen mit »Jour de Fête« (Tempo-Tempo/Tatis Schützenfest – 1948) seinen ersten eigenen Film realisieren konnte. Tati verkörpert hier einen tolpatschigen Briefträger, der in einem kleinen französischen Dorf beständig Verwirrung anstiftet, weil er sich überall nützlich machen will, dabei aber immer das Gegenteil von dem erreicht, was er anstrebt. Auch in »Les Vacances de Monsieur Hulot« (Die Ferien des Monsieur Hulot – 1953) spielt er die Figur eines Mannes, dessen pfiffiger Scharfsinn und Hilfsbereitschaft einer Naivität gegenübersteht, die immer wieder die Widersprüche und Verdrehtheiten des alltäglichen Lebens in der von Konventionen bestimmten Provinz zum Vorschein bringt. Doch zeigt sich in diesem Film bereits, daß die Figur des Monsieur Hulot allmählich zurücktreten wird und eine Funktion in erster Linie als Katalysator für das Groteske erhält. Hier ist es der mechanisierte Urlaubsbetrieb, der Tatis scharfe Beobachtung herausfordert: An der Grenze zwischen Normalität und Absurdität liegen die Rituale der Eßzeremonien und Unterhaltungen, die Ornamente unserer Gesellschaft, die der Autor von einem gelegentlich kulturpessimistisch-konservativen Standpunkt aus karikiert. Auf eine kontinuierliche Handlung wird dabei weitgehend verzichtet. »Mon Oncle« (Mein Onkel – 1958) parodierte den krampfhaft »modernen« Lebensstil einer reichen Industriellenfamilie, die sich mit unzähligen technischen Apparaturen umgibt, mit denen Tati, als »rückständiger« Verwandter, nicht zurechtkommt. In »Playtime« (Tatis herrliche Zeiten – 1968) verzichtete Tati noch mehr auf eine konsequente dramatische Handlung und komponierte seine Szenen nach einem fast musikalischen Schema; der Film, der den Touristenbetrieb zum Thema hat, gliedert sich in zwei Hauptteile (im Hochhaus, im Nachtklub) und einige Nebenteile (»Vorspiel« im Flughafen, Überleitung, »Nachspiel« mit der Rückfahrt zum Flughafen). Grundprinzip der Tatischen Komik ist die Variation, einzelne *gags* unterscheiden sich nur in Nuancen und rufen gerade deswegen um so größere Überraschung hervor. Die Pointen »explodieren« nicht, sie entwikkeln sich über Assoziation und Variation langsam aus der »normalen« Grundsituation heraus, und ihre Wirkung liegt oft sogar in der Umkehr der Dramatik. In »Playtime« zum Beispiel kommt ein Mann durch einen endlos langen Korridor, und Hulot, der diesen Mann erwartet, springt immer wieder ungeduldig auf und muß von anderen beruhigt werden: der Erwartete ist noch nicht eingetroffen. Das Herannahen des Mannes wird nicht mit den filmüblichen Mitteln von Schnitt und Montage verkürzt oder dramatisiert, das für Tati und den Zuschauer Quälende an dieser Situation ist das Zusammenfallen von Real- und Filmzeit.

Mit »Trafic« (Tati im Stoßverkehr – 1972) machte Tati deutlich, »daß im Grunde die ganze Welt komisch ist«. Hulot ist hier nur eine Figur unter anderen, die als Person allerdings für die Sensibilität des Zuschauers und seine Fähigkeiten, in den wie nebensächlich ablaufenden Bildern die Widersprüche zu entdecken, von großer Bedeutung bleibt. Denn als Person verweigert sich Hulot dem Leistungsprinzip und ist in jedem Augenblick er selber; seine Präsenz läßt jedes angestrebte Ziel aus den Augen verlieren und sich ganz den Eindrücken und der Wärme des Jetzt hingeben. In diesem Jetzt ist die Welt komisch, weil das Belanglose nach Bedeutung verlangt, und in dieser Komik ist die Welt präsent, weil das Bedeutsame im ausschließlichen Jetzt belanglos wird. In den späteren Filmen von Jaques Tati, von »Playtime« zu »Trafic«, laufen die einzelnen *gags* meist nebeneinander und oft ohne Bezug zueinander ab, in den *tableaux* (meist totale Einstellungen) sucht sich jeder heraus, worüber er lachen möchte. In »Trafic« beispielsweise gibt es eine Massenkarambolage, und jeder der beteiligten Wagenbesitzer treibt etwas anderes Unsinniges: der eine beginnt zu picknicken, der andre rollt beständig verlorengegangene Autoreifen hin und her, etc. Am wenigsten komisch von allen in solchen Szenen ist der Komiker Tati, der ganz in der sanften Trägheit der Bilder aufzugehen scheint. »Einer meiner Träume war, daß Hulot in anderen Filmen mitgespielt hätte, als Statist. Plötzlich hätte man ihn an einer Bushaltestelle gesehen, wie er wartete, oder wie er hinter einem Taxi herlief. Man hätte sich gesagt: Was macht er denn da? Und dann wäre der Film weitergegangen, als ob nichts gewesen wäre«. (Eine solche Szene hat Tati in Truffaut's Film »Tisch und Bett« gestaltet.) Hulot, wäre er wirklich »unter uns« (Geneviève Agel), würde uns zeigen, wie komisch die Versuche sind, die Welt in wohldefinierte Ordnung zu bringen, und ob er nun, wie man ihm vorgeworfen hat, dabei das Neue gegen das Alte ausspielen will, er würde uns doch ein wenig menschlicher machen durch die Erkenntnis, daß durch geringfügige Kleinigkeiten das Gefüge unsrer Ordnungen aus dem Lot gebracht werden kann und daß durch die Anerkennung der Ungereimtheit der Welt nicht das Chaos ausbricht, sondern sich Menschlichkeit in der entstehenden Gegenwärtigkeit ausdrückt. Das geheime Chaos, das sich durch die Aktionen des gutmütigen Monsieur Hulot immer wieder offenbart, ist nicht das des menschlichen Wesens, sondern es ist das Chaos der Herrschaft und der sozialen Hierarchie, das sich selbst als Ordnung bezeichnet.

Anmerkung

Geneviève Agel: Hulot parmi nous. Paris 1955.

Literatur

Armand Cauliez: Jacques Tati. Paris 1968. Penelope Gilliat: Jacques Tati. London 1975. Michael Krey: Regisseur-Biographie: Jacques Tati. Aachen 1969. Georg Seeßlen: Klassiker der Filmkomik. Einführung in die Typologie des komischen Films. München 1976. Tati. Amerikanerinnen in Paris. In: »Der Spiegel« Nr. 39. Hamburg 1965.

Valentin

Karl Valentin (Ludwig Fey), deutscher Komiker (1882–1948). Im Gegensatz zum amerikanischen Groteskfilm (→ Stummfilmgroteske) wird in Valentins Komödien der Humor erst durch die Logik möglich. Hat in den *slapsticks* das Pech physische Ursachen, so bei Valentin intellektuelle, und versuchen die Stummfilm-Clowns Unmögliches zu *tun*, so versucht Valentin Unmögliches zu *denken*: »Hat es Sinn, daß es jeden Tag Nacht wird?« lautet eine seiner Fragen. Die Komik resultiert hier aus der grotesken Diskrepanz zwischen Denkanstrengung und Denkobjekt; dieser Gedanken-*slapstick* rennt gegen unabdingbare Voraussetzungen unseres Zusammenlebens mit einer heroischen Vehemenz an, die leugnet, daß es Dinge geben kann, die ein für allemal feststehen, die sich von selbst verstehen. Valentin denkt über scheinbar klare Dinge so lange nach, bis sie durch und durch verworren erscheinen. Valentin, der sich an den Wörtern und an der Logik wundstößt, realisiert in seinem Kampf mit den sprachlichen Konventionen eine Freiheit, mit der freilich nichts anzufangen ist, denn wie seine Stücke, die zumeist durch einen aufgesetzten und wenig überzeugenden Schlußkalauer mehr abgebrochen als zum Ende geführt werden, so würde auch sie letztlich in totaler Zerstörung enden.

Valentins Partnerin, Liesl Karlstadt, mit der er seit 1913 zusammen auftrat, verkörperte in seinen Sketches so etwas wie den Valentins Denken diametral entgegengesetzten »gesunden Menschenverstand«, der pragmatisch versucht, alle Widerstände zu einem erhofften Ziel aus dem Weg zu räumen. Und dieses Zusammenleben eines »monumentalen philosophierenden Narren« und einer vom bürgerlichen Mittelmaß und einem konfliktfreien Leben träumenden Praktikerin, das sich als Kette von Mißverständnissen abspielt, bestimmte die Dramaturgie der Stücke, die irgendwo beginnen, sich mehr und mehr steigern, bis sie kurz vor dem logischen Suizid abgebrochen werden. Valentin, der sich selbst immer als in der Tradition der bayrischen Volkssänger stehend begriffen hat, fand seine Grenzen dort, wo er versuchte, konkret zu werden, Zeiterscheinungen satirisch zu verarbeiten. Er war kein Satiriker; die apokalyptischen Situationen, die er auf der Bühne vorführte, lebte er auch.

Zwar existieren eine Reihe von Verfilmungen seiner bekanntesten Stücke, aber obwohl Valentin sich sehr eingehend mit dem Medium beschäftigt und auch selbst einige Projekte ausgearbeitet hatte, fand sich doch kein Regisseur, der den spezifischen Humor ins Filmische zu übertragen verstanden hätte. Eine der schönsten Szenen mit Karl Valentin und Liesl Karlstadt finden sich in Max Ophüls' Film »Die verkaufte Braut« (1932) – der Regisseur hatte dem Komiker hier allerdings jede Freiheit gelassen. Zusammenstellungen von Kurzfilmen kommen regelmäßig in den Verleih, allerdings scheint man auch hier nicht auf willkürliche Schnitte und Verstümmelungen verzichten zu können.

Literatur

Das Bilderbuch von Karl Valentin. München 1975. Bertl Böheim-Valentin: »Du bleibst da, und zwar sofort!« Mein Vater Karl Valentin. München 1971. Erich Engels: Philosophie am Mistbeet. Ein Karl-Valentin-Buch. München 1969. Wilhelm Hausenstein: Die Masken des Münchener Komikers Karl Valentin. München 1948. Das Karl Valentin Buch. München 1932. Michael Schulte (Hg.): Das große Karl Valentin Buch. München/Zürich 1973. Michael Schulte: Karl Valentin in Selbstzeugnissen und Bilddokumenten. Reinbek 1968. Karl Kurt Wolter: Karl Valentin – privat. München/Köln 1958.

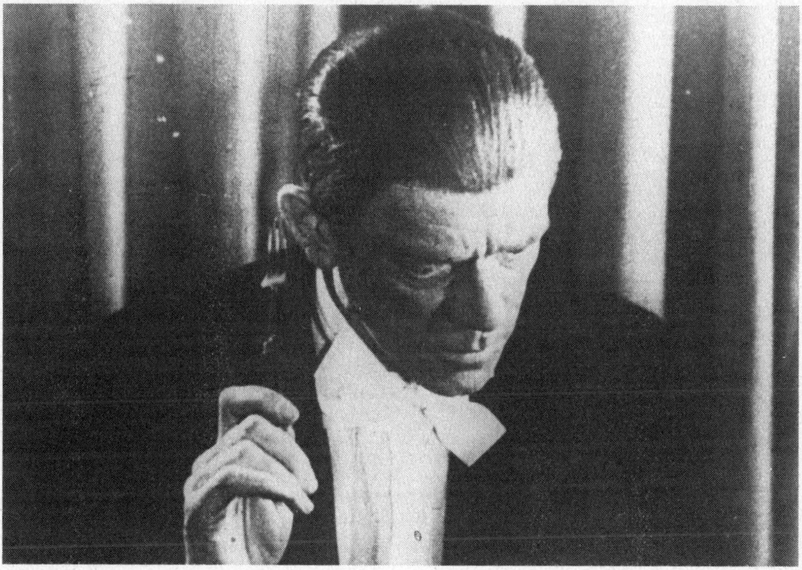

Karl Valentin in »Der Zitherspieler« Foto: ZDF

Witzhefte

Wer in der Unterhaltungsindustrie nach Grausamkeit und Sadismus sucht, der findet sie weniger in Kriminalheftromanen, Western oder Science Fiction-Serien, er findet sie vielmehr in den zahlreichen Witzheften, die mit verbalen und gezeichneten Aggressionen gegen den »Nächsten« nicht sparen. Das Thema Nummer 1 dieser Publikationen ist die Bösartigkeit, die verheiratete Paare im Umgang miteinander entwickeln; auf den Seiten dieser Zeitschriften bekämpfen sich Mann und Frau mit einer Grausamkeit, die wahrlich nicht mehr komisch genannt zu werden verdient: Der Mann, beständig auf der Flucht vor dem frustrierenden Ehe- und Familienleben, greift nach allem, was jung und weiblich ist und wird dafür von der Frau, die im übrigen immer dick und matronenhaft ist, bestraft; sie schlägt ihm ihre wie Keulen wirkenden Brüste um die Ohren (deutlicher kann man die »Sexualität als Waffe« nicht charakterisieren), sie legt ihn an die Leine wie einen Hund, oder sie malträtiert ihn mit allen möglichen Haushaltsgegenständen. Eine bescheidene Art der Selbstrealisation ist in diesen Witzen nur durch den Betrug am Partner möglich, und das »Spaßige« daran ist, daß dieser Betrug sich nie auszahlt, weil entweder die Strafe dafür so groß ist oder weil man an den erhofften Triebzielen scheitert. Männliche Impotenz und weibliche Frigidität sind hier immer der Ausdruck einer globalen Furcht vor der Sexualität, die in der sadistischen Demütigung von einem der Beteiligten kompensiert wird.

Neben »komischen« Zwischenfällen beim Geschlechtsverkehr, der Diffamierung sexueller Minderheiten und dem Witzeln über die Sexualität des Alters ist Quelle des Humors das, was die Rechtsprechung die »Unzucht mit Abhängigen« nennt, die sexuelle Ausbeutung von Angestellten und Personal durch die Vorgesetzten. Sexuali-

Titelblatt eines Witzheftes © Pabel Verlag

tät ist hier eine Machtfrage, der Sexualakt eine akrobatische Übung, die nach Leistung bemessen und wo »Versagen« mit Lächerlichkeit bestraft wird. Nicht Aufklärung über den Bereich der Erotik, nicht das Aufmerksam-Machen auf falsche Tabus, sondern eben die Bestätigung sexueller Vorurteile und die Gleichsetzung von Sexualität und Gewalt sind die Grundhaltung dieser Witzhefte, die mit Titeln wie »Underground-Witze«, »Schweden-Witze«, »Sexy-Witz« etc. sich an den Boom teilpornographischer Publikationen anschließen. Das nach aller sexueller »Revolution« immer noch gestörte Verhältnis des Deutschen zur Sexualität (auch der Bereich der Reinlichkeitserziehung gehört hierher) würde durch eine systematische Inhaltsanalyse, die leider noch aussteht, sicherlich wesentlich erhellt. Daß über Sinnlichkeit nicht anders als in ablehnendem Spott gesprochen wird, verweist darauf, wie sehr die Unterhaltungsindustrie in diesem Bereich die Abhängigkeit des Menschen fördert, um ihn als Kunden zu behalten.

Zeichentrickfilme

Trick- und Animationsfilme entstehen durch Einzelbildschaltung der Kamera; von Bild zu Bild wird eine Kleinigkeit verändert, so daß der Eindruck fließender Bewegung entsteht. In Sonderfällen werden die Bilder direkt auf den Film gezeichnet wie in den Animationsfilmen des einflußreichen kanadischen Filmers Norman McLaren, oder es werden Trick- mit Realfilmszenen gekoppelt wie in einigen Filmen → Disneys (»Three Caballeros« – 1944). Eine vereinfachte Methode ist die nur teilweise Beweglichkeit durch die Ersetzung der Einzelbildschaltung (*»stop-frame-animation«*) durch bewegte Schablonen.

Die erste kommerziell erfolgreiche Trickfilmserie war »Gertie the Dinosaur« (1919) vom Schöpfer des → Little Nemo, Winsor McCay, gefolgt von »Felix The Cat« (1920), einer Tierfigur, die auch in Comics und einer Fernsehserie übernommen wurde. Pat Sullivan, der Schöpfer der Filmserie, entdeckte die Möglichkeiten des spielerischen Umgangs mit dem Material: Kater Felix will Baseball spielen, ein Ausrufezeichen erscheint über seinem Kopf, er benützt den Balken als Schläger, den Punkt als Ball. Dieses Spiel mit graphischen Symbolen, der Eigengesetzlichkeit der Materie im Trickfilm folgend, wie es sich in den frühen Trickfilmen kommerzieller Ausrichtung und den späteren avantgardistischen Animationsfilmen (etwa von Jiri Trnka, Walerian Borowczyk oder Jan Lenica) findet, wurde in den späteren Zeichentrickfilmen aufgegeben zugunsten einer möglichst »realistischen« (Disney, die japanischen Filme wie »Perix der Kater und die drei Musketiere«, »Kleopatra« etc.) oder vereinfacht-karikierenden Darstellungsweise (Bruno Bozzetto, Hannah/Barbera etc.).

Elemente dieses Humors, der gleichwohl die aggressive Komponente der physischen Deformation wie die utopische der Beherrschung der Dingwelt umfaßt, finden sich in den Serien »The Katzenjammer Kids«

Der japanische Zeichentrickfilm »Perix – der Kater und die drei Mausketiere«
Verleih: Ceres

(1917 und 1938), »Krazy Kat« (verschiedene Serien zwischen 1916 und 1938), → Popeye und »Bugs Bunny« (→ Schweinchen Dick). In Paul Terrys »Mighty Mouse« (Supermaus) zum Beispiel, einer Parodie auf Superman (vgl. *Science Fiction*) und der erste 3-D-Zeichenfilm, reihen sich Szenen wie die, in der eine Schar Hühner ihr Federkleid wie Overalls mit Reißverschlüssen ausziehen, um unter die Dusche zu marschieren. »In der Welt der Linienwesen ist nur das unmöglich, was man nicht zeichnen kann«, meint Bela Balacs; es ist aber auch nur das möglich, was durch die produktive oder destruktive Phantasie des Publikums bedingt, »ankommt«.

Vom Beginn der Tonfilmepoche an bis in die Zeit des Krieges hinein war Walt Disney fast der alleinige Beherrscher des Zeichentrickfilms, ebenso wie in den Comic-Strips lösten auch im Trickfilm seine süßlichen Märchenfiguren und seine aggressiven Tiergestalten den anarchischen und humanistischen Humor der Früh- und Pionierzeit ab. Disneys Schöpfungen entsprachen in der Tat mehr dem Zeitgeist der Wirtschaftskrisen und des Lebenskampfes, die den Einwandererboom und die wirtschaftliche Expansion abgelöst hatten. Allerdings: »Die lang verachteten abendfüllenden und in naturalistischem Stil ausgeführten Disneyfilme werden in letzter Zeit wieder positiver gewürdigt. Vielleicht, weil sie ähnlich wie *pop-art* auch hohe Kultur zum Ausstellungsstück und verfügbaren Ding machen« (Ulrich Kurowski). Disneys Filme stellen das Amerikanertum nicht in

Frage, greifen keine Konflikte auf, sondern erheben das Vorzeigen und Genießen zum Prinzip.

Konkurrenten Disneys waren die Brüder Max und Dave Fleischer, deren Spezialität die »Bösen Buben und Schlimmen Mädchen« (Gregor/Patalas) waren. Neben der erfolgreichen Popeye-Serie entstammten ihrer Werkstatt »Betty Boop« (eine Art gezeichnetes Gegenstück zu den Stars [vgl. *Sex* → Vamp] Mae West und Marlene Dietrich; die Serie mußte eingestellt werden, als das Hays Office Anstoß an ihren freizügigen Kleidern nahm), »Sneak, Snoop and Snitch« (drei Spione, die Abenteuer im Stil der Katzenjammer Kids erleben) und »Koko«. Neben diesen oft gesellschaftskritischen, von Sympathie mit den *outsidern* getragenen Serien, fielen die Langfilme »Gulliver's Travels« (Gullivers Reisen – 1939), der als Antwort auf Disneys »Snowwhite and the Seven Dwarfs« entstanden war und »Mr. Bug Goes to Town« (1941) etwas ab. Nach dem Zweiten Weltkrieg durchbrach eine neue Firma, Stephen Bosustows »United Productions of America«, Disneys Vorherrschaft und verdrängte diesen zeitweilig sogar auf den zweiten Platz in der Publikumsgunst. Bosustow, der selbst aus Disneys Studios kam, wandte sich in erster Linie mit seinen Filmen an die Erwachsenen; statt niedlichen Tieren brachte er Menschen auf die Leinwand, die durch ihre körperliche und geistige Dezimierung auf die absurde Existenz des Industrie-Menschen verwiesen und mit denen sich ein Großteil seines Publikums identifizierte, oder doch das groteske Schreckbild der eigenen Zukunft realisierte. Die Gestalter Bosustows waren etwa Robert Cannon, der seine Filme mit Kindern bevölkerte, kleinen Monstern, die ihre Umwelt terrorisierten (»Gerald McBoing Boing«, der stumme Junge, der sich mit der Welt nur über Geräusche verständigte, war ebenso eine Schreckensvision des beginnenden Zeitalters des Kindes, wie er ein Nachfahr von Harpo Marx [→ Marx Brothers] war), Pete Burness, der ab 1953 die »Mr. Magoo«-Serie zeichnete (der überaus kurzsichtige Mr. Magoo, der grundsätzlich allen Dingen eine falsche Bedeutung beimißt und doch durch groteske Glückszufälle immer wieder alle Gefahren übersteht, ist ein »Sinnbild des Bürgertums, das blind in alle Katastrophen hineinrennt und doch überlebt« [Gregor/Patalas]) und John Hubley, ein literarischer und ideenreicher Filmschöpfer, der beispielsweise die Ballade von »Frankie and Johnny« ins Bild übersetzte. Mit »1001 Arabian Nights« (Wenn es Nacht wird in Arabien – 1959) schuf Bosustow auch einen abendfüllenden Trickfilm. Als 1953 John Hubley die UPA verließ und mehrere der begabtesten Zeichner mit ihm gingen, verloren Bosustows Filme ihre künstlerische Ausstrahlungskraft. Hubley gründete 1957 ein eigenes Studio, das »Storyboard« und entwickelte hier, abseits vom Kommerz, neue künstlerische Formen des Animationsfilmes.

1939 war das Paar Tom und Jerry (der böse Kater und die schlaue Maus, die ihm immer wieder entkommt) zum erstenmal auf der Leinwand zu sehen, und von einer kurzen Unterbrechung in den fünfziger Jahren abgesehen, brachte MGM regelmäßig neue Folgen heraus. Anfänglich gestaltete der Chef der MGM-Kurzfilmabteilung Fred Quimby die Serie, nach seinem Tod 1965 übernahm Chuk Jones seine Aufgabe. Dieser Serie wurde, ähnlich wie den Filmen der Bugs Bunny-Reihe (→ Schweinchen Dick) der Vorwurf gemacht, durch die Darstellung überharter und folgenloser Aggressivität einen schädlichen Einfluß auf Jugendliche und Kinder auszuüben. Für Filme wie »The Yankee Doodle, Mouse« (1943), »Cat Concerto« (1946), »The Two Mousketeers« (1951) oder »Johann Mouse« (1952) – in Deutschland in verschiedenen und wenig systematischen Zusammenstellungen zu sehen – erhielt Quimby den *Academy Award* (»Oscar«).

Geld auf der Wäscheleine . . .

. . . ist Sache der Komik, Geld auf der Hand des Schloßherrn führt gewiß zur Romanze; Geld auf der Alm gehört ins Genre Heimat, Geld auf Pump eher ins Gebiet «Familie»; Geld auf dem Trikot ist Sport, Geld auf dem Bildschirm ist Quiz, und Geld auf der . . . – na ja, lassen wir's.
Geld auf der hohen Kante – das ist das Allerbeste. Für den Unterhalt und die Unterhaltung.

Walter Lantz ist der Produzent und Schöpfer der Trickfilmserie Woody Woodpekker; in seinen Filmen dominieren die Elemente der Zerstörungswut, der Intrigen und Betrügereien, mit denen man sich durchsetzt. Vom Fernsehen (→ Zeichentrickfilmserien im Fernsehen) übernahmen die Kinos Serien wie Warner Brothers' Daffy Duck, Tweety and Sylvester und die Serien der Hannah/Barbera-Studios, Huckleberry Hound, The Flintstones und Jogi Bear.

Nachdem Bruno Bozzetto mit seinen abendfüllenden Trickfilmen »West and Soda« (Der Wildeste Westen – 1967 – ein stark rhythmischer Film, der Verweise auf so berühmte Western wie »Sacramento«, »High Noon« oder »Nevada« enthält) und »VIP« (Mein Bruder, der Supermann – 1971 – eine Science Fiction-Parodie) großen Erfolg verzeichnen konnte, kam der Zeichenfilm in Europa zu neuen Ehren. Zumeist wurden bekannte Comic-Serien wie → Asterix, → Lucky Luke oder Tin Tin (»Tim und Struppi« von Hergé – »Tin Tin et le Temple du Soleil«, Tim und Struppi im Sonnentempel – 1969) als Ausgangsbasis für die Filme verwendet.

Der kommerzielle, unterhaltende Zeichentrickfilm, vor allem, wo er in Serien gefertigt wird oder feste Figuren aus Serien übernimmt, kommt nur selten von dem alles überschattenden Vorbild Disney los. Selbst in der filmischen Adaption der → Peanuts-Comics wurde nicht auf die Elemente des Musicals und der Verniedlichung verzichtet. Die satirischen Möglichkeiten der Filme vor Disney und ihre formale Freiheit, die sie zu »Exponenten der Phantasie gegen den Realismus« machen, die den Dingen »Gerechtigkeit widerfahren lassen, indem sie den Verstümmelten ein zweites Leben leihen« (Horkheimer/Adorno, zit. nach Kurovski) werden nur von wenigen avantgardistischen Filmen genutzt; der Zeichentrickfilm ist zum beliebten Vehikel der Werbung geworden (→ Zeichentrickserien im Fernsehen).

Anmerkungen

Ulrich Kurowski: Lexikon Film. München 1972. Ulrich Gregor/Enno Patalas: Geschichte des Films. Reinbek 1976.

Literatur

Jacques Bourgeois: Animating Films without a Camera. New York 1974. Bruno Edera: Full Length Animated Feature Films. London 1976. »Fantasmagorie. Revue du film d'animation«. Grenoble 1974ff. John Halas (Hg.): The Great Movie Cartoon Book. New York 1976. John Halas/Roger Manvell: The Technique of Film Animation. London/New York 1976. Donald Heraldson: Creators of Life. A History of Animation. New York/London 1975. W. Reff/I. Vasarhely: Der Filmtrick und der Trickfilm. Leipzig 1971. David Rider: The Great Movie Cartoon Parade. New York 1976. Reinhold E. Thiel: Puppen- und Zeichentrick. Berlin 1960. Sergio Trinchero: I grandi eroi del cartone animato Americano. Rom 1972.

Zeichentrickserien im Fernsehen

In der Diskussion über die Wirkung des Fernsehens auf sein jugendliches Publikum hat in jüngster Zeit die Frage eine wichtige Rolle gespielt, inwieweit die in Zeichentrickfilmen »verniedlichte« Gewalt einen Nachahmungseffekt auslösen könnte. Insbesondere die ZDF-Serie → Schweinchen Dick und die japanische Serie »Speed Racer«, die vom Süddeutschen Rundfunk angekauft wurde, lösten Proteste aus. Tatsächlich ist die Gewalt in den Zeichentrickserien, vor allem jenen, die die Handlungsmuster von *action*-Filmen übernehmen und persiflieren, umfassender und in einem gewissen Sinne sogar realistischer als in den Spielfilmen; die Deformation, die physische Zerstörung der Protagonisten nimmt Ausmaße an, die an einen latenten Kriegszustand gemahnt. Gefährlicher als der eventuell geweckte Wunsch nach Nachahmung ist wohl der Gewöhnungseffekt, der dazu führt, Aggression im Alltag als selbstverständliche Erscheinungsform hinzunehmen. Wie sehr aber die auch physische Deformation einem Teil des Lernvorgangs, der Bewältigung der Realität entspricht und letztlich der existenziellen Not einer

Gesellschaft, der, nachdem sie die Natur, einschließlich des Menschen selbst, sich – funktional – »untertänig« gemacht hat, das Körperliche zum Problem geworden ist, das zeigen nicht nur die → Stummfilmgrotesken und die Nachfolger in der modernen → Hollywoodkomödie, deren Aggression immer auch einen kathartischen Aspekt aufweist, das zeigen auch die Bemühungen der avantgardistischen Kunst, die in der Einbeziehung des menschlichen Körpers in erstaunlicher Weise die Deformationsprinzipien der *slapsticks* und der → Zeichentrickfilme übernimmt. Physische Gewalt, die im übrigen nur einen Teil – und nicht den ursächlichen – gesellschaftlicher Gewalt ausmacht, scheint also als Mittel der Unterhaltung nahezu lebensnotwendig zu sein; zu fragen ist, im Einzelfall, nach der Form und nach der Motivation.

Gleichzeitig mit der Einführung des Fernsehens in Amerika erreichten die Zeichentrickserien, die als Vorprogramme von Spielfilmen bereits das Kinopublikum begeistert hatten, die Spitze der Beliebtheit. In der Anfangszeit wurden sie in großen Paketen von den Filmgesellschaften angekauft; erst als die Kopien durch den häufigen Gebrauch nahezu unbrauchbar geworden waren, stellten die Fernsehgesellschaften in der zeichnerischen Qualität meist minderwertige eigene Filme her. So verkaufte beispielsweise Paul Terry (→ Zeichentrickfilme) 600 seiner 1400 für das Kino hergestellten Kurzfilme an das Fernsehen. Alexander Anderson produzierte die erste ausschließlich für das Fernsehen bestimmte Serie: »Crusader Rabbit«. Zeichentrickfilme im Kino und Trickserien im Fernsehen sind gleichzeitig Teil einer Verkaufsstrategie im Medienverbund; neben der Spielzeugindustrie und der Werbung profitiert vor allem die *Comic Book*-Industrie vom Erfolg einer Zeichentrickfilmserie: In Deutschland etwa brachte der Neue Tessloff-Verlag die Heftserien zu den beliebten Serien »Yogi Bär«, »Familie Feuerstein«, »Hucky und seine Freunde« (die Serien mußten eingestellt werden, als das Fernsehen die Folge unterbrach); der geschäftstüchtige Williams Verlag publizierte die Reihen »Schweinchen Dick« und »Bugs Bunny«. Umgekehrt werden erfolgreiche Comics in Form von »nachmittagsfüllenden« Kinofilmen verwertet, und das Fernsehen übernimmt sie; die → Asterix-Comics zum Beispiel wurden als abgefilmte Einzelbilder mit Kommentaren gesendet. Als erste begriffen die beiden Zeichner William Hannah und Joseph Barbera, die zuvor unter Fredy Quimby an der MGM-Serie »Tom und Jerry« (→ Zeichentrickfilme) mitgearbeitet hatten, daß das Fernsehen mit seinem großen Bedarf an Sendematerial andere, vereinfachte Produktionsformen für die Herstellung von Zeichentrickfilmen benötigte. Zu Beginn der sechziger Jahre begannen in ihren Studios die Arbeiten zu den fließbandmäßig hergestellten (Ersetzung der *full animation* durch einfachere Schablonenbewegungen, bloße Verschiebung des Hintergrundes als Bewegungsillusion etc.) Serien »Huckleberry Hound« (Hucky und seine Freunde), »Yogi Bear« (Yogi Bär), »The Flintstones« (Familie Feuerstein) und «The Jetsons«, die auch im Vorabendprogramm der ARD gezeigt wurden. Diese Serien zeichnen sich zwar durch einen wohltuenden Verzicht auf überstarke Brutalität aus, in der konformistischen Ideologie, die sie vertreten, liegt allerdings eine mindestens ebenso starke Gefahr der Beeinflussung. Die Satire auf die Lebensgewohnheiten der mittelständischen amerikanischen Familie, die nichtsdestoweniger bemüht ist, Vorurteile zu bestätigen, überfordert die Aufnahmefähigkeit von Kindern (die Serie »The Flintstones« beispielsweise lief in Amerika im Abendprogramm, da sich die Parodie auf die von der Frau beherrschte Kleinfamilie eher an Erwachsene richtet).

Seit in den Jahren 1966/67 der Superhelden-Boom (vgl. *Science Fiction*) auch auf die Produktion von Zeichentrickserien übergriff, besteht das amerikanische Samstagsprogramm fast ausschließlich nur noch aus Zeichentrickfilmen. Auch in Deutschland wurde der Beliebtheit Rechnung getragen, vor allem im Sonntagnachmittagsprogramm brachten die Sendeanstalten etwa die Serien von→ Walt Disney (»Micky-Maus-Magazin«, »Walt Disneys bunte Welt«), die Fernsehversion der → Peanuts und in mehreren Folgen unterteilte Kinotrickfilme (»Mr. Magoo«, »Tim und Struppi«, »Vip – Mein Bruder der Supermann«, »Der wildeste Westen«; → Zeichentrickfilme).

Die Serie »Speed Racer« unterscheidet sich von allen anderen Reihen insofern, als auf das Element der Karikatur verzichtet und eine »realistische« Darstellungsweise verwendet wird, die durch die Überbetonung sensationeller Details (aufgerissene Augen, drohende Gebärden, fletschende Zähne etc.) eine Dramaturgie des permanenten Schreckzustandes entwickelt. Die schlampig gezeichneten Filme ersetzen Bewegung durch die rasche Aneinanderreihung von Reizsituationen – eine Methode, die von den amerikanischen Superhelden-Trickfilmen übernommen ist. Dem optischen Terror entspricht die Brutalität der Handlung: Der zehnjährige Held Speed gewinnt mit seinem Wunderauto Mach 5 jedes Rennen und setzt nebenbei Konkurrenten und weltbedrohende Superschurken außer Gefecht. Im Verlauf der Handlung rasen Autos gegen Bäume und explodieren, Menschen verbluten oder stürzen sich zu Tode.

Ist die Spekulation mit der Gewalt in dieser Serie nur allzu deutlich, so wird in den Schweinchen-Dick-Filmen die Gewalt nicht an der Ideologie eines Guten oder eines Siegers festgemacht, sondern entspringt ganz der auch Kindern nicht ersparten Erfahrung des Fressens oder Gefressen-Werdens. Der Humor in diesen Filmen ist, wenn man so will, abgrundtief schwarz, und tatsächlich sind die Filme der Warner-Produktion in Analogie zum Kriminalfilm als »série noire« des Zeichentrickfilms bezeichnet worden. So sehr die Kritik an diesen Serien berechtigt ist, so fragwürdig sind doch manche Argumente, die immer noch von der pädagogischen Fiktion einer heilen Welt der Kindheit ausgehen. Die Frage, ob sich die Konsumtion der Gewalt als Unterhaltung eher als Verhütung oder als Stimulans auswirkt, läßt sich abschließend wohl noch nicht beantworten.

Romanze

1

Die Liebe, ein »seltsames Spiel« noch allemal, ist der Gegenstand der Romanze. Zwei wollen miteinander glücklich werden und müssen zur Erfüllung ihres Glücks einige Schwierigkeiten aus dem Weg räumen. Da ist ein böser Nebenbuhler, der versucht, durch Intrige und Betrug das Paar zu entzweien, da sind Verwandte und Freunde, die eine Beziehung mißbilligen, da ist eine alte Schuld, eine Verpflichtung, die eingehalten werden muß. Sind diese Konflikte gelöst, darf geheiratet werden, während ein dritter seine Sünden bereut oder sich heroisch in Verzicht übt. Auf die Art der Beziehung, die zu Ende der Romanze ihren Anfang nimmt, kann nur von den Erwartungen der Protagonisten und der Weise, wie sie ihre Widerstände beseitigen, geschlossen werden. Das »Endziel«, die Ehe selbst, bleibt ausgespart, ganz so wie man lieber davon erzählt, wie man seinen Ehepartner kennengelernt hat, als davon, wie man mit ihm lebt. Daß überhaupt ein Endziel angesteuert wird, ein Zustand, der *ad infinitum* andauern soll, macht den regressiven Charakter der trivialen Romanze deutlich, die nicht von Liebe, die geschieht, sondern von Geborgenheit, die besteht, träumt. Dementsprechend ist hauptsächlich die Rede nicht von dem, was sich zwischen den Partnern abspielt, sondern von dem, was sich zwischen dem idealisierten Paar und der Umwelt vollzieht. Wenn die Partner aneinander zweifeln, so nicht, weil sich psychologische Konflikte ergeben, sondern weil jemand von außen »Zwietracht gesät« hat. Das Paar ist die Alternative zur Welt, Liebe Ausdruck des Rückzuges von ihr. Parallel dazu wird der Kampf um die Liebe ersetzt durch den Kampf um ihre gesellschaftliche Sanktionierung.
Die Romanze entspricht einer Geometrie der Gefühle: A liebt B, der seinerseits von C fasziniert ist. Es entwickeln sich Hoffnungen, es kommt zu Abschieden, Trennungsschmerz wird durchlebt und überwunden. Jeder versucht, seiner Einsamkeit zu entfliehen, und nicht anders als in der Kategorie der Konkurrenz vermag sich dieser Wunsch im bürgerlichen Melodram zu realisieren. Die Liebe ist ein Spiel mit hohem Einsatz, und so manch einer findet den Tod dabei. Sie ist Ausdruck und Ziel des Lebenskampfes zugleich, vor allem für die Frau.
Das Gefühl hat sich der Ökonomie verkauft, die materielle Sicherheit und die Ermunterung durch die Gesellschaft tritt nahezu gleichberechtigt neben das Irrationale der Gefühle, das »Wunderbare« der Liebe, das so

Elia Kazans »Jenseits von Eden«

ausgiebig beschworen wird. Tendenziell wird aus dem Gefühl die Bemäntelung einer rationalen, materiellen Absicht, betrogen ist dabei der Betrüger selber, dem seine Gefühle deswegen nicht weniger »echt« erscheinen. Das Gefühl im Dienste der Funktionalität ist die Quadratur des Kreises, die das bürgerliche Individuum zu seiner Ehrenrettung versucht. Anders ausgedrückt: Wir lassen uns die Illusion vermitteln, daß wir fühlen, damit wir besser funktionieren. Und die Liebe selbst in der Romanze funktioniert eben nicht, wie stets behauptet wird, nach eigenen Gesetzen, sondern nach den Normen der Gesellschaft, den sogenannten Sachzwängen und der Ökonomie. Welche Berge sollte Liebe da noch versetzen?

2

Das spontane Gefühl, also eines, das nicht schon Konvention geworden ist, behindert die Funktionalität (das ist die industriellkapitalistische Produktionsweise nebst der sich aus ihr ergebenden Arbeits- und Rollenteilung). Jemand, der sich von Gefühlen leiten läßt, wird gemeinhin als Schwächling angesehen und hat sich in bezug auf »Führungspositionen« selbst disqualifiziert. Dennoch ist die Sehnsucht groß, und die Romanze könnte uns nicht so faszinieren, wenn sie die Negierung des Gefühls offensichtlich, ausschließlich und bewußt betriebe. Im Melodram, vor allem in den besseren Produkten dieses Genres, etwa den Filmen von Douglas Sirk oder Luchino Visconti, lebt stark auch die Erinnerung an das, was Gefühl einmal bedeutet haben kann. »Ich bin zur Zeit der Ansicht«, schreibt Urs Widmer, »daß unsere Vorfahren über eine Skala von Emotionen verfügten, über die wir allenfalls noch nachdenken, die wir aber längst nicht mehr nachfühlen können. Wir haben uns eingeschränkt, wir sind eingeschränkt worden, und das hat Gründe, die nicht in unsrer Natur, sondern in der Entwicklung der Gesellschaft liegen. Das, was wir heute schon für einen Gefühlssturm halten mögen, ist ein kleines Bibbern, gemessen an dem, was noch denkbar ist und was vielleicht, real, einmal möglich gewesen ist.« Die Romanze versucht sich zu erinnern und gibt einen blassen Widerschein der Leidenschaften, die man sich selber nicht mehr zutraut. Die Gefahr, die für die Gesellschaft in der Hingabe ans Gefühl erwächst, wird gebannt, indem jede Emotion ausschließlich in den »privaten« Bereich verwiesen wird. Hier freilich darf das Gefühl ebenso exzessiv wie folgenlos ausgelebt werden.

3

Entwickelt hat sich das Melodram gegen Ende des achtzehnten Jahrhunderts zusammen mit dem bürgerlichen Weltbild. Es ist zunächst eine säkularisierte Form der Tragödie; das Handeln der Protagonisten wird nicht mehr von Göttern oder göttlichen Kräften bestimmt, sondern von den Menschen selber und von den »Werten«, die sie sich geschaffen haben. Schon zu Beginn der Entwicklung des Melodrams wird das Gefühl gesteigert und gleichsam »überhöht« durch künstlerische und literarische Kunstgriffe; das Beiwerk ist grundsätzlich Metapher. Ein Gewitter ist hier nicht bloß eine Naturerscheinung, sondern Ausdruck »schwerer seelischer Kämpfe«, jede Landschaft gibt sich so heiter oder so düster, wie die Stimmung der Helden ist, und die Musik setzt drohend ein, wo »ein Herz sich in Gefahr« begibt. So führt das Melodram das Leiden seiner Protagonisten als exemplarisch vor, seine Helden sind Übermenschen, die sich unter den Schlägen des Schicksals krümmen müssen.

Dieses fast masochistische Element der Romanze findet sich auch in den etwa zur gleichen Zeit wie das Melodram entstandenen, in großer Anzahl verfaßten Liebesromanen, unter denen Goethes »Werther« als einziger in die »seriöse« Literaturgeschichte Eingang gefunden hat. Unter Titeln wie »Fragmente zu einer Geschichte der Zärtlichkeit aus den Briefen eines Liebenden« oder »Gutmann mit Wilhelmine, oder: Geschichte zweier sich liebender Seelen. Eine Geschichte nur fürs Herz« erzählten diese Romane immer nur die eine Geschichte: Ein junges Liebespaar kämpft gegen die Gesellschaft, die ihre Leidenschaft mißbilligt, und scheitert schließlich. Zumindest einer von beiden, oft aber alle beide, gemeinsam oder nacheinander, finden den Tod, sie sterben zumeist an »gebrochenem Herzen«. Die Empfindsamkeit dieser Jahre, der sowohl das Melodram als auch der Liebesroman seine Entstehung verdankt, entspringt der Entdeckung des eigenen Gemüts. Das bürgerliche Selbstbewußtsein, das sich manifestiert, einerseits als Herablassung gegenüber den Bauern und dem Stadtproletariat, andrerseits als moralische Verurteilung des Adels, der nur dem Genusse lebt, steht im Widerspruch zu seinen Entfaltungsmöglichkeiten. In besonders starkem Maße trifft dies die jungen Männer, die zum größten Teil recht subalterne Arbeiten ausführen müssen und die die extrem patriarchalische Familiensituation an der Selbstverwirklichung hindert, und die Ehefrauen, die durch den Dienstbotenhaushalt sehr viel Zeit zur Verfügung haben, ohne eine Möglichkeit, diese sinnvoll auszufüllen. An der aktiven Teilnahme an gesellschaftlichen Prozessen gehindert, flüchten sich die jungen Männer und Frauen nach innen. In der Übersteigerung ihres Gemütslebens schließlich entwickelt sich eine pessimistische, antigesellschaftliche Haltung, die in der Todessehnsucht der Helden von Liebesroman und Melodram gipfelt. Was die Unterhaltungsindustrie als Romanze weiter anbietet, ist hier schon vorbereitet: das Sentiment als Ersatz für Sinnlichkeit, der Rückzug ins Private und die Verdinglichung des Gefühls. (Das Gefühl stirbt am Narzißmus; wo der Genuß der Selbstbespiegelung wichtiger wird als das Gefühl selbst, erstarrt es zur Pose.)

Die anti-gesellschaftliche Haltung der Liebesromane durfte nicht bleiben.

Nachdem die Lesewut auch das Kleinbürgertum erfaßt hatte, für das sozialer Aufstieg ein individuelles Problem war, wurde die Liebe materieller. Insbesondere mußte die kleinbürgerliche Frau immer mehr die Aufgabe, für sich einen Mann zu suchen, selbst erfüllen. Die Partnerwahl, die die Frau nur passiv durch Tugendhaftigkeit, »Anmut« und schüchterne Ermunterung beeinflussen konnte, entschied über den zukünftigen sozialen Status. Gesellschaftliche und erotische Wunschträume fielen zusammen. Dem trugen nun die im neunzehnten Jahrhundert vorwiegend von Frauen verfaßten Liebesromane Rechnung, indem sie die Erfüllung der Liebe mit dem Aufstieg der kleinbürgerlichen oder gar proletarischen Frau in die großbürgerliche Schicht, der der Mann entstammte, verbanden. Diese Thematik setzt sich fort bis in den Groschenheftroman unserer Zeit.

4

Während die unteren Schichten noch von der Liebe in geordneten Verhältnissen träumen, von der Groschenhefte und Illustrierte schwärmen, stellt sich die Avantgarde des Bürgertums auf die Emanzipation der Frau ein. Anders gesagt: Die herkömmliche Kleinfamilie beginnt in ihrer Funktion der Arbeitsteilung untauglich zu werden. Da bahnen sich neue Möglichkeiten für die Unterhaltungsindustrie an, ein ganz neues Genre entsteht: die Emanzipations-Romanze, deren erste, experimentelle Produkte vor allem in Film und Fernsehen zu finden sind. Wie die Liebesromane der Goethe-Zeit zeichnen sich diese Emanzipations-Romanzen durch einen gehörigen Schuß Pessimismus aus; dem Selbstbewußtsein der Frau fehlt es (noch) an Verwirklichungsmöglichkeiten. Die Liebe, dementsprechend, wird zu einem psychologischen Wagnis, zum mehr oder minder kalkulierten Risiko, das ständiger Rationalisierung bedarf. Was die Unterhaltungsindustrie aus dieser Realität machen wird, läßt sich nur ahnen: Emanzipation als Gesellschaftsspiel; Bestätigung des weiblichen Selbstwertgefühls ohne Berücksichtigung der gesellschaftlichen Determinanten. Das vorherrschende Gefühl wird sein: Melancholie.

5

Freilich, so weit ist es noch nicht. Derzeit bestimmen das Bild der populären Romanze noch die klugen Frauen, die wissen, wie man es dem Mann recht macht, die sicheren, väterlichen Männer, die eine Frau »glücklich machen« können, und noch geben die emanzipierten Frauen oder die »sensiblen« Männer der Romanze nur die komischen Figuren ab.

Und noch bleibt ein wesentlicher Bestandteil der Liebe weitgehend ausgespart: die Sexualität. In der Romanze ist Erotik organisiert nach dem Prinzip der aufgesparten Belohnung; einer langen Periode der Erwartung folgt die Erfüllung. Der Trieb ist etwas Dunkles, Beängstigendes, oder, wie es in einem Groschenroman heißt, ein »Abgrund der Sehnsüchte, über den es für sie (die Romanheldin) keinen Weg gibt«. Die erotischen (oder anti-erotischen) Metaphern der Romanze entstammen dem Bereich des Märchens: Da stehen weiße Kleider für Unschuld, dunkle Augen für Leidenschaftlichkeit und breite Schultern für Virilität. In der trivialen Romanze ist die Liebe der Ausdruck eines Wunsches der Frau, ihre Infantilität zu bewahren, die auch eigene sexuelle Aktivität ausschließt. Als »letzter Beweis der Liebe« ist der Geschlechtsakt ein Opfer der Frau, das sie dem Mann darbringt, im Tausch gegen Geborgenheit und Abwendung der Realität. Das Schutzbedürfnis der Frau, das sich in Innerlichkeit und einer gleichsam einverleibenden Passivität äußert (dem Mann ist es nachgerade verboten, Konflikte oder Probleme der Außenwelt in die heile Welt der Zweierbeziehung zu tragen), legt auch die Rolle des Mannes fest, der selbst wenn er dazu imstande wäre, in seiner Frau keinen gleichberechtigten Partner sehen darf.

Diese infantile Haltung der Frau in der trivialen Romanze wird zumeist als ein Element der Unterdrückung der Frau, als anti-emanzipatorische Manipulation des Bewußtseins gewertet. Doch so sicher die stetige Wiederholung dieser Handlungskonstellation einer weiblichen Selbstbefreiung zuwiderläuft, so sicher ist auch, daß dieser regressive Tagtraum nur einen Teil der Beziehung zwischen Romanze und weiblichem Publikum ausmacht. Der Wunsch nach Geborgenheit, Ruhe und Realitätsflucht ist in unserer Gesellschaft, die unter Konkurrenz- und Leistungsdruck den einzelnen mit seinen Problemen allein läßt, global und durchaus nicht nur auf die Frau beschränkt. Aber in ihrem Bestreben nach solcher Geborgenheit kann sich die Frau nur an den Mann wenden. Dieser aber hat längst die Flucht vor solcher Verantwortung in die männlichen *peer-groups* angetreten. Die Geborgenheit des Mannes in einer rein männlichen Bezugsgruppe vermitteln die *action*-Genres (vgl. *Western, Science Fiction, Abenteuer*) mit nicht weniger Illusionismus und Realitätsflucht. Der Freundschaft des Mannes (im *action*-Genre) zu Mitgliedern seiner Bezugsgruppe entspricht die anti-sexuelle Liebe der Frau (in der Romanze) zu dem väterlichen Mann. In beiden Fällen geht es nicht so sehr um die Erfüllung eines erotischen Bedürfnisses, sondern um den Ersatz der Eltern-Kind-Beziehung. Daher ist in der Romanze mehr von Trost und Zärtlichkeit die Rede als von Leidenschaft. Wo es aber um diese geht, im Melodram zum Beispiel, da endet noch fast immer alles in Haß, Zerstörung und Tod.

Anmerkung

Urs Widmer: Das Normale und die Sehnsucht. Zürich 1972.

Literatur

René Allendy: Die Liebe. München 1969. Igor A. Caruso: Die Trennung der Liebenden. Eine Phänomenologie des Todes. Bern/Stuttgart 1968. Ignace Cepp: Psychoanalyse der Liebe. Würzburg

1960. Wolfgang Freese: Mystischer Moment und reflektierte Dauer. Zur epischen Funktion der Liebe im modernen deutschen Roman. Göppingen 1969. Melanie Klein/ Joan Riviere: Seelische Urkonflikte. München 1974. Charlotte Köhn-Behrens: Der bedrohte Eros. München 1960. Alexander Mosskowski: Der Venuspark. Phantasien über Liebe und Philosophie. Berlin 1923. Herbert A. Otto (Hg.): Love Today. A New Exploration. New York 1972. Josef Pieper: Über die Liebe. München 1972. Theodor Reik: Of Love and Lust. On the Psychoanalysis of Romantic and Sexual Emotions. New York 1974. Denis de Rougemont: Les mythes de l'amour. Paris 1967. Max Sidow: Die großen Liebenden. Hamburg 1952. Gerhard Wilhelm Stern: Die Liebe im deutschen Roman des siebzehnten Jahrhunderts. Berlin 1932.
Frederik Wilhelmsen: Métaphysique de l'amour. Paris/Fribourg 1967.

Arztfilme

Die Rolle des Arztes im Film ist, von wenigen Ausnahmen abgesehen, eine romantische. Das heißt, wie im → Arztroman wird die Funktion des Helfens, die der Arzt bekleidet, gleichsam erotisiert. Während der deutsche Film in der Nachkriegszeit vor allem den Arzt zu einer väterlichen, unfehlbaren Idealgestalt stilisierte, betonten die Hollywood-Filme eher einen pragmatischen Aspekt des immer bereiten *fellow-citizen*, den Arzt als *action*-Helden. »Dr. Christian« beispielsweise war das Musterbeispiel eines freundlichen Landarztes, der zupackt, wo Not am Manne ist, und der sich lieber auf seine Menschenkenntnis und seinen Instinkt verläßt als auf allzu moderne wissenschaftliche Methoden. Dr. Christian, der in einer Reihe von Filmen zwischen 1938 und 1940, in einer Radioserie und seit 1956 auch in einer Fernsehserie auftrat, ist die Idealfigur des amerikanischen Arztes, der immer auch ein Freund ist, jemand, an den man sich in jeder Lebenslage wenden kann. (Dementsprechend mußte er auch mindestens ebensooft einen Liebeskummer heilen wie eine Verletzung oder eine Kinderkrankheit.) Hatten sich die späteren Helden von Arztfilmen, wie etwa »Dr. Kildare« oder »Dr. Gillespie«, oft auch mit den erotischen Avancen ihrer Patientinnen herumzuschlagen, so war der »Crime Doctor« mit kriminalistischen Problemen konfrontiert. Neben diesen Filmserien gab es auch zahlreiche Arztfilme, die die Form des filmischen → Melodrams übernahmen und den Kampf des Arztes »zwischen Liebe und Gewissen« in den Mittelpunkt rückten. Die Darstellung des Arztes im Deutschen Film etwa durch Willy Birgel (»Frauenarzt Dr. Bertram« – 1957), Albrecht Schoenhals (»Arzt aus Leidenschaft« – 1936, Neufassung 1959 mit Willy Birgel), Hans Söhnker (»Oberarzt Dr. Solm« – 1955) oder Rudolf Prack erfolgte nach dem Muster einer Vatergestalt. Der Arzt ist der »Herr über Leben und Tod« (1955); von den Frauen, die er wie magisch anzieht, verlangt er bedingungslosen Gehorsam und die Unterwerfung unter die Notwendigkeiten seiner Mission.

Auch das Fernsehen übernahm die Thematik. Neben der schon erwähnten »Dr. Christian«-Serie liefen im amerikanischen Fernsehen Serien wie »Medic« (1954–1955), »Dr. Hudsons Secret Journal« (1955–1956), »Ben Casey« (1960–1965) und »The Nurses« (1962–1963). Die Serie »Dr. Kildare«, die nach einer Romanvorlage von Max Brand geschaffen wurde (vgl. *Western* → Max Brand), und die Serie »Marcus Welby, Medical Doctor« (Dr. med. Marcus Welby) waren auch im deutschen Fernsehen zu sehen. Nach den Memoiren des Chirurgen Hans Killian »Hinter uns steht nur der Herrgott« (Der Titel spricht für sich!) entstand die fünfteilige Fernsehserie »Ein Chirurg erinnert sich«, die Claus Biederstaedt in der Rolle des pflichtbewußten, menschlichen und robusten Arztes zeigte, der es vorwiegend mit geduckten und hysterischen Patienten, mit willig ergebenen Patientinnen und mütterlichen Oberschwestern zu tun hat. Auch hier ist der Arzt als unfehlbarer, autoritärer Mann gezeichnet, der vorwiegend durch Führerqualitäten besticht. Die Medizin bleibt so eine Form der Magie, die nur von gottbegnadeten Genies ausgeübt werden kann. Fehler, kommen einmal welche vor, haben ihre Ursachen bei den unteren Chargen, die einen Befehl nicht richtig ausgeführt haben oder sich den Anordnungen des Arztes widersetzen. Die erotische Komponente im Arztfilm verstärkt diese idolisierende Tendenz zumeist. Zudem steht sie als Symbol für das Leben selbst, als Alternative zu Krankheit und Tod: Der Bezwinger des Thanatos ist gleichzeitig ein Repräsentant des Eros.

Arztromane

Der populäre Arztroman, der vorwiegend in Form der Groschenhefte oder der Taschenbücher herausgebracht wird, hat zunächst die Funktion, die »geheimnisvolle«, unverständliche Wissenschaft der Humanmedizin auf einer verständlichen Ebene darzustellen. Die Furcht, die uns angesichts des undurchschaubaren, wissenschaftlichen und organisatorischen Apparats befällt, mit der man unseren Krankheiten, aber, im Wortsinne, auch uns selbst, zu Leibe rückt, wird durch die Personalisierung, die der Arztroman vornimmt, gemildert, die Anonymität des medizinischen Geschehens aufgehoben. Auf der anderen Seite aber wird durch die Persönlichkeit des autoritären, »väterlichen« Arztes der Ansatz einer wirklichen Popularisierung wieder zurückgenommen: dieser Arzt »weiß immer, was er tut«, hat sich »nur seinem ärztlichen Gewissen zu verantworten« und ergreift die »notwendigen Maßnahmen notfalls auch gegen den Willen seiner Patienten«. Die Medizin wird so zu einer Sache der Genies, die sich der Einsicht der Patienten, aber auch der Krankenschwestern und der unerfahrenen jun-

Titel eines Arztromans
© Zauberkreis Verlag

gen Assistenzärzte entzieht. Kaum ein Arztroman läßt die Gelegenheit aus, in einer kurzen Episode sich über nörgelnde, mißlaunige oder kritisierende Patienten lustig zu machen.

Wie in den Westernheften (vgl. *Western*) oder in den → Frauen- und Schicksalsromanen ist auch die Dramaturgie des Arztromans von einer Dualität der Charaktere gekennzeichnet: dem »guten« vertrauenerweckenden Arzt steht der »böse« Arzt gegenüber, der dem Rauschgift verfallen ist, Patienten schikaniert, borniert auf einer falschen Meinung beharrt oder den jungen Krankenschwestern nachstellt. Beliebt als Stereotype des »Bösewichts« im Arztroman ist auch der fanatische Wissenschaftler, der in seinen Patienten nur Versuchskaninchen für irgendwelche dubiosen Experimente sieht und dem die wissenschaftliche Erkenntnis mehr gilt als das Leben der ihm anvertrauten Patienten. (Diese Figur ähnelt sehr stark dem in der Science Fiction verwendeten Muster des »verrückten Wissenschaftlers«; vgl. *Science Fiction* → Mad Scientist.) Nach demselben Dualitäts-Prinzip steht im Arztroman dem »guten« Patienten, der sich willig der Autorität des Arztes fügt, der »böse« gegenüber, der entweder durch seine Aufsässigkeit die Arbeit des medizinischen Personals behindert, oder aber durch sein Verhalten darauf schließen läßt, daß in seinem Privatleben »nicht alles in Ordnung« ist. Und schließlich steht der »guten« Krankenschwester, die sich aufopfernd um das Wohl der Patienten bemüht und dem Arzt stets willig zur Seite steht, die »böse« gegenüber, die sich gegen die Autorität des Arztes auflehnt, mit »bösen« Patienten gemeinsame Sache macht oder in die Ehe des Arztes eindringen will. Am Ende des Romans werden in jedem Falle die bösen Elemente eliminiert sein, der junge heißspornige Assistenzarzt wird eingesehen haben, daß er sich der Autorität der erfahrenen Oberärzte zu beugen hat, und einer Verbindung zwischen der jungen Patientin, deren Leben man schon beinahe aufgegeben hatte, und dem Arzt steht nichts mehr im Wege.

Wie viele Formen der Unterhaltungsindustrie ist auch die Wirkung des Arztromans nicht um dessentwegen so gefährlich und manchmal sogar antihuman, was er beschreibt, sondern dessentwegen, was er verschweigt. Die Realität überfüllter Krankenhäuser, in denen – bei allen Anstrengungen des medizinischen Personals – der Patient gar nicht mehr angemessen behandelt werden kann, wird ebenso verschwiegen wie die der überfüllten Wartezimmer der Kassenärzte. Die im Arztroman dargestellten Krankheiten sind ebenso dekorativ und steril wie die handelnden Personen; jemand mit einer Gallenblasenentzündung hätte wohl kaum eine Chance, zum Protagonisten eines Arztromans zu werden, es sind vielmehr dubiose Herzkrankheiten, Blindheit, Lähmungen oder nicht näher definierte Blutkrankheiten, die das Bild der Krankheit bestimmen. Daß Krankheit körperliches Leiden, Schmerz bedeutet, wird negiert zugunsten eines nur seelischen Leidens, der Furcht vor lebenslanger Blindheit etwa. Der Tod tritt dekorativ ein und immer so, daß der Patient noch Zeit zu letzten erbaulichen Sprüchen hat. Doch das Hauptmotiv des Arztromans ist die erotische Beziehung zwischen Arzt und Patient. Der Arzt ist Retter und gleichzeitig Liebhaber bzw. Vatergestalt. Die Romanze im Krankenhaus verhindert das Gewahrwerden der eigentlichen Funktion des Hospitals als einer sozialen Institution. Leitmotiv der Handlung ist, wie in den → Frauen- und Schicksalsromanen, die »Erhöhung« der Heldin, mit der die Leserin sich identifiziert, durch den überlegenen, sicheren Mann. Der Mann, hier der Arzt, der der Heldin nicht nur psychische und moralische, sondern auch materielle Geborgenheit bietet, fordert als Gegenleistung die Unterwerfung: Die erotische Beziehung zum Arzt ist die Belohnung für das Wohlverhalten der Patientin.

Literatur

Peter Nusser: Romane für die Unterschicht. Groschenhefte und ihre Leser. Stuttgart 1973. Dieter Wellershoff: Von der Moral erwischt. Dieter Wellershoff über den »Kelter Arzt-Roman« Heft 183. In: »Der Spiegel« Nr. 19. Hamburg 1969. Klaus Ziermann: Romane vom Fließband. Die imperialistische Massenliteratur in Westdeutschland. Berlin (DDR) 1969.

Bekenntniszeitschriften

Bezeichnung für eine zunächst im angelsächsischen Bereich erfolgreiche Zeitschriftengattung, die aus der → Regenbogenpresse hervorgegangen ist und sich vor allem an Frauen richtet. In diesen Zeitschriften (»True«, »True Story Magazine« in Amerika; »My Story« in England) finden sich in erster Linie Bekenntnisse von Frauen, die ihre – zumeist traurigen – Erfahrungen im Umgang mit dem anderen Geschlecht wiedergeben. Obwohl bei den

Titelbild einer westdeutschen Bekenntniszeitschrift. Das Layout suggeriert Geborgenheit © Koralle Verlag

Berichten auf den Anschein der Authentizität größter Wert gelegt wird, die einzelnen Geschichten in Ich-Form abgefaßt sind und manchmal sogar ein Foto der Autorin beigefügt wird, ist doch bei einer Reihe dieser »wahren Geschichten« offenkundig, daß es sich um redaktionelle Texte handelt. Dabei wird zu einem bestimmten Teil das Material, das mitteilungsbedürftige Frauen an die Redaktionen senden, zur Grundlage einer journalistischen Aufbereitung dienen, ein nicht geringer Prozentsatz der Geschichte dürfte aber, wie Text- und Inhaltsanalysen zeigen, frei erfunden sein. In Deutschland wurde bereits Mitte der fünfziger Jahre ein Magazin mit dem Titel »Wahre Geschichten« herausgebracht, das ausschließlich Übersetzungen aus dem amerikanischen »True Story Magazine« beinhaltete. 1963 erschien im Moewig-Verlag eine Reihe, die in der Aufmachung den gängigen → Frauen- und Schicksalsromanheften glich: »Romanze« (Untertitel: »Geständnisse und Bekenntnisse«). Die drei bis vier Texte, die in diesen Heften jeweils untergebracht waren (Titel etwa: »Meine Frau trieb mich in die Arme der anderen«, »... dann schlug ich meine Frau» etc.) lehnten sich in Sprache und Erzählhaltung an die Kommunikationsformen des »kleinen Mannes« an. Vom Liebesromanheft unterscheidet sich die Bekenntniszeitschrift in erster Linie nicht durch die Thematik, sondern durch die Tatsache, daß es hier kleine Angestellte, Handwerker und sogar Arbeiter sind, denen die Liebe zum Problem wird, und nicht Adelige und Millionäre, und daß die Konflikte in einer Sprache vorgetragen werden, die nicht einer Imitation der Hochsprache gleichkommt. In den seit 1972 erscheinenden Magazinen »Meine Geschichte« (Koralle Verlag) und »Wahre Geschichten« (H. Bauer/Pabel-Verlag), die deutsche Beiträge mit Übersetzungen aus dem Amerikanischen koppeln, wurde auch in der äußeren Form das angelsächsische Vorbild nachgeahmt (Magazinformat, Auflockung des Textteils mit Cartoons und Fotos, Lebenshilfe-Rubriken, Leserbriefe etc.).

Eine Abart der Bekenntniszeitschriften bildet die im Williams Verlag erschienene Zeitschrift »Mein schönster Urlaub«, die vorwiegend erotische oder familiäre Erlebnisse im Urlaub wiedergibt.

Die Bekenntniszeitschriften vermarkten einen Bereich des Alltagslebens, der besonders für das Gruppenverhalten des Menschen bedeutsam ist: das nicht immer von altruistischen Motiven gekennzeichnete Interesse, das man dem Privatleben des Nächsten gegenüberbringt, also das, was man gemeinhin als Tratsch bezeichnet. Geschildert wird das Verhalten von Männern und Frauen, die durch ihre erotischen Bedürfnisse in Konflikt mit den herrschenden Normen geraten sind, und daß die Betroffenen selbst sich so »freimütig« zu ihren Problemen äußern, das verstärkt nicht nur den Reiz der Authentizität, sondern das legitimiert auch die Neugier, den sozialen Voyeurismus, dem der Leser frönt. Und wie der Klatsch in den früheren, noch überschaubareren Lebensgemeinschaften, so hat auch das gedruckte »Bekenntnis« die Funktion einer moralischen Kontrolle: unweigerlich führt die Ausbreitung eines solchen privaten Schicksals zunächst einmal zur Verurteilung der »Verfehlung«. Dem zum Teil imaginären Absolutionsbedürfnis des Bekennenden wird zu guter Letzt dadurch Rechnung getragen, daß im *happy end* der Geschichte der »Erzähler« zurückfindet zu den angestammten Normen: Das erotische Dreieck, das die Struktur der meisten Geschichten ausmacht, wird aufgelöst zugunsten der Rückkehr in die Ordnung der Familie und der Moral. So wird auch der Leser – d. h. in 90 % der Fälle die Leserin – von den diesbezüglichen Wünschen und Bedürfnissen geheilt.

Die Bekenntnisgeschichten lassen sich im großen und ganzen auf drei Grundmodelle zurückführen:

1. *Die Ehegeschichte:* Durch das »Eindringen« eines Dritten wird eine Ehe empfindlich gestört, schließlich aber, nach zahlreichen Gefühlsausbrüchen, durch die Einsicht des potentiellen Ehebrechers gerettet. Dabei spielt meistens die Güte und Überlegenheit des Partners, die die Situation erleichtert und vor allem nach außen hin abschirmt, eine große Rolle; schlimmer als die Tatsache eines Ehebruchs wird der Skandal empfunden, der entsteht, wenn eine solche Handlungsweise ruchbar wird.

2. *Die Familiengeschichte:* Die Mutter-Kind-Beziehung wird gestört durch Probleme, die sich beim Heranwachsen der Jugendlichen ergeben, etwa die erste Freundin des Sohnes, oder die Faszination, die eine andere, vielleicht reichere, vielleicht unkonventionellere Familie auf ein Kind ausübt etc. Eine zeitweilige Orientierung des Kindes nach außen wird von den Eltern als Undankbarkeit und als Leid erfahren; die Bekenntnisgeschichte führt das Kind am Ende wieder in die Familie zurück.

3. *Die große Prüfung:* Ein Liebes- oder Ehepaar hat entweder eine von außen angetragene schwierige Situation zu meistern (Trennung, Gegnerschaft von Schwiegereltern etc.), oder aber durch eine Überbelastung des einen Partners entwickelt sich eine solche Situation in der Beziehung selbst (Aggressivität durch Prüfungsstress, Belügen des Partners wegen einer demütigenden sozialen Situation etc.). In diesen Situationen hat sich nicht nur die Treue, sondern auch die in der Paarbeziehung angelegte Arbeitsteilung zu bewähren; der Lohn für die Meisterung solcher Schwierigkeiten liegt in der Bekenntnisgeschichte in der Besiegelung dieser Beziehung durch die Heirat, die Geburt eines Kindes oder die Sanktionierung der Ehe durch die Verwandtschaft.

So sehr alle diese Geschichten in einem schwelgerischen, gefühligen, gelegentlich sogar weinerlichen Ton abgefaßt sind, so sehr plädieren sie unterschwellig doch für das Gegenteil von Gefühl, für die »Vernünftigkeit«. Vernünftig handelt die Krankenschwester, die darauf verzichtet, eine Beziehung zu ihrem verheirateten Patienten fortzusetzen; vernünftig handelt der »Chef«, der seine Sekretärin entläßt, nachdem seine Frau ihn mit ihr in einer »eindeutigen Situation« ertappt hat; vernünftig handelt die Tochter, die auf ihren unbürgerlichen Liebhaber verzichtet und zur Familie zurückkehrt usw. Zum einen liefert die Bekenntniszeitschrift Skandale: Was für den Mann sich vornehmlich im Berufsleben abspielt, die aus dem komplizierten Zusammenspiel psychologischer, sozialer und leistungsabhängiger Faktoren entstehende Festlegung der Stellung innerhalb der Hierarchie einer Gruppe, die nicht unbedingt mit dem offiziellen Status übereinstimmt, das wird insbesondere bei den nicht berufstätigen Frauen durch die Kategorien von Moral und »Ordentlichkeit« entschieden. In der bürgerlichen Nachbarschaft ist das Ansehen einer Frau um so höher, je weniger sie mit »skandalösem« Verhalten in Zusammenhang gebracht werden kann und je besser sie ihre Aufgabe als Zentrum der Familie meistert. Für jede Frau, die diesen Kategorien verpflichtet ist, wird es daher zur Genugtuung, wenn sie im Vergleich mit anderen Frauen bestehen kann. Abgelöst von jeglichem Realitätsbezug liefert die Bekenntniszeitschrift einen solchen Vergleich, der durch die Monstrosität der dargestellten Fälle (»101 nackte Männer gingen auf mein Konto«) natürlich immer zugunsten der Leserin ausfällt. Andrerseits ist es durch die oben geschilderte Struktur der *stories* möglich, das Bekenntnis als Lebenshilfe zu werten, da ja immer auch geschildert wird, wie sich die Betroffenen aus den Umständen des Skandals wieder »befreien«. Die affektive Bindung der Leserin an die Bekenntniszeitschrift liegt in der gleichzeitigen Identifikation mit den Protagonisten und dem Von-sich-weisen, der Verurteilung. Auf diese Weise werden gleichzeitig psychologische (das tagtraumhafte Ausleben erotischer Phantasien, Ausbruchswünsche etc.) und soziale (Bestätigung der Gruppenvorurteile, Überlegenheitsgefühle gegenüber Außenseitern etc.) Bedürfnisse befriedigt. Was als Idealvorstellung einer Frau dabei geschaffen wird, ist die Hausfrau und Mutter, die *freiwillig* auf jede emanzipatorische Handlung verzichtet und die sich, durch eigene Erfahrung oder eben durch das in ihrer Lektüre vorgeführte schlechte Beispiel andrer Frauen, gegen die Versuchung, ihr Leben selbst zu gestalten, immunisiert hat.

Chabrol

Claude Chabrol, französischer Filmregisseur, geb. 1930, Mitbegründer der *Nouvelle Vague*, der neuen Welle des französischen Films, deren erfolgreichste Vertreter (François Truffaut, Eric Rohmer, Jean-Luc Godard) wie Chabrol aus dem Kreis der Kritiker der Filmzeitschrift »Cahiers du Cinéma« kommen. Finanziert mit einer Geldsumme, die seine Frau geerbt hatte, wurde Chabrols erster Film »Le beau Serge« (Der schöne Serge – 1958) eine Sensation auf dem Filmfestival von Locarno. Ebenso wie sein nächster Film, »Les cousins« (Schrei, wenn du kannst – 1959), lebte dieser von dem kontrastierenden Schauspielstil seiner beiden männlichen Hauptdarsteller Jean-Claude Brialy und Gérard Blain. War der erste Film, der die Geschichte eines verkommenen Trinkers erzählt, den ein ehemaliger Schulkamerad rehabilitieren will, noch deutlich von christlichem Impetus geprägt, so fand Chabrol in »Les Cousins« zu der für seine späteren Filme charakteristischen Kritik am Bürgertum. Hier geht es um einen Jura-Studenten, der das Leben als nichts anderes mehr als eine ständige Selbstinszenierung, ein einstudiertes Rollenverhalten im Konkurrenzkampf (die Party als Austragungsort für Duelle) verstehen kann. In »Les bonnes femmes« (Die Unbefriedigte – 1960) beschrieb Chabrol das Leben von vier Großstadtverkäuferinnen und ihre Haltung zur Liebe; in »Les godelureaux« (Speisekarte der Liebe – 1961) setzte er sich mit den Liebesbeziehungen in einer großbürgerlichen Gesellschaft auseinander. Auch hier wiederum steht im Mittelpunkt der Handlung eine Party, jenes Ritual scheinbarer Libertinage, das den Marktwert eines Menschen bestimmt. Die Unfähigkeit des bürgerlichen Individuums zur Liebe und gleichzeitig seine fast manische Gefangenheit in diesem Bereich der menschlichen Kommunikation ist ein Hauptthema Chabrols; wo die Liebe nicht in Besitz, in Tauschwert oder Macht verwandelt werden kann, da entspringt ihr die Gewalt. Chabrol, dem man oft vorgeworfen hat, die stilistischen Möglichkeiten der *Nouvelle Vague* allzu kommerziell einzusetzen, verließ in seinen nächsten Filmen das Gebiet der radikalen Gefühlsanalyse und wandte sich Stoffen zu, die seine Vorliebe für das Makabre, für die Verkleidung

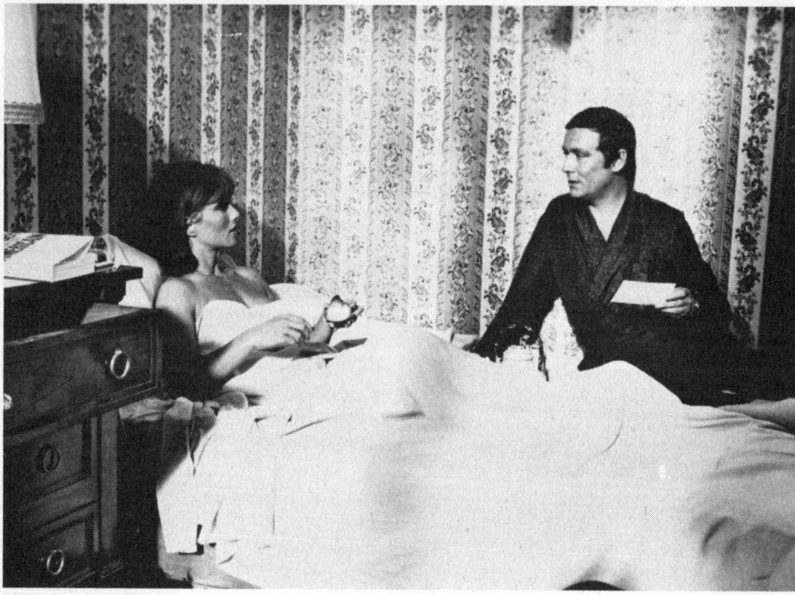

Chabrol verwendet die Kamera wie »ein sensibles, mitfühlendes Auge«. Szene aus »La femme infidèle« Verleih: Neue Filmkunst Walter Kirchner

und die Oberfläche widerspiegelten (etwa: »Landru« – Der Frauenmörder von Paris – 1963; »Le tigre aime la chair fraîche« – 1965; »Marie Chantal contre le docteur Kha« – 1965). Mit »Les biches« (Die Freundinnen – 1968) kehrte Chabrol wieder zu seinem angestammten Thema zurück, »der kalten und eleganten Sezierung der verworrenen und verwobenen emotionellen Probleme einer Handvoll Personen und der Verbrechen aus Leidenschaft, zu denen sie getrieben werden« (Peter Cowie). Geht es in »Les biches« um die Liebesbeziehung zweier Frauen zueinander, in die ein Mann eindringt, so in »La femme infidèle« (Die untreue Frau – 1969) um den Ehebruch einer Frau aus dem großbürgerlichen Milieu. In beiden Fällen endet der Ausbruch mit einem Mord: Das Mädchen, das sich betrogen sieht, ersticht ihre Freundin mit einem vergifteten Dolch; der Mann erschlägt seinen Nebenbuhler in einem Moment, da er seine sorgfältig aufgebaute Beherrschung für einen Augenblick verliert. »Es geht einem schnell von der Hand, Chabrols Figuren als entlarvende Karikaturen der Bourgeoisie zu bezeichnen, zumal der schnoddrige Zynismus, der fashionable Hauch von Misanthropie der frühen Filme Indizien dafür zu liefern scheint. Doch dahinter steckt nichts als die Feigheit – oder die Unsicherheit – vor der ehrlichen Darstellung von Gefühlen. Das Wagnis, einfacher, archaischer, natürlicher zu erzählen, ist Chabrol erst eingegangen, nachdem er durch die formalistischen Exzesse seiner rein kommerziellen Agenten- und Kriminalfilme eine ungeheuerliche Präzision des Stils entwickelt hatte. Waren seine Figuren früher hilflos der Kamera ausgeliefert, die sie aus den unmöglichsten Blickwinkeln aufnahm, um sich dadurch über sie zu mokieren oder, wie in »Le scandal«, am Ende der Geschichte einfach verächtlich aus der Dekoration heraussprang, so verwendet Chabrol die Kamera jetzt wie ein sensibles, mitfühlendes Auge« (Wolfgang Limmer). »Que la bête meure« (Das Biest muß sterben – 1969) ist die Geschichte einer Rache; ein Schriftsteller, dessen Kind überfahren worden ist, macht sich auf die Suche nach dem flüchtigen Mörder, um ihn zu töten. Als er ihn gefunden hat, verbünden sich die Familienangehörigen seines tyrannischen, egoistischen Opfers mit ihm. In »Le boucher« (Der Schlachter – 1970) freundet sich die Lehrerin eines kleinen französischen Dorfes mit dem Schlachter des Dorfes an. Durch einige Indizien nährt sich dann aber der Verdacht der Lehrerin, der Schlachter sei mit dem Mörder identisch, der in der Umgebung mehrere Frauen umgebracht hat. Der Schlachter verfolgt die Lehrerin, doch als er sie gestellt hat, tötet er nicht sie, sondern sich selbst. Wie bei Chabrols Vorbild Alfred Hitchcock (vgl. *Crime*), über den er zusammen mit Eric Rohmer eine Monografie verfaßt hat, ist der Kern der erzählten Geschichte in diesen Filmen der Einbruch des Schrekkens in eine idyllische, bürgerliche Welt. Doch mehr noch als bei Hitchcock kommt dieser Schrecken in Chabrols Filmen von innen; die Gefühlswelt, die in der bürgerlichen Welt zurückgedrängt ist, bricht plötzlich hervor und entlädt sich in einer Gewalttat.

Dabei versucht Chabrol weniger das Bürgertum als Klasse zu kritisieren, vielmehr geht es ihm um eine »Geometrie der Gefühle« (→ Dreiecksgeschichte), deren »Konstruktionsfehler« dadurch deutlich werden, daß durch den Integritätsverlust eines Protagonisten die Geborgenheit aller Beteiligten umschlägt in die panische Erkenntnis der Entfremdung. Die Filme von Claude Chabrol, die durch zahlreiche Elemente des *trompe l'oeil*, durch Doppelbedeutungen und Überdetermination eine starke Affinität zum Traum aufweisen, beinhalten Strukturen der Psychoanalyse. Der Regisseur setzt nicht nur seine Figuren, sondern auch sich selbst und letztlich den Zuschauer dem Wagnis der Gefühle aus, ohne den »Schutz« einer Ideologie oder einer definitiven Botschaft. Die Kritik an den Antagonismen des Bürgertums stellt sich dabei sozusagen von selbst ein; die Ausweglosigkeit der Figuren ist nicht der Ausdruck eines individuellen Scheiterns, sondern der Radikalität bürgerlicher Gefühlsverdrängung, die zu Zerstörung und Todesverlangen führt.

1972 drehte Chabrol »La décade prodigieuse« (Der zehnte Tag) in Amerika nach einem Roman von Ellery Queen (vgl. *Crime*). Dieser Film, der bei der Kritik auf geteilte Meinung stieß, offenbarte eine Schwäche Chabrols für das oft beziehungslos werdende Spiel mit Themen und Formen; die »Opulenz« dieses Filmes hatte keinen Gegenstand mehr. In »Les noces rouges« (Blutige Hochzeit – 1973) nahm Chabrol seine Auseinandersetzung mit seinem Thema zwar wieder auf, doch obwohl er in diesem Film sogar Momente der aktuellen französischen Politik miteinbezog (der Film bekam folgerichtig Schwierigkeiten mit der Zensur), erlag er doch wieder einem Hang zu übergroßer Dramatisierung und der Konzentration auf Effekte.

Die kritischen Filme von Chabrol haben in Deutschland nur selten einen Verleih gefunden (Walter Kirchners »Neue Filmkunst« etwa brachte »La Femme infidèle« heraus); bekannt geworden sind seine Filme bei uns vorwiegend durch ihre Ausstrahlung im Fernsehen.

Anmerkungen

Peter Cowie: A Concise History of the Cinema. London/New York 1971. Wolfgang Limmer: Trompe l'oeil und die Geometrie der Gefühle. In: »Süddeutsche Zeitung« vom 12. März. München 1972.

Literatur

Guy Braucourt: Claude Chabrol. Paris 1971.
Ian Cameron: The Darwinian World of Claude Chabrol. In: Ders. (Hg.): Movie Reader. New York/Washington 1972. Jürgen Ebert: Appetit

auf Chabrol. In: »Filmkritik« Nr. 7. München 1972. Rainer Werner Faßbinder/ Peter W. Jansen/Guy Braucourt/Wilfried Wiegand/Hans Helmut Prinzler: Claude Chabrol. München 1975. Wolfgang Schwarzer (Hg.): Materialien zu Filmen von Claude Chabrol. Duisburg/Frankfurt 1974. Robin Wood/Michael Walker: Claude Chabrol. New York/London 1970.

Courths-Mahler

Hedwig Courths-Mahler, deutsche Schriftstellerin, 1867–1950, die im Alter von 17 Jahren begann, Unterhaltungsromane zu schreiben, und insgesamt über 200 Romane mit einer Gesamtauflage von 27 Millionen Exemplaren verfaßte. Weit mehr als die Romane der → Marlitt zeichnen sich die Erzählungen der Courths-Mahler durch eine primitive Schwarz-Weiß-Malerei, klischeehafte Wiederholungen und illusionäre Traumbefriedigung aus. Vor allem durch ihre Sprache, die in ihrer Gefühlsüberladenheit und der vermeintlichen Vornehmheit oft zum Objekt der Satire wurde, machte sich die Courths-Mahler zur »Stammutter« des modernen → Frauen- und Schicksalsromanhefts (ihre Romane erscheinen auch heute noch in Nachdrukken in verschiedenen Heftreihen). In ihren Romanen konnten sich die Leserinnen in eine durch und durch stimmige, von keinen sozialen Konflikten belastete Welt des Adels, des Reichtums und der »hohen Gesellschaft« versetzen, in der unabdingbar die Tugend siegt und unmoralisches Verhalten bestraft wird. In der Glorifizierung »edler Menschen« wurde sie zum weiblichen Gegenbild von Karl May (vgl. *Abenteuer*), dessen Phantasiefülle sie freilich nicht erreichte.

Neuauflage eines Courths-Mahler-Romans im Romanheft © Bastei Verlag

Die Courths-Mahler war eine der ersten Unterhaltungsschriftstellerinnen, die, wie es heute in der Produktion von Groschenheftromanen üblich ist, ihre Romane nach vorgefertigten Schablonen und Handlungsmustern verfaßte, die sie jeweils nur um einige Details veränderte. Diese Arbeitsmethode, die sie im Alter von dreißig Jahren entwickelte, ermöglichte ihre ungeheuerliche Produktivität. Ihre Arbeit betrachtete sie als ethische Mission, ein Motiv, das Peter Nusser auch bei sehr vielen Groschenheftverfasserinnen unserer Tage festgestellt hat. Ihr Anliegen war es, Ersatzbefriedigung zu schaffen für die Dienstmädchen, Mägde und Fabrikarbeiterinnen, die ihr Publikum bildeten, ein Vorgang, der zur Zeit der Autorin allerdings noch längst nicht so negativ wie heute beurteilt wurde, da uns die psychologischen, soziologischen und politischen Gefahren einer solchen Ersatzbefriedigung in ihrer anti-emanzipatorischen Wirkung deutlich geworden sind. Bezeichnend ist im übrigen, daß die Courths-Mahler ihre größten Triumphe in der Zeit des Ersten Weltkrieges verzeichnen konnte, also in einer Zeit, da der Bedarf an solcher »therapeutischen« Literatur besonders groß war;

die in diesem Zeitraum entstandenen Romane (etwa »Das Glück steht am Wege«, 1916; »Die schöne Unbekannte«, 1918; »Die ungeliebte Frau«, 1918; »Der Scheingemahl«, 1919 – die Titel sprechen für sich!) verzeichneten die höchsten Auflagen. 21 Romane wurden auch verfilmt. Die Volkstümlichkeit der Autorin war nicht geheuchelt; die Ersatzbefriedigung ihrer Romane galt sicherlich nicht nur für ihre Leserinnen, sondern auch für sie selbst, denn Hedwig Courths-Mahler war selbst Dienstmädchen gewesen, ehe sie zur Goldmarkmillionärin aufstieg. Die Naivität, mit der sie die Sprache der Besitzbürger mehr unfreiwillig parodierte denn imitierte, entsprach dem Bedürfnis, sich selbst emporzuträumen, in einer Zeit, da der soziale Aufstieg durch eigene Initiative undenkbar war. Kitsch ist der Ausdruck einer Flucht aus der Realität, in der es nur die Alternative zwischen Resignation und Kampf gibt.

Anmerkung

Peter Nusser: Romane für die Unterschicht. Groschenhefte und ihre Leser. Stuttgart 1973.

Literatur

Walther Killy (Hg.): Deutscher Kitsch. Göttingen 1962. Curt Riess: Hedwig Courths-Mahler schreibt Rote Rosen. In: Ders.: Bücher, die Millionen lesen. Hamburg 1960. Hans Lothar Schütz: Das Comeback der Courths-Mahlers. In: »Welt am Sonntag« vom 5. September. Hamburg 1971. Gertrud Willenborg: Adel und Autorität. Zu den Romanen der Courths-Mahler. In: Literarisches Colloquium Berlin (Hg.): Trivialliteratur. Berlin 1964. Gertrud Willenborg: Die Romane von Hedwig Courths-Mahler. Köln 1960.

Dreiecksgeschichte

Das erotische Dreieck, eine Frau zwischen zwei Männern, ein Mann zwischen zwei Frauen, ist die Grundfigur der Romanze und des → Melodrams. In ihr haben alle Gefühle Platz, die mit der Liebe in Zusammenhang stehen: Leidenschaft, Haß, Abschiedsschmerz, Enttäuschung, Befreiung, Freundschaft. Soziale Faktoren, wie Klassenzugehörigkeit, materielle Situation oder Familienverpflichtung bestimmen, um im Bilde zu bleiben, im erotischen Dreieck die Winkel und damit die Entfernungen der Protagonisten zueinander. Die Auflösung des Dreiecks geschieht entweder durch eine Entscheidung der Schlüsselfigur (in welchem Falle moralische Kategorien eingeführt werden) oder durch das »Schicksal«, etwa durch den Tod einer der handelnden Personen (in diesem Fall bestimmt Prädestination den Handlungsablauf). Nur in den seltensten Fällen ist das erotische Dreieck nicht von einer festgelegten Sympathieverteilung gekennzeichnet; einer der drei erscheint als »Versucher«, dem die anfällige Person zunächst nachzugeben scheint, sich zumeist aber zum Schluß doch für den »solideren« Widerpart entscheidet. Die beiden Konkurrenten um die Liebe der Schlüsselfigur bilden dabei meist ein Gegensatzpaar verschiedener Eigenschaften. Beispiele: Eine Frau hat sich zu entscheiden zwischen einem jungen, unbemittelten und einem älteren, sichere Verhältnisse versprechenden Mann; ein Mann steht zwischen einer lebenslustigen, leidenschaftlichen und einer mütterlichen, tüchtigen Frau etc. Fast immer ist die Entscheidung der Schlüsselfigur (oder die schicksalhafte Wendung) gleichbedeutend mit einer moralischen Verurteilung oder der resignativen Feststellung einer »Unmöglichkeit«.

So handelt beispielsweise der deutsche Vorkriegsfilm – mehr als der Hollywoodfilm derselben Zeit – in der Erzählweise der Dreiecksgeschichte die These ab, daß der bürgerlichen Moral nicht zu entkommen ist. »Im erotischen Dreieck lernt der Kleinbürger, in den Kategorien des Tausches und der Gewalt zu denken. Das Kino sozialisiert dabei seine spontane Aggression und lenkt sie gegen den schwächsten Punkt, gegen die Frau« (Klaus Kreimeier). In den frühen deutschen Melodramen ist es vorzugsweise die Frau zwischen zwei Männern, die sich zu entscheiden hat. Der eine Mann verkörpert dabei den Besitzan-

spruch und die Forderung nach Unterwerfung der Frau, der andere einen eher emanzipatorischen Weg. Siegreich bleibt, fast möchte man sagen: selbstverständlich, der Besitzanspruch, was sich das eine Mal als Tragödie, das andre Mal als »Einsicht der Frau« abspielt. Fortschrittliche Regisseure dieser Zeit versuchten dabei immerhin, um Verständnis für die Situation der Frau zu werben, so Georg Wilhelm Pabst (etwa in »Abwege« – 1928). In den meisten dieser Filme jedoch, die die Gefangenschaft der Frau gar nicht leugneten, aber durch die Vorführung von gescheiterten Ausbruchsversuchen nachdrücklich vor einer Auflehnung warnten, war die Situation der Frau im erotischen Dreieck jedoch geprägt von Schuld. In anderen Dimensionen vollzieht sich die Dreiecksgeschichte in den aktuellen → Frauen- und Schicksalsromanen; sie enthalten sich jedes Pessimismus' und verklären die Hingabe der Frau an den »soliden«, sozial integren Mann zum Glück. Beliebt hier ist vor allen Dingen die verdoppelte Dreiecksgeschichte, d. h. jedem Teil des Paares, das sich am Ende »kriegt«, ist ein Kontrahent zugeordnet, der durch die Bösartigkeit, die er nach und nach entwikkelt, die Vorzüge des anderen Partners deutlich macht. Dies entspricht nicht nur dem grundsätzlich dualistischen Konstruktionsprinzip des Groschenromans, sondern verweist auch darauf, wie angeblich verschlungen die Wege der Liebe sind. Die Sympathieverteilung ist hier so eindeutig vorgenommen, daß weder Mitleid mit den »Verlierern« noch Reflexion über die potentielle Rolle der Frau möglich sind. Vielleicht in dieser Mitleidlosigkeit, in der Scheidung der Menschen in gute und böse, bei der jeder zum Feind wird, der den Erwartungen nicht entspricht, liegt das Inhumane solcher Romane. Folgerichtig löst sich das erotische Dreieck im Frauen- und Schicksalsroman meist gewaltsam.
Auch die Boulevardkomödie, die immer noch einen erheblichen Anteil am Unterhaltungsangebot des Fernsehens bildet, bezieht sich auf die Dreiecksgeschichte als Grundprinzip. Zunächst scheint hier alles auf den Kopf gestellt: Eine junge lebenslustige Frau fühlt sich von ihrem knöchernen, gar langweiligen Ehemann vernachlässigt und »legt sich einen Hausfreund zu«. Sie hat unsere Sympathie. Doch der Ehemann erweist sich nach und nach als überlegen; entweder läßt er sie durch eine *laissez faire*-Haltung selber zur »Einsicht« kommen (der Liebhaber erweist sich als nicht minder spießig), oder er gibt sich gekonnt antiautoritär und dreht die Rollen um, d. h. er zeigt sich als der bessere Liebhaber. Darüber läßt sich lachen, doch im Grunde offenbart sich dahinter derselbe Fatalismus wie in den Filmen und den Romanheften. Niemals führt die Auflösung des Dreiecks zur Freiheit; es ist von seinem Wesen her Ausdruck der bürgerlichen Sexualmoral, die nach Tausch- und Gebrauchswert des Partners fragt und die Erotik der Ökonomie unterwirft. Die Dreiecksgeschichte wird so auch zur politischen Metapher mit den Polen Individuum (mit dem Anspruch auf Selbstverwirklichung und der Notwendigkeit sozialer Sicherheit), Freiheit und Anpassung. Daß dabei dramatischer Kunstgriff und ideologische Aussage zusammenfallen, ist in der Unterhaltungsindustrie die Regel.

Anmerkung

Klaus Kreimeier: Das Kino als Ideologiefabrik. In: »Kinemathek« Nr. 45. Berlin 1971.

Frauen- und Schicksalsromanhefte

Der Groschenheftroman, der von der Liebe erzählt, nennt sich nicht umsonst auch Schicksalsroman. Denn vom Schicksal ist in ihm mit einem inbrünstigen Glauben die Rede, der an Religiosität gemahnt. Was kommt, mußte so kommen; wer sich dagegen auflehnt, landet im Elend oder wird gar zum Verbrecher.
Dem entspricht der Handlungsablauf, der in keiner Sparte des Frauen- und Schicksalsromans durchbrochen wird (neben den eigentlichen Liebesromanen, die im Hier

und Jetzt angesiedelt sind, gibt es den »historischen« Schloßroman, den → Arztroman, den Heimatroman oder den »Mami-Roman«; letztere (vgl. *Heimat und Familie*): Die Einführung stellt die handelnden Personen vor, und schon zu Anfang wird deutlich, »wer wen kriegen soll«. Dem Glück des zentralen Paares stellen sich dann Widersacher in den Weg, in Gestalt von bösen Nebenbuhlern, eifersüchtigen Familien, oder ein »Schicksalsschlag« wie der Verlust der sozialen Sicherheit etc. Nach und nach wird die Intrige der bösen Figuren aufgelöst, Betrügereien werden entlarvt, daraus entstandene Mißverständnisse aufgeklärt, und schließlich kann geheiratet werden. Parallel dazu vollzieht sich die Bestrafung der Bösen durch Krankheit, Tod, Gefängnis oder Verlust der Ehre. In diesen Romanen verändert sich niemand; wer gut ist, ist dies von Anfang an und wird es bleiben; die Bösen lassen sich nicht beeinflussen, sondern müssen auf die eine oder andere Art eliminiert werden. Selbst die Liebe, die in gefühlsseligen Beschreibungen verherrlicht wird, ist nicht imstande, auch nur die geringste Veränderung im Menschen zu bewirken, sieht man einmal davon ab, daß sie die Frauen »schöner« und die Männer »herzlicher« macht. In diesem vorgefertigten Rollenspiel realisiert sich das Glück durch das Ausschalten der Konkurrenz als die sichere Geborgenheit der Frau bei einem Mann, der alle Schwierigkeiten der Realität von ihr abwendet und der in seiner Schutzfunktion eher einer Vatergestalt denn einem Liebhaber gleicht.

Dementsprechend wird alles Sinnliche der sexuellen Beziehung ausgespart, bzw. durch ein geziertes, schwülstiges Darumherumschreiben aus dem Bereich der Mitteilbarkeit verbannt; was mit der Geschlechtlichkeit zusammenhängt, bleibt »letztes Geheimnis«. Die Liebe ist eine »Himmelsmacht« oder einfach ein »Wunder«, dementsprechend ist alles, was mit ihr zu tun hat, hehr, edel, rein: Humor und

Titel eines Frauenromans © Bastei Verlag

Witz als Stilmittel sind in den Frauen- und Schicksalsromanen verpönt, ganz so, als müßte sich jede der Heldinnen (und die sich mit ihnen identifizierenden Leserinnen) fürchten, in ihrer Bestrebung, den Mann für sich einzunehmen, nicht ernst genommen zu werden.

Diese Sehnsucht der Frau, die mehr nach Mitleid als nach partnerschaftlicher Anerkennung verlangt, drückt sich auch in der Familiensituation aus: Es herrscht eine Vorliebe für Witwen, Halb- oder Vollwaisen, für reiche Erbinnen, die freilich in ihrem Bedürfnis nach einer »schützenden Hand« todunglücklich sind. Selten haben die Heldinnen eine Berufsausbildung, wenn sie arbeiten müssen, dann in karitativen oder typisch weiblichen Berufen wie Krankenschwester, Kindergärtnerin oder Sekretärin. In jedem Falle aber ist die Arbeit für die Frau eher eine Belastung, die sie natürlich, sobald der Held »sie genommen« hat, aufgeben wird. Als männliche Helden bieten sich an Fabrikbesitzer, Unternehmer, Gutsbesitzer, Adelige, »Chefs« jeder Art und gelegentlich – arrivierte – Künstler. Nach einem Arbeiter, Angestellten oder niederen Beamten wird man vergeblich suchen.

Die Liebe zwischen Held und Heldin wird dargestellt als die »große«, die »einzige«. Doch während die Frau in 90 % der Fälle bis zu dieser Liebe »unberührt« ist, wird vom Mann sogar erwartet, daß er »Erfahrungen gesammelt« hat. Wie der Frauen- und Schicksalsroman die Liebe versteht, beschreibt Peter Nusser: »Sie ist a) ein starkes subjektives Gefühl und schon deswegen etwas Außergewöhnliches (Wunder, Heiliges); sie ist b) angeblich bedingungslos, kennt nichts außer sich, keine Vorbehalte, was in Widerspruch steht zu dem von der Gesellschaft geforderten Triebverzicht, den sich beide Partner bis zur Ehe auferlegen; sie ist c) besitzergreifend und vermischt Zärtlichkeit mit Egoismus und Herrschaftsanspruch; und d): sie versichert sich ihrer eigenen Dauer und bestätigt so ihren egoistischen Grundzug. Damit erweist sich diese ersehnte, mit religiösem Vokabular beschworene Liebe vornehmlich als Bestätigung des Selbstgefühls. Der Partner wird nicht als die andere Person ernstgenommen, sondern als Auslöser eines Gefühlsrausches, der möglichst nicht vergehen soll.«

Dieser gleichsam autistischen Form der Liebe entspricht auch die äußere Form der Hefte: die zumeist in leuchtendem Rot und kräftigem Gold gehaltenen Titelbilder zeigen nur selten ein Paar. Zumeist ist es die Nahaufnahme eines Frauengesichtes, dessen seelenvoller Blick den Betrachter zu erfassen scheint. Das Wort Liebe erscheint mindestens einmal auf dem Umschlag, wo nicht im Haupt- dort im Untertitel. Die Serienbezeichnungen der Groschenhefte verwenden zum größten Teil klangvolle Vornamen (etwa: »Sylvia-Romane«, »Gloria-Romane«, »Lore-Romane« oder – Ausnahme – »Gold-Roman«). In den Pseudonymen der Verfasserinnen kommen drei Aspekte zur Geltung: Der bürgerlich-bescheidene Name (eine Frau wie alle anderen!), etwa Erika Sommer, Renate Busch, Helga Winter etc., dann der ein wenig extravagant »ausländisch« klingende Name wie Binky Tabor, Irene Latour, Nina Nord etc., und schließlich adelige Namen wie Hela von Trotha, Ann von Corda, Renate von Osten etc. Selten, zumindest was die Pseudonyme anbelangt, sind männliche Verfassernamen.

Die Sprache der Frauen- und Schicksalsromane zeichnet sich durch den Widerspruch von äußerst einfachem Aufbau und geschraubten, gezierten Wendungen und Vokabeln aus. In dieser Karikatur auf eine Hochsprache, deren vorgeblicher Reichtum die sinnliche Armut überdeckt, dominieren manierierte Adjektive: Das Haar etwa ist »rabenschwarz« oder »ebenholzfarben«, es »leuchtet kupfern« und »fällt in fließenden Wellen herab«. Soll eine Situation interpretiert werden oder versucht die Heldin etwa, sich einen Reim auf etwas zu machen, so weichen die Autorinnen in Redensarten aus: »Wie es der Zufall will . . .«, »Man weiß nie, wie das Schicksal entscheidet«, »Alles Schöne hat ein Ende« etc. Adjektive treten, wie Peter Nusser beobachtet hat, häufig paarweise auf, so daß sie zueinander zu Synonymen werden und damit unterschwellig eine Wertung bestimmen; solche Begriffspaare sind etwa: schön/reich, jung/natürlich, normal/gesund.

Daß in diesen Romanen nichts »stimmt«, das bleibt auch ihren Leserinnen nicht verborgen; der Illusionscharakter wird weder von den Produzenten noch von den Konsumenten geleugnet. Doch in der Traumwelt des Frauen- und Schicksalsromans, der Welt des Reichtums, der Schönheit, des Edelmutes blickt die Leserin auf sich selbst herab und findet sich verachtenswert. Die Kompensation der Wirklichkeit, die von Unterdrückung und Ausbeutung bestimmt wird, führt zur Negation der Wirklichkeit selbst, denn all das, was für die Emanzipation der Leserin, und letztlich für ihr Glück notwendig wäre, ihre sinnliche Befreiung, ihre Teilnahme an den Prozessen sozialer Veränderung etc., das wird im Groschenroman nahezu verboten, indem es auf die negativen Figuren, die unglücklichen, übertragen wird.

Anmerkung

Peter Nusser: Romane für die Unterschicht. Groschenhefte und ihre Leser. Stuttgart 1973.

Literatur

Dorothee Bayer: Falsche Innerlichkeit. Zum Familien- und Liebesroman. In: Literarisches Colloquium Berlin (Hg.): Trivialliteratur. Berlin 1964. Dorothee Bayer: Der triviale Familien- und Liebesroman im 20. Jahrhundert. Tübingen 1963. Heinz Otto Burger (Hg.): Studien zur Trivialliteratur. Frankfurt 1973. Walter Nutz: Konformliteratur für die Frau. Zum Frauenroman. In: Literarisches Colloquium Berlin (Hg.): Trivialliteratur. Berlin 1964. Gustav Sichelschmidt: Liebe, Mord und Abenteuer. Eine Geschichte der deutschen Unterhaltungsliteratur. Berlin 1969. Gert Ueding: Glanzvolles Elend. Versuch über Kitsch und Kolportage. Frankfurt 1973. Barbara Weinmayer: Frauenromane in der BRD. In: »Kürbiskern« Nr. 1. München 1971. Klaus Ziermann: Romane vom Fließband. Berlin (DDR) 1969.

Illustriertenroman

Der Illustriertenroman, der vor allem in den fünfziger und frühen sechziger Jahren wesentlichen Anteil am Publikumserfolg einer illustrierten Zeitschrift hatte, verdankte sein Entstehen in der aktuellen Form dem Konkurrenzkampf zweier Massenmedien. Nachdem in den fünfziger Jahren das Fernsehen den Wert der optischen Berichterstattung in den Illustrierten wesentlich vermindert hatte, die Fotografie ihren Sensationswert verlor, mußte in diesen Zeitschriften der erzählende Teil, die Story, in den Vordergrund treten. Der Illustriertenroman dient, wie der Inhalt der Illustrierten überhaupt, der Umwandlung des Zeitgeschehens in eine unterhaltsame Ware; er weist im Gegensatz etwa zum → Frauen- und Liebesromanheft einen deutlichen Aktualitätsbezug auf und wird daher ebenso nach journalistischen wie nach literarischen Gesichtspunkten konzipiert. In der »Blütezeit des Illustriertenromans« wurden auch die meisten der Agenturen gegründet, die sich auf die Vermittlung der Stoffe spezialisierten (etwa die Ferenczy Presse-Agentur). Nachdem ein einheitliches Bild der Illustrierten heute nicht mehr gegeben ist und sich die einzelnen Zeitschriften in Richtung auf das politische Magazin (»Stern«), die → Regenbogenpresse (»Bunte Illustrierte«) oder die Sexpresse (»Neue Revue«, vgl. *Sex*) entwickeln, hat der Illustriertenroman heute nicht mehr die zentrale Bedeutung, die er früher innehatte. Dennoch gehört er nach wie vor zum Erscheinungsbild der Illustrierten.

Im Illustriertenroman geht es um Situationen, die »Schicksal« als tragische und melodramatische Mysterien versinnbildlichen, um Liebe, Krieg, Krankheit (Krebs!), Verbrechen, Tod. Im Gegensatz zum gängigen Groschenheft versucht der Illustriertenroman davon soviel wie möglich massiert auf engstem Raum unterzubringen; bei einer Personenzahl von maximal sieben bis acht entsteht die Handlungsstruktur aus einer Verschmelzung der *topics* verschiedener Genres. Es wird der Kriegsroman (vgl. *Abenteuer*) mit dem Liebesroman, das Agentengenre mit dem Schicksalsroman, der → Arzt- mit dem Kriminalroman verknüpft. Zusätzlich unterscheidet den Illustriertenroman vom Groschenheft, daß er sich wesentlich reißerischerer Mittel bedient, daß er sich, was die Schilderung sexueller Vorgänge anbetrifft, einer geringeren Selbstzensur unterwirft und schließlich, daß er bisweilen Elemente der Hochliteratur übernimmt (etwa den im Groschenheft verpönten inneren Monolog). Da der Illustriertenroman den Kaufanreiz erhöhen soll, endet jeweils eine Folge mit einer dramatischen Situation, die zu Beginn der nächsten aufgelöst wird. Der Autor des Illustriertenromans arbeitet

Auf dem Gipfel der Reederhierarchie thront Medea Mikolofides. Im Kampf um den zweiten Platz hat der Grieche, einst verheiratet mit Medeas Tochter Lena, den Deutschen Hermann Kallenberg, verheiratet mit Medeas Tochter Irene, weit abgedrängt. Auch bei den Frauen ist Sokrates Satrapoulos – zur Zeit liiert mit Olympia Menelas, der Welt berühmtester Pianistin – weitaus erfolgreicher. In Amerika vollzieht sich inzwischen Schicksalhaftes: Die Partei der „Erneurer" will mit einem Scheinattentat die Popularität ihres Präsidentschaftskandidaten Scott Baltimore erhöhen. Die Gegenpartei erpreßt den Scharfschützen Slim Scobb, wirklich auf Baltimore zu schießen. Es geschieht an jenem Tag, an dem der Grieche nach einem Streit die Menelas samt ihrem Bechstein auf einer unbewohnten Insel abgesetzt hat . . .

Der Grieche

Von diesem Roman spricht die Welt. Aus gutem Grund. Aber Ähnlichkeiten mit lebenden Personen sind rein zufällig. Behauptet der Autor Pierre Rey

Slim kniete in dem kleinen Raum vor dem Fenster. Sein Hemd war tropfnaß von Schweiß. Niemand konnte ihm helfen. Es war zu spät, um Trendy noch aufzutreiben und ihm zu sagen, was sich ereignet hatte. Und selbst wenn, was hätte der tun können? Was hätte er ihm sagen können? Er wurde bezahlt, um eine Aufgabe zu erledigen. Man hatte die Seinen entführt, damit er das Gegenteil von dem tue. Wie immer er entschied, er saß in der Falle. Wenn er Baltimore umbrachte, würde man ihn umlegen. Und wenn er danebenschoß, brachten die anderen seine Frau und die Kinder um. Er wußte nicht mehr . . .

Auf dem Platz unten wurde es lauter. Slim erstarrte. Am Ende der Allee tauchte die mit geringer Geschwindigkeit fahrende Kolonne auf. Mehrere Motorräder eröffneten den Zug der Wagen. Die schwarze offene Limousine schien sich im Zielfernrohr direkt auf ihn zuzubewegen.

Er konnte zwei stehende Gestalten erkennen, die mit den Händen nach allen Seiten grüßten. Er drückte den Karabiner fest an die Schulter, der Kolben lag ruhig, die schweißnasse Wange war gegen das warme Metall gepreßt.

Er stellte das Zielfernrohr ein und betrachtete abwechselnd die Gesichter von Scott und Peggy. Mit dem Zielfernrohr konnte er sie so deutlich erkennen, als stünde er neben ihnen. Sie waren beide ernst, ihre Augen erzählten sich eine Geschichte, eine Liebesgeschichte. Ja, das war es, sie erzählten einander eine Liebesgeschichte, der Mann und seine Frau. Sie waren jung, reich, unverwundbar, allmächtig.

„Annie . . . Annie . . .", brachte Slim mit rauher Stimme hervor.

Fast ohne sein Zutun streichelte sein Finger um eine Spur kräftiger über den Abzug, der sich um einen Millimeter nach rückwärts verschob. Der erste Schuß ließ die Windschutzscheibe zersplittern.

„Annie, Annie! – Schweinehunde!"

Slim riß den Abzug durch. Im Fa-

Der Tod kam von der linken Seite. Drei Schüsse in den Bauch. „Das Schwein! . . . Schwein, du! Er hat den zukünftigen Präsidenten ermordet!" In seinen letzten bewußten Momenten sah Slim Scobb den Mann, der ihn getötet hatte . . .

Illustration zu einem Illustriertenroman © Molden/Bunte Illustrierte nach einem flexiblen Konzept, das je nachdem, ob das Publikum positiv oder negativ reagiert, verknappt oder verlängert werden kann. In der Regel besteht ein Illustriertenroman aus etwa 12 bis 15 Folgen, die in ihrer endgültigen Fassung immer erst kurz vor dem Erscheinen der Zeitschrift fertiggestellt werden. Je nach Popularität beträgt das Autorenhonorar für eine Folge zwischen 2000,– und 8000,– DM.

Wie sehr der Illustriertenroman eine Form der verschleierten politischen Meinungsbildung darstellt, läßt sich am besten an einigen Beispielen erläutern. Im Jahr 1966 erschien in einer Illustrierten der Roman »Geliebte Hölle«, der »große Schlüsselroman über Bonn, wie es liebt und intrigiert«. Die Handlung des Romans schilderte das Zustandekommen der großen Koalition und das Verhalten der nun auch an die Schalthebel der politischen Macht gelangten SPD-Politiker, die mitsamt ihren Sekretärinnen, den Referenten-Teams und den Chauffeuren in den Umkreis einer von Betrug, Intrige und persönlichen Verfehlungen gekennzeichneten Atmosphäre geraten. Politik, so müssen die Leser erfahren, ist ein schmutziges Geschäft: »Es ist verdammt schwer, sauber zu bleiben, sobald man erst mal im Dreck von Bonn steckt.« Vor allem durch die Verbindung des politischen Auftrags mit persönlichen Liebesbeziehungen, die sich der Illustriertenroman nicht anders als entweder romantisch-patriarchalische Verbindungen oder als »Abgründe der Käuflichkeit« denken kann, ist die Möglichkeit zu einer unreflektierten Personalisierung gegeben. In dieser Personalisierung schrumpft nicht nur die Politik zum Intrigenspiel, aus dem sich der Durchschnittsmensch besser heraushält, sondern auch die melodramatischen Elemente werden in eine vom Leser selbst nicht erreichbare Welt der Mächtigen verlagert, in der jede Liebschaft eine internationale Krise heraufbeschwören kann.

Kurz nach dem Ausbruch des israelisch-arabischen Krieges schrieb H. G. Konsalik (vgl. *Abenteuer*) den entsprechenden Illustriertenroman: »Liebe auf heißem Sand«. Besonders deutlich wird in diesem Roman die Verwendung der erotischen Thematik als ein Indiz für die auch politische Sympathieverteilung: Wer das »sauberste« Liebesleben hat, ist auch politisch im Recht. Der Illustriertenroman scheut dabei auch vor massiver Geschichtsfälschung nicht zurück: Nach dem Besuch des Schahs von Persien in Deutschland, der von Protesten gegen die Diktatur des Schah-Regimes begleitet war, veröffentlichte ein T. S. Laurens in der Bunten Illustrierten den Roman »Arabische Nächte«. Der demokratisch-liberale Schah dieses Romans hat sich in seinem Bestreben, sein Land sozial zu reformieren, die Feindschaft korrupter Ölscheiche und Großgrundbesitzer zugezogen. Nicht genug damit, daß diese ihn in aller Welt verleumden, heuern sie auch noch die linke Studentenschaft in der Bundesrepublik für ihre finsteren Zwecke an, um ihm zu schaden.

Der Illustriertenroman, der jeden sich bietenden aktuellen Gesprächsstoff aufgreift, vom Streit um die Antibabypille, den Contergan-Prozessen und den Waffenschieberskandalen bis zur Krebsforschung und den Mondflügen, entspricht dem Bedürfnis der Leser, das Weltgeschehen in einer seiner Erfahrungs- und Kommunikationsstruktur verwandten Weise erklärbar zu machen. Dies geschieht durch das alle Informationen überlagernde Prinzip des persönlichen Schicksals, das dem Leser die Identifikation, nicht aber das Verstehen erleichtert. Nahezu in Reinform beinhaltet der Illustriertenroman, was Adorno als das »autoritäre Syndrom« beschrieb: die Schicksalsideologie; Wunschbild gesellschaftlicher Verhältnisse, das reaktionäre Züge trägt; die selbstlose Opferbereitschaft der Figuren aus dem niederen Stande (hinzuzufügen wäre, daß sich diese Opferbereitschaft vor allem auf Frauen konzentriert); die unbefragte herrscherliche

Autorität der Helden; die Führersequenz von Befehl und bedingungslosem Gehorsam. Tatsächlich hätten es die Autoren wohl schwer, ihre politischen Vorstellungen im Klartext zu formulieren, ohne daß sich Widerspruch melden würde. Auf dem Felde der Unterhaltung genießen sie eine fragwürdige Freiheit.

Die Funktion der Illustriertenromane läßt sich noch an einem anderen Beispiel verdeutlichen, das Wolfgang R. Langenbucher zitiert: »Hans Ulrich Horster war ein Pseudonym für verschiedene Autoren, die inspiriert von Eduard Rein, dem langjährigen erfolgreichen Chefredakteur der ›Hör Zu‹, diese Romane geschrieben haben: ›Ein Student ging vorbei‹, ›Ein Herz spielt falsch‹, ›Herz ohne Gnade‹, ›Der rote Rausch‹ oder – ein besonders schöner Titel – ›Ballade vom Rummelplatz des menschlichen Lebens‹. Heinz Klüter hat nachgewiesen, daß in diesen Romanen, die überhaupt keinerlei politische Thematik enthielten, in den fünfziger Jahren im Grunde eine spezifische Form der Vergangenheitsbewältigung betrieben wurde, und so ihr Erfolg bei einer breiten Leserschicht erklärbar ist. Er weist nach, daß sie alle die gleiche Handlungsstruktur aufweisen. Immer gerät eine zentrale Person in den Verdacht, eine bestimmte Tat begangen zu haben, an der sie aber nur indirekt oder moralisch beteiligt war. In langen dramatischen Versuchen gelingt es dann in letzter Minute, die Indizien zu widerlegen, und jeder Makel einer Tatschuld fällt. Von der moralischen Schuld ist in diesem Moment keine Rede mehr. Die Art von Schuldverdrängung ist klar. Gelingt es, die Tatschuld zu widerlegen, so fällt auch die moralische Schuld. Wie der Romanleser kann sich der Deutsche mit der Formel befriedigen: nichts getan, nichts gewußt, nicht betroffen.«

Die Nachrichten verändern sich, die Geschichten bleiben die gleichen. Dies ist das Prinzip der unterhaltenden Publizistik, wo sie sich mit politischen und zeitgeschichtlichen Themen beschäftigt. Der Illustriertenroman ist hier die konsequenteste Form, er ist, wie Karl Kraus einmal in bezug auf den Zeitungsroman formulierte, darauf aus, »die Ewigkeit zu journalisieren«.

Anmerkung

Wolfgang R. Langenbucher: Unterhaltung und Publizistik. In: Akademie für politische Bildung (Hg.): Politische Prägung durch Unterhaltung. Tutzing 1971.

Literatur

Walter Hollstein: Betrogene Sehnsucht. Das Menschenbild im deutschen Illustriertenroman. 1955–1962. Münster o. J. (1969). Walter Hollstein: Der deutsche Illustriertenroman der Gegenwart. München 1973. Horst Holzer: Illustrierte und Gesellschaft. Freiburg 1967. Alfred Holzinger: Das Thema vor allem ist wichtig. Zum Illustriertenroman. In: Literarisches Colloquium Berlin (Hg.): Trivialliteratur. Berlin 1964. H. Knittel: Der Roman in der deutschen Illustrierten 1946–1962. Dargestellt an den drei auflagenstärksten Illustrierten »Stern«, »Quick« und »Hör Zu«. Berlin 1967. Wolfgang R. Langenbucher: Der aktuelle Unterhaltungsroman. Bonn 1964.

Die Kinder des Olymp

»Les enfants du paradis« (Die Kinder des Olymp – 1943–1945), ein Film von Marcel Carné, der als Modell eines filmischen → Melodrams angesehen werden kann. Gleichzeitig verweist dieser Film, der im Paris des neunzehnten Jahrhunderts spielt, auf einen Ursprung des Films, der mehr als Literatur und Kunst seine Entwicklung beeinflußt hat: das populäre Theater, das Spektakel für die »breiten Massen« des Publikums.

Schauspieler und Pantomimen auf dem »Boulevard du Crime« (der Straße des Verbrechens – wobei das Verbrechen hier ebenso in der Realität wie in den zahlreichen kleinen Theatern und Schaubühnen sich abspielt) sind die Figuren des Films, für die sich Realität und Kunst, echte und gespielte Leidenschaften vermischen. Der melancholische, ein wenig weltfremde Pantomime Baptiste wird von der bescheidenen, aber über die Maßen eifersüchtigen Schauspielerin Nathalie geliebt, er selbst jedoch ist der geheimnisvollen Garance verfallen. Lange Zeit später – Baptiste und Nathalie sind inzwischen verheiratet und haben ein Kind – taucht Garance wieder im Leben Baptistes auf, und ihretwegen verläßt er seine Familie. Doch abermals verschwindet Garance ebenso geheimnisvoll, wie sie aufgetaucht ist.

»Intensität gewinnt ›Les enfants du paradis‹ durch die ästhetische Perfektion seiner Ausführung. Die eingeschobenen Pantomimen, die Jean Louis Barrault als Meister der expressiven Geste und der Körperbeherrschung zeigen, resümieren in sich die Fabel des Films und transponieren sie auf eine poetische Ebene. Im Grunde formen die drei Protagonisten des Films – Garance, Baptiste und sein Rivale Frederick Lemaitre – das klassische Trio der italienischen Komödie: Colombine, Pierrot und Harlekin; der Film spielt bewußt mit der Analogie. Die Personen faszinieren durch eine Aura von Geheimnis; in ihren Beziehungen scheint Schicksalhaftigkeit zu walten. Alles zeugt in diesem Film von Geschmack, Intelligenz und musikalischem Formgefühl; und doch kann man sich des Gefühls nicht erwehren, daß ›Les enfants du paradis‹ seiner Konzeption und Ausführung nach eigentlich einer vergangenen Epoche verhaftet ist. Der sublimierte Traditionalismus dieses Films ist namentlich in den deutschen Filmklubs oft als Offenbarung zukünftiger Filmkunst mißverstanden worden – wobei eine geheime Vorliebe des deutschen Publikums für ›zeitlose‹ Konflikte mitspielen mag« (Gregor/Patalas).

In der Tat ist das Geheimnisvolle und die Überhöhung der menschlichen Leidenschaften durch die Schicksalhaftigkeit und die Ausweglosigkeit des Geschehens, die jeden Protagonisten auf irgendeine Weise zu einem heroischen Menschen macht, der perfekte Ausdruck eines fatalistischen Weltbildes, das in den Kriegs- und Nachkriegsjahren die Gedankenwelt gerade der Jüngeren bestimmte. Der vollkommene Rückzug aus der politischen und gesellschaftlichen Realität in eine Welt der verselbständigten und melancholisch-düsteren Mythen ist charakteristisch nicht nur für die Filme des Regisseurs Carné und seines Drehbuchautors Jacques Prévert, sondern auch für den französischen Film während der Zeit der deutschen Besatzung überhaupt. Im Mythos der Garance (gespielt von der Arletty) kündigt sich freilich auch schon etwas Zukünftiges an, der Mythos von der freien, unabhängigen Frau, wie ihn Brigitte Bardot (vgl. *Sex*) später verkörpern sollte. Obwohl Garance mit Baptiste eine tiefe und ernste Leidenschaft verbindet, verläßt sie ihn doch, weil er nicht auf ihre einfache, unkomplizierte und direkte Art der Liebe eingehen kann. Sie gibt sich einem vitalen, oberflächlichen Schauspieler hin, während es einem Gewaltverbrecher, der sich selbst als eine »Napoleon-Figur« versteht, ebenso mißlingt, sie zu erobern, wie einem reichen Grafen, der sie mit Luxus und Geld gewinnen will. Bei allem Fatalismus, bei aller immer ein wenig unverbindlich wirkenden Klassizität, offenbart sich hier auch ein gegenläufiges Moment, das auch viele andere Melodramen (→ Douglas Sirk) kennzeichnet: ein Hang zur Subversivität. Beispielsweise erscheint hier der Graf als Repräsentant der Herrschenden schlimmer als der Berufskriminelle, und die »verworfene« Garance ist weit menschlicher und aufrichtiger als ein tyrannisches Eheweib.

Anmerkung

Ulrich Gregor/Enno Patalas: Geschichte des Films. Reinbek 1976.

Literatur

Marcel Carné/Jacques Prévert: Les enfants du paradis. (Drehbuch). Paris 1974. Marcel Carné/Jacques Prévert: Les enfants du paradis. (Drehbuch, englisch). London 1968. Robert Chazal: Marcel Carné. Paris 1965. Bernard Landry: Marcel Carné. Paris 1952. Jean Quéval: Marcel Carné. Paris 1952. Nancy Warfield: Notes on Les enfants du paradis. New York 1975.

Love Story

Der Roman »Love Story« von Eric Segal, das »dümmste, zynischste, langweiligste Buch der Saison«, wie ihn die Frankfurter Allgemeine Zeitung nannte, wurde ein ungeheurer Bestsellererfolg: Übersetzt in 23 Sprachen, erreichte er allein in den Vereinigten Staaten eine Auflage von über 11 Millionen Exemplaren, in Deutschland immerhin 220000. Der gleichnamige Film von Arthur Hiller (Segal hatte die »Love Story« zunächst als Filmdrehbuch konzipiert, das aber dann nicht angenommen wurde) hatte nach drei Tagen Einsatz in Amerika seine Produktionskosten von 2,26 Millionen Dollar wieder eingespielt und bislang mehr als 32 Millionen Dollar Profit abgeworfen. Die Titelmusik des Films (deutsch: Schicksalsmelodie) wurde in weit über tausend Versionen auf Schallplatten vertrieben, es gab »Love-Story-Clubs«, »Love-Story«-Posters, sogar ein »Love-Story«-Parfüm. Der phänomenale Erfolg dieser romantischen, weder literarisch noch inhaltlich sensationellen Geschichte liegt gewiß auch an der großangelegten Werbekampagne von Verlag und Filmverleih. Man sah hier die Chance, einem offensichtlich mit *sex and crime* überfütterten Publikum eine Alternative zu verkaufen: Romantik, Gemüt, Einfachheit.

Der Roman ist gleichsam ein Katalog aller Elemente und Klischees, die die triviale Romanze-Literatur bestimmen: Ein junger Mann aus einem reichen Haus verliebt sich in die Tochter eines armen italienischen Einwanderers. Das Paar findet sich, gegen den Widerstand seiner Umwelt; am Ende stirbt das Mädchen an einer Blutkrankheit. Diese *sob story* (*sob* = Seufzen) hebt sich von anderen derartigen Produktionen vorwiegend dadurch ab, daß sie im Studentenmilieu spielt und daß die Dialoge dementsprechend von einer vorgestellten Kaltschnäuzigkeit sind, die signalisiert: unsentimentale Jugend, Menschen, denen man nichts vormachen kann. Daß dennoch gerade über diese beiden, die so augenscheinlich pragmatisch, skeptisch und überlegen sind, das Liebesleiden mit solcher Macht hereinbricht, das erhöht noch die Wirkung; ganz so, wie es noch trauriger wird, wenn der sterbende Held einen letzten Witz zu machen versucht. Doch nur in der Sprache gibt sich die »Love Story« realistisch, Roman und Film sind ansonsten gekennzeichnet von einem totalen Verzicht auf jede erkennbare Wirklichkeit wie Vietnamkrieg, Rauschgift oder Rassenfrage; dies vor allem macht die »Love Story« weltweit konsumierbar. Sie ist wie das → Melodram, das freilich nie in diesem Maße sentimental ist, nur »Bedeutung«, überhöhte Leidenschaft. Doch geht von der »Love Story« nicht ein etwas irritierendes Gefühl aus, wie beispielsweise von den Filmen → Douglas Sirks, in denen auch das Scheitern von Liebesbeziehungen dargestellt wird. Im Gegenteil: Leser und Zuschauer werden beruhigt durch die Versicherung, daß die zunächst so rebellisch erscheinende Jugend die alten Werte von Treue und Familie zur Gänze übernommen hat: die »Love Story« ist auch die Geschichte eines ökonomischen Konflikts zwischen Vater und Sohn, den letzterer schließlich durch Leistung, Wohlverhalten und am Ende durch das Leiden beilegt. Beruhigend ist auch, daß die Helden offenbar nicht gewillt sind, die Verhältnisse zu ändern, oder auch nur über sie nachzudenken; sie sind sich, im wahrsten Sinne, selbst genug. Glück wie Leiden erscheinen ausschließlich im privaten Bereich. Die romantische Welle, die Segal auslöste und die auch, um einiges verfeinert, die nun grassierende Nostalgie bestimmt, verdreht eine anfängliche Skepsis gegenüber Staat und Gesellschaft in einen Rückzug nach innen, wo Konflikte zwar »überlebensgroß« sind, sich aber als folgenlos erweisen.

Literatur

Rolf Becker: Zurück in Vaters Arme. Rolf Bekker über Erich Segals: »Love Story«. In: »Der Spiegel« Nr. 10. Hamburg 1971. Klaus Eder:

Alle weinen, aber warum? In: »tv heute« Nr. 10. Velber 1971.

Marlitt

Eugenie Marlitt (Eugenie John), deutsche Schriftstellerin (1825–1887) war zunächst Sängerin, bevor sie wegen eines Gehörschadens ihren Beruf aufgeben mußte und sich als Autorin von volkstümlichen Frauen- und Unterhaltungsromanen einen Namen machte. Zunächst erschienen ihre Romane in Fortsetzungen in den damals populären Familienzeitschriften, vorwiegend in der »Gartenlaube«, die Marlitts Romane zu sprunghaften Auflagensteigerungen verhalfen. Grundthema ihrer Romane (etwa: »Goldelse«, 1867; »Das Geheimnis der alten Mamsell«, 1868; »Das Heideprinzeßchen«, 1872; »Die zweite Frau«, 1874; »Die Frau mit den Karfunkelsteinen«, 1885) ist das Aschenbrödel-Motiv: Ein schlichtes und braves Mädchen gelangt durch die Liebe eines reichen und hochgestellten Mannes in höhere gesellschaftliche Kreise und bewährt sich in der neuen Umgebung, während eine böse, intrigante Nebenbuhlerin leer ausgeht. In diesen ebenso einfachen wie gefühligen Romanen wollte die Marlitt allerdings auch ein soziales Anliegen verwirklichen, ihre Heldinnen durchbrechen auf freilich sehr individuelle Art und ohne über die Ursachen weiter nachzudenken, die rigorosen und von den Besitzenden mit aller Macht verteidigten Standes- und Klassengrenzen, denen sie ihr anfängliches Elend, ihre Ausbeutung verdanken. Am guten Ende steht dann immer die Versöhnung der Widersprüche, und der Klassengegensatz scheint in eine persönliche Intrige böser Schwiegermütter oder krimineller Onkels aufgelöst. Dennoch sprach die Marlitt insbesondere den Leserinnen aus den unteren sozialen Schichten aus dem Herzen, wo sie die Privilegien des Adels und die Arroganz des besitzenden Bürgertums in karikierenden oder dämonisierenden Portraits attackierte. Dem Geist des Liberalismus verpflichtet, schürte sie

Giulia Follina, Brigitte Horney und Inge Langen in der Fernsehversion von »Das Geheimnis der alten Mamsell« von Karl Wittlinger
Foto: ZDF

die Hoffnung ihrer Leser auf individuelle Selbstverwirklichung vermittels der Tugenden Aufrichtigkeit, Stolz und Selbstdisziplin. Die Liebe, die sie schildert, eine »Himmelsmacht« noch allemal, ist dabei freilich in ihrer Struktur (Unterwerfung der Frau unter den Willen des Mannes, Anerkennung der Familienhierarchie etc.) so bürgerlich, daß, zum Teil wohl gegen den Willen der Autorin, der Machtanspruch des Besitzbürgertums eher gefestigt wird. Zudem kommt die fast fetischistische Funktion, die das Geld in ihren Romanen einnimmt: Ohne eine Erbschaft oder, wie in »Das Geheimnis der alten Mamsell«, die Entdeckung verborgener Reichtümer, läßt sich das Glück des jungen Paares nie realisieren, das bei der Marlitt nur denkbar ist als die »Erhöhung« der proletarischen Frau zur Bürgerin, nicht aber als die Loslösung des bürgerlichen Mannes von seiner Klasse.

Ingeborg Schöner, Inge Langen und Volker Kraeft in der Fernsehbearbeitung von »Das Geheimnis der alten Mamsell« Foto: ZDF

»Schwerwiegende Probleme gab es bei der Marlitt so wenig wie echte menschliche Konflikte«, schreibt Gustav Sichelschmidt, übersieht dabei aber, daß die versperrten Aufstiegsmöglichkeiten der Arbeiter- und Kleinbürgerfrauen, die die treuesten Leser der Marlitt waren, durchaus ein schwerwiegendes Problem darstellten. Die Probleme, die die Unterhaltungsindustrie aufgreift, sind immer schwerwiegend (sonst fände sie nicht zu ihrem Massenpublikum); nur die Lösungsangebote, die sie anzubieten hat, wiegen wenig oder nichts im Kräftespiel der sozialen Mächte. Eugenie Marlitts Romane waren der Spatz in der Hand der Proletarierfrauen, den sie der Taube auf dem Dach (dem Klassenkampf) vorzogen. Durch diese Romane und die Familienzeitschriften wurden viele der Frauen aus der unteren Schicht überhaupt erst zur Lektüre animiert, späterhin bildeten sie und bilden noch heute die Stammleserschaft der → Frauen- und Liebesromanhefte.

Anmerkung

Gustav Sichelschmidt: Liebe, Mord und Abenteuer. Berlin 1969.

Literatur

Dorothee Bayer: Der triviale Familien- und Liebesroman im 20. Jahrhundert. Tübingen 1963. Ludwig Giesz: Phänomenologie des Kitsches. Ein Beitrag zur anthropologischen Ästhetik. Heidelberg 1960. Walther Killy (Hg.): Deutscher Kitsch. Göttingen 1962.

Melodramen

Das Melodram ist zu Ausgang des 18. Jahrhunderts entstanden aus der Verbindung von Tragödie und Melodrama, einer Form des Musiktheaters. Davon ausgehend wird jede theatralische und später filmische

Form als melodramatisch bezeichnet, deren Leitmotiv große, »bedeutsame« Gefühle und Leidenschaften darstellen. Während jedoch im klassischen Melodram des Theaters am Ende unabdingbar der Sieg des Guten über das Böse steht, ist im filmischen Melodram eine pessimistische Grundhaltung festzustellen, die oft genug das Scheitern der Protagonisten in ihren Bemühungen, eine Liebesbeziehung gegen die gesellschaftlichen Normen zu verwirklichen, vorführt. Das Melodram handelt von »Durchschnittsmenschen«, von normalen Leuten, aber es schildert ihr Schicksal in Dimensionen, die in ihrer Modellhaftigkeit und ihrer »Überlebensgröße« (so hat es Orson Welles einmal genannt) der großen Tragödie gleichen. Aus diesem Widerspruch entsteht die Künstlichkeit, die das Melodram auszeichnet; es ist »die pure Herrschaft des Lustprinzips, ein Vergnügen mit direkten Zugängen, ohne Widerstände der Realität, ein Zurücktauchen in die magische, nicht rationale Welt der Kindheit« (Frieda Grafe). Doch gerade in diesem Verzicht auf psychologische, soziologische und politische Erklärungen gibt das Melodram in Theater und Film den Blick frei auf die Sehnsucht nach »absoluten Gefühlen«, die größer sind als das Leben selbst und damit über die Wirklichkeit hinausweisen; eine Metaphysik des Leidens. Es geht im Melodram nicht um moralische oder ethische Entscheidungen – diese sind von den Protagonisten längst vor dem Beginn der Handlung getroffen. Es geht vielmehr um die Reindarstellung der Emotion, die hemmungslos und exemplarisch ausgelebt wird, und es geht um das Schicksal, das aus dem Leben nicht etwas zu gestaltendes, sondern etwas zu erleidendes macht. Das Melodram ist dem Wesen nach fatalistisch, seine Helden sind statisch und in einem Sinne unbelehrbar. Doch eben in dieser unbedingten Treue zu sich selbst, in der Erfahrung der Liebe als Schicksal, liegt der Reiz; die »Ganzheit« des Menschen, sein ungebrochenes Verhältnis zu seinen Leidenschaften macht ihn zum archaischen Helden.

Daß das filmische Melodram sich gerade in Amerika entwickeln konnte, verwundert nicht. Die Distanz, die die europäische Kunstauffassung dem Publikum abverlangt und die eine letzte Form des metaphysisch-religiösen Weltbildes darstellt, die prinzipielle Differenz zwischen Leben und Kunst, ist im Lande des »vertikalen Denkens«, der Utopie der Gleichheit aller vor dem Gesetz und der Vorherrschaft des Menschen, nicht mehr nötig und auch nicht mehr möglich. »Das Amerika, das sich unbelastet von den Zwängen europäischen Kulturdenkens durch den Film eine eigene Mythologie schuf, das sich Hollywood einzig und allein deshalb baute, weil es den Olymp nicht importieren konnte, das das Leistungsprinzip bis zum Wahnsinn befolg-

Die künstliche Welt des Melodrams wird bei Fassbinder noch übersteigert: Eva Mattes, Gisela Fackelday, Katrin Schaake in »Die bitteren Tränen der Petra von Kant« Verleih: Filmverlag der Autoren

»Zärtlich ist die Nacht« von George Stevens Verleih: Fox-MGM

te, um Helden am Fließband zu erzeugen (aber meist nur Fließbandhelden produzierte), dieses Amerika, das es nicht mehr gibt, brauchte das Melodram als Bindeglied zwischen seinem *american dream* und seiner zur Religion erhobenen Ideologie« (Wolfgang Limmer). Die göttliche Fügung ist im Melodram ersetzt durch den gesellschaftlichen Zwang, der freilich ebenso ehern und unüberwindbar die Geschicke der Menschen bestimmt. In der Liebe versucht der Held des amerikanischen Melodrams seine eigenen Grenzen zu überspringen und scheitert daran, wie der Held des Königsdramas scheitert, wenn er in seinem Machthunger die Kräfte des Schicksals versucht.

Der wohl bedeutendste Regisseur filmischer Melodramen ist → Douglas Sirk, der in seinen Filmen besonders deutlich immer wieder Bezug nimmt auf das Thema vom Scheitern eines Menschen, der Unerreichbares erreichen will. Melodramen drehten unter anderen auch Vincente Minnelli (»The Bad and the Beautiful« – Stadt der Illusionen, 1952; »Home from the Hill« – Das Erbe des Blutes – 1959; Delmer Daves (»A Summer Place« – Die Sommerinsel – 1960; vgl. *Western* → Delmer Daves), George Cukor (»The Chapman Report« – Der Chapman Report – 1961), Richard Quine (»Strangers When We Meet« – Fremde, wenn wir uns begegnen – 1960), Robert Rossen (»Lilith« – 1964) und Sidney J. Pollack (»This Property is Condemned« – Dieses Mädchen ist für alle – 1966).

Nur bedingt lassen sich die Filme von Josef von Sternberg als Melodramen bezeichnen, Marlene Dietrich in Filmen wie »Blonde Venus« (1932) oder »Shanghai

Express« (1932) ist viel zu sehr Herrin ihrer selbst, als daß sie sich dem blinden Fatum des Melodrams überantworten könnte. Dahingegen finden sich melodramatische Elemente in Kriegsfilmen (etwa »A Farewell to Arms« – 1932 – Regie: Frank Borzage) und in Kriminalfilmen von Alfred Hitchcock (vgl. *Crime*) und Robert Aldrich.

Anmerkungen
Frieda Grafe: Melodramen in Toulouse. In: »Filmkritik« Nr. 178. München 1971. Wolfgang Limmer: Das Leid der gefallenen Götter. Über die hermetische Welt des Melodrams. In: »Fernsehen und Film« Nr. 2. Velber 1971.

Peyton Place
Der Roman »Peyton Place« (Die Leute von Peyton Place, 1958) der amerikanischen Erzählerin Grace Metalious (geb. 1924) wurde nach »Gone with the Wind« (Vom Winde verweht, von Margaret Mitchell) der größte Bucherfolg in den Vereinigten Staaten, nur knapp noch von der → »Love Story« übertroffen. »Peyton Place« ist die *chronique scandaleuse* einer amerikanischen Kleinstadt, in der die Menschen nur noch in öden Skandalen, dem Spiel der Liebe und pikanten Gerüchten und Intrigen einen Sinn ihrer Existenz sehen können. Im Schaltkreis von Verführung, Betrug und gesellschaftlicher Fassade, in der Gefühls- und Lieblosigkeit der Protagonisten, offenbart sich die Korruption der provinziellen Gesellschaft, die wohl über die zivilisatorischen, nicht aber die kulturellen Errungenschaften der Industriegesellschaft verfügt; moralischer Eifer und Kritik an der Engstirnigkeit der Bewohner von Peyton Place verbindet sich in Metalious' Romanen mit handfester Spekulation. Mit lustvoller Akribie, zugleich fasziniert und abgestoßen, beschreibt sie die fast süchtige Abhängigkeit ihrer Figuren von Sex, Alkohol und Partygerede.
Der Roman, dem die Autorin eine Fortsetzung folgen ließ (»Return to Peyton Place« – Rückkehr nach Peyton Place, dt. 1960), wurde 1957 von Mark Robson verfilmt, der zweite Teil 1961 ebenfalls von Robson. 1964 begann das amerikanische Fernsehen die Ausstrahlung einer Fernsehserie nach dem Roman, die so erfolgreich wurde, daß man seit 1965 wöchentlich drei statt wie bisher zwei halbstündige Folgen sendete. Bis hin zu Peter Bogdanovichs »The Last Picture Show« (Die letzte Vorstellung – 1971) haben zahlreiche Filme das Thema von »Peyton Place«, die Verkümmerung der Liebe zu einem Gesellschaftsspiel in einer zukunftslosen Provinzstadt, aufgegriffen. Vincente Minnellis »Some Came Running« (Verdammt sind sie alle – 1958) war eines der ambitioniertesten dieser Kleinstadt-Melodramen. Nahezu apokalyptische Züge erhielt das Thema in Mike Nichols' »Who is Afraid of Virginia Woolf?« (Wer hat Angst vor Virginia Woolf? – 1966).
Der Hollywood-Film hat diesem Thema zumeist ein recht voyeuristisches Verhältnis entgegengebracht, der Ausbruch der Personen aus dem Gefängnis des Puritanismus macht aus ihnen menschliche Monster, gierige, verschlingende Wesen, die Würde und Integrität verloren haben. Die Abbildung dieser im Grunde verzweifelten Wesen, die im amerikanischen Film nur selten (etwa bei Bogdanovich) gebrochen ist durch Mitleid, Verständnis oder gesellschaftliche Analyse, hat nicht selten den Charakter eines »abschreckenden Beispiels«, einer puritanischen Obsession.

Regenbogenpresse
Illustrierte Wochenblätter, die früher vorwiegend im Zeitungsformat (Rotationsdruck), heute mit einer Ausnahme in Illustriertenform (Kupfertiefdruck – dies ist vor allem in Hinblick auf die erhöhte Wirksamkeit von Werbeanzeigen eingeführt worden) erscheinen. Der Begriff »Regenbogenpresse« bezieht sich auf die »in allen Farben des Regenbogens« leuchtenden Kopfleisten auf der Titelseite, die auf den Inhalt der Publikation verweisen. Eine

Mireille Mathieu und Elizabeth Taylor als Stars der Regenbogenpresse © Welt am Sonnabend/Heinrich Bauer Verlag

zweite Bezeichnung für diese wöchentlich in einer Gesamtauflage von 9 Millionen Exemplaren (bei ca. 7 Titeln) vertriebenen Zeitschriften heißt »Soraya-Presse«, da das Schicksal der ehemaligen Kaiserin von Persien jahrelang das ergiebigste Thema der Regenbogenblätter war.

Den Inhalt der Regenbogenpresse bilden vornehmlich die ewig weitergesponnenen Geschichten um die von der Redaktionen zu Märchenfiguren aufgebauten Personen aus dem Hochadel (Soraya, Königin Elizabeth von England, Beatrix von Holland und Klaus von Amsberg etc.) oder aus dem Show-Geschäft (Marika Kilius/Hansjürgen Bäumler, Roy Black, Heintje etc.). Wesentliches Merkmal dieser Geschichten ist die Kontinuität; nicht die einzelne Neuigkeit aus einer Adelsdynastie ist bestimmend für die Botschaft der Regenbogenpresse, sondern das oft in einem über ein Jahr sich erstreckenden Spannungsablauf konzipierte »Endlos-Märchen« um eine Person oder ein Paar. Eine einmal aufgebaute Konstellation wird dabei um jeden Preis beibehalten, und wenn sich Entwicklungen anbahnen, die dem ursprünglich entworfenen Bild einer solchen Märchenfigur zuwiederlaufen, so wird diese Entwicklung entweder verschwiegen, oder aber im Sinne des konstruierten Märchens uminterpretiert. Als sich beispielsweise das Eislaufpaar Marika Kilius/Hansjürgen Bäumler trennte, wurde das von der Regenbogenpresse solange in Frage gestellt, als Gerücht abgetan oder als durchaus nicht endgültige, zeitweilige Verstimmung gewertet, bis die Tatsache absolut nicht mehr zu verheimlichen war, daß dabei nicht nur persönliche, sondern auch handfeste materielle Interessen im Spiel waren. Walter Nutz hat für die Geschichten der Regenbogenpresse einige grundlegende Kriterien zusammengestellt:

1. Jeder Bericht muß eine handfeste Story enthalten. Das heißt, die Ereignisse müssen sich in überschaubaren Formen entwickeln können und auf einige dramatische

Grundkonstellationen zurückgeführt werden (etwa: Gibt es eine Heirat? – Kommt es zu einer Trennung? – Ist die Geburt eines Thronfolgers zu erwarten?)
2. Grundthemen sind die großen Leidenschaften wie Liebe, Haß, Mitleid, Eifersucht, Ruhmsucht und Streben nach Reichtum – umgesetzt in die Vorstellungswelt des deutschen Heims. So darf zum Beispiel nirgends deutlich werden, daß die Handlungsweise eines gekrönten Hauptes von politischen Kräften diktiert wird; die Beziehungen der Märchenfiguren sind nur gigantische Vergrößerungen der bewegenden Kräfte, die auch in der Durchschnittsfamilie wirksam sind.
3. Eine Geschichte hat nur ihre Berechtigung, wenn sie von Menschen handelt, d. h. die Ereignisse müssen auf eine *human story* ausgerichtet sein. Dies drückt sich deutlich in der Schwarz-Weiß-Malerei der Regenbogenpresse aus: auf der einen Seite die Familienidylle des Adels, die wie das wirkliche Märchen vollkommen festgelegte »Typen« aufweist, auf der anderen Seite die »randalierenden Massen« oder die »Neider«, die dem Helden das Glück mißgönnen, in einer vollkommen intakten Hierarchie zu leben. Andere als »menschliche« (nämlich gesellschaftliche) Beweggründe läßt die Regenbogenpresse nicht gelten.
4. Star- und Prominentenskandale sind nur von Bedeutung, wenn sie a) in der Vorgeschichte schon exponiert sind, b) ein verständliches Grundthema berühren, wie in 2. angeführt.
5. Am zugkräftigsten sind Geschichten um weltberühmte Frauen, die zu einem herrschenden Adelsgeschlecht gehören und womöglich gekrönt sind. Eine Frau aus dem Adel, so scheint es in der Regenbogenpresse, ist, da jeder materiellen und sozialen Sorge enthoben, noch am ehesten in der Lage, ein Bild von der Reinheit und von der rundum stimmigen Weiblichkeit zu geben, dem die Leserinnen verhaftet sind und das sie unter dem Druck der ökonomischen Verhältnisse nicht mehr erreichen können.
6. Die Personen, von denen die Geschichten handeln, müssen ein *image* der Einsamkeit aufweisen und möglichst – nicht zu bald – ihre Einsamkeit überwinden können. Das heißt die Erwartung der Leser muß zum einen nach Belieben hinausgeschoben, das *happy end* verschoben werden können, zum anderen darf die Erfüllung der Glückserwartung auch nicht ganz im Bereich des Unmöglichen liegen.
7. Von »trächtigem« Gehalt sind die Geschichten, die mit der Heimat, d. h. mit Deutschland irgendeine Verbindung besitzen. Das Märchen, das die Regenbogenpresse fortwährend weiterspinnt, hat auch gehörige chauvinistische Züge; die intakten Familien des Adels wünscht man sich immer auch als die eigenen.
8. »Anrüchige Geschichten, die andere Publikationen mit gespitzter, eindeutiger Feder bringen, können nur mit Entrüstung erwähnt und ihr Inhalt nur angedeutet werden. Durch Distanzierung sagt man ›es‹ doch.«
Die Überfamilie, die die Regenbogenpresse präsentiert, wird gegen Angriffe von außen in Schutz genommen, es gehört freilich zur »Lebendigkeit« einer solchen Familie, daß gelegentlich »etwas vorkommt«. Wenn sich ein Vorwurf gegen eine Adelsfamilie oder ein Paar aus dem Show-Geschäft einmal eindeutig als berechtigt erwiesen hat, so begegnet die Regenbogenpresse dem mit dem Hinweis, daß dies doch eine Sache sei, die ausschließlich im Kreise der Betroffenen, also im Familienkreis bereinigt werden könne.
9. Alle Geschichten sind so edel und moralisch einwandfrei, daß sie von jedem Kind gelesen werden können. Der Aufbau einer Märchenfigur durch die Regenbogenpresse entwickelt sich nach den Gesetzmäßigkeiten des Neuheiten-»Marktes«. Ist zum Beispiel der Staatsbesuch einer der Märchen-Personen zu erwarten (Beispiele: Der Besuch der Königin Elizabeth, des

Schahs von Persien oder der Sorayas in der Bundesrepublik), so wird auf dieses »große Ereignis« hin systematisch die dazugehörige Geschichte entwickelt, was schließlich in einem großen Sonderdruck anläßlich des Besuches kulminiert. Da an tatsächlichem Neuigkeitswert längst nicht so viel vorhanden ist, wie Bedarf besteht, greift die Regenbogenpresse zu einem ebenso einfachen wie wirksamen Trick: Ganze Artikelserien werden an einer vagen Vermutung aufgehängt (»Bekommt X ein Kind von Y?« – »Muß Z nun doch auf die Heirat verzichten?«); da diese Vermutungen, deren Wahrscheinlichkeitsgrad gegen Null tendiert, immer in Form von Befürchtungen gehalten sind, ist der Leser schließlich erleichtert, wenn sie sich als falsch erweisen. Eine andre Form, eine begonnene Geschichte weiterzuerzählen, auch wenn keine Nachrichten vorhanden sind, ist es, gegen »Verleumdungen« zu Felde zu ziehen, deren Urheber wohlweislich fast nie genannt werden. Jene »bösen Zungen« und »übelmeinenden Kritiker« befinden sich wohl hauptsächlich in der Redaktion selber, die ihre Märchenfiguren so bemüht gegen sie in Schutz nimmt.

Eines der Bedürfnisse, die die Regenbogenpresse anspricht, wurde schon genannt: der Wunschtraum von einer intakten Familie, in der die Rollenverteilung noch Stabilität verspricht. Der Leser hat, durch Identifikation einerseits, durch die Projektion der eigenen Unsicherheit in bestimmte Vater- oder Muttergestalten andrerseits, Anteil an dieser Familie. Dem widerspricht nur auf den ersten Blick die Berichterstattung über Skandale, über Frauen, denen es offensichtlich Schwierigkeiten bereitet, das Endziel des Märchens, eine glückliche Heirat, zu erreichen. Doch wenn man davon ausgeht, daß der Leser ja Miglied dieser imaginären Familie der Märchenprinzen und -prinzessinnen ist, so wird deutlich, daß solche Gestalten, die des Mitleids der Leserschaft gewiß sein können, die Funktion von Kindern einnehmen. Die Leserin darf hier, was im wirklichen Leben sich bereits verbietet, über die Partnerwahl ihrer Kinder mitentscheiden. Der Leser fühlt sich tatsächlich für das, was die Protagonisten der Geschichten tun, verantwortlich; schon von daher wird deutlich, warum die Regenbogenpresse die Wirklichkeit so verfälschen muß, will sie die Erwartungen ihrer Leser nicht düpieren. Und daß die idealen (kleinbürgerlichen) Familienverhältnisse in die Welt des Adels verlegt werden, das hat seinen Grund auch darin, daß die Verhältnisse in diesen Kreisen vom Leser nicht nachgeprüft werden können.

Bemerkenswert ist außerdem, daß es in der Regenbogenpresse so häufig und so emotionell bestimmt um die Geburt von »Erbfolgern« geht. Das leitet sich zunächst natürlich von der erbbedingten Dynastie ab: Eine Herrscherfamilie braucht Nachfolger. Zum anderen aber offenbart sich die Regenbogenpresse hier als sublimierteste Form der Pornographie, die man sich denken kann. In versteckten, aber unterschwellig wirksamen Fragen wird der Vollzug des Geschlechtsverkehrs bezweifelt, auf Impotenz oder Sterilität angespielt. Mitleid (nicht ohne einen Zug der Zweideutigkeit) wird der Frau gegenübergebracht, die nicht oder nicht zur rechten Zeit gebären kann (Soraya), Achtung und Bewunderung wird der »gesunden« Frau gezollt, die für Nachkommen sorgt (Beatrix). Der Leser dieser Zeitschriften glaubt an die intakte Funktion von Hierarchie und Familie und will die Realität, in der sich der Zerfall dieser Institutionen so augenscheinlich rapide vollzieht und die konsequenterweise von der Regenbogenpresse vollständig ausgeklammert wird, nicht sehen. Das Prinzip des Beharrens, des Festhaltens an überkommenen Werten wird hier als die einzig mögliche Form dargestellt, mit der Realität fertig zu werden; der Konservatismus wird, ohne daß es dazu ausgesprochener Ideologie bedürfte, so zum Modell und zur Lebenshilfe.

Anmerkung

Walter Nutz: Die Regenbogenpresse. Eine Ana-

lyse der deutschen bunten Wochenblätter. Opladen 1971.
Literatur
Hans-Curt Cramer: Soraya, Herz und Horoskop. In: »Konkret« Nr. 1. Hamburg 1967. Peter Kaupp: Massenmedien und »Soraya-Presse«. Hamburg 1969. Hans Koch (Hg.): Gift in bunten Heften. Ein Münchner Zeitungskiosk als Spiegel des westdeutschen Kulturverfalls. Berlin (DDR) 1960. Otto Köhler: Notzucht der Woche. In: »Der Spiegel« Nr. 24. Hamburg 1969. Christa und Christoph Kondron-Lundgreen: 20 Millionen unterm Regenbogen. Zur Kritik kleinbürgerlicher Ideologien in der Regenbogenpresse. München 1976. Claus Ritter: Woche für Woche. Report über Regenbogen-Postillen. Berlin (DDR) 1974.

Romance-Comics
Neben melodramatischen Comic Strips, die sich meist um das Schicksal von einigen alleinstehenden jungen Frauen ranken wie »Brenda Starr« (eine junge Reporterin, die sich in verzehrender Liebe nach ihrem »Idealmann« sehnt, von dem sie immer wieder getrennt wird), »The Heart of Juliet Jones« (zwei Schwestern müssen auf der Suche nach dem Eheglück tränenschwere Erfahrungen sammeln – diese Serie erscheint unter dem Titel »Die beiden Schwestern« auch in Deutschland) oder »Apartment 3–G« (drei junge Frauen wohnen in einem Apartment zusammen und erzählen sich gegenseitig von ihren Liebesabenteuern), haben sich auch die *Comic Books* der Romanze angenommen, und unter Titeln wie »Young Love«, »True Love«, »Romantic Story«, »Teenage-Love« etc. vor allem die – durchweg keusche – Liebe der amerikanischen Teenager zum Thema gewählt. (Zeitweilig erschien eine solche Serie auch in Deutschland: »Junge Liebe«). Aber auch der → Arztfilm hat seine Entsprechung im Comic gefunden, Serien wie »Dr. Bobbs«, »Dr. Kildare« oder »Ben Casey« halten sich an das Bild vom »überlebensgroßen« Arzt, der im Operationssaal um das Leben seiner Patienten ringt und ansonsten versucht, nicht allzu viele Frauenherzen zu brechen. Die *Romance-Comics*, die an Auflagenhöhe eine Zeitlang sogar die Abenteuer-Comics übertrafen, stellen immer auch so etwas dar wie eine Anleitung zum richtigen Verhalten der Teenager.

Romantic Thriller
Das Grundmodell aller romantischen Thriller, in denen es um die Liebe und um den Tod geht, und um die Verbindung von beiden, bildet das Werk der Autorin Daphne du Maurier (geb. 1907), die vor allem in »Rebecca« die Morbidität einer unheimlichen Atmosphäre mit der Sehnsucht der Protagonisten nach Geborgenheit und Liebe verband. Der romantische Thriller, der nach und nach zu einem Genre geworden ist, bezieht sich auf unbewußte Kräfte, auf die Furcht, hinter der Fassade von Zuneigung und Sicherheit möge sich Schrecken und Gewalt verbergen. Das beginnt noch immer damit, daß eine Frau einen Mann heiratet, von dem sie nicht viel mehr weiß, als daß sie ihn liebt und von ihm fasziniert ist. Dann aber stellt sich heraus, daß der Mann etwas verbirgt, daß seine erste Frau keines natürlichen Todes gestorben ist oder daß sie wahnsinnig geworden ist. Was nun die Frau beseelt, ist der Gedanke an Flucht, sie bekommt eine panische Angst vor dem Mann. In den trivialeren Produkten dieses Genres erweist sich der Mann dann aber doch als unschuldig – ein böser Nebenbuhler, eine tyrannische Mutter (!) oder die Frau, das Opfer selbst, waren die Schuldigen. Wo eine solche Auflösung nicht gegeben ist, findet die Frau Schutz bei einem anderen Mann, der sie in letzter Minute vor den Mordabsichten bewahrt.
In der düsteren Atmosphäre des romantischen Thrillers bekommt Sexualität eine Dimension des Bedrohlichen (fast noch jedes Titelbild zeigt eine weiß gekleidete Frau, die durch Ruinen oder dunkle Wälder irrt – die Unschuld der Frau wird bedroht!). Die Furcht einer Frau, sich hinzugeben, wird aktualisiert, ihre Wehrlosigkeit angesprochen. Am Ende ist sie klüger:

Amerikanischer Romance-Comic © National Periodical Publications

Die immer wiederkehrenden Motive auf den Titeln der Romantic Thrillers sind das alte Haus, der knorrige Baum und die flüchtende Frau © Pabel Verlag

Entweder sie ist der Situation entflohen, nachdem sie die Machenschaften ihres Mannes oder ihrer neuen Familie durchschaut hat, oder sie hat selbst herausgefunden, daß ihr Mann unschuldig ist; in jedem Falle hat sie die bedingungslose Hingabe ersetzt durch ein distanziertes, »aufgeklärtes« Verhältnis. Der ganze Vorgang gleicht einer Rationalisierung der Sexualangst; bewiesen wird, wie trügerisch Gefühle sein können (auch die Freundschaft wird in den romantischen Thrillern oft verraten, die beste Freundin steht mit dem Bösen im Bunde) und wie wichtig es ist, die »Augen offenzuhalten«.
Dieser Grundzug des fast bösartigen Verhältnisses von Mann und Frau findet sich auch in den melodramatischen Kriminalfilmen von Alfred Hitchcock (dessen erste Hollywood-Arbeit die Verfilmung von Rebecca war; vgl. *Crime*) und von Robert Aldrich. Frauen, die zu Recht oder zu Unrecht argwöhnen, daß ihr Mann ein Mörder ist, Männer, die in dem Bewußtsein leben müssen, daß ihre Frau ihnen »alles zutraut« – die Beziehung der Geschlechter ist ein Kampf, in dem es oft um das bloße Überleben geht.

Simmel
Johannes Mario Simmel, deutscher Unterhaltungsschriftsteller, geb. 1924. Der ehemalige Lehrer und Journalist wurde bereits mit seinem ersten Roman (»Mich wundert, daß ich so fröhlich bin«, 1948) bekannt. Der Erfolg seiner weiteren Romane ist vor allen Dingen seiner Fähigkeit zuzuschreiben, Elemente der Hochliteratur (Rückblende, Vermischung von Gegenwart und Vergangenheit, Verästelung der Handlung

etc.) mit solchen der Trivialliteratur zu verknüpfen und somit einem breiten Publikum die Befriedigung des Wunsches nach Sensationen, »großen« Leidenschaften und Gefühlen sowie Bestätigung von Vorurteilen zu gestatten, ohne daß die Trivialität der Themen sofort deutlich würde. Mit handwerklichem Geschick verarbeitet Simmel in seinen Romanen die Grundkonstellationen der Liebes- und Schicksalsliteratur und aktuelle Geschehnisse zu einem Gesamtbild, das die Mythen aus Politik, Werbung und »öffentlicher Meinung« getreulich reproduziert. Solche Mythen sind etwa »Schuld und Sühne« (in »Bis zur bitteren Neige«), der in einer Katastrophe endende Liebesverrat (in »Liebe ist nur ein Wort«), der Mann mit dunkler Vergangenheit, der »Ostflüchtlinge« rettet (in »Lieb Vaterland magst ruhig sein), der tolle Lebenskünstler (in »Es muß nicht immer Kaviar sein«), *sex and crime* und die bundesdeutsche Gegenwart (in »Alle Menschen werden Brüder«) oder die Verknüpfung von Spionage-Handlung mit dem derzeit aktuellen Thema der Parapsychologie (in »Der Stoff aus dem die Träume sind«). Diese Mythen beschreibt Simmel in einer Sprache, die sehr exakt den jeweiligen *topics* entspricht. So nähert sich sein Stil der Sprache der Werbung an, wo es darum geht, Vorgänge des Konsumierens mit emotionalen Werten zu verbinden: »Ich trank Whisky, wundervollen kühlen Whisky. Ich konnte ihn riechen: den würzigen Duft, welcher jener der einsamen Wälder war. Ich konnte ihn fühlen: den herben, rauchigen Geschmack, welchen ihm die reißenden kristallklaren Gebirgsbäche gegeben hatten und die uralten schwarzen Holzfässer im Dunkel der Keller.« Um die Verruchtheit oder das Kriminelle eines Milieus zu verdeutlichen, bedient sich Simmel eines der Illustriertensprache (vgl. *Sex*) verwandten und mit emotionalen Reizwörtern durchsetzten »Realismus«: »In der Herbertstraße war es still. Die Vitrinen gähnten leer, die Zuhälter schliefen. Mehrere gutgekleidete Herren trafen gleichzeitig mit mir ein. Zwei von ihnen schritten gesenkten Hauptes und geniert dahin.« Und schließlich verwendet Simmel, um das zu erzielen, was man gemeinhin unter Poesie versteht, einen übertriebenen, überladenen Lyrismus: »In den Anlagen blühen weiße, cremefarbene und rosenrote Magnolien. Es glänzt ein Meer von gelben Forsythien. Kleine rosafarbene Mandelbäumchen säumen die Anfahrt.«
Der vergröbernden Sprache, die den Leser mit gefühlstimulierenden Vokabeln und »Stimmungsbildern« bestürmt und ihm dadurch keine Möglichkeit gibt, die vom Autor vorgenommene Sympathieverteilung zu überprüfen, entspricht eine vergröbernde Darstellung der Wirklichkeit. Mit Vorliebe siedelt Simmel seine Figuren in der »großen Welt« an, sie bewegen sich in Luxushotels, Filmateliers, Privatbanken etc., und an diesen Schauplätzen der Spionage- und Liebesabenteuer geht es zu, wie sich das jemand vorstellen mag, der die »Bauten der Reichen« nur von außen kennt. Die Beschreibung der Oberfläche ersetzt die Vermittlung von Inhalten; alles ist schöner Schein, ist Luxus, Reichtum, Konsum, ganz so, als könne eine Liebesgeschichte erst dadurch dramatische und tragische Dimensionen erreichen, daß sie mit viel Geld verknüpft ist. Zwar ist es ein Wesensmerkmal des → Melodrams, daß es in einer hermetisch abgeschlossenen Welt spielt, wodurch die Intensität der dargestellten erotischen Beziehungen gesteigert wird, doch bei Simmel mündet dies in der Zweiteilung der Welt, in den Bereich des Luxus und der postkartenschönen Landschaften und in den Bereich der gefährlichen Unterwelt (deren Vertreter sich im übrigen fast ausschließlich in »Hinterzimmern« zu treffen pflegen). Werbe-Symbolik und Kolportage sind die beiden Pole der Simmel-Welt, in der sich das Geschehen abspielt. Alles bei Simmel ist um einige Grade zu groß, der Reichtum, die Gefühle, die Tragik, sogar die Gewalt: Der Leser sieht nicht seine ei-

genen Probleme und Konflikte wiedergegeben, sondern Geschichten aus einer entfernten Welt, der er Ehrfurcht, Staunen und auch ein wenig Neid entgegen bringt. Der Realismus Simmels besteht dabei darin, daß er im Gegensatz zu den → Frauen- und Schicksalsromanheften eine prinzipielle Schlechtigkeit der Welt nicht ausschließt; daß der Mensch des Menschen Wolf ist, auch dieses Vorurteil bestätigt Simmel in seinen Romanen. Er, den ein Werbetext einen »unerbittlichen Zeitkritiker und Künder wahrer Humanität« nennt, zeichnet sich auch durch eine gehörige Portion Pessimismus aus.
Simmels Schauspiel »Der Schulfreund« wurde 1960 unter dem Titel »Mein Schulfreund« von Robert Siodmak (vgl. *Crime*) mit Heinz Rühmann (vergl. *Komik*) in der Hauptrolle verfilmt. »Es muß nicht immer Kaviar sein« (1961 – Regie: Geza von Radvanyi) zeigte O. W. Fischer in der Rolle des pfiffigen Lebenskünstlers. In jüngster Zeit haben der Regisseur Alfred Vohrer und der Drehbuchautor Manfred Purzer eine Serie von Simmel-Filmen gestaltet (»Liebe ist nur ein Wort«, »Und Jimmy ging zum Regenbogen«, »Alle Menschen werden Brüder« etc.).
Auf die Beliebtheit des Autos, der sich selbst als »Volksschriftsteller« versteht, mag die Existenz eines »Deutschen Simmel-Klubs« hinweisen.

Literatur

Reinhard Baumgart: Mit feuchtem Könnerauge. Reinhard Baumgart über J. M. Simmel: »Lieb Vaterland magst ruhig sein«. In: »Der Spiegel« Nr. 52. Hamburg 1965. Joachim Kaiser: Johannes Mario Simmels Kunst der tragischen Operette. In: »Süddeutsche Zeitung« vom 31. Januar/1. Februar. München 1976. Rüdiger Peters: Das Geheimnis des J. M. Simmel. In: »das da« Nr. 2. Hamburg 1974.

Sirk

Douglas Sirk (Detlev Sierk), dänisch-amerikanischer Filmregisseur, geb. 1900, der zunächst Journalist, Schauspieler und Bühnenregisseur war, bevor er seit 1929 als Autor für die deutsche Ufa arbeitete. Zwischen 1935 und 1937 drehte Sirk noch unter seinem richtigen Namen Detlev Sierk neun Filme, darunter »Stützen der Gesellschaft« (1935) und »La Habanera« (1937), die bereits seine Vorliebe für melodramatisches Geschehen zeigten. 1937 verließ er Deutschland und kam über Südafrika und Australien nach Hollywood. Einige Projekte, wie etwa die Neufassung seines Films »Zu neuen Ufern« von 1937 scheiterten am Widerstand der Produzenten, und so mußte Sirk als Drehbuchautor arbeiten, bis er im Jahre 1944 die Regie in dem Propagandafilm »Hitlers Madman« übernehmen konnte. Seine größten Erfolge erzielte Sirk dann mit den filmischen Melodramen, die er in den fünfziger Jahren schuf. 1960 verließ Sirk die Vereinigten Staaten und übersiedelte in die Schweiz, zwei Jahre später kehrte er nach München zurück, wo er nun wieder für das Theater arbeitete.
In den Melodramen von Douglas Sirk geht es um Menschen, die etwas erreichen wollen, das außerhalb, oder zumindest doch an den Grenzen ihrer Möglichkeiten liegt. In »All That Heaven Allows« (Was der Himmel erlaubt – 1955) verliebt sich eine angesehene, gutgestellte Witwe in einen fünfzehn Jahre jüngeren Mann (Rock Hudson – der bevorzugte Star Sirks), verliert dabei die Achtung ihrer spießigen Umwelt und die Liebe ihrer Kinder. »Written on the Wind« (In den Wind geschrieben – 1956) erzählt von einem Mann, der die Frau eines reichen Freundes liebt. In diesem Film wählt sich Laureen Bacall einen Partner, den sie nicht verstehen, mit dem sie nicht einmal leben kann, und Rock Hudson, der so augenscheinlich »zu ihr passen« würde, wehrt sich gegen die Liebe einer anderen Frau – im Film die Schwester von Laureen Bacall – die sich im Gegensatz zu ihm zu ihrer Liebe bekennt. Die Verzweiflung dieser Menschen, die Sirk schildert, ist das Resultat ihrer Unfreiheit, das »Gute« und

Rock Hudson und Dorothy Malone in »Duell in den Wolken«

»Edle« (der Verzicht von Rock Hudson etwa) bekommt dort unmenschliche Züge, wo es für sich allein besteht, sich nicht bezieht auf die Bedürfnisse der anderen und seiner selbst. »In ›Written on the Wind‹ ist das Gute, das ›Normale‹, das ›Schöne‹ immer sehr eklig, das Böse, das Schwache, Haltlose öffnet das Verständnis. Auch für die Manipulatoren der Guten« (Rainer Werner Faßbinder). In »Interlude« (Zwischenspiel – 1957) verliebt sich eine etwas hausbackene Amerikanerin in einen Stardirigenten, der seine kranke Frau nicht verlassen kann. Die Krankheit dieser Frau – eine Art Wahnsinn – ist eben gerade ihre Liebe, an der sie zerbrochen ist. Mit einer

»kleinen Liebe« versucht die Amerikanerin ihre große Liebe zu vergessen, ein aussichtsloses Unterfangen. Und schließlich in »Imitation of Life« (Solange es Menschen gibt – 1959), Sirks letztem Film, versucht eine Negerin als Weiße zu erscheinen, um am vermeintlich besseren Leben teilzuhaben.

Zusammen mit Vincente Minnelli prägen die 17 Filme, die Sirk zwischen 1952 und 1959 für die Universal-International Filmgesellschaft schuf, den »Stil des Hauses«, der sich vor allem durch formale und stilistische Brillanz auszeichnete. Die Sorgfalt, mit der Sirk Licht- und Schattenwirkungen, Bauten und beziehungsreiche Symbole wie Blumen, Spiegel, Wasser etc. bestimmte, seine exzellente Schauspielerführung und die Ehrlichkeit und Genauigkeit, mit der er einer Trauer über die Unmöglichkeit der Liebe Ausdruck verlieh, die mehr wäre als Illusion oder die Jagd nach falschen Träumen – all dies hebt Sirks Filme weit über jede vorgestellte Trivialität hinaus. Und dies vielleicht gerade deshalb, weil sie einen solchen Anspruch nicht erheben.

Anmerkung

Rainer Werner Faßbinder: Imitation of Life. In: »Fernsehen und Film« Nr. 2. Velber 1971.

Literatur

Thomas Brandlmeier: Mutter braucht kein Wasser, sie braucht Geld. In: »Film-Korrespondenz« Nr. 2, 3 und 4. Köln 1974. Wolf Donner: Die Melodramen kommen wieder. Douglas Sirk in München und im Ersten Fernsehen. In: »Die Zeit« Nr. 45. Hamburg 1973. Jon Halliday: Sirk on Sirk. London 1971. Wolfgang Limmer: Das Happy End – Ein Notausgang. Gespräch mit dem Regisseur Douglas Sirk. In: »Süddeutsche Zeitung« vom 17./18. November. München 1973. Monat des Melodrams. In: »Der Spiegel« Nr. 45. Hamburg 1973. Heinz-Gerd Rasner/Reinhard Wulf: Begegnung mit Douglas Sirk. In: »Filmkritik« Nr. 203. München 1973.

Die weisse Hölle vom Piz Palü

Heimat und Familie

1

Heimat und Familie sind Begriffe, die Geborgenheit, Ruhe und Sicherheit evozieren. Gemeinsam konstituieren sie den Zustand »zu Hause sein«. Zu Hause sein heißt in einer Welt der Verläßlichkeiten, des geregelten und erfüllten Alltags leben, in der die Beziehungen der Menschen untereinander genau bestimmt sind.

Manchmal empfindet man Heimat und Familie als Einengung, als Bedrohung der individuellen Freiheit. Es sind Begriffe, die auch an Anpassung, Unterdrückung und geistigen »Provinzialismus« denken lassen. Die Erfahrungen, die jeder Mensch mit Heimat und Familie macht, sind durchaus widersprüchlicher Natur.

Einmal muß man die Heimat und die Familie verlassen; erst jetzt bemerkt man, daß diese Welt nicht mit der gesamten Welt identisch ist, aber auch, daß Heimat und Nicht-Heimat, Familie und Nicht-Familie durch übergreifende gesellschaftliche Strukturen verbunden sind und sich nicht unterscheiden wie Leben und Tod, Wahrheit und Lüge.

Das Gefühl eines Verlustes stellt sich dennoch ein. Der unerfüllbare Wunsch nach der Rückkehr läßt uns den Mythos aufbauen, der zumindest die Illusion der Geborgenheit zurückbringt. Die Heimat, die vertraute Landschaft, die vertrauten Menschen, die vertraute gesellschaftliche Organisation, die vertraute Moral und sogar die vertrauten Konflikte, wird ersetzt durch das *Bild* von der Heimat, in dem sich eine traumhafte Antithese zum schlechten Hier und Jetzt verkörpert. Wer von der Heimat spricht, spricht von glücklicheren Zeiten. Eine neue Heimat finden, bedeutet, seiner Umwelt alles Fremde zu nehmen und es durch das Vertraute zu ersetzen; es ist nicht selten ein gewaltsamer Akt. Das Gefühl, »heimisch« zu sein, stellt sich ein, wenn alle grundlegenden Widersprüche zwischen dem Individuum und seinen Lebensumständen ausgeräumt sind; das Gefühl, in der Heimat zu sein, erst dann, wenn man sich als aktiven, dem Gebot der Erhaltung verpflichteten Teil des als Heimat verstandenen Lebensraumes ansieht. Moral, Kultur, Natur, Brauchtum, Religion und gesellschaftliche Hierarchie in der Heimat müssen erhalten und verteidigt werden. Das Heimat*bewußtsein* prägt sich erst im konservativen oder restaurativen Kampf um die Erhaltung der Heimat aus, das heißt, in einem Moment, in dem sich der Verlust der Geborgenheit in ihr abzeichnet. Heimat wird nun zur ideologischen Aufgabe; man verhält sich nach den

»Die weiße Hölle von Piz Palü« von Arnold Fanck

vorgegebenen Mustern nicht *in* der Heimat, sondern um der Heimat willen, und all die einstigen selbstverständlichen Formen der Interaktion zwischen den Menschen einerseits, zwischen Mensch und »Land« andrerseits, verwandeln sich in abstrakte Rituale, die erst schaffen wollen, was sie vordem ausdrückten: Gemeinsamkeit.
In diesem Entfremdungsprozeß, den in der einen oder anderen Form wohl jeder Mensch kennt, kehrt sich die Funktion von Heimat auf dialektische Weise um. Die Übereinstimmung des Menschen mit seiner Umwelt, die sich in der Sicherheit ausdrückt, mit der er sich in seiner Heimat bewegt, wird durch das Bild verallgemeinerter Heimat-Riten unmöglich gemacht. Von diesen Heimat-Riten steckt nicht nur etwas in der Pflege heimatlicher Traditionen in den Trachten- und Heimatvereinen, den verklärenden Erinnerungen und dem zur Schau gestellten Heimatbewußtsein, sondern auch in den Produkten der Unterhaltungsindustrie. (Übrigens gibt es auch eine Form der »Heimat« in den Großstädten, die sich in bestimmten urbanen Lebensformen ausdrückt, auch wenn die allgemeine Definition von Heimat mehr auf Provinz und »Ländlichkeit« zielt.)
Ist der Verlust von Heimat ein für das Individuum schmerzvoller, wegen der Universalität der Produktions- und Lebensbedingungen in der arbeitsteiligen Gesellschaft aber unvermeidlicher Prozeß, für den es in kulturellen Äußerungen einen Ersatz sucht, so läßt sich dieser Verlust auf der politischen Ebene instrumentalisieren. Dabei macht die Verwendung heimatlicher Riten und Symbole in der politischen und ökonomischen Sozialisation, die »Veröffentlichung« der Heimat als touristische Attraktion und die ideologische Verknüpfung des Heimatbewußtseins mit Nationalismus das konkrete Zusammengehörigkeitsgefühl gerade dort zunichte, wo sich Reste heimatlicher Gemeinschaft noch erhalten haben oder wo noch keine ausreichenden – urbanen – Alternativformen entwickelt sind. Was einmal eine Möglichkeit des Schutzes gegen Fremdbestimmung war, eine Form, individuelle und gemeinschaftliche Interessen anhand der konkreten, allen gleich zugänglichen Alltagserfahrungen zur Übereinstimmung zu bringen, ist nun ein Medium geworden, das von den gesellschaftlichen Systemen Politik, Religion und nicht zuletzt der Unterhaltung als Manipulationsinstrument auf die Menschen zurückgespiegelt wird. Mit dem Begriff Heimat lassen sich nun soziale Unterdrückung, aggressive Militärpolitik und schließlich sogar die Zerschlagung jener sozialen Kleinstrukturen, die Heimat erst ermöglichen, rechtfertigen. Die Zerstörung von Heimat vollzieht sich unter dem Deckmantel der Idealisierung von Heimat; das ist nicht erst so, seit die Touristik-Industrie verbliebene Reste heimatlicher regionaler Traditionen vermarktet und die Unterhaltungsindustrie in der sentimentalen Beschwörung der »idyllischen« Heimat eine Möglichkeit entdeckt hat, die Unsicherheit und Ungeborgenheit des modernen Menschen in Form von – politisch meist reaktionären – Träumen zu

verkaufen. Die Entfremdung des Menschen von seiner Heimat beginnt mit seinem Eintritt in geschichtliche Dimensionen, denn Heimat ist unter anderem auch eine Methode des Menschen, sich gegen Geschichte (nicht nur gegen den geschichtlichen Fortschritt, sondern gegen das Wesen geschichtlichen Bewußtseins überhaupt) zur Wehr zu setzen.

Bedeutet Heimat für das Individuum Geborgenheit, eine gleichsam natürliche Übereinstimmung mit seiner Umwelt und zumeist eine für das Leben in der Heimat nahezu vollständige Sozialisation, so hat sie für das Kollektiv den Sinn einer Produktionsgemeinschaft. Im ursprünglichen Sinne ließe sich Heimat als der natürliche und soziale Raum definieren, in dem alles produziert werden kann, was an Gütern und Dienstleistungen von den Bewohnern gebraucht wird. Heimat ist derjenige Lebensraum, der wirtschaftlich und in gewissem Sinn auch sozial von einer »Hilfe«, einer Zufuhr von außen unabhängig ist. Und das Zusammengehörigkeitsgefühl, das die Heimat erzeugt, wird demnach nicht in erster Linie auf mystische (wie es das bürgerliche Abbild der Heimat will) oder politische Kollektiverfahrungen begründet, sondern durch den gemeinsamen Produktions- und Distributionsprozeß. Die kleinstmögliche Einheit von Heimat wäre also der sich selbst versorgende Großbauernhof, der nur punktuelle (z. B. religiös motivierte) Berührungspunkte mit der Außenwelt benötigt. (Der Begriff »Ausländer« beispielsweise wurde früher nicht für den Angehörigen einer fremden Nation gebraucht, sondern für den einem anderen Grundbesitz zugehörigen Menschen.)

Zu definieren, wo Heimat (im ursprünglichen Sinn des Wortes) aufhört, ist nicht so einfach. Die Tendenz, den Begriff auf immer weiträumigere Flächen auszudehnen, ergibt sich aus der Veränderung der Produktionsweisen; die zunehmende Spezialisierung der Arbeit mit dem darauffolgenden höheren Aufwand an Organisation des Warentauschs ließ immer größere wirtschaftliche Räume entstehen, in denen Menschen mit sehr unterschiedlichen Lebenserfahrungen miteinander kommunizieren mußten. Das Zusammengehörigkeitsgefühl »Heimat« wurde dadurch auf immer eingegrenztere Gebiete des alltäglichen Lebens beschränkt, nachdem auf dem Gebiet der Produktion und der Distribution kein ehrliches Miteinander mehr möglich war und die Ware eine Ausrichtung der Interessen ohne Druck unmöglich gemacht hatte. War die Heimat zunächst aus der Produktionssphäre vertrieben, so wurde auch bald die eigene soziale Ordnung in den überschaubaren, als Heimat empfundenen Lebensräumen durch die Überlagerung mit bürokratischen Strukturen zerstört. Schließlich zerstörte der Griff der Stadt nach der Beherrschung des Landes auch einen großen Teil der kulturellen Eigenständigkeit. Mit der Urbanisierung des gesamten Lebens wurde Heimat schließlich zu einem Erleben, das auch für die ländliche Bevölkerung nur noch im Freizeit-Bereich zu realisieren war.

Heimat ist, nach dem, was hier skizziert wurde, ein in den Alltagserfahrungen begründetes Gefühl der Gemeinsamkeit, das seinen Ursprung in der von allen Bewohnern einer Region überschauten Einheit der Produktionsinteressen hat, in der offen zutage liegt, was jeder einzelne für die Gemeinschaft leistet. Ausgehend von dieser nach der Umwandlung des Produktionssystems nicht mehr nachvollziehbaren Erfahrung konstituierte sich der Mythos »Heimat«, der als abstraktes Ritual Widersprüchliches (zum Beispiel Städtisches und Ländliches, Idyllisches und Nationalistisches, Religiöses und Archaisches etc.) in sich vereint. Dieser Mythos wurde durch die Verknüpfung mit ideologischen und propagandistischen Elementen zu einem politischen Machtinstrument. Die Methodik dabei war es, gewisse Randerscheinungen im Heimatbewußtsein absolut zu setzen. Vor allem (aber nicht nur) die nationalsozialistische Ideologie übersetzte den Heimat-Begriff in ihr System, indem sie den Raum als absoluten Wert hinstellte (ein Vorgang, der sich in der Ideologie mancher rechtsgerichteter »Heimatvertriebener« wiederholte). Zugleich betonte die faschistische Ideologie einen Aspekt des Heimatbewußtseins, der ursprünglich nur am Rande mitgespielt hatte: die geschichtliche Kontinuität durch die Bande des Blutes. Selbstverständlich bezog sich diese Kontinuität auf den nationalen und rassischen Anspruch. Beides wurde in der Formel von »Blut und Boden« zusammengefaßt. Diese verpflichtende, historisierende und aggressive Definition der Heimat ist allerdings keine Erfindung der Nationalsozialisten, und sie ist mit dem Faschismus nicht aufgehoben worden. Ihre Wurzeln liegen in der Romantik, und sie prägt auch heute noch die Produkte der Unterhaltung im Heimat-Genre. Letztlich läßt sich das Herausbilden der Heimat-Ideologie als die Aneignung (und Zerstörung) einer Lebensweise durch das Bürgertum verstehen, zu der es nie Zugang und für die es nie Verständnis haben konnte.
Will man nicht verallgemeinernd Heimat als Raum und Zeit der ersten positiven sozialen Erfahrungen oder gar das Heimatgefühl neben Sexualität und Bewegungsdrang als »Urtrieb« des Menschen definieren, wie es einige Autoren getan haben, so muß man wohl konstatieren, daß es Heimat, den sozialen und natürlichen Raum, in dem der Mensch mit seinen Lebensbedingungen in Harmonie lebt, in den modernen Industriestaaten nicht gibt. Der künstlich erzeugte Gegensatz zwischen Heimat und Fremde, der das Einfließen der Sentimentalität in das Heimat-Verständnis erst ermöglichte, verhindert ebenso wie das repressive Bild der Heimat in der Unterhaltung, die sie als rituell überhöhte Anpassung des Menschen an vorgegebene politische Strukturen feiert, ein auf die Zukunft gerichtetes Verständis der Heimat. Die Sehnsucht des Menschen nach Heimat ist nicht die Sehnsucht nach dem Alten, nach der Restauration vordemokratischer, ständischer Herrschaftsformen, es ist auch nicht die Sehnsucht nach der moralischen Eindeutigkeit und Rigorosität, wie es die Unterhaltung

will, die Sehnsucht nach Heimat ist die Sehnsucht nach dem wirklich eigenen Leben. Heimat, nach diesem Modell, ist nicht, wo der Mensch herkommt, Heimat ist, wo er hin will.

2

Wie die Heimat, so ist auch die Familie zunächst als Produktionsgemeinschaft zu einer sozialen Einheit geworden, und wie Heimat, so glaubt auch jeder Mensch, Familie in der einen oder anderen Form erlebt zu haben. Doch die Erfahrungen, die verschiedene Menschen mit »ihrer« Familie gemacht haben, sind so unterschiedlich, daß man daraus gewiß keine allgemein gültige und anerkannte Definition dessen, was Familie bedeutet und bewirkt, herausfiltern könnte. Und das »Urerlebnis« einer Familie als Produktionsgemeinschaft läßt sich kaum nachvollziehen.

Die sozialgeschichtliche Literatur zeigt auf, daß die Geschichte der Familie die ihres Zerfalls ist. Von der Sippen-Struktur über die bäuerliche Großfamilie und die bürgerliche Familie (die immerhin noch drei Generationen umfaßte) bis zur spätbürgerlichen Kern- oder Rumpffamilie, die nur noch aus Eltern und Kindern besteht und bei der eine Reihe von früher der Familie vorbehaltenen Aufgaben nach außen, u. a. in staatliche Institutionen, verlagert ist, reicht diese Kette des Zerfalls, und selbst das letzte Zerfallsprodukt, die Kleinfamilie, ist in den letzten Jahren für alle erkennbar in eine Krise geraten.

Wie bei dem Heimat-Mythos läßt sich auch für den Familien-Zusammenhalt ein Idealtypus beschreiben, etwas, das es nicht gibt und vielleicht nie gegeben hat, was aber von den Menschen, die an »Familie« denken, von »Familie« träumen, auf »Familie« hoffen, imaginiert wird. Familie wäre demnach eine Vorform und ein Teil von Heimat, ein Arbeits- und Lebenszusammenhang, in dem die Bedürfnisse und Fähigkeiten aufeinander abgestimmt sind, der Geborgenheit und Sicherheit vermittelt und dessen Struktur allen Mitgliedern eine sinnvolle Rolle zudiktiert. Diese Familie (so kommt es auch in der Wortgeschichte zum Ausdruck) ist nicht so sehr durch die Blutsverwandtschaft als durch die »Hausgenossenschaft« bestimmt, die bei den Bauern wie bei den Bürgern bis zum 18. Jahrhundert und zum Teil darüber hinaus durch die gemeinsame Arbeit bestimmt war. Dabei herrschte zwischen Bauer und Knecht, Handwerker und Geselle, Bürger und Dienstbote, die in einer Familie lebten, eine strenge hierarchische Regelung und eine Art Schutzherrschaft der Hausherren. (Es fällt hier auf, daß beides, Heimat wie Familie, soziale Strukturen sind oder waren, die Angehörige mehrerer Klassen und Stände umfaßten. Die schwärmerische Beziehung, die Romantik und Biedermeier zu ihnen entwickelten, mag ihre Ursache also auch in dem Wunsch nach sozialem Frieden in einer Zeit haben, in der sich die Widersprüche der bürgerlichen

Herrschaftsformen entwickeln und zum erstenmal Legitimationsprobleme hervorrufen.)

Diese Hausgemeinschaft begann Mitte des 18. Jahrhunderts zu zerbröckeln, was vornehmlich ökonomische Gründe hatte. Um die Familie mit ihren traditionellen patriarchalischen Herrschaftsformen zu stützen, entwickelten sich familienbezogene Ideologien, und die Familie wurde in ein politisch-pädagogisches Konzept einbezogen, das davon ausging, daß das richtige Verhalten in der Familie zu *erlernen* sei. Es entwickelte sich z. B. die sogenannte Hausväterliteratur, die die patriarchalische Familienstruktur »philosophisch« begründete und praktische Hinweise für die Führung einer Familie gab.

Im Verlauf des neunzehnten Jahrhunderts zerfiel die Großfamilie zunächst in den Städten, später auch auf dem Land. Parallel dazu änderte sich das Verständnis von Familie; das Verwandtschaftsverhältnis wurde das einzige Kriterium, und durch die Betonung dieses Aspekts war die familiäre Verpflichtung auch dann noch gegeben, wenn sie durch keine »Hausgemeinschaft« mehr gehalten war.

War die ursprüngliche, vom gemeinsamen Wohnen und Arbeiten bestimmte Familie noch zumindest potentiell aufzulösen, wenn die ökonomischen Grundlagen oder die innerfamiliären Beziehungen einen Fortbestand nicht mehr garantierten, so ist die auf den verwandtschaftlichen Beziehungen basierende Familie unaufhebbar, weder willentlich zu erweitern noch einzuschränken. Familie wird zu mehr als zum Lebensraum mit festen Grenzen, Familie wird zum Schicksal. Und der Zusammenhalt einer Familie ist nun nicht mehr durch die gemeinsame Lebenserfahrung, die Einheit des »Hauses« gegeben, sondern durch die Verpflichtung auf eine »Idee« der Familie, die jedem Mitglied weniger eine Funktion als eine Rolle zudiktierte. Bis zu einem gewissen Grad verschob sich der Charakter der Familie von einem Mittel zu einem Zweck; die Kultur des neunzehnten Jahrhunderts erhob die Familie zu einem Wert an sich, wohl wissend, daß nur durch ein System ineinandergreifender Beeinflussungs- und Herrschaftsmechanismen der Mensch auf die »Anforderungen« der bürgerlichen Gesellschaft eingeschworen werden kann. Neben Nation und Heimat erklärte die bürgerliche Kultur auch die Familie zum Heiligtum, und mit Unterstützung der Philosophie, der Pädagogik, der Religion, der Politik und der populären Kunst wurde aus der Familie eine gesellschaftliche Agentur, die neben allgemeinen Sozialisationsaufgaben auch sehr konkrete gesellschaftliche Werte zu vermitteln hatte. Das gilt, trotz oder gerade wegen ihrer Unterschiedlichkeit, für die bürgerliche wie für die proletarische Familie.

Die »Notwendigkeit«, Familie als Repressionsinstrument zu betrachten und zu verwenden, ergibt sich nicht allein aus ihrer Struktur, sondern wird von den umfassenderen sozialen Systemen erst erzeugt. Diese Systeme

verknüpfen sich an entscheidenden Stellen mit der Familie und machen eine von den gesellschaftlichen Subsystemen unabhängige Familienorganisation unmöglich. Von der Eheschließung über die Taufe bis hin zum Tod eines Familienangehörigen reicht die Überwachung der Kirche über das »Sakrament« der Ehe und der Familie. Aber die Eheschließung ist auch ein juristischer Akt, und die Justiz greift in vielen Fällen in die Organisation der Familie ein; Rechte und Pflichten in der Familie werden Gegenstand von Gesetzen. Der pädagogische Apparat greift vor allem auf dem Gebiet der Kindererziehung ein und übt einen Zwang zur Synchronisation der Sozialisationsziele im »Elternhaus« mit den Zielen der pädagogischen Apparate aus. Die Hauptbeeinflussung der Familie aber geschieht über die verinnerlichten Normen und Wertvorstellungen, die moralische Forderungen bis hinein ins Alltagsleben tragen. Die Architektur, die Arbeitsorganisation, das Konsumangebot, die Verkehrs- und Kommunikationsformen, sie alle richten sich nach dem Bild von Familie, das als Teil der bürgerlichen Herrschaft die sozialen Strukturen stabilisiert.
Diese »neue« Familie, die für sich selber keinen Sinn mehr hat, obwohl alles auf ihre Erhaltung als Heiligtum eingeschworen ist (sogar das Maß an Geborgenheit, das sie bieten kann, hält sich im allgemeinen in Grenzen), ist gegenüber der ursprünglichen »Wohngemeinschaft« der Familie natürlich wesentlich instabiler. Sie dient fast nur noch dem Außen, der bürgerlichen Gesellschaft, und nur von außen kann sie noch gestützt werden. Zum einen wird dies durch die Negation erreicht: Ein Leben ohne Familie wird, so weit es nur möglich ist, aus dem Repertoire möglicher Verhaltensweisen eliminiert. Ein sozialer Status, insbesondere für die Frau, läßt sich kaum anders als durch die Familie erreichen.
Zum andern wird die Familie gestützt durch ihre Idealisierung in der populären Kultur. Das neunzehnte Jahrhundert entwickelte einen wahren Kult der Familie: Literatur, Musik, Malerei und »Brauchtum« waren ganz auf diesen Mythos der Familie ausgerichtet und beschworen eine »Gemütlichkeit«, die es nicht mehr gab. Dieser Kult erreichte im zwanzigsten Jahrhundert seinen Höhepunkt in den Produkten der Unterhaltungsindustrie.
Familie ist endgültig die Alternative des »Privaten« gegenüber der »Öffentlichkeit« der Produktion, ein Refugium des Menschlichen und der Reproduktion der Arbeitskraft. Doch der Widerspruch der »modernen« Familie, gleichzeitig ein Schutz gegen die Gesellschaft zu sein, d. h. eine »Intimsphäre« aufzubauen und Vorbereitung auf und Anpassung an die Gesellschaft zu leisten, dieser Widerspruch stürzt vor allem die kleinbürgerliche, für Ideologie, Pädagogik und Unterhaltung idealtypische Familie immer wieder in Krisen. Die für das Individuum unfunktional gewordene, dennoch beibehaltene patriarchalische Familienstruktur erzeugt immer häufiger das an der Familie krankende Wesen, den neurotischen Menschen.

Der nationalsozialistische Familien-Mythos faßte noch einmal die Idealisierung der Familie zusammen und verknüpfte sie mit politischen, rassischen und »kulturellen« Aufgaben. Die Formel von der Familie als »Keimzelle des Staates« erweist sich jedoch als Beschwichtigung, denn die eigentlichen faschistischen Erziehungsziele ließen sich innerhalb der traditionellen Familie nicht verwirklichen, und die nationalsozialistischen Institutionen waren tendenziell auf eine allmähliche Auflösung der Familie hin ausgerichtet. »Als Ort der Sozialisation hatte die Familie nach dem Willen der nationalsozialistischen Führer so gut wie keine Rolle zu spielen. Ihre Funktion war damit so herabgemindert wie kaum jemals in ihrer gesamten Sozialgeschichte seit der Zeit der Germanen. Das betraf insbesondere die Frauen. War dem Manne die politische Tätigkeit vorbehalten, so der Frau die Mutterrolle« (Ingeborg Weber-Kellermann).
Nach dem Krieg restaurierte sich in den westlichen Industrie-Staaten die Familie als eine Konsumgemeinschaft. Zwar übernahmen auch hier andere Institutionen, vom Kindergarten bis zur »frei« sich bildenden Jugendgruppe, Sozialisationsaufgaben, die früher im Rahmen der Familie geleistet wurden, im Gegensatz zu den sozialistischen Staaten bestimmt aber die Familie weitgehend den Status in der Gesellschaft, die Bildungschancen, das Klassenbewußtsein etc. Neben die Funktion der Konsumgemeinschaft tritt die der sozialen Stabilität, d. h. die schichtenspezifische Sozialisation in der Familie verhindert eine über das »erwünschte« Maß hinausgehende soziale Mobilität, und je mehr die Sozialisation von der Familie bestimmt wird, desto eher wird das Individuum dem vorgegebenen Status treu bleiben. In Werbung und Unterhaltung wird zudem der hohe Freizeitwert der Familie, in Verbindung mit Konsum und Prestige, idealisiert und als Motivation für höhere Arbeitsleistung eingesetzt.
Das hier skizzierte Entwicklungsmodell der Familie zeigt auf, daß die Veränderungen der Familienstruktur, die durch ökonomische Veränderungen eingeleitet werden, eine kaum zu unterschätzende Auswirkung auf die Lebenspraxis und das Bewußtsein des einzelnen haben. Im weitesten Sinne wäre Familie eine Lebensgemeinschaft zur Bewältigung der Alltagsprobleme. Daß diese Aufgabe von der bürgerlichen Kleinfamilie nur höchst unzureichend erfüllt werden kann, weil eine gemeinsame Lebenspraxis durch die Zugehörigkeit der einzelnen Mitglieder zu verschiedenen, sich oft widersprechenden sozialen Einrichtungen (Arbeit, Ausbildung, Haushalt etc.) kaum anders als durch Freizeit-, Konsum- und Festlichkeits-Rituale erzeugt werden kann und weil die materiellen und psychischen Abhängigkeitsverhältnisse kaum partnerschaftliches und emanzipatorisches Verhalten ermöglichen, drückt sich nicht nur in der zunehmenden Zahl zerbrechender Familien oder »Familientragödien« aus, sondern auch in einer wachsenden Experimentierfreudigkeit, was alternative Formen des Zusammenlebens anbelangt. Doch während in den Industrie-Na-

tionen die Familie als Institution mehr und mehr kritisch betrachtet wird, entwickelt sich die bürgerliche Kleinfamilie (zunächst) erstaunlicherweise zu einem Exportschlager des kulturellen Imperialismus, der in den Ländern der Dritten Welt die dortigen traditionellen Familienformen zu verdrängen beginnt. Dies hat wohl in erster Linie die Ursache, daß sie die für die wirtschaftliche Entwicklung effektivste Form der familiären Organisation darstellt und daß die in ihr erfahrenen Frustrationen für eine reibungslose Eingliederung in den industriellen Arbeitsprozeß gewissermaßen notwendig sind. Hier wie dort freilich bedarf es zur Legitimation der Kleinfamilie einer massiven Propaganda, die zu einem großen Teil von den Unterhaltungsmedien geleistet wird.

3

Heimat und Familie in der Unterhaltung sind in die Form des Mythos gekleidet, das heißt, eine historisch bedingte Form sozialer Organisation wird als ewig gleichbleibende, nach natürlichen Gesetzen ablaufende menschliche Existenzweise dargestellt. Die grundlegende, den jeweiligen gesellschaftlichen Bedingungen angepaßte Aussage des Mythos von Heimat und Familie in der Unterhaltung ist: Heimat (oder das, was jeweils als Heimat geschildert wird) und Familie (oder das, was jeweils als Familie geschildert wird) sind Orte einer ganz allgemeinen Menschlichkeit, bei denen sich die schlechte Wirklichkeit (nicht die großen Tragödien und Katastrophen, sondern die alltäglichen Entfremdungen) ausgrenzen lassen. Heimat und Familie sind an Besitz geknüpft und an das Wohlverhalten aller Mitglieder. Sie sind ständig in Gefahr, von bösen Außenseitern gestört zu werden. Diese Gefahr rechtfertigt, ja erzwingt autoritäre Verhaltensmuster. Natur hat nur in Form von Heimat, also in einem System von Besitzverhältnissen, eine positive Bedeutung. Einsam ist derjenige, der weder Heimat noch Familie besitzt. Jede Form der Veränderung der Machtverhältnisse ist von Schaden, hingegen kann alles, was an Konsumgütern und modischen Neuheiten Marktwert besitzt, ins System integriert werden. (Die Kofferradios, Schönheitskonkurrenzen, Mopedfahrer stören die Heimat nicht, wohl aber »das Gerede von der Landreform« – Zitat aus einem Heimatroman.)
Diese abstrakten Aussagen finden sich, mit konkreten Hinweisen »aufgefüllt«, in allen Genres der Unterhaltung. Der Westerner, der Heimat sucht, Tarzan, der sich inmitten des Dschungels und seiner Gefahren ein Idyll von Heimat und Familie geschaffen hat, der Raumfahrer, der neue Welten sucht, der Großstadt-Gangster, der an der Abwesenheit dieser Werte und seiner Sehnsucht danach zugrunde geht, sie alle sind beseelt von dem Gefühl, daß es ohne Heimat und ohne Familie kein Glück gibt. Der Bösewicht hat keine Familie, verrät seine Heimat, will das Fremde; er

mag keine Gemeinschaft.
Aber über diese allgemeine Typisierung von Heimat und Familie hinaus, die die Unterhaltung vornimmt, wird in den speziellen Genres eine Idealisierung, ein trotziges Festhalten an traditionellen Vorstellungen gleichsam wider besseres Wissen betrieben, die scheinbar mit der Realität nichts mehr gemein haben. Dies fällt um so mehr ins Auge, als etwa im Gegensatz zu Genres wie dem Western oder der Science Fiction die Abbilder, die die Unterhaltung liefert, an der konkreten Wirklichkeit für das Publikum nachprüfbar sind. Warum regt sich kaum ein Widerstand? Warum sind etwa Familienserien im Fernsehen gerade zu jenen Zeiten am erfolgreichsten, wo die ganze Familie vor dem Fernseher sitzt? (Und jedes Familienmitglied müßte doch eigentlich in höhnisches Gelächter über die naiven Lösungen für die Konflikte ausbrechen, die da angeboten werden.) Warum sind etwa Heimatfilme gerade auf dem Lande am beliebtesten, nicht etwa in den Städten, wo man die Sehnsucht nach der Natur, nach dem, was man nicht hat, ins Feld führen könnte? (Und jeder Bewohner ländlicher Regionen müßte doch das Bild vom bäuerlichen Leben, das da gezeichnet wird, von den Wildschützen, den Wirtshausraufereien, den Natur-Mysterien als lächerliche Projektion, ja, als Verunglimpfung betrachten.)
Die Lösung ist einfach. Die Situation, in der Unterhaltung konsumiert wird, und das Angebot der Unterhaltungsindustrie bedingen einander. Im Falle der Familienserien des Fernsehens etwa ist der Konsum ein Ritual, für dessen Dauer die Konflikte, die die Gruppe beherrschen, verdrängt werden. Ein solches Ritual ist keine Erfindung der Unterhaltungsindustrie, man denke nur einmal an das Weihnachtsfest, bei dem auch in vollem Bewußtsein der Irrealität die Familie sich selbst feiert, wobei dies durch ein distinktes Anwenden von Symbolen und »Zeichen« untermauert wird. Was in diesem Fall der konkrete, materielle Anreiz (des Geschenks, des ausnahmsweisen Verhaltens, der ungewohnten Toleranz) ist, das ist im Fall der Unterhaltung der Reiz der Spannung, der in die dramaturgische Struktur eingebaut ist. Feiert man im Fall der Familien-Unterhaltung die eigene Begrenzung, die einem hier als Wert, ja, als beste der möglichen Lebensformen zurückgespiegelt wird, so ist es im Fall der Heimat die eigene, sehr wohl erkannte »Rückständigkeit«, die man als Tugend verstehen lernt. Was sich die Unterhaltung aneignet, gibt es nicht mehr, und nur, was es nicht mehr gibt, kann sich die Unterhaltungsindustrie aneignen. So teilen Heimat und Familie das Schicksal vieler Institutionen und Werte in der spätkapitalistischen Gesellschaft: Sie können nicht leben und sie können nicht sterben. Als eine Form der bürgerlichen Herrschaft hat die Unterhaltung weniger die Aufgabe, Heimat und Familie darzustellen, als diese zu ersetzen. Tendenziell verkehrt sich also das Verhältnis von Abbild und Original: Immer mehr gestalten sich Heimat und Familie nach dem

Vorbild der Unterhaltung, immer mehr werden Heimat und Familie auch in der »Wirklichkeit« zu bloßen Bildern.

Anmerkung

Ingeborg Weber-Kellermann: Die deutsche Familie. Versuch einer Sozialgeschichte. Frankfurt 1974.

Literatur

Hermann Bausinger: Volkskultur in der technischen Welt. Stuttgart 1961. Helmut Begemann: Strukturwandel der Familie. Hamburg 1960. Paul Bommersheim: Mensch und Heimat. Leipzig 1938. Beatrice Caesar: Autorität in der Familie. Ein Beitrag zum Problem schichtenspezifischer Sozialisation. Reinbek 1972. Jan Berg/Uta Ganschow/Lothar Schwab (Hg.): Heimatstück, Heimatfilm, Volksstück. In: »Diskurs« Nr. 6/7. Köln 1973. Dieter Claessens: Familie und Wertsystem. Eine Studie zur »zweiten sozio-kulturellen Geburt« des Menschen. Berlin 1962. Dieter Claessens/Petra Milhoffer (Hg.): Familiensoziologie. Frankfurt 1973. Friedrich Engels: Der Ursprung der Familie, des Privateigentums und des Staates. Berlin 1946. W. Haass: Leben unter einem Dach. Die Familie damals und heute. Freiburg/Basel/Wien 1963. René König: Materialien zur Soziologie der Familie. Bern 1946. Renate Mayntz: Die moderne Familie. Stuttgart 1955. Helmut Möller: Die kleinbürgerliche Familie im 18. Jahrhundert. Verhalten und Gruppenkultur. Berlin 1969. Friedhelm Neidhardt: Die Familie in Deutschland. Opladen 1966. Ferdinand Oeter (Hg.): Familie und Gesellschaft. Tübingen 1966. Kurt Rabl (Hg.): Das Recht auf Heimat. München 1959. Heidi Rosenbaum: Familie als Gegenstruktur zur Gesellschaft. Kritik grundlegender Ansätze der westdeutschen Familiensoziologie. Stuttgart 1973. Heide Rosenbaum (Hg.): Familie und Gesellschaftsstruktur. Materialien zu den sozioökonomischen Bedingungen von Familienformen. Frankfurt 1969. Helmut Schelsky: Wandlungen der deutschen Familie in der Gegenwart. Stuttgart 1967. Georg Schwägler: Soziologie der Familie. Ursprung und Entwicklung. Tübingen 1970. Kurt Stavenhagen: Heimat als Lebenssinn. Göttingen 1948. Michael Wegener: Die Heimat und die Dichtkunst. In: Literarisches Colloquium Berlin (Hg.): Trivialliteratur. Berlin 1964. Gerhard Wurzbacher (Hg.): Die Familie als Sozialisationsfaktor. Stuttgart 1968.

Bergfilm

Bergfilme oder »Hochgebirgsfilme«, wie Siegfried Kracauer sie nennt, gehören zu einem genuin deutschen Genre des Unterhaltungsfilms und wurden hauptsächlich zwischen 1924 und 1932 gedreht. Ihr Anliegen war es, die eindrucksvolle Kulisse der Alpen in einen dramatischen Zusammenhang mit heroischen, schicksalhaft mit der mystischen Herausforderung der Berge verknüpften Menschen zu bringen. Die Mythen des Bergfilms, die Beseelung der Natur und eine Ideologie von bedingungsloser »Bergkameradschaft« und Selbstaufopferung für ein rational nicht erklärbares Ideal (die »Bezwingung des Berges«), ließen sie zu Vorläufern faschistischer Helden- und Naturverehrung werden.

»Vater und Förderer« (Kracauer) des Bergfilms war Dr. Arnold Fanck, der vor dem Ersten Weltkrieg ein bekannter Bergsteiger war. Während der Dreharbeiten zu einem Ski-Film lernte er den Kameramann Sepp Allgeier kennen, mit dem zusammen er in der Folgezeit etliche Filme gemeinsam realisierte. »Wunder des Schneeschuhs« (1920), »Im Kampf mit den Bergen« (1921) und »Fuchsjagd im Engadin« (1923) waren, ihrem Charakter nach noch eher dokumentarisch, eine relativ naive Verherrlichung von Bergsport und Natur. Doch in der Dramatisierung der Berglandschaft, der mystischen Überhöhung der Natur können sie durchaus als Vorläufer des eigentlichen Bergfilms gewertet werden. Mit »Der Berg des Schicksals« (1924) realisierte Fanck dann den Film, der das Genre prägen sollte. Erzählt wird die Geschichte eines jungen Mannes, dessen Vater beim Aufstieg auf einen bisher unbezwungenen Berg den Tod gefunden hat und der deswegen seiner Mutter geschworen hat, niemals den Versuch zu unternehmen, diesen Berg zu besteigen. Als seine Braut sich in eben diesem Berg in Gefahr befindet, entbindet seine Mutter ihn von dem Schwur, und der junge Mann rettet nicht nur seine Braut, sondern bezwingt auch den Berg, der seinen Vater das Leben gekostet hat. Auch in Fancks nächstem Film »Der heilige Berg« (1925/26) geht es um die Verquickung einer erotischen Beziehung mit der dramatischen Besteigung eines Berges: Auf einer gefährlichen Bergtour merkt ein Mann, daß sein Freund, der ihn begleitet, dieselbe Frau liebt wie er. In dem sich entspinnenden Handgemenge verliert der andere den Boden unter den Füßen und hängt hilflos am Seil über einem Abgrund. Die »Bergkameradschaft« siegt über die Eifersucht, und unter Lebensgefahr rettet der Mann seinen Freund. Die Berge in Fancks Filmen sind das Medium einer Erotik, die sich erst im Kontext von Pflicht, Treue und großer Aufgabe realisieren darf; das gemeinsame Ideal verbindet die Menschen mehr als eine persönliche Zuneigung.

Der Erfolg von Fancks Filmen (neben den genannten etwa noch »Der große Sprung« – 1927; »Die weiße Hölle von Piz Palü« – 1929 oder »Stürme über dem Montblanc« – 1930) ist zum einen der Zusammenarbeit mit den hervorragenden Kameramännern Sepp Allgeier, Richard Angst und Hans Schneeberger und den Schauspielern Leni Riefenstahl, Gustav Diessl, → Luis Trenker und Sepp Rist zu verdanken, die seine Ideen umzusetzen wußten. Zum anderen faszinierte Fanck sein Publikum durch die »Echtheit« seiner Filme; man spürte, daß die Filme selbst unter eben jenen gefährlichen Umständen entstanden waren, die in ihnen dargestellt wurden. Die mystische Einheit, die seine Filme beschworen, traf exakt die Stimmung der Zeit. »Die Botschaft der Berge, die Dr. Fanck mit diesen glanzvollen Aufnahmen verbreiten wollte, wurde vielen seiner Landsleute mit und ohne Doktortitel und einem Teil der studentischen Jugend zum Glaubensbekenntnis. Soweit sie selbst Bergsteiger waren, betrachteten sie sich nicht mehr als einfache Sportsleute oder schwärmerische Naturfreunde, sondern als geweihte Mitglieder eines Ordens, der kultische Handlungen zu vollziehen hatte« (Siegfried Kracauer).

→ Luis Trenker, der Schüler Arnold Fancks, stellte in seinen Filmen wie »Berge in Flammen« (1931) oder »Der Rebell« (1932) die Verbindung von Bergmystik und »vaterländischer« Gesinnung her. Was in Fancks Filmen noch verbrämt und unausgesprochen sich mehr in den beschworenen Visionen äußerte, wurde bei Trenker auf den Begriff gebracht; die Figur des »Rebellen«, die er immer wieder in den Mittelpunkt seiner Filme stellte, führte das Volk gegen eine fremde Herrschaft, er ist ein nationalistischer »Führer«, der nicht wegen sozialer Ungerechtigkeit, sondern wegen rassischer und nationaler Ansprüche zur Waffe greift.

Auch Leni Riefenstahl war eine Schülerin von Fanck, und auch sie veränderte seine Konzeption in entscheidenden Punkten, versuchte aber gleichzeitig, was Trenker nicht immer gelang, die ästhetischen Qualitäten seines Stils beizubehalten. Über die Entstehung ihres Films »Das Blaue Licht« (1932) sagte Leni Riefenstahl selbst: »Dr. Fanck hat immer sehr schöne Bilder gemacht, die oft märchenhaft wirkten durch das Gegenlicht, durch den Schnee, das Eis und das Glitzern und die Blüten und so weiter, aber die Handlungen waren realistisch. Und ich empfand, daß man zu realistischen Handlungen auch realistische Bilder machen sollte. Das heißt, wenn man so schöne Bilder bringen möchte, was mir auch gefiel, dann sollte man auch eine Handlung zeigen, die entweder aus der Märchenwelt, aus einer Legende oder aus einer Ballade kommt, wo das schöne Bildmotiv eine Voraussetzung ist . . . Und die-

Arnold Fancks »Die weiße Hölle von Piz Palü«

ses Gefühl, daß es gut wäre, wenn Form und Inhalt sich decken, aus diesem Wunsch heraus kam mir der Gedanke, ich müßte, um solche Bilder bringen zu können, eine Ballade, ein Märchen oder eine Legende schreiben. Das war der Grundgedanke. Und darum habe ich ›Das Blaue Licht‹ geschrieben, weil diese Legende geradezu herausfordert, sie in ausgefallenen Bildern zu gestalten.«

Der Film erzählt die Legende von dem Zigeunermädchen Junta, das von den Bewohnern eines Dorfes in den Dolomiten für eine Hexe gehalten wird, weil sie im Gegensatz zu den jungen Leuten aus dem Dorf in der Lage ist, einen Gipfel zu besteigen, der in Vollmondnächten ein geheimnisvolles blaues Licht ausstrahlt. Da das Licht eine magische Anziehungskraft auf die jungen Leute des Dorfes ausübt, versuchen es immer wieder einige von ihnen, den Berg zu erklimmen, aber sie alle verunglücken dabei. Eines Tages kommt ein Fremder ins Dorf. Er verliebt sich in Junta, und beide leben gemeinsam in ihrer Hütte auf dem Berg. Einige Zeit später beobachtet der junge Mann Junta, wie sie nachts auf den Gipfel des Berges steigt, und er entdeckt die Ursache des blauen Lichts: es sind Kristalle, die das Mondlicht reflektieren. Er teilt den Dorfbewohnern seine Entdeckung mit und führt sie zu den Kristallen. Nachdem die Bauern die natürliche Ursache des blauen Lichts erkannt haben, ist der Bann gebrochen, und sie tragen die Kristalle ab. Als Junta in der nächsten Vollmondnacht wieder den Berg besteigt, ist das blaue Licht verschwunden, das ihr den Weg gewiesen hat, und sie stürzt ab. Während der junge Mann Juntas Leichnam

in einem Abgrund findet, bejubeln die Dorfbewohner ihren durch die Kristalle erworbenen Reichtum. Neben der Verherrlichung der Natur und der Natürlichkeit des Menschen (Großaufnahmen von urtümlichen Bauerngesichtern ziehen sich leitmotivisch durch den Film) beinhaltet diese Legende einen anti-aufklärerischen Impuls: Durch rationales Durchdringen der Realität wird Zerstörung, ja, indirekt sogar ein Mord verübt.
Das Natürliche wird hier, und ansatzweise in allen Bergfilmen, zweigeteilt: Es ist vertreten einerseits durch die Bauern, die ihrem Boden verhaftet sind, sich aber auch anfällig für materielle Anreize zeigen, und andererseits durch Junta, in der sich »noch elementarere Mächte« (Kracauer) verkörpern. Diese Aufspaltung der Natur in einen sinnlichen und einen metaphysischen Aspekt ist eine notwendige Konstruktion des präfaschistischen Weltbildes. Das Ausrichten auf vergleichsweise abstrakte Werte wie »Blut und Boden« läßt sich durch bloße Volkstümelei nicht bewerkstelligen.
In dem 1940 von Hans Steinhoff inszenierten Film »Die Geierwally« waren die legendären Elemente mit recht offensichtlicher Propagande für »Zucht und Ordnung« verknüpft. Es ist dies wohl der letzte Film, den man dem Genre der Bergfilme zurechnen kann; zugleich ist er in der Zeichnung melodramatischer Konflikte ein Vorläufer des → Heimatfilmes, der nach dem Zweiten Weltkrieg ein eigenständiges Genre bilden sollte.

Anmerkungen

Siegfried Kracauer: Von Caligari bis Hitler. Reinbek 1958. Gespräch mit Leni Riefenstahl. In: »Filmkritik« Nr. 188. München 1972.

Literatur

Arnold Fanck: Er führte Regie mit Gletschern, Stürmen und Lawinen. München 1973. Oskar Kalbus: Vom Werden deutscher Filmkunst. Altona-Bahrenfeld 1935.

Familien-Comics

Die vom Rundfunk und später vom Fernsehen verbreiteten → Soap Operas, die ewig weitergesponnenen Geschichten um das Schicksal einer Familie, haben in den Comics nur vergleichsweise spärlichen Niederschlag gefunden. Dagegen beschäftigten sich eine Reihe von Serien in satirischer Weise mit dem Thema Familie. »Bringin' up Father« (seit 1913) war eine der ersten Comic-Serien, die das Motiv aufnahmen. Ein irischer Arbeiter in Amerika hat durch einen Lotteriegewinn über Nacht den ansonsten recht steinigen und langwierigen Weg zum Millionär gemacht und findet sich nun, als »Neureicher«, in einer Gesellschaft von Menschen, die gänzlich andere Lebensauffassungen vertreten als er und ihren Reichtum durch ein System von Konventionen, ungeschriebenen Regeln und Bildungsnachweisen legitimieren. Während es dem Mann recht schwer fällt, sich mit den Beengungen in seiner neuen Klasse abzufinden, genießt seine Frau den Luxus und bemüht sich, durch Überanpassung und gesellschaftliche Aktivität den Mangel der niederen Herkunft auszugleichen. Natürlich verlangt sie auch von ihrem Mann, sich »standesgemäß« zu verhalten, doch der kommt mit den Umgangsformen nicht zurecht und ist lieber in der Gesellschaft seiner alten Freunde als in der Oper oder auf den feudalen Empfängen seiner Frau. Die Tochter der Familie stellt so etwas wie einen gesunden Kompromiß zwischen Anpassung und Freizügigkeit dar und verhilft gelegentlich ihrem Vater zum Genuß seiner alten »proletarischen« kleinen Freuden. Diese satirische Paraphrase auf den amerikanischen Traum des Aufstiegs, »vom Tellerwäscher zum Millionär«, lebte von den komischen Konflikten, die sich aus der formalen Anpassung der Frau und ihrer Herrschsucht auf der einen und der Widerborstigkeit des Mannes gegenüber der Untätigkeit und den leblosen Ritualen in seiner neuen Klasse auf der anderen Seite ergeben. Auf verschmitzte

Weise wurde die Aufrechterhaltung der amerikanischen Ideale von Natürlichkeit und Geradlinigkeit gegenüber den Manierismen und der Formelhaftigkeit der »europäisierenden« Oberschicht propagiert. Bei aller lachenden Kritik und allen, gelegentlich absurden, Pointen auf Kosten der konformistischen Frau, war die Serie doch weit davon entfernt, familienfeindlich zu sein. Insbesondere die Beziehung zwischen Vater und Tochter erreichte zuweilen den Charakter einer augenzwinkernden Solidarität, die auf die Unzerstörbarkeit des Ideals hinwies. Der Strip war bis zum Tode seines Erfinders und Gestalters, George McManus, außerordentlich erfolgreich; sein Zeichenstil war allerdings so prägnant, daß man es nicht wagen konnte, die Serie von einem anderen Zeichner fortsetzen zu lassen.

Das Thema der »Emporkömmlinge« und »Neureichen«, das zu dieser Zeit zu den beliebtesten Motiven auch in den Filmen, Bühnenstücken und Romanen gehörte, verdankte seine Popularität wohl auch dem Umstand, daß in solchen Komödien die Aggressionen gegen die neue Oberschicht ein Ventil fanden; sie zeigen zudem auf

Die Serie »Bringing Up Father« erschien unter dem Titel »Herr Schmerbauch« in Deutschland © Bulls Pressedienst

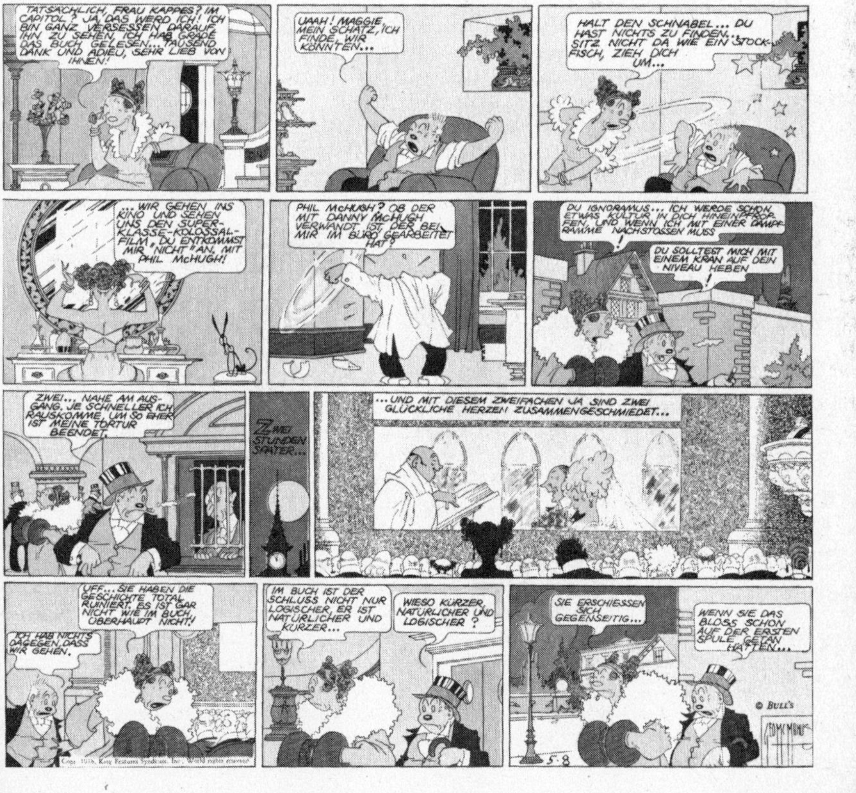

erheiternde Weise, daß auch das Leben der Reichen nicht ohne Konflikte und Frustrationen ablaufen konnte. Die zahlreichen Nachahmungen von »Bringin' up Father«, etwa »The Gumps« (Seit 1917) von Sydney Smith, verhielten sich zumeist wesentlich unkritischer gegenüber ihrem Thema und erreichten selten jenen Zug des Grotesken, der George McManus' Strip zu einer *comédie humaine* des amerikanischen Lebens zu Beginn des Industriezeitalters werden ließ.

Später ging das Interesse von den Eltern mehr auf die Kinder über, die sich in einer stetig verändernden Welt zurechtfinden mußten und durch ihre Wendigkeit und ihren Realitätssinn oft zu Erziehern der Erwachsenen wurden oder bewiesen, daß sie in der Lage waren, ihre Erziehung selbst in die Hand zu nehmen. »Polly« (seit 1912) von Cliff Street war das erste jener hübschen, selbstbewußten Mädchen, die zu festen Figuren in den *Comic Strips* und *radioserials* wurden, ihren Lebensraum allerdings immer mehr aus dem Bereich der Familie hinaus verlagerten (was nicht heißt, daß sie in irgendeiner Weise Frontstellung gegen das Leben ihrer Eltern bezogen).

»Gasoline Alley« (seit 1919) von Frank King war derjenige Strip, der am ehesten die Strukturen einer → Soap Opera übernahm. Die Geschichte spielte in der jeweiligen Gegenwart: Die handelnden Figuren wuchsen mit den Lesern, hatten dieselben Probleme zu bewältigen wie diese, und ihr Schicksal war für jedermann nachvollziehbar, auch wenn es an dramatischen Verwicklungen vielleicht mehr gab, als man es gemeinhin in einer Familie gewöhnt ist. Die Familie und die nähere Umgebung bestimmten so nachhaltig das Leben der Protagonisten, daß man sich eine davon losgelöste Existenz schwerlich vorstellen konnte, weshalb Familie zu so etwas wie einem Synonym für Leben wurde.

»Little Orphan Annie« (seit 1924) von Harold Gray unternahm es, eine konservative, rechtsgerichtete Ideologie mit den Mitteln des *Comic Strips* zu verbreiten. Das Waisenmädchen Annie wird heimlich von einem reichen Industriellen unterstützt, der Inkarnation des »gütigen Kapitalisten«, der Annie durch seine Wohltätigkeit dafür entschädigt, daß sie ohne Familie aufwachsen muß. In ihren Erlebnissen und in den Gesprächen mit ihrem heimlichen »Vater« festigt sich in Annie ein Weltbild, das Vorurteile und politische Indoktrination beständig an Alltäglichkeiten bestätigt und das von Annie beharrlich in die Welt der »kleinen Leute«, der sie eigentlich zugehört, hineingetragen wird.

1923 erschien zum erstenmal »Moon Mullins« von Frank Willard, die Geschichte eines Herumtreibers und seiner »kriminellen« Verwandtschaft, deren Angehörige, so unterschiedlich ihr Naturell auch sein mag, sich allesamt nicht aus dem Getto ihrer mittelständischen Ideologie und ihrer objektiven Verelendung erheben können. Diese Serie verhielt sich zu den üblichen Familien-Comics recht kritisch, deren aufgesetzter Optimismus hier durch eine realistische, desillusionierte Betrachtungsweise korrigiert wurde.

Konkrete »Lebenshilfe« zu geben war (und ist) das Ziel der Serie »Mary Worth«. Sie erzählt die Erlebnisse einer älteren Dame, deren Kinder bereits erwachsen sind und die sich nun mit aller Kraft ihrer weitläufigen Verwandtschaft und Bekanntschaft widmet, Trost spendet, Konflikte beilegt, Harmonie herstellt und vor allem immer wieder – auf für europäische Verhältnisse recht penetrante Art – »gute Ratschläge« gibt, deren kleinbürgerliche Lebensphilosophie sich auch sehr direkt an den Leser wendet.

Von diesen und einigen ähnlichen Serien abgesehen, behandeln die Comics das Thema Familie zumeist in der Form des *gagstrips*, d. h., es wird nicht die Geschichte einer Familie kontinuierlich verfolgt, sondern auf einer einmal vorgegebenen Konstellation werden immer neue komische Situationen entwickelt (vgl. *Komik*). Die Familien-Comics verloren in dem Maße an Bedeutung, in dem die Comics aufhörten, gemeinsamer Lesestoff der ganzen Familie zu sein und, mit der Entwicklung der *Comic Books*, ihre Inhalte auf verschiedene Publikumsgruppen hin differenzierten. Das Thema Familie bleibt allerdings mehr oder weniger explizit in allen Formen der Comics gegenwärtig, von Tarzan (vgl. *Abenteuer*) und Prinz Eisenherz (vgl. *Abenteuer* → Rittercomics) über Donald Duck (vgl. *Komik*) bis hin zu den Science Fiction-Abenteuern von Superman (vgl. *Science Fiction*) und der Marvel-Helden (vgl. *Science Fiction* → Superhelden-Comics).

Literatur

Wiltrud Ulrike Drechsel/Jörg Funhoff/Michael Hoffmann: Massenzeichenware. Die gesellschaftliche und ideologische Funktion der Comics. Frankfurt 1975. Rudolf Greiner (Hrsg.): Comics – Arbeitstexte für den Unterricht. Stuttgart 1974. Günter Metken: Comics. Frankfurt 1970. Reinhold C. Reitberger/Wolfgang J. Fuchs: Comics – Anatomie eines Massenmediums. Reinbek 1973. Hans Dieter Zimmermann: Comic Strips, ihre Geschichte und ihre Kritik. In: Dietger Pforte (Hg.): Comics im ästhetischen Unterricht. Frankfurt 1974.

Familienserien

Die Familienserien im Fernsehen haben ihre Vorläufer in der populären Literatur dieses Themas, die sich vor allem im neunzehnten Jahrhundert als beliebter Lesestoff etablierte, und den in endlosen Fortsetzungen gesendeten Hörspiel-Serien des Rundfunks in Amerika (→ Soap Operas). Dieselben Handlungsstrukturen finden sich aber auch im Familienfilm und in den → Familien-Comics.

Um Konflikte und Spannungsbögen aufzubauen, bedienen sich die Familienserien oft verschiedener Elemente aus anderen Genres. Am häufigsten sind sie mit Motiven der Tiergeschichte verknüpft (»Lassie«, »Daktari« etc.), es können aber auch Handlungsmotive des Western (»Bonanza«, »Die Leute von der Shilohranch« etc), der Komödie (»Lieber Onkel Bill«, »Drei Mädchen und drei Jungen«) oder des Abenteuerfilms (»Villervalle in der Südsee«, »Flipper« etc.) übernommen werden. Überdies hat die Fernsehserie, auch dort, wo sie scheinbar mit dem Thema Familie nichts zu tun hat, die Tendenz, nahezu alle zwischenmenschlichen Beziehungen als familiäre oder familienähnliche zu schildern. Ob es das kriminalistische Team ist (»Der Kommissar«, »Der Chef«), die Beziehungen bei der Arbeit (»Diana«, »Drei Partner« etc.) – immer entwickeln sich die Beziehungen zwischen den Menschen nach den Mustern der »idealen« Kleinfamilie: da gibt es den mit Autorität versehenen »Vater«, die aufopfernde, bescheidene »Mutter« und in wechselnden Verhältnissen zu diesen verschiedene »Kinder«-Rollen, vom angepaßten, strebsamen »Sohn« über die die Geborgenheit der »Familie« bewahrende »Tochter« bis hin zum noch unreifen »Kind«, das von den anderen unter der Ägide des Vaters noch erzogen werden muß, damit es nicht in die Rolle des Außenseiters verfällt oder damit es aus dieser herausgeführt wird. Insbesondere in den amerikanischen Serien scheint »Familie« das letzte Bollwerk gegen die Gewalttätigkeit und Kälte der Welt zu sein.

Schon sehr früh begann das Deutsche Fernsehen, neben dem Import ausländischer Serien, eigene, auf deutsche Verhältnisse zugeschnittene Familienserien zu produzieren. Die Fernsehfamilien der Schölermanns (1954–1960) waren in 111 Folgen »Unsere Nachbarn heute abend«; sie wurden dann von der »Familie Hesselbach« abgelöst, die in insgesamt 87 Folgen zu sehen war. Auch die Familie Hofer in »Alle meine Tiere« (1963) und die Familie Buchner in »Forellenhof« (1965) führten dem Zuschauer ein Leben vor, das mit kaum einer anderen als der etwas abgedroschenen Formel von der »heilen Welt« zu beschreiben ist. Sie »transportierten die Ideologie einer in sich gefestigten und autarken Familie, die – trotz aller dramaturgisch notwendigen Streitereien – alle an sie von außen herangetragenen Probleme bewältigt, immer Harmonie und Versöhnung erzielt und den Fortbestand der heilen Welt sichert. Die Konfliktbewältigung wurde auf der individuellen Ebene geleistet, zumeist durch glückhafte Wendung der Ereignisse, durch unverhofften Reichtum oder unerwartete Gunst von Mächtigeren in Verbindung mit mannhaft-heldenhaftem Einsatz oder doch zumindest mit seiner Proklamation, in Verbindung mit tugendhaftem, moralisch richtigem, anständigem Verhalten oder mit der Ehrlichkeit und Treue, die letztlich doch am längsten währen würde« (Knut Hickethier).

Im Gegensatz zu den amerikanischen Familienserien, die ihre Konflikte vorzugsweise aus innerfamiliären Widersprüchen entwickelten und diese dann durch das beispielhafte Verhalten des einen und die »Einsicht« des anderen beilegten, waren die Familien in den deutschen Serien der fünfziger und sechziger Jahre vornehmlich von außen bedroht, von finanziellen, beruflichen oder sozialen Schwierigkeiten. Wenn etwa der Vater in den amerikanischen Serien vor allem den Zweifel an seiner moralischen Integrität und an der Richtigkeit seiner Führungsrolle innerhalb der Familie zerstreuen mußte, so hatte der Vater in den deutschen Serien seine Fähigkeit unter Beweis zu stellen, seine Familie zu versorgen, sie »über die Runden zu bringen«. In einer Zeit des Wiederaufbaus und der Restauration (nebenbei: auch in einer Zeit, in der es kaum eine ernsthafte Medienkritik gab, die sich mit Unterhaltung auseinandersetzte) war die Familie in erster Linie als Leitbild dem materiellen Erwerb und der Lebenssicherung verpflichtet. Generationen-Konflikte ließen sich durch den gemeinsamen Erfolg, den Aufbau und den sozialen Aufstieg aus der Welt schaffen.

Im Verlauf der sechziger Jahre rutschten die traditionellen Familienserien zunehmend ins Werberahmenprogramm, wo sie eine fatale inhaltliche und formale Angleichung an die Werbung erfuhren. (Umgekehrt hat sich die Werbung die Dramaturgie der Familienserie zunutze gemacht: Ein immer wiederkehrendes »Handlungsmuster« eines Werbespots ist der familiäre Konflikt, der erst beigelegt werden kann, wenn das richtige Waschmittel angewendet, der richtige Kaffee gekocht, das richtige Essen serviert wird. Auch der – natürlich »heiter« aufzulösende – Streit mehrerer Familienmitglieder um ein bestimmtes Konsumgut hat in der Familienserie sein dramaturgisches Pendant.)

Die Familienserien im Werberahmenprogramm vermeiden naturgemäß jeden Anflug von Tragik oder nicht wiedergutzumachender Zerstörung. Dennoch fällt auf, daß die Familienserien eine besondere Vorliebe für unvollständige Familien, für »alleinerziehende« Witwer oder Großeltern etc., aufweist (»Der Geist und Mrs. Muir«, »Eddies Vater«, »Bonanza«, »Alexander und die Töchter«, »Tammy – Das Mädchen vom Hausboot« und viele andere mehr). Solche Konstellationen sind auf der einen Seite dramaturgisch begründet, ergeben sich doch durch die Fragestellung, ob die äußerlich amputierte Familie innerlich stabil bleiben kann, eine Reihe von Spannungsmöglichkeiten. Die Bestätigung der »Idee« Familie wirkt natürlich auch um so stärker, als sie gegen widrige Umstände behauptet werden muß. Zudem läßt sich durch diese Konstellation einleuchtend erklären, warum sich alle Gedanken der Beteiligten um die Familie drehen. Und schließlich wird durch die Idealisierung der aufopfernden Familienmitglieder, die mehrere Familien-Rollen übernehmen müssen, ein Hoheslied auf die Familie gesungen, dessen Widerspruch zur Realität auf den ersten Blick (und einen zweiten gestattet die Dramaturgie der Serien nicht) gar nicht kenntlich ist.

Zum anderen spiegelt sich in diesen verklärten unvollständigen Familien eben doch, allen Beschwichtigungsversuchen zum Trotz, die Krise der Familie in einer zunehmend »vaterlosen Gesellschaft«. Denn erreicht wird mit dieser Dramaturgie nicht nur eine logisch begründete Ausgrenzung erotischer Konflikte, der zunehmend problematischeren Rollenteilung zwischen Mann und Frau und der doppelten Polung der Herrschaftsstruktur, sondern auch ein Bild von Familie, das nicht mehr auf der intakten äußerlichen Struktur der Kleinfamilie, sondern der gleichsam verinnerlichten, abstrakten Idee von der Familie aufgebaut ist. Während die äußeren Strukturen, das Organisationsschema der Kleinfamilie, mehr und mehr zerfallen, weil sie keine konkrete Basis mehr haben, wird das familiäre Verhalten verbindlich für alle Lebenslagen, gebunden nicht mehr an Blutsverwandtschaft (die vielen Adoptivkinder der Serien) oder gemeinsame Lebenspraxis (in vielen Serien übernehmen Angestellte oder andere außerfamiliäre Personen die Führung des Haushalts und sogar einen gewissen Teil der Erziehungsaufgaben), sondern ausschließlich an das Prinzip.

Die Ausnahmesituation der Familie und damit die Verhinderung eines Vergleiches, den der Zuschauer zwischen Realität und Abbild anstellen könnte, wird außer durch die unvollständige Familie noch durch andere dramaturgische Konstellationen erreicht. Da ist zunächst die übergroße Familie, wie sie etwa in den amerikanischen Serien »Die Waltons« oder »Drei Mädchen und drei Jungen« geschildert werden. In »Drei Mädchen und drei Jungen« geht es um einen Witwer mit drei Söhnen, der eine Witwe mit drei Töchtern geheiratet hat. Das Prinzip der Serie besteht nun darin, daß jeder mit jedem einmal in einen Konflikt gerät, der aber bald mit Hilfe andrer Familienmitglieder beigelegt wird. Am Ende siegt die vom Familienvater ausgegebene Losung: »Alle für einen, einer für alle«. Wie das in amerikanischen Familienserien häufig der Fall ist, ist auch hier die Vater-Figur weniger als autoritärer Führer, denn als eine Art »Chefideologe« charakterisiert, der vor allem darüber wacht, daß die Klischees der Geschlechterrollen eingehalten werden (Zitat: »Es gibt gewisse Plätze, an denen Frauen einfach nichts verloren haben«. Und: »Männer müssen eben ab und zu einen Platz für sich allein haben«.)

Das Herrschaftsinstrument in den Familienserien ist die Sprache, und die Hemmungslosigkeit, mit der sich die Autoritäten seiner bedienen, ist nur oberflächlich hinter einer Maske von Verständigkeit und Hilfsbereitschaft verborgen.

Besonders deutlich wird diese Waffe der Sprache etwa auch in der österreichischen Serie »Wenn der Vater mit dem Sohne«, wo die Familien-Ideologie nicht nur das Verhältnis von Vater und Sohn bestimmt, sondern auch auf die Arbeit im Betrieb projiziert ist. Der Vater und Chef, von Fritz Eckhard verkörpert, behandelt seine Untergebenen, einschließlich seines Sohnes, mit familiärer Humorigkeit, hinter der sich freilich die Unterdrückung nur unvollständig verbirgt. »Zwar erscheinen Chef und Betrieb wie eine große Familie, doch beim näheren Hinsehen fällt unangenehm auf, daß der ›Herr Chef‹ seine dienstbeflissenen Angestellten meist mit subtiler Herablassung und manchmal verletzender Grantigkeit behandelt oder sie einer sprachlichen Marotte wegen zu einer Witzblattfigur degradiert« (Birgit Weidinger).

Der Sinn des Familiären, das heißt, einer in Sprache und Gesten verkörperten Intimität, die keine Basis in gemeinsamen Interessen oder gemeinsamer Lebenspraxis hat, ist es also, die eigentlich gleichgebliebene Unterdrückung und die unveränderten Machtverhältnisse zu verschleiern. Ist die familiäre Situation dazu angetan, die Interessen der schwächeren Mitglieder unkenntlich zu machen und sie psychologisch »umzudrehen« – und der seine Familie totredende Vater ist das beste Beispiel hierfür –, so ist die Projektion dieser familiären Grundstimmung in den Arbeitsbereich für das Bewußtsein der Arbeitnehmer von den divergierenden Interessen von ihnen und dem Arbeitgeber tödlich. Diese Gleichung zwischen Vater und Arbeitgeber wird aber gerade in der Mehrzahl der Familienserien vorgenommen, sei es, daß sie Vorstände von Familienbetrieben sind wie in den meisten »historischen« Familienserien, sei es, daß der Vater gleichzeitig der »Lehrmeister« des Sohnes im Beruf ist (»Preston und Preston«), sei es, daß es um die Verwaltung des Familienerbes geht (»Die Macht des Geldes«). Die Tatsache, daß in der Mehrzahl der herkömmlichen Familienserien der Widerspruch zwischen Privatleben (Familienleben) und Arbeitsprozeß zugunsten einer »Unterwanderung« der Arbeit mit »privaten« Beziehungsstrukturen aufgelöst ist, schließt den Zufall aus. (Natürlich sind auch hierfür zu einem gewissen Teil dramaturgische Gründe verantwortlich: Ein »normal« im Arbeitsprozeß stehender Vater hätte ja gar nicht die Zeit, sich um die familiären Belange so intensiv zu kümmern, wie es seine Funktion in den Familienserien erfordert).

Die Aufgabe der Familienserie ist es nicht nur, das Prinzip Familie als möglichst allgemeinverbindlich zu abstrahieren, sondern es gezielt in die Arbeitswelt, auf das Verhältnis zwischen »Chef« und Arbeitnehmer zu übertragen. Was sich dabei zunächst als Humanisierung der Verhältnisse am Arbeitsplatz darstellt – und dies ist der Punkt, wo die Familienserie neben dem Wunsch nach Geborgenheit und verläßlichen Beziehungen an den Bedürfnissen der Zuschauer anknüpft – ist in Wirklichkeit die Wiedergabe einer in der Wirtschaft verbreiteten Ideologie, die die Betriebe und Fabriken als familienähnliche Gebilde bezeichnet. Die fatale Konsequenz dieser Ideologie für den Arbeitnehmer ist, daß er über der gefühlsmäßigen Bindung, einer falschen, »familiären« Solidarität dem Betrieb gegenüber, seine eigenen Interessen und die grundlegenden Widersprüche aus den Augen verliert. Mit anderen Worten: Die Frustrationen in der Familie und am Arbeitsplatz bedingen einander dergestalt, daß die jeweiligen Versagungen in den anderen Lebensbereich projiziert werden. Die Machtlosigkeit im Arbeitsbereich manifestiert sich im autoritären Verhalten in der Familie, und die emotionale Leere und Unsicherheit in einer »Aufladung« der Arbeitsbedingungen mit familiären Hoffnungen und Beziehungen. Das ideologische und »moralische« Bindeglied bei diesen Verschiebungen bildet die Unterhaltungsindustrie, und in besonderem Maße die Familienserie.

Eine andere Methode, die Nachprüfbarkeit der dargestellten Beziehungen zu verhindern, ist die Verlagerung der Familienserie in eine andere Zeit, in der Familien noch als intakt gelten durften. Die deutsche Serie »Die Schöngrubers«, ein Musterbeispiel dafür, daß in den späten sechziger Jahren die ideologischen Aussagen der Familienserien sublimer vorgebracht und sogar mit pseudokritischen Elementen versetzt wurden, zeigte die beliebten »Altstars« Hans Holt und Marika Rökk als Eltern einer Familie im Berlin der Kaiserzeit. Wiederum war der Arbeitsbereich in die Familie integriert: der Vater, ein wenig geschäftstüchtiger Uhrmacher, wird von seiner »temperamentvollen« Frau gestützt, ohne die er sein Unternehmen nicht halten kann. Die wohlerzogene Tochter unterstützt die Familie mit ihren Einkünften als Zahnarztgehilfin. Neben den finanziellen Problemen wird das eiserne Zusammenstehen dieser Familie mit der Tatsache begründet, daß sie aus Wien stammt, was nicht nur zu sprachlichen (heiteren) Verwicklungen führt. Diese Intaktheit einer Familie in einer Welt, in der Vorurteile, Chauvinismen und Militarismus nicht als historisch und politisch bedingte Äußerungen eines zum Zwecke militärischer Aggression mobilisierten »Zeitgeistes«, sondern als belächelnswertes Beiwerk einer ansonsten »guten alten« Zeit angesehen werden, evoziert unterschwellig die Frage, warum es denn diese gute alte Zeit, diese

Möglichkeit einer intakten Familie nicht mehr gibt. Von da bis zur Fortschrittsfeindlichkeit ist nur noch ein Schritt.
Nach ganz ähnlichen Konstruktionsprinzipien funktioniert die amerikanische Serie »Die Waltons«, Episoden aus dem Leben einer armen, aber glücklichen großen Familie auf dem Lande zur Zeit der Depression. (Überflüssig zu sagen, daß von dieser Armut zwar ständig geredet wird, daß aber nichts davon zu spüren oder zu sehen ist, abgesehen davon, daß man klapprige Autos fährt und daß die Kinder sich nicht soviel Bonbons kaufen können wie sie wollen.) In diesen schweren Zeiten behauptet sich die elfköpfige Familie der Waltons durch ein schier unglaubliches Maß an Naivität, Harmonie und Hilfsbereitschaft. In den neununddreißig Folgen, die das ZDF gekauft hat, fällt kaum einmal ein wirklich böses Wort, und der Familienfrieden ist nie ernsthaft in Gefahr. Damit unterscheiden sich »Die Waltons« allerdings vom Gros der anderen Familienserien, deren Spannungsablauf zumeist durch die gleiche Abfolge gegeben ist: familiäre Idylle – Provokationen von außen – dadurch ausgelöste Zweifel im Kern der Familie – Entgegnung auf die äußere Provokation mit dem Ziel, ein Zeichen für den Familienkern zu setzen – »ideologische« Klärung des Sachverhalts – Verstehen der Familienmitglieder – wiederhergestellte familiäre Idylle.
»Die Waltons« nähert sich einer Zustandsschilderung an, bei der die dramaturgische Handlungsführung nebensächlich wird, ein perfekt inszenierter Tagtraum, dessen hermetische Welt weniger ideologisch auf die Wirklichkeit ausgerichtet ist als manche »realistischen« Serien, und die gerade durch ihre Perfektion, ihre innere Geschlossenheit am genauesten dokumentiert, daß Familie ein – endgültig – verlorenes Paradies ist. (Ob allerdings diese Synthetik und Geschlossenheit, wie Hans C. Blumenberg meint, einen Bewußtseinsprozeß in Gang setzen kann und ob sie nach ähnlichen Prinzipien wie Agnès Vardas Film »Le Bonheur« oder die Filme von Douglas Sirk – vgl. *Romane* – auf das Verständnis der Wirklichkeit zurückwirkt, mag bezweifelt werden.)
Ende der sechziger und Beginn der siebziger Jahre wurden eine Reihe von »realistischen«, sozial relevanten Familienserien gedreht. Über sieben Jahre hinweg (1965–1971) war die allerdings in relativ langen Abständen gesendete Serie »Die Unverbesserlichen« (Robert Stromberger schrieb das Drehbuch nach einem eigenen Bühnenstück) zu sehen, die zwar, nach dem Prinzip einer → Soap Opera, Unglück an Unglück reihte, die aber doch zumindest in Ansätzen versuchte, die Ursachen dieses Unheils, vom unehelichen Kind, über Scheidungen, Unfälle, Abbruch beruflicher Karrieren bis zu Streitigkeiten der Familienmitglieder untereinander, nicht als Schicksal, sondern als zum Teil selbst verschuldetes Unvermögen, auf die Anforderungen der Wirklichkeit zu reagieren, gedeutet wurden. Die Familie Scholz, immer am Rande einer totalen Katastrophe, trotzt mit verzweifelter Kraftanstrengung dem eigenen Zerfall; während der Vater (Joseph Offenbach) versucht, die äußeren Formen aufrechtzuerhalten, dabei mehr aus Resignation denn aus Einsicht eine vergleichsweise tolerante Haltung seinen Kindern gegenüber einnimmt, ist es die Mutter (Inge Meysel), die sich die Erhaltung der Familieneinheit zu einer fast militanten Lebensaufgabe gemacht hat. (Inge Meysel, die 1974 in der Serie »Eine geschiedene Frau« ähnlich tapfer und etwas larmoyant gegen den Verlust ihres Lebensinhaltes ankämpfte, war zu dieser Zeit so etwas wie ein Mythos: Der Kampf um das familiäre Glück, gegen den allgemeinen Verfall, ein wenig auch gegen das eigene Bewußtsein, erhielt in ihrem Spiel eine Eigengesetzlichkeit und einen Wert für sich, der eine Frage nach dem Sinn dessen, was da ständig verteidigt wird, nicht aufkommen läßt, und die ständig sich ereignende Tragik erschien als schicksalhafte Größe, die den Menschen

»wertvoll« macht.)
Trotz aller Demontage folgte »Die Unverbesserlichen« doch weitgehend der Struktur der traditionellen Familienserie, und der pädagogische Effekt ist nach wie vor im Vordergrund. »Die Darstellung neuer Konflikte im alten Familienrahmen ermöglicht auch das Vorführen neuer Lösungsstrategien. Nicht mehr ständiger Einsatz zur Erhaltung und Sicherung der Familie, die ständige Wiederherstellung gehabter Zustände wurde propagiert, sondern jetzt ging es um Anpassung und Unterordnung unter das Unvermeidliche, die Hinnahme des schicksalhaft Gegebenen« (Knut Hikkethier). Dabei starrten die einzelnen Familienmitglieder wie gelähmt auf ihr eigenes Unglück, das sie allemal selbst verschuldet hatten; irgendwelche Ansätze zu einem alternativen Verhalten oder Hinweise darauf, daß hier gesellschaftliche Probleme ihre individuellen Konsequenzen erfuhren, wurden nicht gegeben. Die Wirkung dieser Serie bestand wie bei den Soap Operas darin, daß der Zuschauer im Vergleich mit dieser vom Unglück verfolgten Familie immer noch recht gut abschnitt.
Im Gegensatz zu dieser und ähnlichen Serien wurden in anderen Serien versucht, alltägliche Probleme zu behandeln und ein realistisches Bild von der Familie zu zeichnen. Die Serie »Lerchenpark« benutzte eine Satellitenstadt als einheitlichen Schauplatz für verschiedene Episoden, in denen einzelne dramatische Konflikte behandelt wurden, die aber immer, auch wenn sie ein wenig reißerisch waren, auf die Lebensumstände der Familien und das Leben in den Vorstädten zurückgeführt wurden. Nachdem man festgestellt hatte, daß »Lerchenpark« nur halb soviel Zuschauer an den Bildschirm lockte wie andere Serien im Werberahmenprogramm, wurde sowohl inhaltlich als auch formal das Schema konventionellen Serien angeglichen.
Vor allem die Serien, die von der Firma Eikon produziert wurden, einem nicht profitorientierten Unternehmen der evangelischen Kirche, bemühten sich um ein realistisches Bild insbesondere der gesellschaftlichen Außenseiter: »Familie Mack verändert sich« und »Alles Gute, Köhler« zeigten die Auswirkungen des Strafvollzugs auf das soziale Leben des straffällig Gewordenen, »Unser Walter« schilderte die Schwierigkeiten einer Familie, die ein behindertes Kind in vergleichsweise engen Lebensbedingungen aufziehen muß, und die oft unverständigen, ja bösartigen Reaktionen der Umwelt. Eine ganze Reihe von Serien, die in den siebziger Jahren gesendet wurden, kann für sich in Anspruch nehmen, realistische Abbilder von Familie und Gesellschaft zu liefern (»Sechs unter Millionen«, »Der Herr Kottnik«, »Sam« etc.); doch finden die Bemühungen um die realistische Serie ihre Grenzen in den Produktionsbedingungen der Serien, bei denen handwerkliche Sorgfalt nur im Ausnahmefall möglich ist (ganz zu schweigen von sorgfältigen Recherchen), wie in der Lage der Serienautoren selbst, die für ihre Arbeit sehr viel weniger (im Höchstfall bis zu 4000 DM), Bezahlung erhalten als die Autoren von Fernsehspielen oder -Filmen; der Zwang, viel und schnell zu produzieren, trifft also auch die Autoren. Weitere Handicaps sind die Einbettung der Serien ins Werbeprogramm und damit die Konkurrenzsituation der beiden großen Sender, die ihre Werbezeit nach der Einschaltquote verkaufen, und schließlich die Unmöglichkeit, für die realistische Familien- und Sozialserie eine Perspektive zu entwickeln, die über die Vermeidung allzu grober Klischees und Sentimentalitäten hinausgeht. Der Realismus mancher dieser »neuen« Serien droht in die völlige Banalität umzukippen. Betrachtet man die Struktur solcher Serien wie »Gemeinderätin Schumann«, »Freiwillige Feuerwehr« etc., so wird dieser Realismus als Apologie auf die bestehenden Verhältnisse deutlich. Peinlich vermieden wird jede Aussage, ja, es scheint, als habe der nivellierende Einfluß der Proporz-Ideologie

bis in das Binnenschema der Serien Wirksamkeit erlangt.
Die Botschaft dieser Serien, die zu Dutzenden produziert und von der Kritik wenig beachtet das Werbeprogramm auffüllen, ist die totale Tautologie: Es ist so, wie es ist; der Alltag ist der Alltag; niemand braucht deswegen verrückt zu spielen. Der Realismus dieser Serien ist die Phantasielosigkeit. (In gewisser Weise gilt dies auch für Rainer Werner Faßbinders Serie »Acht Stunden sind kein Tag«, die in einem Sammelsurium von Stilen, Erzählhaltungen und wechselnden Perspektiven individualistische, kaum nachvollziehbare Reaktionen auf soziale Konflikte propagierte und so die Unverbindlichkeit der üblichen Serien, wenn vielleicht auf handwerklich höherem Niveau, wiederholte.)
Eine andere Form, das Problem der Familie zu »bewältigen«, ist Wolfgang Menges Sendereihe »Ein Herz und eine Seele«, die, nach amerikanischem Vorbild entstanden (»The Bunkers«), die repressive Familienstruktur komisch überzeichnete, um damit einen – umstrittenen – Aufklärungseffekt zu erzielen. Das Fernsehen selbst hat im Familienleben eine Funktion, über deren Ausmaß bislang nur wenige Untersuchungen vorliegen. Anhand eines Experimentes wurde gezeigt, daß Familien, denen der Fernsehkonsum über eine Zeit vorenthalten wird, plötzlich Konflikten ausgesetzt sind, die ansonsten durch das Ritual des Fernsehens am Ausbrechen gehindert wurden. Dies mag als Indiz dafür gewertet werden, daß sich Fernseh-Familie und reale Familie einander mehr bedingen, als dies etwa beim Familienbild der Trivialliteratur früherer Zeiten der Fall war. Die Funktionen der »Fernseh-Familie« und der wirklichen Familie nähern sich dabei einander an: Beide werden mehr und mehr von einer konkreten Lebensgemeinschaft zu einem ideologischen Gebilde.

Anmerkungen

Knut Hickethier: Unterhaltung in Fortsetzungen. In: Peter von Rüden (Hg.): Das Fernsehspiel. München 1975. Birgit Weidinger: Eine keineswegs heile Welt. In: »Süddeutsche Zeitung« vom 8. 10. München 1971.

Literatur

Friedrich Knilli (Hg.): Die Unterhaltung der deutschen Fernsehfamilie. München 1971. Egon Netenjakob: Anatomie der Fernsehserie – Fernsehmacher untersuchen ihre Produktionsbedingungen. Mainz 1976. Melchior Schedler: Ist das Volk so tümlich? In: »Fernsehen und Film« Nr. 7. Velber 1971. Manfred Delling: Bonanza & Co. Reinbek 1976. Ludwig Metzger: Familienserien – Nicht mehr so heil. In: »tv heute« Nr. 10. Velber 1971.

Forsyte Saga

Mit seinem Roman »Forsyte Saga« versuchte der englische Schriftsteller John Galsworthy (1867–1933) nach eigenem Bekunden, eine »neue Schicksalstragödie« zu schaffen. Die Thematik seines weitverzweigten Erzählwerkes, das 1927 auch in einer deutschen Übersetzung erschien, war jedoch allzu zeitgebunden, um stilbildend zu wirken. Zudem weist das über 16 Jahre hinweg entstandene Werk Sprünge in der Handlungsführung und Verschiebungen in der Charakterisierung der Protagonisten auf. Doch obwohl der literarische Rang der »Forsyte Saga«, die Schilderung eines Familienschicksals über mehrere Generationen hinweg, in der Literaturkritik zumindest umstritten ist, entwickelte sich der Roman in England fast zu einer Art Nationalepos, das zum Bildungsgut des Mittelstands gehört.
Bereits 1936 produzierte der amerikanische Rundfunk eine Hörspielserie nach Motiven des Romans. Die 1966 von der BBC in London hergestellte 26teilige Fernsehserie, deren einzelne Folgen eine Länge von 50 Minuten aufweisen, wurde zu einem weltweiten Erfolg; insgesamt 49 Länder, darunter auch der Libanon und die Sowjetunion, strahlten die Serie aus. Mit einiger Verspätung übernahm sie auch das deutsche Fernsehen 1973, und die Statistiken bescheinigten auch hier der Serie gro-

ßen Erfolg beim Publikum: Jede der 26 Folgen wurde durchschnittlich von 8,2 Millionen Zuschauern gesehen, dabei überwog der Anteil älterer Zuschauer (extrem hoher Zuschaueranteil im Alter von über 50 Jahren). 77 % der Zuschauer beurteilten die Serie mit »sehr gut« oder »gut«. »Klatsch und Tratsch sind die dramaturgischen Elemente Nr. 1 in der Fernsehadaption von Galsworthys Roman. Nicht das Treppenhaus oder der Hinterhof bilden allerdings die Kulisse dazu, sondern die Dinners, Tees und Familienfeiern der gediegenen Forsytes, einer Familie, die mit ihrem Reichtum und Ansehen mit das Rückgrat des viktorianischen Englands bildet. Doch – auch hier kommt die Saga jenen entgegen, die weniger die Zeitkritik Galsworthys, dafür um so mehr den kleinen, schmierigen Skandal suchen – die Fassade bröckelt langsam ab. Auch bei den Reichen und Vornehmen – welch ein Glück – geht nicht alles wie geschmiert. Da gibt es plötzlich einen künstlerisch veranlagten Querulanten, scheitert eine Ehe, wird eine von vornherein zum Versagen verurteilte geschlossen, macht sich ein uneheliches Kind bemerkbar. Die Forsytes, sich nicht zuletzt aus alten Tanten rekrutierend, haben etwas zu munkeln und die Dienstboten noch mehr. Und immer, wenn es einem bei dieser Seelenmassage für Klatschbasen so richtig warm ums Herz wird, immer wenn man sich mit eigener Denkkraft oder vorsorglich über die Presse vervielfachtem Stammbaum wieder einmal sämtliche Forsytes fein säuberlich eingeordnet hat, ertönt schicksalsschwangere Musik und das Bild wird ausgeblendet. Fortsetzung folgt. Das Fernsehen entläßt seine Kinder in der Gewißheit, daß auf solchem Mist das Bangen um die Forsytes füglich wachsen wird und daß das provozierte Rätselraten um das weitere Geschick auf allen Ebenen des umfangreichen Familienclans am nächsten Sonntag wiederum für hohe Einschaltquoten sorgt« (Urs Jaeggi). Weder dem Drehbuchautor (Donald Wilson) noch den Regisseuren dieser Serie (David Gildes und James Cellan-Jones) kam es darauf an, den Zerfall der Familie Forsyte in eine Beziehung mit den sozialen Umbrüchen zu setzen; »Während die Forsyte-Saga zeigt, wie eine Gesellschaftsklasse, das viktorianische Bürgertum, zerfällt, zeigt die nach der Forsyte-Saga gedrehte Bildschirmchronik lediglich den Zerfall eines Romans« (Walter Jens). Die Konstruktionsprinzipien der → Soap Opera mit ihrem »Prinzip Unheil« in eine historische Dekoration projiziert (ähnliches gilt auch für die Konzeption der englischen Serie »Die Onedin Linie«, die im Werberahmenprogramm zu sehen war), ist das Rezept der »Forsyte Saga« nahezu unfehlbar: Das Mitgefühl, das der Zuschauer den Protagonisten entgegenbringt, tröstet ihn über eigene Probleme hinweg, und wenn auch unterschwellig ein wenig Schadenfreude im Spiel sein mag, darf er sich doch als edler Mensch fühlen, der am Leiden anderer Anteil nimmt.

Anmerkungen

Urs Jaeggi: Seelenmassage für Klatschbasen. In: »Zoom/Filmberater« Nr. 2 Bern/Zürich 1973. Walter Jens (alias Momos): Große Mühen. In: »Die Zeit« Nr. 12. Hamburg 1973.

Literatur

Manfred Delling: Forsyte Saga. In: »Deutsches Allgemeines Sonntagsblatt« Nr. 9. Frankfurt 1973. Die Fortsetzungs-Saga. In: »Der Spiegel« Nr. 5. Hamburg 1973.

Ganghofer

Ludwig Ganghofer, deutscher Schriftsteller (1855–1920), gehört zu den meistgelesenen Autoren der Welt; sein Werk umfaßt 70 Bände, darunter 18 Romane und 4 Bände Kriegsberichte. Ganghofer war einer der – im quantitativen Sinne – produktivsten Autoren seiner Zeit und verfaßte durchschnittlich im Jahr zwei Bücher. (Der Roman »Die Martinsklause« etwa entstand innerhalb von acht Wochen.) Seine Erzählungen und Romane folgten dabei zumeist demselben Schema, und auch seine historischen Studien über die Alpenregio-

Harald Reinls Ganghofer-Verfilmung »Der Edelweißkönig« Verleih: Constantin

nen zeichneten sich mehr durch politische Vorurteile aus. Seine Lyrik, die oft die Grenze zur unfreiwilligen Komik überschritt, war von patriotisch-nationaler Schwärmerei geprägt, und auch seine heute noch gelesenen Hochlandromane hatten mehr mit einer idealistischen, fast »völkischen« Überhöhung der Heimat-Mythen zu tun als mit einer wirklichkeitsgetreuen Wiedergabe des sozialen und kulturellen Lebens in den Alpenregionen.

Der politische Anspruch und die Verherrlichung des Krieges standen bei ihm immer im Vordergrund; ein Bewunderer Preußens und der preußischen Staatsidee, war für ihn die Literatur ein Transportmittel für Ideologie. »Als die deutschen Truppen 1870 bei Saarbrücken geschlagen wurden, setzte er sich in seinem ›Stüble . . . ans offene Fenster, tränte über die drei Stockwerke auf die nachtstille Straße hinunter, guckte hilflos zu den deutschen Sternen empor und heulte vor Zorn‹. Im allgemeinen war er gegen Männertränen. In dem von ihm entworfenen Zukunftsstaat ›wird alles Krankhafte und Minderwertige von der Fortpflanzung ausgeschieden‹; die ›lieben kleinen Weiberchen‹ sollen keinen der Frau ›widrigen‹ Beruf ausüben; der Arbeiter darf nicht vor dem 22. Lebensjahr heiraten; jeder ›Gesunde muß dienen‹; und der Offizier ist ›im Verhältnis zu anderen Berufsgattungen . . . höher zu besolden. Er stellt sein Blut und Menschenglück fürs ganze Leben in den Dienst des Landes‹. Da für Ganghofer alles ›Ungesunde unsauber‹ ist, soll auch ›der Mann, der nicht nach der Natur geartet ist, einsam bleiben und erlöschen‹« (Werner Koch).

Vor diesem Hintergrund muß man wohl die → Heimatromane Ganghofers sehen, will man ihrer Wirkung gerecht werden. Die Idolisierung des »Edelmenschen«, die auch bei Karl May (vgl. *Abenteuer*) und Hedwig Courths-Mahler (vgl. *Romanze*) zu finden ist, nahm auch und gerade in den Heimatromanen Züge des faschistischen Mythos an – unnötig zu sagen, daß in

Ganghofers Romanen, den Erfordernissen des Unterhaltungsromans folgend, das »Gute« stets über das »Böse« siegte und die Zeichnung der ländlichen Bevölkerung einer Projektion kleinbürgerlicher Wunschvorstellungen ins Heimatmilieu entsprach. Sowenig Ganghofer es vermochte, Natur plastisch zu beschreiben und deshalb in eine Mystifizierung, ja Dämonisierung der Natur auswich, so wenig hatte er ein echtes Interesse daran (etwa im Gegensatz zu Ludwig Thoma), die Charaktere der Menschen aus ihren Lebensumständen heraus zu entwickeln. Sein Interesse war es vielmehr, seinem vorwiegend städtischen Publikum ein Bild von Heimat und Natur zu vermitteln, das allenfalls im Ritual der »Sommerfrische« zu verifizieren war und das die Kulisse der alpenländischen Regionen als exotischen Hintergrund für bürgerliche Melodramen verwendete. Alltag, Arbeit, soziale Probleme bleiben ausgespart.

So ist es denn auch nicht erstaunlich, daß Ganghofer in seinen Romanen mit seinem Bestreben, den Dialekt auch für Nichtbayern verständlich zu machen, eine regelrechte Sprachzerstörung betrieb. Das »Kunstbayrisch«, das Ganghofer entwikkelte und seinen »Salontirolern« (Irmgard Hermanns) in den Mund legte, fand in der Folgezeit in der Unterhaltung immer dort Anwendung, wo es darum ging, die alpenländische Heimat und ihre urwüchsigen Bewohner zu »charakterisieren«, in den Heimatromanen, den → Heimatfilmen und in den »Volkstheaterstücken« (vgl. *Komik* → Komödienstadel und Ohnsorgtheater).

Aufschlußreich ist auch das Bild der Frau, das Ganghofers Romane zeichnen, und das ebenfalls Eingang in die Klischeewelt des Genres gefunden hat: Die schöne, dämonische Frau sprengt die Idylle und bringt Verderben für die Männer, bis sie selber stürzt und die Männer sich auf die guten, passiven Frauen besinnen.

Der verdrehte, kleinbürgerliche Heimat-Mythos und die Sentimentalität in der Beschreibung idyllischer Rückständigkeit war beileibe nicht Ganghofers Erfindung, sondern entsprach einem allgemeinen Zeitgefühl, das sich in zahlreichen Bildern, Romanen und Zeitschriften artikulierte. Doch so deutlich wie hier war selten der »pädagogische« Effekt der Heimatliteratur, der sein Publikum aufforderte, für Heimat den Staat und seine Führung und für Natur das »Volk« zu setzen, dem man zu dienen habe. Die heimatliche Idylle diente als Rechtfertigung für die Notwendigkeit des Militarismus.

Ganghofers Romane wurden häufig verfilmt und gehören bis heute zu den wichtigsten Stoffen des Heimatfilms. So wurde »Der Jäger von Fall« 1918 von Ludwig Beck und 1936 von Hans Deppe, »Schloß Hubertus« 1934 von Hans Deppe, 1954 von Helmut Weiß und 1974 von Harald Reinl, »Das Schweigen im Walde« 1923 von Wilhelm Dieterle, 1937 von Hans Deppe und 1955 von Helmut Weiß, »Waldrausch« 1939 von Paul Ostermayr (= Paul May) und 1961 ebenfalls von Paul May, »Der Herrgottschnitzer von Ammergau« 1952 von Harald Reinl verfilmt.

Ganghofers Romane folgen der Taktik der Unterhaltung, Erlösung zu versprechen und doch nur eine kleine Flucht zu ermöglichen: »Wir wollen zu Berg steigen. Ich muß hinauf. Die Luft hier unten erdrückt mich«.

Anmerkungen

Horst Koch: Der Kriegsberichterstatter Ganghofer: In: »Akzente« Nr. 5. Köln 1972. Irmgard Hermanns: Beiträge zur Typologie der Unterhaltungsliteratur. In: »Bücherei und Bildung« Nr. 9. Bremen 1951.

Literatur

Peter Mettenleiter: Destruktion der Heimatdichtung. Tübingen 1974.

Heimatfilm

Der Heimatfilm ist ein genuin deutsches (bzw. österreichisches) Genre. (Allerdings findet sich in vereinzelten Filmen anderer Länder eine ähnliche Mischung aus Verklärung des Bauerntums, Melodram und unreflektierter Zivilisationsflucht; ein französisches Beispiel dafür ist etwa Marcel Camus' Verfilmung eines Romans von Jean Giono: »Le chant du monde« – Und die Wälder werden schweigen – 1965.)

Das Genre des Heimatfilms entstand in Deutschland nach dem Zweiten Weltkrieg und knüpfte an die Tradition des → Bergfilms an, der sich insbesondere zur Zeit des Ersten Weltkriegs großer Beliebtheit erfreut hatte. Vom populären Volkstheater und von der verbreiteten Heimatliteratur (→ Ganghofer, → Heimatromane) übernahm der Heimatfilm Stoffe und Erzählhaltung: Beschworen wird eine Welt, in der nicht nur die Naturverbundenheit des Menschen, sondern auch feudalistische Herrschaftsformen, autoritäre Familienstruktur und intakte Religions- und Sittengemeinschaft eine Geborgenheit vermitteln, die nur kurzfristig durch das Eindringen fremder (städtischer) Elemente oder eklatante Regelverstöße gestört wird, um dann durch »schicksalhafte Fügung« wiederhergestellt zu werden. Im Heimatfilm spiegelt sich der ideelle (Zusammenbruch der völkisch-nationalsozialistischen Legitimations-Ideologien) wie auch der materielle (das Problem der »Heimatvertriebenen«) Verlust an Heimat beim deutschen Publikum.

In einem der ersten und erfolgreichsten Heimatfilme, »Grün ist die Heide« (1951) von Hans Deppe, wird explizit auf die Rehabilitation des Landadels als notwendigem Bestandteil bei der Konstitution des neuen deutschen Staates Bezug genommen: »Lüder Lüdersen – er kann es ›nie ganz verwinden, daß er seine eigenen Besitzungen, die er in einem arbeitsreichen Leben geschaffen hatte, verlassen mußte‹ – streift zunächst als Wilderer durch die neue Heimat und wird sogar des Mordes verdächtigt; am Ende aber kann er sich nicht nur entlasten, sondern familiärem Glück und – wie der Film suggeriert – neuem Wohlstand entgegensehen. Das Riesengebirgslied, das eine Trachtengruppe in der Heidelandschaft intoniert, ummalt nur musikalisch die innere Sinnstruktur dieses und vieler anderer Heimatfilme – so wie in der Propaganda des CDU-Staates revanchistische Obertöne die Wiedereinsetzung der alten Bourgeoisie mit der ideologischen Begleitmusik versehen« (K. Kreimeier).

Seine (wirtschaftliche) Blüte erlebte der Heimatfilm in den Jahren zwischen 1947 und 1960, also in einer Zeit, die, als »Adenauer-Ära« apostrophiert, die Restauration der bürgerlichen Herrschaftsformen, die Eingliederung der Bundesrepublik ins westliche Militär- und Wirtschaftssystem und das Erstarken konservativer Kräfte brachte. Mehr als ein Fünftel aller in der Bundesrepublik produzierten Filme in diesen Jahren waren Heimatfilme.

Daß sich in dieser Zeit eine Filmgattung als die für die westdeutsche Filmindustrie wichtigste etablierte, die kaum exportierbar war, hatte seinen Grund nicht nur in der »Aufgabe« der Unterhaltungsindustrie, im Gewande idyllischer Beschwörung der Vergangenheit die restaurativen Tendenzen zu legitimieren, sondern auch in der Situation, in der sich die Filmwirtschaft befand: Zu Beginn der fünfziger Jahre war die bundesdeutsche Filmwirtschaft, bedingt durch die Kriegsfolgen, vor allem die amerikanischen Entflechtungsauflagen für den zur Zeit des »Dritten Reiches« staatseigenen Ufa-Konzern, in kleine und kleinste Firmen aufgesplittert. Diesen kleinen »unternehmerischen Einheiten auf der Seite der deutschen Produktion standen zunächst die ausländischen Großverleiher gegenüber, in einer späteren Phase der Entwicklung die deutschen Verleihfirmen; im Zuge der Konsolidierung der deutschen Filmwirtschaft zu Beginn der fünfziger Jahre war die Bemühung um die als notwendig anerkannte Konzentration zunächst in der Verleihsparte erfolgreich« (Willi Höfig). Dies war vor allem deshalb möglich, weil die Verleihfirmen den größten Teil ihres Profits mit ausländischen Filmen erwirt-

Bergwelt und Melodram: »Der Edelweißkönig« von Harald Reinl Verleih: Constantin

schafteten, während die Produktionsfirmen auf Grund ihrer Kapitalknappheit nur qualitativ unbedeutende Projekte realisieren konnten, die kaum ihre Produktionskosten wieder einspielten. Noch in der Saison 1952/53 waren mehr als die Hälfte der in der Bundesrepublik hergestellten Filme ein finanzieller Verlust für die Produzenten.

In dieser Situation subventionierten ab 1950 die Länder und der Bund die Filmproduktion mittels Bürgschaften. Diese Bürgschaften, die zum Teil für einzelne Produktionen bis zu 100 % betrugen, waren mit einem Mitspracherecht bei der Herstellung gekoppelt. Das Bürgschaftssystem verlieh der deutschen Filmwirtschaft zeitweise fast dirigistische Züge. Es erlaubte zwar den Produktionsfirmen, eigenes Kapital zu bilden, verhinderte aber die Produktion von unabhängigen oder gar kritischen Filmen.

Das Interesse des Bürgen (Staat) und der zu einem großen Teil von den Verleihfirmen abhängigen Produzenten war es also in erster Linie, gegenüber der internationalen, vorwiegend der amerikanischen Konkurrenz auf dem Verleih-Markt zu bestehen und den Anteil der deutschen Filme am Angebot zu erhöhen. So lag es nahe, Stoffe zu produzieren, bzw. durch Bürgschaften zu fördern, die wegen ihrer Eigenart, ihrer Kulisse und ihrer »ideellen Ausrichtung« grundsätzlich vom Angebot ausländischer Filme unterschieden waren und deren Identifikationsangebot vom nichtdeutschen Unterhaltungsfilm nicht geleistet werden konnte. Eigenart, Kulisse und

Idee als vollständig und rein »Deutsches« ließ sich im Begriff der Heimat zusammenfassen. (Es muß wohl kaum hinzugefügt werden, daß diese Konstellation den Bürgschaftsverwaltern und den sich später herausbildenden Konzernen auch politisch angenehm war. Ein Hinweis darauf, daß der deutsche Film dieser Zeit von allen Beteiligten vorwiegend aus nationalen ökonomischen Gründen »gefördert« wurde, ist die Tatsache, daß etwa im Jahre 1958 der Anteil der deutschen Filme am Gesamtangebot ungleich höher bei der Einsatzdauer als beim finanziellen Einspielergebnis war.)

Der ideologischen Determinante des Heimatfilms, der Absicht, die Beziehung des deutschen Publikums zum eigenen Land und zur eigenen Geschichte vom Völkischen ins Volkstümliche zu wenden und gegen gesellschaftliche und politische Neuerungen zu polemisieren, steht also eine ökonomische Determinante gegenüber, nämlich die Absicht, der deutschen Filmproduktion eine Existenzgrundlage zu verschaffen. Dies geschah, indem man ein Genre konstruierte, das in Form und Aussage so spezifiziert war, daß es die durchweg »besser gemachte« ausländische Konkurrenz nicht zu fürchten hatte. Sowohl die Innerlichkeit des Genres, als auch die Ausgrenzung aktueller sozialer und politischer Probleme (bzw. ihre Verlagerung in irrationale, mythologische Bereiche), zudem die Schilderung einer archaischen, unschuldig gebliebenen Gesellschaftsform kam dabei sicherlich auch dem Bedürfnis eines Publikums entgegen, dem der notwendige Neubeginn nach der Katastrophe jahrelang nur als unpolitisches »Seid nett zueinander« verkauft worden war.

Schließlich war der Heimatfilm, neben der volkstümlichen Komödie, das ideale Medium, die »künstlerische« Tradition des Vorkriegsfilms und des Unterhaltungsfilms während der Zeit der nationalsozialistischen Herrschaft fortzusetzen. Eine beachtliche Anzahl der Regisseure, die im Genre des Heimatfilms arbeiteten, war auch im Heimatfilm, bzw. dessen Vorformen vor dem Zweiten Weltkrieg tätig. So hatte etwa der bereits erwähnte Hans Deppe, der zwischen 1950 und 1960 bei 14 Heimatfilmen Regie führte, bereits 1934 (zusammen mit Curt Oertel) Theodor Storms »Der Schimmelreiter« verfilmt und dann eine Reihe von Ganghofer-Filmen realisiert (»Schloß Hubertus« – 1934, »Der Jäger von Fall« – 1936, »Das Schweigen im Walde« – 1937 etc.). Joe Stöckel, der seit 1950 6 Heimatfilme drehte, hatte zwischen 1938 und 1945 8 ähnliche Filme, zumeist mit komödiantischem Einschlag, hergestellt (darunter »Das sündige Dorf« – 1940, »Der verkaufte Großvater« – 1942). Veit Harlan, der 1951 mit zwei Heimatfilmen vertreten war, hatte während des Zweiten Weltkriegs bei Filmen wie »Die goldene Stadt« (1942) oder »Immensee« (1943) Regie geführt, die ebenfalls Elemente des Heimatfilms aufweisen. (Diese Beispiele, zu denen noch einige mehr zu zählen wären, sind der umfassenden Studie von Willi Höfig entnommen. Sie sollen zeigen, daß der Heimatfilm nicht nur das restaurative Klima in der »Adenauer-Ära« wiedergab, sondern daß er auch selbst ein Stück Restauration war.)

Daß in diesem Genre fast alle Untugenden der deutschen Unterhaltung versammelt waren, von der falschen Innerlichkeit über die Vermittlung autoritärer Leitbilder, die Mystifikation der Natur, die übertriebene Sentimentalität, die verkrampfte Humorigkeit, die Verklärung des Ländlichen zu einem bürgerlichen Traum von »heiler Welt« und intakter Familie bis hin zur Verschleierung von politischen und historischen Widersprüchen durch ihre Schilderung als dramatische Generationskonflikte, und daß die meisten Filme des Genres handwerklich weit unter dem internationalen Standard angesiedelt waren, das alles machte es den Kritikern leicht, das Genre ziemlich pauschal abzutun, und ließ die wenigen zumindest filmtechnisch akzeptablen

Streifen in der Masse des Angebots untergehen.

Das Genre gruppiert seine Handlungen und seine Personen um einige Themenkomplexe, die immer wieder, mehr oder weniger abgewandelt, Verwendung finden: Die Geschichte einer dramatischen Bergbesteigung oder einer abenteuerlichen Skitour, in deren Verlauf erotische Beziehungen – oft genug durch den Tod einer der beteiligten Personen – geklärt werden; die Geschichte vom Wilderer, von seiner Bekehrung durch eine geliebte Frau oder von seinem tragischen Ende; die Geschichte von einer Erbschaft, um die gestritten wird; die Geschichte vom unehelichen Kind, das nach vielen Streitigkeiten von der Familie akzeptiert wird; die Geschichte vom armen Waisenkind, das sein Glück macht; die Geschichte von der Magd, die einen Bauernsohn liebt; die Geschichte vom »Städter«, der in die Dorfgemeinschaft kommt etc. Nicht alle Themen des Heimatfilms hat dieser selbst entwickelt; fast jedes Thema aus anderen Genres, vom Melodram bis zum Kriminalfilm, läßt sich auch ins Milieu des Heimatfilms übertragen.

Die Kulisse des Heimatfilms wird in erster Linie von der Alpenlandschaft gebildet, dem Hochgebirge, dem »Silberwald« oder der oberbayrischen Almlandschaft. Daneben findet sich der Schwarzwald (z. B. »Die Mühle im Schwarzwälder Tal« – 1953 – Regie: Hermann Kugelstadt; »Die Rosel vom Schwarzwald« – 1956 – Regie: Rudolf Schündler, etc.), die niederdeutsche Landschaft (hier verlagert sich der Schwerpunkt zumeist vom bäuerlichen Milieu zu dem der Gutsherren und adeligen Tierzüchter; z. B. »Grün ist die Heide« – 1951 – Regie: Hans Deppe; »Heideschulmeister Uwe Karsten« – 1954 – Regie: Hans Deppe etc.) oder das Rheinland (zumeist verbunden mit dem Ferien-Motiv, welches im deutschen Film der fünfziger Jahre aus verständlichen Gründen recht beliebt war; z. B. »13 unter einem Hut« – 1950 – Regie: Johannes Meyer; »Moselfahrt aus Liebeskummer« – 1953 – Regie: Kurt Hoffmann etc.).

Neben den erwähnten Regisseuren, die im Heimatfilm ihre Arbeit aus der Vorkriegszeit fortsetzten, spezialisierten sich zeitweise einige andere auf das Genre, so etwa Harald Reinl, Hermann Kugelstadt, Franz Antel, Rudolf Schündler, Richard Häußler, Eduard von Borsody und Wolfgang Liebeneiner. Herausragende Arbeit leisteten innerhalb des Genres jedoch allenfalls die Kameramänner wie etwa Hans Schneeberger (»Die seltsame Geschichte des Brandner Kaspar«/»Der Brandner Kaspar schaut ins Paradies« – 1949 – Regie: Josef von Baky; »Die Försterbuben« – 1955 – Regie: Robert Adolf Stemmle) und Richard Angst (»Föhn« – 1950 – Regie: Rolf Hansen; »Die Lindenwirtin vom Donaustrand« – 1957 – Regie: Hans Quest). Diese beiden Kameramänner hatten, zusammen mit Sepp Allgeier, auch die besten Bergfilme fotografiert.

Zu Beginn der siebziger Jahre schien sich für kurze Zeit eine Renaissance des Heimatfilms anzubahnen. Nachdem mehr durch Zufall der Film »Wo der Wildbach rauscht« (1956 – Regie: Walter Richter) wieder in die Kinos gekommen war und zu einem unerwarteten Erfolg beim Publikum führte, brachte der Constantin Filmverleih die Filme »Wenn die Alpenrosen blühn« (1955 – Regie: Richard Häußler), »Die Fischerin vom Bodensee« (1956 – Regie: Harald Reinl) und »Wetterleuchten um Maria« (1957 – Regie: → Luis Trenker) wieder heraus. 1972 drehte Werner Jacobs ein Remake von »Grün ist die Heide«, und Harald Reinl verfertigte mit »Schloß Hubertus« 1973 die insgesamt 33. Verfilmung eines Stoffes von Ludwig Ganghofer. Das Cinemascope-Verfahren, in dem diese Filme hergestellt wurden, erwies sich jedoch als unbrauchbar für das Genre, weil die in ihm tragenden menschlichen Konflikte der Enge bedürfen, um dramatisch zu wirken, und Natur gleichsam nur als Zitat Verwendung findet: »Je weniger Natur in der Natur vorkommt, desto besser kommt die Natur im Kino vor« (Ulrik Uhu). Das Panorama des Cinemascope aber macht die Natur natürlicher, als sie im Heimatfilm sein kann.

Anders als die Regisseure, die innerhalb des Genres arbeiteten, interessierten sich einige Regisseure des jungen deutschen Films in ihren »kritischen Heimatfilmen« für die historische und politische Realität des Lebens auf dem Land. Volker Vogelers 1970 gedrehter Film »Jaider – der einsame Jäger« schilderte die Geschichte eines bayrischen Wilddiebs und seiner Revolte gegen die Staatsmacht fast in der Art eines Italowestern (vgl. *Western*). In »Verflucht dies Amerika« (1973) konfrontierte Vogeler die möglichen Helden eines Heimatfilms (fünf Bayern, die nach Amerika ausgewandert sind, sich aber dort nicht zurechtfinden) mit den klassischen Figuren des Western (etwa Doc Holliday). Volker Schloendorffs »Der plötzliche Reichtum der armen Leute von Kombach« (1970) zeigte »einmal die schlimme Armut und noch schlimmere Hilflosigkeit der nach langen Kriegen und Mißernten in Not geratenen ländlichen Bevölkerung; zum anderen aber auch deren Unbeholfenheit und Ergebenheit gegenüber Gott und der Obrigkeit, die sie ihre unblutige Tat (den Überfall auf einen Geldtransport – d. Verf.) schließlich aufrichtig bereuen läßt« (Helmut Schmitz). Der Film »Ich liebe dich, ich töte dich« (1970) von Uwe Brandner zeigte die Rituale einer dörflichen Idylle, in der jeder Regelverstoß zum Ausbruch von Aggressionen und zur Vernichtung des aufsässigen Individuums führt. Auch Reinhard Hauff zeichnete in »Mathias Kneissl« (1971) das Porträt eines Außenseiters, des 1902 in München hingerichteten Wilddiebes Kneissl, der zum Verbrecher wider Willen wurde. Mit der Verfilmung eines Stoffes von Ludwig Anzengruber, »Sternsteinhof«, knüpfte Hans W. Geissendörfer 1976 an die zwischenzeitlich unterbrochene Tradition des »neuen deutschen Heimatfilms« wieder an.

Eine andere »Fortsetzung« hat der Heimatfilm im Genre des Sexfilms (vgl. *Sex*) gefunden, wo Kulisse und Typrenreservoir für eine Reihe von »Sex-Komödien« verwendet wurden (z. B. »Auf ins blaukarierte Himmelbett« – 1974 – Regie: Alois Brummer; »Alpenglühn im Dirndlrock« – 1974; »Ob Dirndl oder Lederhos', gejodelt wird wie wild drauflos« – 1974 – Regie: Benno Bellenbaum).

Anmerkungen

Klaus Kreimeier: Kino und Filmindustrie in der BRD. Ideologieproduktion und Klassenwirklichkeit nach 1945. Kronberg/Ts. 1973. Willi Höfig: Der deutsche Heimatfilm 1947–1960. Stuttgart 1973. Ulrik Uhu: Der Bursch hat nie ein Reh gesehn. In: »Konkret« Nr. 42. Hamburg 1973. Helmut Schmitz: Heimatfilm neuerer Art. In: »Süddeutsche Zeitung« v. 26. 1. München 1971.

Literatur

Martha Cehak: Das Bild der Familie im deutschen Film. Hamburg 1958. Theo Fürstenau: Die Faszination des Kitsches. In: »Filmforum« Nr. 1. Emsdetten 1954. Theo Fürstenau: Die Flucht vor der Wirklichkeit. In: »Filmforum« Nr. 7. Emsdetten 1956. Uta Ganschow: Die Geier-Wally. Identifikationsangebot für ein Massenpublikum 1873 und 1940. In: »Diskurs« Nr. 6/7. Köln 1973. Peter Handke: Vorläufige Bemerkungen zu Landkinos und Heimatfilmen. In: »Film« Nr. 11. Velber 1968. Peter Pleyer: Nationale und soziale Stereotypen im gegenwärtigen deutschen Spielfilm. Münster 1968. Arthur Maria Rabenalt: Die Schnulze. Capriccios über ein sämiges Thema. Icking 1959. Karl Veit Riedel: Die Volkstümlichkeit der filmischen Gestaltungsweise. In: »Publizistik« Nr. 2. Bremen 1962. Wolfgang Ruf: Die armen Leute von Kombach und anderswo, oder: Gibt es einen neuen deutschen Heimatfilm? In: »Fernsehen und Film« Nr. 4. Velber 1971.

Heimatromane

Der aktuelle Heimatroman, der vorwiegend in der Form des Romanheftes und des Taschenbuchs vertrieben wird, hat seine Ursprünge in der »Heimatkunst« des ausgehenden neunzehnten Jahrhunderts, die sich in bewußtem Gegensatz zum literarischen Stil des Naturalismus und zur »Großstadtkunst« um die Schilderung und Heroisierung von »landschafts- und volksverbundenen Menschen, welche die Gesetze ihres Werdens und Wesens, naturhafte Gesetze, in sich tragen« (Paul Erich Schütterle) bemühten. Die Verklärung des Landlebens hat eine wesentlich längere Tradition in der Kunst und vor allem in der Literatur, aber der populäre Heimatroman ist im Gegensatz etwa zu den »Dorfgeschichten« des neunzehnten Jahrhunderts – Berthold Auerbach, Jeremias Gotthelf, Maler Müller etc. – eindeutig irrational, politisch reaktionär und surrogathaft, was die Darstellung des bäuerlichen Lebens aus der Perspektive kleinbürgerlicher »Sommerfrischler« anbelangt. Peter Rosegger, → Ludwig Ganghofer und Hermann Löns, drei in sich recht unterschiedliche Autoren, bestimmten den ersten Höhepunkt der Heimatliteratur. Bezeichnend ist, daß sich die Heimatliteratur zu einem Zeitpunkt herausbildete, da die dörfliche Gemeinschaft und die traditionellen Bindungen der Landbevölkerung in der Familie, ins Stadium der Zersetzung eingetreten waren und daß die Heimatliteratur eben diesen Aspekt in ihrer »realistischen« Schilderung aussparte, daß, was sie beschrieb und glorifizierte, allenfalls als Schauspiel für die »Fremden« noch existierte.

Die Heimatliteratur war also in erster Linie ein Gegenbild, einmal gegen die Wirklichkeit der Industrialisierung, der Zerstörung der agrarischen Gesellschaft, und zum anderen gegen die Literatur, die sich mit den neuen sozialen und politischen Problemen auseinandersetzte. Die Heimatliteratur war eine Literatur des Rückzugs, die um das »Urerlebnis« von Heimat, einem früh erfahrenen Gefühl der Geborgenheit herum ein Arsenal von Klischees, Stereotypen und Charaktermasken gruppierte, in deren Verhältnissen und Beziehungen kaum etwas Überraschendes und beileibe nichts psychologisch Entwickeltes geschah. Es ist kaum verwunderlich, daß die Heimatliteratur sehr bald schon ihre Werte nicht mehr nur ihrem Milieu zuordnete, sondern sie in Verbindung setzte mit dem »Auftrag«, die Leser zu national und völkisch gesonnenen, »heimattreuen« Patrioten zu erziehen. Im Heimat-Mythos verband sich die regressive Sehnsucht nach vorindustriellen Lebensformen und kindlicher Geborgenheit mit der aggressiven Frontstellung gegen alles Fremde.

Die Themenkreise der Heimatliteratur haben sich auch in der noch weiter schematisierten Form der Heimatromanhefte erhalten, die nach dem Zweiten Weltkrieg das Hauptkontingent an Heimatliteratur (neben den Neuausgaben der »Klassiker«) bildeten. Die Konflikte, die der Heimatroman darstellt, sind relativ begrenzt und lassen sich in einigen stereotypen Themenkreisen zusammenfassen:

1. Konflikte innerhalb der bäuerlichen Familie, die durch Erbschaftsverhältnisse ausgelöst werden, durch Streitigkeiten zwischen Geschwistern, Generationskonflikte oder Probleme bei der Wahl des Ehegatten. Der diesem Themenkomplex zugrundeliegende »moralische« Grundsatz umfaßt die indirekte, aber darum um so zwingendere Verbindung von Gefühlswerten und materiellen Bedingungen bzw. Besitzverhältnissen. Drängt sich zunächst der Eindruck auf, der Heimatroman behandle Konflikte, die es eigentlich gar nicht mehr gibt, so lassen sich hinter der »exotischen« folkloristischen Oberfläche Konflikte herauslesen, die sehr aktuell und keineswegs dem bäuerlichen Milieu allein verbunden sind: Jede Liebesgeschichte ist zugleich die Geschichte eines sozialen Konfliktes, der nur durch das Errichten einer materiellen Basis für das Glück gelöst werden kann. Jeder Erbschaftsstreit ist zugleich die Geschichte der angefochtenen und schließlich restaurierten patriarchalischen Familie. Die bäuerliche Familie im populären Heimatroman ist ein durch Heimat- und Naturverbundenheit idealisiertes Abbild der bürgerlichen Familie, deren systembedingte Widersprüche illusionshaft aufgelöst werden, indem sie im Rahmen einer natur-

Mario Adorf (links) und Hans-Jürgen Bäumler auf Titeln von Bergromanen

gegebenen, »gewachsenen« Ordnung durch Rekonstruktion der Tradition beigelegt werden.
2. Konflikte zwischen der bäuerlichen Familie und individuellen Ansprüchen von Knechten oder Mägden, wobei sich wiederum materielle mit gefühlsmäßigen (erotischen) Konflikten paaren. Der prinzipiellen Dualität in der trivialen Literatur folgend steht auch hier der »positive« Fall, etwa die bescheidene, fleißige Magd, die sich in den Bauernsohn verliebt, neben dem »negativen« Fall, etwa der bösen, intriganten Magd, die es »nur auf das Geld des Bauern abgesehen hat«. Im positiven Fall wird der Konflikt aufgelöst, indem die Magd oder der Knecht in den Bauernstand »hinaufheiratet« und wegen der menschlichen Qualitäten und der Fähigkeit, die neuen Aufgaben zu bewältigen, von der bäuerlichen Familie nach anfänglichen Widerständen akzeptiert wird. Im negativen Fall entlarvt sich der Intrigant selbst und wird aus der bäuerlichen Gemeinschaft verstoßen. Der dieser Konstellation zugrundeliegende Motivkreis, der in fast sämtlichen Formen der Unterhaltungsliteratur zu finden ist, ist die Idee vom sozialen Aufstieg durch die Heirat. Der entgegengesetzte Fall, z. B. der freiwillige Verzicht auf ein Erbe, ist im Heimatroman so gut wie ausgeschlossen.
3. Der Konflikt zwischen Stadt und Land. Hierbei werden dem städtischen Milieu zumeist die negativen Aspekte des bürgerlichen Lebens zugeschrieben: das Spekulantentum, die Zerstörung der bäuerlichen Ordnung, die »Sittenlosigkeit«, der Vorrang des Geldes vor dem heimatlichen Boden etc. Häufig findet sich das Motiv des

Heimkehrers: Ein Bauernkind ist in der Stadt seiner Heimat entfremdet worden und bringt Konflikte in die bäuerliche Familie und die Dorfgemeinschaft, die dadurch gelöst werden, daß der Heimkehrende durch eigene Erlebnisse und durch Zuspruch besonders »weiser« Menschen zur Tradition bekehrt wird oder daß die aus der Stadt importierte Rationalität mit den traditionellen Gepflogenheiten eine neue Verbindung eingeht. Dies gelingt, wenn die Absichten des Heimkehrers ehrlich sind; sind sie es nicht, so muß er von Familie und Dorfgemeinschaft auf die eine oder andre Weise eliminiert werden. (In den fünfziger Jahren spiegelte sich in Romanen mit diesem Thema nicht selten auch das Problem der Kriegsheimkehrer.)

4. Konflikte innerhalb der Dorfgemeinschaft. Abweichendes Verhalten eines Mitgliedes der Dorfgemeinschaft (etwa der verwitwete Bauer, der zum Trinker wird und die Belange seines Hofes vernachlässigt, die Verschuldung eines Hofes, persönliche Fehden verfeindeter Familien etc.) führt nach einigen dramatischen Situationen, in denen sich Gut und Böse trennen, zu solidarischem Verhalten der Dorfgemeinschaft, die entweder mit der Hilfe für den bedrängten einzelnen oder mit der Bestrafung des Abweichlers den Konflikt beendet. Betont wird dabei immer die Kraft der Dorfgemeinschaft, aus sich selbst heraus die Ordnung wieder herzustellen; das Eingreifen außerdörflicher Kräfte (Justiz, Polizei etc.) wird als entweder lächerlich oder als gefährlich geschildert. Die natürliche Ordnung, die sich selbst erhält und die Immunität von Familie und Gemeinschaft gegen alles Fremde sind mythische Vorstellungen, die sich in vielen Formen der Unterhaltung wiederfinden. Die implizierte Umkehrung dieser Vorstellung ist die – vom Heimat-Milieu abstrahierbare – Feststellung, daß sich Ordnung und Tradition aus sich selber heraus legitimieren und keine rationale Durchleuchtung ihrer Bedingungen benötigen, ja diese Rationalisierung selber bereits ein Angriff auf die Ordnung ist.

Diese hier skizzierten Themenkreise verbinden sich im Heimatroman mit Erzählmustern des Melodrams (der Mann zwischen zwei Frauen, die Frau zwischen Leidenschaft und Pflicht etc.), des Kriminalromans (der durch Intrigen herbeigeführte Mord oder Selbstmord, der falsche Verdacht etc.), des »Fürstenromans« (der gute Adelige, der oft als *deus ex machina* in Konflikte innerhalb der dörflichen Gemeinschaft eingreift und den ein Treue-Verhältnis mit »seinen« Bauern verbindet, der böse Adelige, gegen den der bäuerliche Rebell, der Wilderer beispielsweise, gestellt wird, schließlich auch hier der soziale Aufstieg durch die Heirat) und der Heimatkomödie, wie sie vor allem in der Form des »ländlichen Schwanks« (vgl. *Komik*, → Komödienstadel und Ohnsorgtheater) bekannt ist (der Bauer, der nicht heiraten will, der bekehrte Geizhals, der hochnäsige Großbauer, der von der Dorfgemeinschaft zu sozialem Handeln erzogen werden muß, der »betrogene Betrüger« etc.). Sporadisch greift der Heimatroman auch phantastische und mystische Themen auf, etwa in der Gestalt der mit übersinnlichen Kräften ausgestatteten Kräuterfrau oder in der Form von »Erscheinungen«. Das religiöse Moment erscheint hauptsächlich als Ordnungs- und Traditionsfaktor; unter der »tiefen Frömmigkeit der Bauern« stellt sich der Heimatroman die strikte Einhaltung der kirchlichen Regeln vor. Der neue Pfarrer mit »fortschrittlichen Ideen« kann zu einem Fremden werden, der von der Dorfgemeinschaft abgelehnt wird.

Die Natur im Heimatroman steht niemals für sich, sondern ist ein Spiegel der seelischen Zustände der handelnden Personen. Ist auf der einen Seite eine stark bewegte Natur (Sturm, Gewitter, Regen etc.) das Sinnbild für starke Bewegungen im Gefühlsleben der Helden – aggressive Handlungen, insbesondere Morde oder Duelle finden fast ausschließlich parallel zu Gewitterstürmen statt –, so bezeichnet der erzählerische Schwenk auf Natur zumeist die ansonsten ausgesparten sexuellen Handlungen: »Graf Skolny atmete schwer. In seinen Augen stand die Sehnsucht. Er nahm Komtesse Irene in den Arm, und draußen senkte sich die Sonne hinter die Wipfel der schlanken Birken . . .« (zitiert nach Helmut Melzer). Eine dritte Möglichkeit des Heimatromans, die Natur in die Erzählung zu integrieren, ist die Form der Strafe der Natur für menschliche Verfehlungen. Der Berg »holt« den vermessenen jungen Mann, indem er »sich in Nebel hüllt«; langanhaltende Trockenheit oder schwere Stürme bestrafen die Menschen für begangene Untaten. Dieses archaische, gleichsam alttestamentarische Verhältnis der Menschen zur Natur erleichtert auf der einen Seite die erzählerische Durchführung, sie entspricht auf der anderen Seite aber auch einem umfassenden Bedürfnis nach Determination und »Sinngebung«, dem der Heimatroman Rechnung trägt. Nicht nur den gesellschaftlichen Beziehungen der Menschen, sondern auch der Natur wird jede Zufälligkeit abgesprochen; indem allen Erscheinungen der Wirklichkeit ein »tieferer« Sinn unterstellt wird, der auf ein globales, metaphysisches Ordnungssystem zurückgeht, in dem es zwar Konflikt und persönliche Dramen, aber keine historischen Widersprüche gibt, wird beim Leser das Gefühl erzeugt, seine alltäglichen Frustrationen seien frei von Willkür, Teil eines vorherbestimmten Schicksals. Der Heimatroman dramatisiert die Natur zu einem Schauspiel, in dem der Gegensatz zwischen »kleinem« und hilflosem Menschen und allgewaltiger, strafender Natur das Individuum in seine Schranken verweist.

Dieser Verdinglichung der Natur entspricht eine Definition des Heimatbegriffs, der sich in erster Linie als Bindung an den Boden versteht, dem man durch Besitz oder durch die Herrschaftsverhältnisse angehört. Dazu kommt, daß beides, Heimat wie Natur, im Heimatroman erst durch die Negation erfahrbar wird. Nur durch die Gegenüberstellung mit dem Fremden kann der Heimatroman deutlich machen, was ihm der Begriff bedeutet, und nur durch die Herausforderung der Natur, letztlich nur durch die Natur*katastrophe* vermag er das Verhältnis der Menschen zu ihr zu bestimmen. So kommt im aktuellen Heimatroman die Entfremdung des modernen Menschen von Natur, Heimat und Familie zum Ausdruck, obwohl es ein Hauptmotiv dieses Genres ist, diese Entfremdung zu verneinen.

Anmerkungen

Paul Erich Schütterle: Der Heimatroman in der deutschen Presse der Nachkriegszeit. Würzburg 1936. Zitiert nach: Willi Höfig: Der deutsche Heimatfilm 1947–1960. Stuttgart 1973. Helmut Melzer: Trivialliteratur 1. München 1974.

Literatur

Dorothee Bayer: Der triviale Familien- und Liebesroman im 20. Jahrhundert. Tübingen 1963. Ina-Maria Greverus: Der territoriale Mensch. Ein literaturanthropologischer Versuch zum Heimatphänomen. Frankfurt 1972. Heinz Ide (Hg.): Massenmedien und Trivialliteratur. Stuttgart 1973. Walther Killy: Versuch über den literarischen Kitsch. In: Ders. (Hg.): Deutscher Kitsch. Göttingen 1962. Hans Koch (Hg.): Gift in bunten Heften. Ein Münchner Zeitungskiosk als Spiegel des westdeutschen Kulturverfalls. Berlin (DDR) 1960. Wolfgang Langenbucher: Der aktuelle Unterhaltungsroman. Bonn 1964. Literarisches Colloquium Berlin (Hg.): Trivialliteratur. Berlin 1964. Peter Nusser: Romane für die Unterschicht. Stuttgart 1973. Walter Nutz: Der Trivialroman, seine Formen und seine Hersteller. Köln/Opladen 1962. Kurt Rabl (Hg.): Das Recht auf Heimat. München 1959.

Illustrierte

Die publizistische Form der »Illustrierten Zeitung« hat sich zu Beginn des neunzehnten Jahrhunderts herausgebildet; Charles Knight in England mit seinem »Penny Magazine« (1830) und Johann Jakob Weber mit seiner »Leipziger Illustrirten Zeitung« (1833) sind ihre verlegerischen Stammväter. Die ökonomische Grundlage dieser Presse-Form, in der Text und Bild (in die-

Die Illustrierte »Revue« im Jahr 1949 und heute © Bauer

ser Zeit zumeist Holzschnitte, später Kupferstiche) gleichberechtigt nebeneinander stehen, war der Wunsch der Verleger, neben den gebildeten Schichten auch die breiteren Volksschichten anzusprechen und auch Analphabeten zu Presse-Konsumenten zu erziehen. Mit der Erfindung der Rotationsmaschine (1872), der billigeren Papierherstellung aus Holz (1874) und der Setzmaschine (1884) konnten sich die frühen Illustrierten zu einem wirklichen Massenmedium entwickeln. Dazu war aber noch eine Neuorganisation des Vertriebs vonnöten (bis dahin waren alle Zeitschriften entweder über den Buchhandel oder über das Abonnement vertrieben worden): Die seit 1891 von Otto Eysler im Verlag Ullstein herausgegebene »Berliner Illustrirte Zeitung« brach mit den gewohnten Gepflogenheiten. Sie war billig, die Abonnementspflicht, die bis dahin für alle Zeitschriften galt, wurde aufgehoben, und der Vertrieb wurde erstmals über den Zwischenschritt des Zeitschriftengroßhandels abgewickelt. Da es nun keinen Abonnementszwang mehr gab, mußte sich jede Nummer einzeln verkaufen, und es war deswegen notwendig, schon mit dem Titel und der Aufmachung emotionales Interesse beim potentiellen Leser zu wecken: Spätestens hier war die Mischung aus Sensation und Sentimentalität, die auch heute noch das »Klima« der Illustrierten bestimmen, vorgegeben. David Cohn, der das Blatt nun führte, erkannte sehr schnell die Möglichkeiten, die neue Abbildungstechniken dem Medium eröffneten. Durch die Autotypie (Netzätzung) wurde die drucktechnische Vervielfältigung von Fotografien möglich. Neben der Porträtfotografie wurde die Foto-Reportage zum journalistischen Hauptangebot der »Berliner Illustrirten Zeitung« und ihrer Nachahmer. Eine weitere Neuerung, die den Leser an »seine« Illustrierte binden sollte, war der Fortsetzungsroman (vergl. *Romanze* → Il-

Die »Bunte Illustrierte«, eine gehobene Form der Regenbogenpresse © Burda

Sex und Politik: »Quick« © Bauer Verlag

lustriertenromane); für die »Berliner Illustrirte Zeitung« schrieben immerhin so bedeutende Autoren wie Ricarda Huch, Arthur Schnitzler, Norbert Jacques und Gerhart Hauptmann.

Dem Konkurrenzblatt der »Berliner Illustrirten Zeitung«, »Die Woche«, blieb es vorbehalten, die letzte Zutat zum »Rezept« der Illustrierten zu liefern: den Kult um die Prominenz. Waren es zu Beginn vor allem die Mitglieder von Hof und Gesellschaft zur Zeit der Regierung des repräsentationsfreudigen Wilhelm II., so bezog sich diese frühe Form des »Starkults« bald auch auf mehr »säkulare« Prominenz.

Nach dem Ersten Weltkrieg erreichten die Illustrierten den Höhepunkt ihrer Beliebtheit. Neben den unterhaltungsorientierten Zeitschriften wie »Frankfurter Illustrierte«, »Münchner Illustrierte Zeitung«, »Hamburger Illustrierte«, »Deutsche Illustrierte« etc. erschien die »Arbeiter-Illustrierte«, ein Organ der kommunistischen Partei (1933 verboten) und das nationalsozialistische Blatt »Der Illustrierte Beobachter«. Die Zeit der nationalsozialistischen Herrschaft »sind zwölf Jahre der Gleichschaltung der gesamten deutschen Presse und Publizistik – und damit auch der braunen Gleichförmigkeit der deutschen Illustrierten, die einander immer ähnlicher werden, bis sie schließlich identisch sind« (Hans Jürgen Usko/Günter Schlichting).

Die nach dem Krieg in Deutschland wieder- oder neugegründeten Illustrierten waren gekennzeichnet von dem Bemühen, die nationalsozialistische Vergangenheit so apolitisch und personalisierend wie möglich zu »verarbeiten«. Die politische Funktion der Illustrierten, durch die Reduktion der Weltgeschichte auf Bett-Affären, »große Auftritte« und kleine »Menschlichkeiten« gesellschaftliches Bewußtsein zu atomisieren, war hier besonders augenscheinlich. Zwar fanden sich, insbesondere in den Jahren zwischen 1955 und 1958, auch eine Reihe von kritischen Reporta-

gen, und einige Kolumnen-Autoren griffen durchaus kontroverse Themen auf, im großen jedoch waren die Illustrierten in der »Ära Adenauer« geprägt durch die Bestätigung eines restaurativen Weltbildes und den Kult um neue »Stars«. Mitte der sechziger Jahre machte sich im Zuge der »Sex-Welle« eine Hinwendung zu erotischen Themen und die Verwendung der erotischen Fotografie als Anreiz bemerkbar. Die vier nach dem »Illustriertensterben« Ende der sechziger Jahre übriggebliebenen Illustrierten spezialisierten sich in ihrer Ansprache:
»Der Stern«, die einzige deutsche Illustrierte, die bei allem Unterhaltungswert eine kontinuierliche politische und kulturelle Berichterstattung bringt, die nicht ausschließlich auf Sensation und Personalisierung abzielt, versteht sich als ein liberales Forum und bezieht Elemente des Nachrichtenmagazins in die Gestaltung mit ein.
Die »Bunte Illustrierte« ist dem Gehalt nach der Regenbogenpresse (vgl. *Romanze*) verwandt; Hauptaugenmerk wird auf Bildberichte über große gesellschaftliche Ereignisse (Fürstenhochzeiten, Filmfestspiele etc.), Romane und »Lebenshilfe« gelegt.
Die »Neue Revue« stellt eine gewissermaßen »gereinigte« Form der St. Pauli-Presse (vgl. *Sex*) dar; zu ihren bevorzugten Themen gehören Berichte über Verbrechen, sexualpathologische »Fallstudien« und Themen des *human interest.* Ein Großteil des redaktionellen Angebots wird von Witzen und Cartoons bestritten, wie sie aus den Witzheften (vgl. *Komik*) bekannt sind. Betreibt die »Neue Revue« eine politische Beeinflussung im Sinne rechtskonservativer Kräfte eher unterschwellig, so ist die »Quick« neben Sex-Artikeln von politischen Kommentaren und »Enthüllungen« geprägt, die bisweilen die Grenzen des fairen Journalismus überschreiten.
Von allen Presseformen, abgesehen von Konsumzeitschriften (»DM«, »Schöner Wohnen« etc.) und Modezeitschriften, sind die Illustrierten wohl am meisten ein Zeitschriftentyp, der ganz auf die das »redaktionelle Umfeld« umgebende Werbung abgestimmt ist; ihre Aussagen haben in erster Linie das Ziel, der Werbung Aufmerksamkeit zu verschaffen.

Anmerkung
Hans Jürgen Usko/Günter Schlichting: Kampf am Kiosk. Hamburg 1961.

Literatur
Dieter Baacke: Mediendidaktische Modelle: Zeitung und Zeitschrift. München 1973. Hans Dieter Baroth/Erdmute Beha/Henryk M. Broder/Norbert Hartmann: Mit Politik und Porno. Pressefreiheit als Geschäft belegt am Heinrich Bauer-Verlag. Frankfurt/Köln 1973. J. Eucker/ D. Grünwald/H. Kämpf-Jansen/I. Sengstmann: Projekt Illustrierte – Bericht, Kommentar und Materialien für Schule und Hochschule. Wißmar/ Gießen 1973. Horst Holzer: Gescheiterte Aufklärung? Politik, Ökonomie und Kommunikation in der BRD. München 1971. Ingeborg Langer–El Sayed: Frau und Illustrierte im Kapitalismus. Köln 1971.

Kinderstars

Kinder als Stars gibt es in beinahe allen Sparten der Unterhaltung, vom Zirkus über den Film, das Fernsehen, die Musik bis hin zum Leistungssport. In den Idealbildern, die die Kinderstars verkörpern, spiegelt sich die Einstellung einer Gesellschaft Kindern gegenüber, und die Charakterisierung der Kinder in den Medien zeichnet ein – wenn auch verzerrtes – Bild von den Problemen, die sich im Familienleben unserer Gesellschaft ergeben.
Der Mythos Kind, den die Unterhaltungsindustrie vermittelt, ist vor allem durch die Aussage gekennzeichnet, daß Kinder »unschuldig« sind. Dieser Unschuld tut es keinen Abbruch, wenn das Kind, wie etwa Jackie Coogan in Chaplins Film »The Kid« (vgl. *Komik*) oder Tatum O'Neal in Peter Bogdanovichs »Papermoon«, unter dem Druck der Verhältnisse auch zu »schmutzigen« Tricks greifen müssen, um zu überleben. Verbunden mit der Unschuld ist im Bild des Kinderstars eine spürbare Sehn-

sucht nach der Liebe und dem Schutz der Erwachsenen; die Geschichten, die die meisten um Kinderstars aufgebauten Filme erzählen, handeln von Kindern, die entweder ihre Eltern nach langer Trennung wiederfinden oder sich an eine Person als Ersatz-Vater oder -Mutter binden. Die wirkliche Situation der Kinder in unserer Gesellschaft, nämlich die Abhängigkeit von den Erwachsenen, wird hier also auf den Kopf gestellt: Der Kinderstar verkörpert die freiwillige und glücksversprechende Unterwerfung des Kindes unter die Interessen der Erwachsenen.

Während in den kindlichen Sportstars (vgl. *Sport und Spiel*), den Wunderkindern auf wissenschaftlichem oder musischem Gebiet und den kleinen Showstars auch die »pädagogische« Leistung der Eltern und Erzieher und somit ein Übersoll an Anpassung bewundert wird, bezeichnen die Kinderstars im Film und im Fernsehen idealtypische Vorstellungen vom Kind-Sein oder Kinder-Haben. Diese Vorstellungen oszillieren, abhängig von den gesellschaftlichen Umständen, zwischen dem Bild vom Kind als natürlichem und »unverdorbenem« Gegenbild zur Erwachsenenwelt und der kindlichen Ausgabe des angepaßten Helden der populären Kultur, wie sie besonders in den Fernsehserien (→ Tierserien, → Familienserien) zu finden sind.

Einige der berühmtesten Kinderstars des amerikanischen Films sind Shirley Temple, die seit ihrem fünften Lebensjahr in Spielfilmen mitwirkte (»Carolina« – 1934 – Regie: Henry King; »Curly Top« – Lockenköpfchen – 1935 – Regie: Irving Cummings; »Captain January« – Shirley Ahoi! – 1936 – Regie: David Butler etc.), Mickey Rooney (eigentlich Joe Yule), der bereits mit zwei Jahren auf der *vaudeville*-Bühne stand (»A Family Affair« – 1937 – Regie: George B. Seitz; »The Adventures of Huckleberry Finn« – 1939 – Regie: Richard Thorpe; »Babes on Broadway« – 1941 – Regie: Busby Berkeley etc.), Margaret O'Brien, die ihr Debüt im Alter von

Kinderstars der siebziger Jahre: die deutsche Anita (oben) und die Engländerin Lena Zavaroni, hier mit Frank Sinatra

vier Jahren in »Babes on Broadway« gab (»Jane Eyre« – Die Waise von Lowood – 1944 – Regie: Robert Stevenson; »Music for Millions« – Musik für Millionen – 1944 – Regie: Henry Koster; »Little Women« – Kleine tapfere Jo – 1950 – Regie: Mervyn LeRoy etc.) und Eddie Hodges (»The Adventures of Huckleberry Finn« – Abenteuer am Mississippi – 1959 – Regie: Michael Curtiz; »A Hole in the Head« – Eine Nummer zu groß – 1959 – Regie: Frank Capra; »Advise and Consent« – Sturm über Washington – 1961 – Regie: Otto Preminger etc.).

Ein Kinderstar des englischen Films war beispielsweise Freddie Bartholomew, der durch seine Rolle in dem amerikanischen Film »David Copperfield« (1934 – Regie: George Cukor) neben W. C. Fields (vgl. *Komik*) Weltruhm erlangte (weitere Filme: »Captain Courageous« – Manuel – 1937 – Regie: Victor Fleming; »Little Lord Fauntleroy« – Der kleine Lord – 1937 – Regie: John Cromwell; »Oliver Twist« – 1948 – Regie: David Lean etc.). Später war es vor allem Mandy Miller, die in Filmen recht sentimentalen Inhalts wie »Mandy« (1952), »Dance Little Lady« (Zum Tanzen Geboren – 1954) oder »A Child in the House« (1956) Starqualitäten erreichte.

Die Reihe der Kinderstars im deutschen Film reicht zurück bis in die Zeit des Stummfilms. In den zwanziger Jahren war es Loni Nest, die in zahlreichen Filmen das junge unschuldige Mädchen verkörperte. Sie trat in Filmen so berühmter Regisseure wie Paul Wegener (»Der Golem« – 1920), Fritz Lang (»Das wandernde Bild« – 1920), Paul Leni (»Patience« – 1920) oder Wilhelm Dieterle (»Die Heilige und ihr Narr« – 1928) auf. Die dreißiger Jahre brachten eine Karriere für Traudl Stark (»Seine Tochter ist der Peter« – 1936 – Regie: Heinz Helbig; »Liebling der Matrosen« – 1937 – Regie: Hans Detlev Sierck; »Prinzessin Sissy« – 1938 – Regie: Fritz Thiery etc.). Hans Joachim Schaufuß verkörperte den »Lausbuben«-Typus dieser Zeit (»Emil und die Detektive« – 1931 – Regie: Gerhard Lamprecht; »Der Zarewitsch« – 1933 – Regie: Victor Janson; »Stjenka Rasin« – 1936 – Regie: Alexander Wolkoff etc.). Hans Richter hatte in »Emil und die Detektive« sein Filmdebüt im Alter von zwölf Jahren gegeben und trat dann noch in Filmen wie »Brennendes Geheimnis« (1933 – Regie: Robert Siodmak), »Der Page vom Dalmasse-Hotel« (1933 – Regie: Victor Janson) und »Hitlerjunge Quex« (1935 – Regie: Hans Steinhoff) auf.

In den fünfziger Jahren schien der deutsche Film geradezu eine Vorliebe für Filme um Kinderschicksale zu haben. Stars dieser Filme waren unter anderen Elke Aberle, die ihr Leinwanddebüt im Alter von sechs Jahren gab (»Liebe« – 1956 – Regie: Horst Hächler; »Witwer mit fünf Töchtern« – 1957 – Regie: Erich Engels), Heidi Brühl (»Der letzte Sommer« – 1954 – Regie: Harald Braun; »Heideschulmeister Uwe Karsten« – 1954 – Regie: Hans Deppe), Michel Ande (»Marianne« – 1955 – Regie: Julien Duvivier; »Ferien in Tirol« – 1956 – Regie: Wolfgang Schleif), Sabine Eggerth (»Pünktchen und Anton« – 1953 – Regie: Thomas Engel), Cornelia Froboess (»Sündige Grenze« – 1951 – Regie: Robert A. Stemmle; »Drei Tage Angst« – 1952 – Regie: Erich Waschneck; »Laß die Sonne wieder scheinen« – 1955 – Regie: Hubert Marischka), Oliver Grimm (»Vater braucht eine neue Frau« – 1952 – Regie: Harald Braun; »Moselfahrt aus Liebeskummer« – 1953 – Regie: Kurt Hoffmann; »Wenn der Vater mit dem Sohne« – 1955 – Regie: Hans Quest) und Christine Kaufmann (»Rosen-Resli« – 1954 – Regie: Harald Reinl; »Der schweigende Engel« – 1954 – Regie: Harald Reinl). Der Inhalt und Stil dieser Filme läßt sich kaum besser als durch die Filmtitel charakterisieren.

Die Vorliebe des deutschen Nachkriegsfilmes für Themen mit Kindern in tragenden Rollen entstammte nicht nur einer Sehnsucht nach »heiler Welt« und Unschuld, sondern auch einer Reihe von Problemen, die sich in den durch den Krieg zerstörten oder zerrissenen Familien ergeben hatten. Der Wunsch nach Geborgenheit wie das Gefühl des Ausgestoßenseins konnte dabei auf die Kinder projiziert werden. Auffallend oft sind es in diesen Filmen Kinder, die Ehen »stiften« oder Menschen zueinanderführen, die sich aus den verschiedensten Gründen entfremdet waren. Der Kinderstar im deutschen Nachkriegsfilm verkörperte die »bessere Zukunft«, sein Erscheinen transportierte die Aufforderung, Resignation und Lähmung zu überwinden, »nicht mehr zurückzuschauen« und die Basis für ein neues Familienleben zu schaffen. Zugleich forderte der Mythos vom Kind als Zukunftsträger dazu auf, sich mit der Realität zu versöhnen, bzw. die geschichtlichen Erfahrungen der nationalsozialistischen Herrschaft zu verdrängen. In den Filmen mit dem dunkelhäutigen Kinderstar Toxi (»Toxi« – 1952 – Regie: Robert A. Stemmle) verklärte der deutsche Film das Problem der »Besatzungskinder« und unternahm es auch hier, die Realität nachhaltig zu verdrängen.

Waren Kinder im Nachkriegsdeutschland die Legitimation für Restauration und Wiederaufbau, so wandelte sich ihre Funktion in den sechziger Jahren zum Statussymbol. Entsprechend verlagerte sich das Interesse von den sentimentalen Kinder-Melodramen auf Komödien. Ein Beispiel für den Kinderstar dieser Komödien ist Hansi Kraus in den Filmen der »Lümmel«-Serie (»Die Lümmel von der ersten Bank« – 1967; »Zum Teufel mit der Penne« – 1968; »Hurra, die Schule brennt« – 1970 – Regie bei allen drei Filmen: Werner Jacobs). Daneben waren vor allem im *show-business* Kinder erfolgreich.

Das gewandelte Verständnis vom Kind spiegelte sich vor allem in den Liedern des holländischen Kinderstars Heintje, in denen, wie Peter O. Chotjewitz bemerkt, ausschließlich die Beziehung von Mutter und Sohn, nicht aber die des Kindes zum Vater thematisiert wird: »Die Väter sind nicht mehr Gegenstand des Denkens und der Verinnerlichung durch die Söhne, was natürlich seine Ursache darin hat, daß sich das Familienleben aus dem gesellschaftlichen Leben herausgelöst hat und nur noch eine uneffektive Form der Arbeitsteilung ist«. Das zentrale Thema seiner Lieder (und derer seiner Nachahmer) ist der Abschied des Sohnes von der Mutter. Dabei ist die Form des Auftritts ganz im Gegensatz zu der adretten Hilflosigkeit der früheren Kinderstars organisiert; sie strahlt Aggressivität und »Verführung« aus. Damit ist die Funktion des Kinderstars konträr zu der geworden, die sie im Nachkriegsfilm, in den Fernsehserien und in der Schlagermusik der fünfziger Jahre innehatte: Das Kind tritt aus dem Kontext der Gesamtfamilie heraus und wird (in einem »vaterlosen« Weltbild eindeutig der Mutter zugeordnet) zu einem eigenständigen Liebesobjekt. Diesen Wandel in der psychologischen und kulturellen Sicht des Kindes spiegeln auch so unterschiedliche Kinderstars wie Lena Zavaroni, Niki oder David Cassidy, der Star der amerikanischen → Familienserie »The Partridge Family«.

Gegen die sterile und unaufrichtige Darstellung der Situation des Kindes durch den Kinderstar wenden sich in jüngster Zeit einige Film- und Fernsehregisseure mit realistischen Kinderfilmen. Während Hark Bohm mit Dschingis Bowakow und Uwe Enkelmann eine Art Kinder-Antistars kreierte (»Tschetan der Indianerjunge« – 1972; »Ich kann auch 'ne Arche bauen« – 1973; »Nordsee is' Mordsee« – 1975), boten Ann Bennent in dem Thriller »Die Eltern« (1974 – Regie: Hans W. Geissendörfer), Johan Bergman in der Fußball-Satire »Fimpen« (Fimpen, der Knirps – 1973 – Regie: Bo Widerberg, vergl. *Sport und Spiel* → Sport im Film) und Alain Cohen in »Le Vieil Homme et l'enfant« (Der alte Mann und das Kind – 1966 – Regie: Claude Berri) überzeugende schauspielerische Leistungen und wurden so geführt, daß die Klischees der Kinderstars vermieden wurden. Auch im Fernsehen bemüht man sich um eine realistischere Spielweise vor allem in den speziellen Kinderserien (»realistisch« in diesem Zusammenhang bedeutet das Gegenteil der falschen Perfektion im Spiel der Kinderstars). Allerdings haben diese Sendungen mit der Konkurrenz der Tierserien zu kämpfen, in denen Kinder immer noch die Bedingungen ihrer eigenen »Dressur« mehr verkörpern als ihre wirkliche Situation.

Anmerkung
Peter O. Chotjewitz zitiert nach: Siegmund Helms (Hg.): Schlager in Deutschland. Wiesbaden 1972.

Literatur
Die Kleinen mit der großen Zugkraft. In: »Die Information« Nr. 1 und Nr. 2. Wiesbaden 1974.

Mami-Romane
Eine spezielle Gattung des Liebesromans (vgl. *Romanze*, → Frauen- und Schicksalsromanhefte) beschäftigt sich mit dem Kind in den melodramatischen Verwicklungen dieses Genres. Die Romanhefte, unter Titeln wie »Mami-Romane«, »Geliebte Mutti« oder »Mutti ist die Beste«, variieren das Schema des Liebesromans nur unwesentlich: auf dem Weg ins *happy end* einer Ehe muß ein Liebespaar Schwierigkeiten, Intrigen und Konkurrenten überwinden. Dabei erfüllt sich ganz nebenbei, was die Unterhaltung unter einem »Kinderschicksal« versteht; es ist der verwicklungsreiche Weg von einer unvollständigen in eine vollständige Familie. Das Bild des Kindes in diesen Romanen ist nach dem der → Kinderstars gezeichnet: Altklug, treuherzig und sentimental bewegen sich die Kinder in einer Welt der Erwachsenen, in der es für wirkliche Kinder keinen Platz gäbe. Weil die Beziehungen der Menschen untereinander in diesem Genre nach einem bestimmten Schema gestaltet sind, das vordergründig durch die Dualität von Liebe und Haß, latent aber von dem Traum sozialen Aufstiegs durch die geeignete Partnerwahl gekennzeichnet it, können auch die Kinder nicht anders agieren als »kleine Erwachsene«. Ihr Kindsein gerinnt so zu einem Fetisch. Mit einem gewaltigen Aufwand an Gefühligkeit und Schicksalsträchtigkeit überspielt der Mami-Roman in seinen Melodramen um uneheliche, unerwünschte oder herumgestoßene Kinder, daß in seiner Charakterisierung der menschlichen Beziehungen als sentimental verbrämten Tauschgeschäften Kinder eigentlich ein Ballast sind. Die Kinder in diesen Romanen können sich der Zuneigung und des Schutzes der Erwachsenen nur durch extremes Wohlverhalten und Überanpassung vergewissern. Nirgends spiegelt sich das gestörte Verhältnis unserer Gesellschaft zum Kind so deutlich wie hier. Besonders auffällig wird dies am glücklichen Ende der Mami-Romane, wo das Kind endlich Anerkennung und ein Zuhause gefunden hat; war es vordem eine Last, die die Mutter nur durch ständige Beschwörung einer Ideologie von Treue und Pflichterfüllung ertragen kann, so wird es nun zum Prestigeobjekt, das sich in die Reihe der neuerworbenen Status-Symbole einordnet.
Zum anderen kommt dem Kind auch die Funktion eines Katalysators für moralische Prozesse zu: »schlechte Frauen«, das sind Frauen, die mit mehreren Männern erotische Beziehungen aufnehmen, werden durch das Kind geläutert, kaputte Ehen werden durch Kinder »gekittet«, und Männer, die sich »aus dem Staub machen wollten«, werden durch das Kind an ihre Pflichten gemahnt und kehren zurück. Doch was hier so bemüht positiv geschildert wird, kann kaum verbergen, daß dem Kind unterschwellig die Schuld für ein unerfülltes, nur von Pflichten gestaltetes Leben zugeschoben wird. Gerade die Idealisierung des Kindes zu einer moralischen Instanz, zu einem Traum völliger Widerspruchslosigkeit zeigt auf, wie sehr sich die Helden und Heldinnen der Mami-Romane – zu Recht – vor dem vitalen Anspruch eines *wirklichen*

Titelbild eines Mami-Romans

Kindes fürchten. Die idealisierte Projektion eigener Konflikte auf das Kind im Mami-Roman hat ihr Pendant in der Wirklichkeit dort, wo Kinder zu »Sündenböcken« für schlechte Ehen, den verpaßten sozialen Aufstieg oder den Verlust an Freiheit herhalten müssen. Allein durch die Vertauschung des Vorzeichens erscheinen »Traumwelt« und Wirklichkeit so himmelweit voneinander entfernt, und doch handelt es sich in jedem Fall um denselben Vorgang: die psychische Ausbeutung des Kindes und seine Erniedrigung zu einer moralischen Krücke für die Erwachsenen.

Schlagertexte

Der deutsche Schlager, gewiß kein Ruhmesblatt der Unterhaltungsindustrie der Bundesrepublik, transportiert den »Triebkitsch« unerfüllter Liebe, wie er aus den Liebesromanen und Melodramen (vgl. *Romanze*) bekannt ist, das trotzige Zusammenhalten und den zynischen »Humor« auf Kosten von Minderheiten, deshalb unverblümter und weniger verschlüsselt, weil die Texte gegenüber der Musik (scheinbar) zweitrangig sind und sich die Rezeption auf immer wiederkehrende Reizwörter beschränkt. Diese »Lieblingswörter des deutschen Schlagers« hat Reinhard Baumgart in einer Fernsehsendung zusammengestellt; es sind: »Wolken, Himmel, Blumen, Sinn, Welt, Träume, Zukunft, Herz, Träne, Wind, Sorgen, Wort, Boot«. Die Gefühle, die mit diesen vagen Symbolen angesprochen werden, scheinen von unauslotbarer Tiefgründigkeit und schicksalsschwerer Dramatik. Diese Symbole werden verwendet, um Gemeinsamkeit zu konstruieren oder um den Verlust dieser Gemeinsamkeit zu beklagen; die Beziehung zum Partner scheint sich nicht anders als in diesen so leeren wie bombastischen Metaphern fassen zu lassen.

»›Wir‹ und ›Du‹, die zwei dominierenden ›Begriffe‹ des Schlagers sollen die Konsumenten in die fernen Sinnprovinzen hineintragen, wo die Widersprüche der Realität auf ein Mindestmaß reduziert sind und die Widerspruchsfreiheit als Spannungsabfuhr erfahren wird. Es geht um die Einsamkeit. Der Tatbestand der durch die Gewaltverhältnisse gestörten Kommunikation, der bürgerlichen Vereinzelung wird zugestanden, aber gleich wieder negiert: Du bist zwar einsam, aber nicht allein, weil die Misere uns alle betrifft« (Wolfram Knorr). Mit seinem Bestreben, alles so allgemein und unpräzis zu bezeichnen, wie möglich (vordergründig, um »allgemeinverständlich« zu bleiben, tatsächlich aber, weil die Beziehungen zwischen Menschen konkret zu beschreiben, den zur Fließbandarbeit gezwungenen Texter überfordern würde), gibt der deutsche Schlager ungewollt ein Bild von der Sprachlosigkeit unserer Gesellschaft, und es kann nicht verwundern, daß er dort am meisten Anklang findet, wo

Die »Börse« des deutschen Schlagers:
Die »Hitparade« des ZDF

diese Sprachlosigkeit in der Ausbildung, im Berufsleben und in der »offiziellen« Freizeitgestaltung zementiert wird: in der Unterschicht.

Zwar erscheint es auf den ersten Blick, als handle es sich bei den Schlagertexten um ein ständig wiederholtes, nur leicht variiertes Zusammensetzspiel der immer gleichen *topics* und als habe sich von »Lilly Marleen« inmitten des Zweiten Weltkrieges bis zu den Schlagern der siebziger Jahre kaum etwas verändert. Tatsächlich aber reagiert der Schlagertext sogar sehr empfindlich auf die Geschehnisse der Zeitgeschichte und zeichnet seismographisch genau nach, ob zur Zeit ein trotziger Optimismus (»Das kann doch einen Seemann nicht erschüttern« – 1939) oder spielerische Weltflucht (»Kauf dir einen bunten Luftballon« – 1943) benötigt wird. Die zyklische Wiederkehr von »Moden« und Trends in den Schlagern hat ihre Entsprechung auch in den zyklischen Erscheinungen der Gesellschaft, den Krisen, »Aufschwüngen« und Stagnationen des Wirtschaftslebens.

Da die Schlager davon leben, ihr Publikum zu trösten – dies ließe sich bis in ihre musikalische Struktur hinein verfolgen –, verwandeln sie sich entsprechend den Nöten und Problemen der Menschen. So waren beispielsweise in den späten fünfziger Jahren, zu einer Zeit, da in den Filmen Ruth Leuwerik mit ihrer Ideologie des Seidnett-zueinander, Romy Schneider in den »Sissy«-Filmen und die abgründig biederen Gestalten des → Heimatfilms reüssierten, jene Schlager besonders erfolgreich, die sich in irgendeiner Form mit dem Heimweh beschäftigten, einem Heimweh, das der Schlagersänger Freddy Quinn ebenso aufschlußreich wie vage als »Heimweh nach irgend etwas« definierte. In dieser Zeit war der Durchbruch zum »Wirtschaftswunder« geschafft, die kulturelle und politische Restauration hatte die offenen gesellschaftlichen Widersprüche zugedeckt, man sah sich um und entdeckte, daß die materielle Sicherung nicht das erhoffte Glück gebracht hatte. Das Heimweh im deutschen Schlager machte einer fast inbrünstigen, mit erotischer Symbolik überladenen Erlösungsmystik Platz (»Am Tag als der Regen kam«, »Ein Schiff wird kommen« etc.). Später verlor der deutsche Schlager wie sein Publikum die Hoffnung auf grundlegende Veränderungen, und man begann, sich mit der Wirklichkeit zu arrangieren; die Schlagertexte in den späten sechziger Jahren propagierten in erster Linie eine Resignation, in die man sich vor allem deshalb schicken kann (»Sei zufrieden mit dem Heute / Wenn es dich auch wenig freut . . .«, »Es kann nicht immer nur die Sonne scheinen / doch wenn der Regen fällt, trifft's nicht nur einen« sang der damalige → Kinderstar Heintje), weil die Misere allgemein ist.

Der Text des deutschen Schlagers, und hierin reicht seine Tradition tatsächlich von seiner Entstehung bis heute, stellt keine heile Welt dar, sondern fordert dazu auf, sich eine zu erträumen, und um dieser Aufforderung Nachdruck zu verleihen, versucht er gar nicht erst, das Unerträgliche der Wirklichkeit zu verleugnen; im Gegenteil, ein pessimistischeres, stärker von Lebensangst gezeichnetes Weltbild als der Schlager weist kaum sonst ein Produkt der Unterhaltungsindustrie auf. »Der Illusionismus der Schlager überzieht als dünner Lack einen großen Katzenjammer« (Wilfried Berghahn). Er ist deshalb nicht das Ziel, sondern das Medium der Realitätsflucht, und schon von daher ist es verständlich, daß er, von Ausnahmefällen abgesehen, ein so konkretes, erreichbares Glück wie die Sexualität bemüht ausgrenzt.

Die Armseligkeit dieser Konzeption spiegelt aber möglicherweise die Umstände der Entstehung von Schlagertexten, die häufig ohne Zusammenarbeit mit dem Interpreten oder dem Komponisten zustandekommen und für den Texter weniger durch Qualität als durch Quantität Rendite bringen, mehr wider als die tatsächlichen Bedürfnisse des Publikums. Diese zu bestimmen ist angesichts der Verfilzung von Schlagerindustrie und meinungsbildenden Medien fast unmöglich. Der Schlager ist dasjenige Produkt der Unterhaltungsindustrie, von dem sich am ehesten sagen ließe, daß er seinem Publikum aufgezwungen wird.

Anmerkungen

Wolfram Knorr: Die Trostmaschinen. In: »Zoom« Nr. 4. Zürich 1972. Wilfried Berghahn: In der Fremde. In: Literarisches Coloquium (Hg.): Trivialliteratur. Berlin 1964.

Literatur

Siegmund Helms (Hg.): Schlager in Deutschland. Wiesbaden 1972.

Soap Opera

Soap Opera ist die amerikanische Bezeichnung für eine Form der Fernsehserie, die vorwiegend vormittags ausgestrahlt wird und sich in der Hauptsache an Hausfrauen richtet. Geschildert werden die zumeist tragischen und schicksalsträchtigen Geschehnisse in einer Familie, deren Weg über Jahrzehnte hin verfolgt wird. Diese Marathon-Melodramen werden nicht als Fernsehfilme gedreht, sondern es sind Mitschnitte von zum Teil öffentlichen Bühnenaufführungen, die mit wenigen Kulissen auskommen und vorwiegend vom Dialog getragen werden (zwei dieser Serien in Amerika gehen sogar *life* über den Sender). Die Soap Operas, deren Tradition in die Glanzzeit des Radios in den 30ern zurückreicht, verdanken ihre Bezeichnung der Tatsache, daß diese Sendeform vor allem von der Kosmetik- und Waschmittelindustrie gesponsort wird (ein Sponsor im amerikanischen Fernsehsystem ist eine Firma, die bei einem Sender Sendezeit einkauft, sie mit eigenen Sendungen füllt und in die Sendungen ihre Werbungen einbaut).

Die älteste dieser Soap Operas, »Search for Tomorrow«, begann vor 23 Jahren und läuft noch heute an fünf Tagen in der Woche. Der Erfolg dieser neben den Kriminalserien wohl beliebtesten Sendeform des amerikanischen Fernsehens ist auf mehrere Faktoren zurückzuführen. Zum einen erreichen die Soap Operas die Hausfrauen zwischen 11 und 16 Uhr zu einer Zeit, da sie gemeinhin wenig Ansprache haben und nach gewissermaßen »persönlichen« Kontakten suchen. Dem tragen diese Sendungen Rechnung, indem sie ihre Helden so konstant und menschlich aufbauen, wie man vielleicht einen wirklichen Nachbarn erfährt. Auch der bei den meisten dieser Serien eingehaltene Tagesrhythmus trägt dazu seinen Teil bei. Daß die Helden, und hier vor allem die Frauen, ständig von Schicksalsschlägen gebeutelt werden, das »Prinzip Unheil« (»Der Spiegel«) vorherrschend ist, festigt eine emotionale Bindung an die einzelnen Serien, tröstet über eigene Frustrationen hinweg und bietet gleichzeitig das Surrogat für eine soziale Haltung, die in der gesellschaftlichen Realität kaum noch Anwendung finden kann: Mitleid. Gescheiterte Ehen, zerbröckelnde Familien, Krankheiten und Tod, Arbeitslosigkeit, wirtschaftliche Zusammenbrüche, Jugendkriminalität auch und gerade bei mittelständischen Familien, das alles gehört zwar zum Erfahrungsrepertoire des Publikums, doch in der Häufung in den Soap Operas kommt ein irrationaler, gleichwohl pessimistischer Zug ins Spiel, der der Zuschauerin einen Vergleich suggeriert: Im Verhältnis zu den Heldinnen der Soap Operas erscheint ihre eigene Situation zumindest als erträglich, und das Kleinstadtmilieu, in dem diese Serien angesiedelt sind, erscheint als so abenteuerlich, aufregend und dramatisch, daß darüber die Öde und Banalität des Lebens vergessen werden kann. Aufgebaut sind die Soap Operas nach dem Prinzip des Fortsetzungsromans: Jeweils das Ende einer Episode wirft neuen Konfliktstoff auf, der in der nächsten Folge verarbeitet wird, und so fort. Mit einiger Verzögerung reagieren die Soap Operas auch auf virulente gesellschaftliche Probleme (Vietnam, Drogen, wirtschaftliche Depression etc.), in ihrer vollständigen Personalisierung sind die Darstellungen jedoch nicht geeignet (was auch nicht beabsichtigt ist), zu einer Diskussion anzuregen. Die Sendeform der Soap Operas gibt es in Deutschland bislang nicht, aber formale Ähnlichkeit (gefilmte Bühnendarstellung) findet sich in der Serie »Ein Herz und eine Seele« von Wolfgang Menge, die freilich das permanente Familiendrama ins Komische wendet. Inhaltliche Ähnlichkeit weist beispielsweise die englische Serie → »Forsyte Saga« auf, die jedoch durch historische und abenteuerliche Elemente aufgelockert ist, und die amerikanische Serie »Die Macht des Geldes«, bei der jedoch die einzelnen Episoden in sich mehr geschlossen sind.

Anmerkung

Das Prinzip Unheil. In: »Der Spiegel« Nr. 46. Hamburg 1972.

Literatur

Raymond William Stedman: Family Saga. In: Ders.: The Serials. Suspense and Drama by Installment. Oklahoma 1971.

Talk Show

Die Sende-Gattung der Talk Show entwickelte sich in Amerika in den fünfziger Jahren; einer der ersten *hosts* (Gastgeber), die ihre Sendungen bewußt von anderen Formen der Gesprächs-Sendungen (Diskussion, Porträt, Interview etc.) absetzten, war Jack Paar. Sein Nachfolger wurde Johnny Carson, dessen »Tonight Show« seit 1962 fünfmal in der Woche von der NBC gesendet wird. Johnny Carson stellt in seiner Sendung vor allem Persönlichkeiten des *show-business*, aus Film, Theater und Musik, vor und vermeidet kontroverse oder politische Themen. Demgegenüber profilierte sich für eine gewisse Zeit Dick Cavett, der in Europa wohl bekannteste *host* einer amerikanischen Talk Show, durch intelligentere Fragestellung und das Aufgreifen von Problemen, die Diskussion und Polemiken auslösten. Cavetts *specials* (Sondersendungen) etwa mit den Boxern Cassius Clay bzw. Muhammad Ali und Joe Frazier, dem Regisseur Alfred Hitchcock, den Schauspielern Katharine Hepburn, Orson Welles und Marlon Brando waren auch in den dritten Programmen des deutschen Fernsehens zu sehen und dienten deutschen Talk Shows als Vorbilder. (Dabei dürfen diese *specials* aber nicht mit den täglichen Sendungen der »Dick Cavett Show« identifiziert werden, die gemeinhin weniger »tiefschürfend« waren und auch den Gästen weniger Raum für Spontaneität und Improvisation ließen.) Neben diesen großen, national bekannten *hosts*, zu denen noch Merv Griffin und der Engländer David Frost zu zählen sind, bemühen sich etwa 100 weitere Moderatoren von Talk Shows im amerikanischen Fernsehen, vor allem in den regionalen und lokalen Sendern, um die Gunst des Publikums.

Die Sende-Gattung der Talk Show hat

zwar die verschiedensten Ausformungen gefunden und läßt eine Reihe von Variationen zu, doch lassen sich einige Konstanten aufzählen, mit denen sich eine Talk Show als solche definieren läßt:

1. Die Kontinuität der Sendung. Dazu gehört in erster Linie die Ausstrahlung einer bestimmten Talk Show in regelmäßigen, nicht allzu langen Abständen. (Der Vier-Wochen-Rhythmus, in dem die erste deutsche Talk Show, »Je später der Abend ...«, gesendet wurde, stieß sowohl bei den Beteiligten als auch bei der Kritik auf Ablehnung, da so die einzelnen Folgen zu isoliert standen, um eine dauerhafte Bindung des Publikums zu erreichen. Die Folge davon war, daß die einzelne Sendung gegenüber dem Gesamtkonzept überbewertet wurde. Dadurch standen Gäste und »Talkmaster« – so die unzutreffende, gleichwohl bezeichnende »Eindeutschung« des Begriffs *host* – unter einem Erfolgszwang, der die für eine Talk Show unabdingbare Gelassenheit und Beiläufigkeit des Gesprächs nicht aufkommen ließ.

Dazu gehört als zweites die Festlegung des Ablaufs der Sendung, der »Auftritt« des *host* zu Beginn mit einem kurzen Monolog (hier versteht es Johnny Carson beispielsweise, mit einer kurzen, *gag*-gewürzten Ansprache ans Publikum die Atmosphäre zu entspannen und die Zuschauer für sich einzunehmen), der Auftritt der Gäste und deren Reihenfolge.

Und schließlich gehört zur Kontinuität einer Talk Show die gleichbleibende Kulisse, die je nach Aufwand oder Bescheidenheit, der Einbeziehung des Publikums oder der Distanz, das Milieu der Sendung bestimmt. Die »Wohnzimmeratmosphäre« in den Talk Shows signalisiert deren »privaten« oder doch zumindest unoffiziellen Charakter; um Menschen soll es gehen, und nicht um ihre Funktionen.

2. Die Person des *host.* »Der Talkmaster, mehr als der eine oder andere Gast, prägt die Sendung, entscheidet über Erfolg oder Mißerfolg. Er repräsentiert die Sendung, wird zum Star, zum Identifikationsobjekt« (Constantin von Barloewen/Hans Brandenberg). Dabei kommt es weniger auf die Überlegenheit des *host* an (Dick Cavetts gespielte oder tatsächliche Linkischkeit trägt einen Großteil dazu bei, daß die Gäste in seinen Sendungen zu einer recht freimütigen und unprätentiösen Form der Selbstdarstellung finden), als auf seine Fähigkeit, Atmosphäre zu schaffen, Widerstände gegen den zumindest partiell geforderten Exhibitionismus auszuräumen und als Person zurückzutreten, ohne seine ständige Präsenz vergessen zu lassen. Der Talkmaster wirkt also mehr durch das, was er nicht ist, als durch das, was er ist; eine gewisse »Eigenschaftslosigkeit« gehört zu seinen Qualifikationen.

3. Die Talk Show geht nicht von Themen, sondern von Personen aus. Im Gegensatz zu einer Diskussion im Fernsehen, in der konträre Standpunkte herausgearbeitet werden sollen, und zu einem Interview, in dem jemand in seiner Funktion als Fachmann oder Betroffener zu einem bestimmten Thema befragt wird, soll sich in einer Talk Show der Mensch, der hinter einer Funktion steht, präsentieren. Es kommt mehr auf das Wie als auf das Was eines Gesprächs an, die »Gefälligkeit« des Gesprochenen steht vor dem Informationsgehalt, und die Alltäglichkeit ist mindestens ebenso wichtig für das Gelingen einer Talk Show wie das Außergewöhnliche, das bisweilen zum Vorschein kommt.

4. Die Talk Show ist ein Ritual. Sie ist eine mediale Abbildung des alltäglichen Vorgangs einer Unterhaltung zwischen Menschen, die sich nicht allzu nahe kennen und die keine über die Freude an kurzweiliger Kommunikation hinausgehenden gemeinsamen Interessen verbindet. Als Vergleich kann hier das Party-Gespräch dienen. Zum Ritual wird diese Gesprächsform einmal durch seine Öffentlichkeit, seine Institutionalisierung und durch seinen teilweise vorgeplanten Verlauf. Zum andern ist die Talk Show ein Ritual, in dem der Kult um den

Star, den Prominenten einerseits fortgesetzt, andererseits aber auch in gewisser Weise aufgehoben wird. Das mythische Wesen des Stars wird auf die Ebene des Menschlichen gestellt, und die Vertraulichkeit im Umgang mit dem *host* symbolisiert die Nähe des Stars oder Prominenten zu seinem Publikum.

5. Die Talk Show ist keine Analyse. Zwar wird in den Talk Shows mit den Erwartungen des Zuschauers gespielt, die Teilnehmer des Gesprächs könnten völlig neue Aspekte ihres Wesens offenbaren oder gar sich »entlarven«. Tatsächlich aber gehören gezielte Indiskretionen oder Provokationen ebensowenig zum Unterhaltungsangebot der Talk Shows wie die Erörterung von Problemen bis zu jenem Punkt, wo eine Unvereinbarkeit der Anschauungen konstatiert werden müßte. Das Unterhaltsame an den Talk Shows ist die Illusion der Unversehrtheit der Kommunikationsbereitschaft. Eventuell aufkommende Schadenfreude beim Publikum würde das Ritual von Verständnisinnigkeit und offener, herrschaftsfreier Kommunikation ebenso stören wie es gelegentlich das Mißverständnis tut, eine Talk Show könne zum Medium einer über die persönliche Ausstrahlung hinausgehenden Botschaft verwendet werden. Das Gespräch an sich und das darin gleichsam kontrapunktisch einsetzende Gelächter über eine Pointe, ein Wortspiel oder einen *gag* sind die Botschaft.

Im deutschen Fernsehen begann man sich für die Sende-Gattung der Talk Show zu einer Zeit zu interessieren, als die Finanzlage zu Einsparungen in der Programmgestaltung zwang. Diese Situation war entstanden, weil die Anzahl der Neuanmeldungen von Geräten und somit die Einnahmen aus den Gebühren stagnierte und weil es nicht möglich war, die Einnahmen durch den Verkauf von Sendezeit für die Werbung erheblich zu steigern.

Die Talk Shows boten eine Möglichkeit, vergleichsweise billig (eine 60-Minuten-Sendung kostet etwa 25 000 DM) ein attraktives Programm zu produzieren. Seit dem 4. März 1973 wurde im dritten Programm des Westdeutschen Rundfunks die Talk Show »Je später der Abend . . .« ausgestrahlt und erzielte beachtliche Erfolge beim Publikum und bei der Kritik. Talkmaster war der ehemalige Moderator des → Fernseh-Quiz (vgl. *Sport und Spiel*) »Wünsch Dir Was«, Dietmar Schönherr. Nach zehn Sendungen entschloß man sich, die Serie ins Hauptprogramm der ARD zu übernehmen. Am Silvesterabend 1973 wurde diese als erste deutsche Talk Show mit Spannung erwartet und in den Medien entsprechend vorbereitete Sendung zuerst ausgestrahlt. Obwohl das Echo auf die Sendung überwiegend negativ war (den »Striptease eines Denkfehlers« nannte sie Rudolf Walter Leonhardt in der »Zeit«), erreichte »Je später der Abend . . .« doch beachtliche Einschaltquoten und vor allem einen Grad an Publizität, der für Unterhaltungssendungen ungewöhnlich war und ist. Vor allem die professionelle Fernseh-Kritik fand hier ein Thema, das auf breites Interesse stieß und polemische Formulierungen – besonders gegen die Person des Talkmasters – gestattete.

Nach dreiundzwanzig Folgen übernahm Hans-Jürgen Rosenbauer die Rolle des *host* in »Je später der Abend . . .«; seit 1975 wechselte er sich mit Reinhard Münchenhagen ab und gab 1976 die Rolle des *host* auf. Die Popularität dieser Talk Show führte schließlich dazu, daß sie auf eine günstigere Sendezeit verlegt wurde.

Die zahlreichen Sendungen, die nach dem Erfolg von »Je später der Abend . . .« in verschiedenen Sendeanstalten konzipiert und produziert wurden, verbanden zum Teil Elemente anderer Sende-Gattungen (Show, politische Information, Ratespiele etc.) mit der eigentlichen Talk Show. »Zu Gast im ZDF« stellte dem *host* (Walther Schmieding) jeweils nur einen Gast gegenüber (den Anfang machte hier Dick Cavett). Die im dritten Programm des WDR ausgestrahlte Sendung »Kölner Treff« legte das Hauptaugenmerk auf die humorvolle Seite eines Gesprächs, und die von Radio Bremen produzierte Talk Show »III nach neun« ersetzte die Rolle des Talkmasters durch drei »Redakteure im Studio« (Gert von Paczensky, Marianne Koch, Wolfgang Menge), die völlig auf vorgeplante Monologe und abgesprochene Fragen verzichteten. Das Erfolgsrezept dieser Serie, die von allen anderen dritten Programmen übernommen wurde, ist es, daß »die Improvisation zum Handlungsprinzip, das Chaos zur Tugend erhoben scheint. Da existiert eine einzige DIN-A-4-Seite, auf der die Reihenfolge der Gesprächskomplexe grob festgehalten ist; nach ihr suchen sich die vier Kameras ihre Bilder, nach ihr nimmt die Beleuchtung ihren Szenenwechsel vor, nach ihr ahnt schließlich der Pianist, wann er in die Tasten zu greifen hat. Der Rest ist, wenn man so will, schieres Glück beim Zufall oder auch, wenn man anders will, Intuition und Genialität« (Heinz Josef Herbort). Mit »III nach neun« entfernten sich die Produzenten am weitesten von dem Vorbild der amerikanischen Talk Shows, deren augenscheinliche Spontaneität das Ergebnis perfekter Planung und gezielten Aufbaus ist.

Mehr in diese Richtung tendierten jene Talk Shows, die ihre Gespräche mit musikalischen und anderen Show-Elementen verquickten, so etwa »Der heiße Draht«, vom Südwestfunk für die ARD produziert und von Joachim Fuchsberger als *host* moderiert, und die Sendung »Feuerabend«, die vom Hessischen Rundfunk produziert und von Hans-Joachim Kulenkampff geleitet wurde. »Unter sechs Augen«, eine Gemeinschaftsproduktion von Radio Bremen und Norddeutschem Rundfunk, stellte eine führende Persönlichkeit aus der Politik zwei *hosts* gegenüber (Gert von Paczensky, Peter Merseburger) und unterschied sich von den gewöhnlichen politischen Interview-Sendungen vor allem dadurch, daß nicht nur nach der fachkundigen Meinung, sondern auch nach den persönlichen Erfahrungen des Gastes gefragt wurde.

Der Erfolg der Talk Shows im Fernsehen inspirierte eine Reihe von Kabaretts und Kleinbühnen, ihr Programm anstatt mit aufwendigen Produktionen mit »Life«-Talk Shows zu füllen, in denen auch lokale Prominenz zu Wort kommen kann. Diese dem Fernsehen entliehene Programm-Form der Bühnen wirkte in einigen Fällen auf das ursprüngliche Medium zurück, so ist die erwähnte Talk Show »Kölner Treff« die Übernahme einer Bühnen-Talk Show.

Die Talk Shows, die mittlerweile einen gewichtigen Anteil am Programmangebot des Fernsehens darstellen (1976 ca. 100 Sendungen), bilden eine sehr mediengerechte Form der Unterhaltung; die überschaubare, unpathetische, durchaus auch ein wenig geschwätzige Form paßt zur familiären, alltäglichen Form der Fernsehunterhaltung, des »ewig laufenden Fernsehfilms«. Vielleicht ist die Inflation an Talk Shows im Fernsehen aber auch, wie Gert von Paczensky in einer Sendung von »III nach neun« formulierte, ein Indiz für die Tatsache, »daß die Leute es verlernt haben, miteinander zu reden«.

Anmerkungen

Constantin von Barloewen/Hans Brandenberg: Das Gespräch mit Gästen. In: Dies. (Hg.): Talk Show. Unterhaltung im Fernsehen = Fernsehunterhaltung? München 1975. Heinz Josef Herbort: Talk ohne Show. In: »Die Zeit« Nr. 24. Hamburg 1975.

Literatur

Richard Cavett/Christopher Porterfield: Cavett. New York 1974. Herbert John: Männer ohne Eigenschaften. In: »Die Zeit« Nr. 16–20. Hamburg 1975. Rupert Neudeck: Ausgetalkt . . . In: »Medium« Nr. 2. Frankfurt 1975. Talk Shows: Boom auf allen Kanälen. In: »Der Spiegel« Nr. 52. Hamburg 1975. Talk so. In: »Der Spiegel« Nr. 48. Hamburg 1974.

Tierfilm-Sendungen

Laut Statistik bezeichnen sich 81 % der Bundesbürger als tierlieb, während nur 66 % meinen, Kinderliebe sei eine ihrer

Haupttugenden. Schon von daher kann es also kaum verwundern, daß → Tierserien und Tierfilm-Sendungen zu den Programmen mit den höchsten Einschaltquoten und den besten Beurteilungen im deutschen Fernsehen gehören.
Die älteste und immer noch bekannteste dieser Tierfilm-Sendungen mit Reihencharakter ist Professor Bernhard Grzimeks »Ein Platz für Tiere«, die seit 1956 über den Bildschirm geht. Diese Sendung, die neben der Information über die Tierwelt und Unterhaltung durch anekdotische Reise- und Expeditionsberichte auch die Aufgabe hat, die Notwendigkeit des – auch finanziellen – Eintretens für die bedrohte Tierwelt aufzuzeigen, ist ganz auf die Person des Moderators konzentriert: Bernhard Grzimek »ist den Zuschauern sympathisch. Seine ruhige, schlichte, fast stille Art nimmt für ihn ein. Vor allem spricht er verständlich; es ist der Plauderton, gar mit Versprecher und womöglich mit falscher Betonung, der die Verbindung schafft zwischen Wissenschaftler und Tierfreund. Und keinem drängt sich der Wissenschaftler dabei auf, nichts von Kunstdeutsch und Expertenchinesisch und Sätzen, die auf Stelzen gehen« (Rolf Buchwald). Mit einer Sehbeteiligung von 78 bis 80 Prozent und der »Traumnote« +7 in der Beliebtheitsskala bei den Umfragen ist »Ein Platz für Tiere« die beliebteste Sendung des deutschen Fernsehens überhaupt.
Eugen Schuhmachers Sendung »Auf den Spuren seltener Tiere« betonte den abenteuerlichen Charakter des Tierfilmens. Die Dramaturgie der Sendung ließ einen – recht devoten – Frager dem »Erzähler« Schuhmacher die Stichworte liefern. Die Ausstaffierung des Studios mit Trophäen und Jagdsouvenirs erinnerte an die Erzählungen des Großwildjägers am heimischen Kamin, wie es aus der Abenteuer-Literatur bekannt ist.
Die Sendung »Expeditionen ins Tierreich« von Heinz Sielmann, auch sie in der Beliebtheit des Publikums ganz vorne (sie erreichte sogar zweimal die Zustimmungsquote von +9), legt Wert auf »schöne« Aufnahmen und ist wohl die pathetischste aller Tierfilm-Sendungen.
Auch Jacques Cousteaus Serie »Geheimnisse des Meeres« bringt abenteuerliche Aspekte in die Dokumentarfilme über die Expeditionsfahrten seines Schiffes »Calypso« und die Unterwasserforschung ein; seine Filme nähern sich in der dramaturgischen Struktur sogar Spielserien an.
In allen diesen, und einigen weiteren, weniger bekannten Tierfilm-Sendungen bestimmt der Moderator das Milieu und die Ausrichtung der Sendung; er ist es, der als »Vaterfigur« (wie Grzimek) oder als »Onkel« (wie Schuhmacher) den Grad an Beliebtheit bestimmt. Diese Tierfilm-Sendungen sind Familiensendungen, und daher sind sie um so »besser«, je mehr sie eine familiäre Situation darstellen. Bei Grzimek beispielsweise ist es ein von Sendung zu Sendung wechselndes Tier, das während der *life*-Übertragung im Studio ist und einen Hauch von »guter Stube« vermittelt. Dazu kommt die Beschwörung der »großen Familie« der Tierfreunde in aller Welt, die Grzimek mit »meine lieben Freunde« anspricht. »Tatsächlich ist gerade dieses persönliche Moment der Motor einer Tiersendung, und seinetwegen wird sie angeschaut, vielleicht sogar nur hingenommen, und es zum Kriterium zu machen ist ergiebig« (Melchior Schedler). Diese Aussage findet ihre Bestätigung, wenn man einmal den eigentlichen Inhalt der Tierfilm-Sendungen, eben die Tierfilme, miteinander vergleicht. Man wird feststellen, daß diese sich von einer zur anderen Sendung so gut wie gar nicht unterscheiden und ihren eigentlichen Aussage-Wert erst durch die Präsentationsform der Sendung und den Kommentar des Moderators erhalten.
Die Tierliebe, die sich in den Tierfilm-Serien manifestiert, entwickelt sich vor dem Hintergrund eines tiefen Kulturpessimismus und einer Fortschrittsfeindlichkeit, die die Tierwelt anstatt von wirtschaftlichen

Interessen und ökologischer Ausbeutung vom Menschen an sich und vom Fortschritt bedroht sieht. Der Mensch spielt in diesen Sendungen nur die Rolle des Usurpators, des Eindringlings, dem die wenigen Wildschützer und Pfleger gegenüber stehen, die als eine Bruderschaft der Wissenden über die ganze Welt verstreut sind. Dort, wo die Moderatoren nahelegen, daß die durchweg künstliche Harmonie der Nationalparks als Modell des sozialen Verhaltens gelten soll und in dieser Form das zukünftige Verhältnis zwischen Mensch und Tier sehen, berühren sich die Tierfilm-Sendungen mit den Tierserien.

Dabei werden durchaus auch politische Motive sichtbar. »In der Heger-Hoffnung, heile biologische Welten konservieren zu können, ist die politische enthalten, überlebte hierarchische Zustände der Humangesellschaft gleich mit restaurierbar zu machen« (Schedler). Dies zeigt sich nicht nur in der patriarchalischen Präsentation der Sendungen, sondern auch in dem, was bei der Dokumentation über das (Tier-)Leben in fernen Ländern verschwiegen wird: Während sich die Tierfilme durchaus gern einen Schwenk auf die primitiven Menschen in einem Reservat erlauben, deren »Kultur seit 2000 Jahren gleichgeblieben ist« und sich auch über die touristischen Attraktionen der Volkstänze und Feste freuen, werden die politischen und wirtschaftlichen Gegebenheiten, die ja nicht ohne Konnex mit den ökologischen Verhältnissen sind, zumeist ausgespart. Das Weltbild des Tierschützers oder Zoologen gerät dabei häufig allzu einseitig. Wollte man den Tierfilm-Serien glauben, so wäre beispielsweise Afrika noch heute vorwiegend von kolonialistischen Strukturen bestimmt, und nur die guten Europäer sorgten für Ordnung und nicht zuletzt für die Erhaltung der Tierwelt.

In gewisser Weise eine Alternative, zumindest aber eine begrüßenswerte Weiterentwicklung der Tierfilm-Sendung stellt »Sterns Stunde« von Horst Stern dar, der sich bemüht, liebgewordene Vorurteile über das Verhältnis von Tier und Mensch abzubauen und die Bedrohungen der Tierwelt als »Warnlampen eines defekten biologischen Systems« zu deuten.

Anmerkungen

Rolf Buchwald: ... neben ihm ist immer Platz für Tiere. Prof. Grzimeks 100. TV-Sendung am 13. Oktober. In: »Frankfurter Rundschau« vom 3./4. Oktober. Frankfurt 1970. Melchior Schedler: Über die Serengeti, seltene Tiere und das Gemüt des Volksganzen. In: »Fernsehen und Film« Nr. 4. Velber 1971.

Literatur

Der Mensch hat das Schwein zur Sau gemacht. In: »Der Spiegel« Nr. 53. Hamburg 1973. Olaf Ihlau: Aufruf für Tiere, Sendung für Menschen. In: »Süddeutsche Zeitung« vom 13. Oktober. München 1970. Peter M. Ronner: Grzimeks Menschenleben. Gespräch über die Memoiren des Naturschützers. In: »Die Weltwoche« Nr. 48. Zürich 1974.

Tierserien

Das Tier als Helfer und Beschützer des Menschen ist ein Mythos, der weit in die Geschichte der Menschheit zurückreicht; er findet sich in der antiken Sagenwelt, in den Schöpfungsmythen der Naturvölker und in den Volksmärchen Europas. Gegenüber dem Sagen- und Märchenbild vom helfenden Tier unternimmt die Unterhaltung eine entscheidende Korrektur in der Zeichnung des Tieres: Es ist nicht mehr ein eigenständiges Wesen, das aus freien Stükken oder als Abgesandter der Götter, des Schicksals oder eines wohlmeinenden Zauberers dem in Not geratenen Menschen seine Hilfe gewährt, um dann so plötzlich zu verschwinden wie es gekommen ist, sondern das Tier beweist in den Tierserien des Fernsehens, den Tierfilmen im Kino und den Erzählungen der Kinder- und Jugendliteratur seine Nützlichkeit auf Grund seiner Gelehrigkeit, seiner Unterwerfung unter den Menschen, seiner »Anhänglichkeit« und seiner Anspruchslosigkeit.

Diese Säkularisierung des Tier-Mythos veranschaulicht wie die Säkularisierung des Dämons oder des Geistes zum

Zu den beliebtesten Tier-Stars des Fernsehens und des Films gehört die treue Hündin »Lassie«

»Quatschwesen« in der Kinderliteratur und im Fernsehen, die ambivalente Funktion, welche die überkommenen Mythen in der Unterhaltung einnehmen.

Zum einen ist das Tier, besonders in den Fernsehserien, für Kinder und Jugendliche ein Ventil für die selbst erduldete Unterdrückung; im Verhältnis des Kindes zum Tier wiederholt sich der Dressurakt, der in der Beziehung zwischen Eltern und Kind angelegt ist. Sowohl die Rollenverteilung findet hier ihre Bestätigung als auch die Anerkennung der verpflichtenden Verantwortung in der Erziehung: Wenn die Fernseh-Väter oder -Mütter die Kinder immer wieder an deren Verantwortung gegenüber dem Tier erinnern und ihnen die Dankbarkeit des Tieres vor Augen führen, so deuten sie damit auch das Verhältnis zwischen ihnen und dem Kind, das ebenfalls von Verantwortung auf der einen, Dankbarkeit auf der anderen Seite geprägt sein soll.

Kennzeichnend ist dabei, daß das Tier keinerlei eigene Interessen entwickelt; sein einziger Lebenszweck scheint es zu sein, Anerkennung und »Liebe« bei den pflegenden Menschen zu erringen. So kommt dem Tier innerhalb der Familie – fast alle Tierserien sind der Struktur nach → Familienserien – eine stabilisierende Wirkung zu, weil es gewissermaßen auf natürliche Weise an der Erziehung der Kinder mitwirkt, weil es den Menschen ständig Erfolgserlebnisse vermittelt und weil es zum Medium einer Familienkommunikation wird. Am Schluß einer jeden Folge von Tierserien, sei es bei »Lassie«, »Flipper«, »Daktari« oder »Fury«, sind die Mitglieder der Familie um das Tier versammelt, das im Verlauf des Filmes durch bravouröses Eingreifen eine Gefahr beseitigt oder durch sein »moralisches« Verhalten einen Konflikt aus der Welt geschaffen hat, und brechen in herzliches Gelächter über Klugheit, Drolligkeit oder das Verständnis des Tieres aus.

Die stabilisierende Wirkung des Tieres für die Familie – oder etwa für eine Gruppe von Jugendlichen, wie in »Follyfoot Farm« – besteht darin, daß die Hierarchie nach unten erweitert wird und sich somit nach oben festigt. (Diese Strategie setzt sich, nach dem Vorbild der Tierserien, oft in den wirklichen Familien fort, häufig allerdings mit dem Ergebnis, daß das Zusammenleben von Menschen und Tieren recht neurotische Züge annimmt.) Die Vermenschlichung des Tieres, die in den Tierserien des Fernsehens vorgenommen wird, läßt sich ebenso wenig verwirklichen, wie man erwarten kann, daß das Tier freiwilligen Triebverzicht leistet, wie es die Tierserie nahelegt und es dabei gleichzeitig auch vom Kind verlangt. Nicht erst seit Horst Sterns Mahnungen (→ Tierfilm-Sendungen) ist bekannt, daß der Versuch, das idealisierte, denaturierte Tierbild in die Wirklichkeit zu übertragen, bisweilen zu Katastrophen, im Regelfall aber zu einer legalisierten Form der Tierquälerei führen kann.

Aber auch vom anderen, vom wilden und freien Tier, ist in den Tierserien etwas übriggeblieben, freilich in sehr verschlüsselter

Form. Die Tiere appellieren »als freiere Triebwesen an die Sinnlichkeit, die der Mensch unterdrücken muß. Mit Tieren erweckt man den unbewußten Triebneid der Kinder und erregt dadurch ihr Interesse. Tiere ersetzen Kindern ein bißchen von dem, was man ihnen als ›viehisch‹ abdressiert, wovon sie aber dennoch spüren, daß es genußvoll und schön ist. Die Perversion, daß man den Genuß erniedrigt und damit die Sehnsucht nach ›Niedrigkeit‹ anstachelt, kerbt sich mit Tieren leicht in die kindlichen Seelen und Körper ein« (Christa Hunscha).
Das Tier in den Tierserien des Fernsehens, in der Kinderliteratur und in manchen Comics ist auf den ersten Blick ein völlig geschlechtsloses Wesen, aber man muß nicht allzu tief in der psychoanalytischen Literatur forschen, um den erotischen Symbolgehalt der Tier-Imagos zu erkennen. Die, nach einem Wort des Verhaltensforschers Konrad Lorenz, »soziale Sodomie« der Tierserien bietet insofern also auch ein Modell der Triebdomestizierung. Daß auch diese über den Umweg der ständigen Bewältigung von Aufgaben, der Pflichterfüllung und der Abwehr von Gefahren von außen geschieht, ist sicherlich nicht nur durch die Spannungs-Dramaturgie der Fernsehserie zu erklären. Die erotische Komponente der Tierliebe wird in »Nützlichkeit«, Erfolg und Leistung übergeführt. Der Genuß der Tierserien entbehrt also nicht masochistischer Züge; im Tier lernt das Kind (und mancher Kind gebliebene Erwachsene), sich selbst zu erniedrigen. Die Sehnsüchte, die man in das Tier projizieren mag, werden mit den ständigen, meist »heiteren« Unterwerfungsritualen zunichte gemacht. Noch etwas anderes kommt in den Tierserien zum Ausdruck, etwas, das unter anderem auch die Beliebtheit der Tierserien bei Erwachsenen erklärt: das problematische »moralische« Verhältnis des Menschen zum Tier und zur Natur überhaupt. Horst Stern meint dazu: »In diesen Serien reagiert der Mensch, der die Tiere zum einen Teil ausrottet, zum anderen Teil frißt, sein schlechtes Gewissen ab. So kommt es, daß alle diese Geschichten ein unsäglich verkitschtes Verhältnis zum Tier zeigen«. Die »Freiwilligkeit«, mit der sich die Tiere in diesen Serien dem Menschen unterordnen, und die augenscheinliche Harmonie im Zusammenleben zwischen Mensch und Tier, rechtfertigt schließlich das ausbeuterische Verhältnis zwischen Mensch und Natur. In den Tierserien des Fernsehens ist vorweggenommen, was in der Wirklichkeit vorerst noch ein Alptraum ist: die Überführung der gesamten Tierwelt in einen Teil der Unterhaltungsindustrie, in der das Tier nur noch sein darf, was der Mensch in ihm sehen will. Die materielle Bedrohung der Tierwelt, gegen die in den Tierfilm-Serien so verzweifelt angekämpft wird, wird in den Tierserien ideell vorbereitet: Tiere sind nur noch als Spielzeug und »Abbildung« des Menschen zugelassen.

Die Helden der Tierserien im Comic Strip: »Fury« © Neuer Tessloff Verlag

Anmerkungen
Christa Hunscha: Struwwelpeter und Krümelmonster. Die Darstellung der Wirklichkeit in Kinderbüchern und Kinderfernsehen. Frankfurt 1974. Horst Stern zitiert nach Walter Gutermuth/Sabine Fröhlich: Bei Lassie hört der Spaß auf! Im deutschen Fernsehen werden Tiere zu Tode geliebt. In: »Abendzeitung« vom 6./7. Februar München 1971.

Trenker
Luis Trenker (geb. 1892), österreichischer Schauspieler und Regisseur, der durch seine Mitarbeit bei den → Bergfilmen von Arnold Fanck bekannt wurde. In diesen Filmen kam Trenker seine zeitweilige Tätigkeit als Bergführer zugute, sowie seine genaue Kenntnis der Gebirgswelt. 1928 debutierte er als Regisseur mit dem Film »Der Kampf ums Matterhorn«, zu dem Fanck das Drehbuch schrieb (von diesem Film fertigte Trenker 1934 eine Tonfilmversion an). In den dreißiger Jahren war er sowohl als Schauspieler (neben seinen eigenen Filmen etwa »Der Sohn der weißen Berge« – 1930 – Regie: Mario Bonnard) und als Regisseur von Bergfilmen erfolgreich, die zumeist mit Elementen des Kriegsfilms (vgl. *Abenteuer*) oder des Historienfilms verknüpft waren. »Berge in Flammen« (1931), den Trenker in Zusammenarbeit mit Karl Hartl realisierte, erzählt die Geschichte eines österreichischen Offiziers, der während des Ersten Weltkrieges durch bergsteigerische Leistungen brilliert und schließlich verhindert, daß italienische Soldaten einen Berggipfel in die Luft sprengen. Die naive Verherrlichung der individuellen Leistung ging einher mit der Schilderung des Krieges als mythischem, von Elend, Tod und psychischer Verstümmelung freiem Vorgang. »Sein Realismus entmaterialisiert jede Not und Gefahr und hebt den Vorgang des Sterbens auf eine mythische Ebene« (Klaus Kreimeier).
Auch »Der Rebell« (1932) spielte vor dem Hintergrund kriegerischer Auseinandersetzungen. Trenker selbst spielte die Rolle eines Tiroler Studenten, der während der Bauernaufstände in Tirol gegen die Napoleonische Besatzungsmacht als Spion hinter den feindlichen Linien wirkt. Ein naiver Abenteuer-Film an der Oberfläche, der sich kaum um historische Begründungen kümmerte, transportierte dieser Film doch wie die meisten Filme von Trenker Ideale, die nationalistischen und völkischen Gedankengängen zumindest analog waren: »Die Parallelen zwischen dem Tiroler Bauernaufstand und der nationalsozialistischen Bewegung waren augenfällig herausgearbeitet. Trenkers Film gab nur ein Abbild dessen, was die Nationalsozialisten selbst die nationale Erhebung nannten« (Siegfried Kracauer).
1934 kam »Der verlorene Sohn« in die Kinos, die Geschichte eines Deutschen, der in New York beinahe zugrundegeht, zwei Jahre später »Der Kaiser von Kalifornien«, die Erzählung vom tragischen Scheitern des Johann August Sutter, der in Kalifornien ein Landbesitz-Imperium aufgebaut hatte, das vom Goldrausch zerstört wurde. 1937 folgte »Condottiere«, eine romantische Verklärung der italienischen Renaissance. Mit diesen Filmen, die von einer eigentümlichen Verbindung von Sentimentalität und Realismus (etwa die Szenen um das Elend in der »Mausefalle« New York) geprägt waren, rückte Trenker vom Schema der Bergfilme zwar ab, die Schilderung vom Scheitern in der Fremde wiesen aber deutlichen Bezug zu den Mythen von Heimat und Nation in seinen vorhergegangenen Filmen auf.
Die folgenden Filme »Der Berg ruft« (1937), »Liebesgrüße aus dem Engadin« (1938), »Der Feuerteufel« (1940) und »Germanin« (1943) folgten weitgehend den Konstruktionsprinzipien des damaligen Unterhaltungsfilms. In seinen Filmen gab Trenker einer Reihe von Schauspielern Gelegenheit, sich zu profilieren, die später zu Stars des deutschen Films wurden, darunter Maria Andergast, Luise Ullrich, Victoria von Balasko, Heidemarie Hatheyer,

Marianne Holt und Judith Holzmeister. Auch wenn Trenkers Filme die Ästhetik des Bergfilms in gewisser Weise trivialisierten, so kann ihnen ein Gespür für Wirkungen und Atmosphäre nicht abgesprochen werden. Trenkers Filme bilden ein Bindeglied zwischen den mystischen, gleichwohl hochartifiziellen Bergfilmen und den trivialen → Heimatfilmen der Nachkriegszeit, zu denen Trenker selbst auch einige beisteuerte.

Neben seinen Filmen, »Flucht in die Dolomiten« (1955 – hier arbeitete Pierpaolo Pasolini am Drehbuch mit), »Von der Liebe besiegt« (1956), »Wetterleuchten um Maria« (1957) und »Sein bester Freund« (1962), trat Trenker in der Nachkriegszeit auch als Schriftsteller hervor (sein erster Roman »Heimat aus Gotteshand« war 1949 erschienen) und edierte einige Fotobände mit Gebirgsthemen, darunter »Berge und Heimat«, »Meine Berge« und »Berge im Schnee«. Er übertrug die Thematik des Films »Der Kaiser von Kalifornien« in die Form eines Romans und verfaßte Erzählungen, die unter dem Titel »Helden der Berge« zusammengefaßt herausgebracht wurden. In den sechziger Jahren galt Trenker gewissermaßen als Synonym für Bergabenteuer, robuste Gesundheit, Natürlichkeit und Heimatverbundenheit. Dieses Image stellte er seinem zahlreichen Publikum auf Vortragsreisen, in Fernsehfilmen (»Die goldene Zeit, die eiserne Zeit«; »Zwei Wege, ein Gipfel«; »Der Tageslauf eines Bergpfarrers«) und schließlich auch in der Werbung dar. Die fünfzehnteilige Fernsehserie »Alles gut gegangen«, in der Trenker Episoden aus seiner Jugend in den Bergen erzählte, gehörte zu den beliebtesten Sendungen des Wochenendprogramms.

Eins der zahlreichen Bücher von Luis Trenker © Ullstein

Die nach dem Krieg radikal entpolitisierte Botschaft Trenkers ist die Notwendigkeit der ständigen Bewährung. Aber anders als etwa im Western – und Trenkers Filme, das ganze Genre der Bergabenteuerfilme, hätte durchaus zu so etwas wie einem deutschen Western, das heißt einem offenen Genre, werden können, wäre nicht von Anfang an die formale Struktur mit politischen (nationalistischen) Aussagen verwoben worden – ist diese Bewährung nicht im konkreten Wert für den einzelnen begründet, sondern an ein abstraktes Gemeinwesen rückgekoppelt. Die waghalsigen Aktionen des abenteuerlichen Einzelgängers, die Trenker in allen seinen Produkten verherrlicht, erhalten ihren Sinn erst durch den Nutzen, den sie dem abstrakten »Auftraggeber«, der Nation, dem Volk etc. einbringen. Und so verkommt auch die Begegnung mit der Natur, für deren Darstellung er berühmt geworden ist, zu einer Mystifikation, an deren Ende folgerichtig die Natur als Ware steht.

Anmerkungen

Klaus Kreimeier: Kino und Filmindustrie in der BRD. Ideologieproduktion und Klassenwirklichkeit nach 1945. Kronberg/Ts. 1973. Siegfried Kracauer: Von Caligari bis Hitler. Reinbek 1958.

Titelbild einer Sportillustrierten © Burda

Sport und Spiel

1

Die Entstehung des Sports, wie die vieler Kommunikationsformen, gleicht dem Modell einer Ersatzhandlung: Ein sozial schädlicher Vorgang (wie beispielsweise der tödliche Zweikampf oder der Menschenraub) wird in einer spielhaften Art als Ritus auf einer ungefährlicheren Ebene zugelassen, wo die aus den Konflikten im Triebhaushalt stammenden Spannungen abgebaut werden können, ohne daß gravierende Folgen zu befürchten wären. Wie die Kunst, die Politik, der Tanz, die Religionsformen etc. ist auch der Sport ein – höchst unvollkommener – Versuch, archaische Triebregungen zu domestizieren, sie in feste, kontrollierbare Formen zu bringen und in ein positives gesellschaftliches Instrument umzuwandeln. Weil es jedoch das Wesen einer jeden Ersatzhandlung ist, daß in ihr die Sehnsucht nach dem, was sie ersetzt, wachgehalten, ja gefördert wird, so konnte auch die gesellschaftliche Instanz Sport in der langen Zeit ihrer Entwicklung bis zum modernen Leistungssport die Bedingungen ihres Entstehens nie ganz überwinden. Nicht nur in den gelegentlichen Ausbrüchen von Massenhysterie in den Fußballstadien oder den Tätlichkeiten der Spieler selbst kommt der archaische Untergrund des Sports wieder zum Vorschein, sondern auch in seiner Kraft, Emotionen sogar bei gemeinhin besonders abwägenden Menschen hervorzurufen.
Ganz sicher sind die verschiedenen Arten des Sports unter den unterschiedlichsten gesellschaftlichen und historischen Bedingungen entstanden, und es lassen sich beispielsweise für den Marathonlauf oder das Tennisspiel möglicherweise fast entgegengesetzte Bestimmungen dafür geben, was die Ersatzhandlung bezeichnet. Aber es lassen sich für den Sport, und in weiterem Sinne auch für das von Wettkampf, Leistung oder Gewinnstreben beherrschte Spiel, einige Konstanten zusammenstellen, die auf eine gemeinsame gesellschaftliche Funktion hinweisen.
Da ist zunächst das Prinzip der Leistung, das in allen Sportarten vorherrscht, sei es in den technischen Disziplinen, bei denen die Wettkämpfer hintereinander antreten, sei es in den kampfbetonteren Sportarten wie Boxen, Mannschaftsspielen oder Wettläufen. Diese Leistung soll gemessen und der Nachwelt überliefert werden. Seinen Namen in der Geschichte des Sports vermerkt zu sehen, ist eine der Motivationen für die sportliche Leistung. Weiterhin soll diese Leistung belohnt werden, durch einen Preis, eine Ehrung oder die Verleihung eines Titels. Der Sport ist also eine Abbildung des Machtkampfes in kleinen gesellschaftlichen Gruppen.
Die Leistung im Sport hat keine Funktion im Sinne einer Produktion oder

einer Dienstleistung. Dies unterscheidet sie von der Arbeit, die von ihrem Wesen her die Aufgabe hat, die materielle Welt zu verändern und den gesellschaftlichen Reichtum zu vermehren. Der Sport verändert die Welt nicht, er ist kein Aneignungsprozeß, auch wenn ein Teil seiner neuzeitlichen Ideologen ihm die Funktion eines gesellschaftlichen Mediums zuschreiben, das im Sinne einer Befriedung die Angehörigen verschiedener Rassen, Nationen oder Klassen miteinander verbinden könnte. Allerdings ist es schwer vorstellbar, daß in der vorsprachlichen, antirationalen Kommunikationsform des Sports eine Verständigung, gar ein »Entdecken« des anderen vonstatten gehen könnte. Wenn überhaupt, so läßt sich der Sport nur als *Rahmen* für positive individuelle Kommunikation ansehen.

Die sportliche Leistung verlangt nach Öffentlichkeit. Selbst in den vorwiegend gesundheitlich motivierten Formen des »Ausgleichssports« ist die Tendenz zur öffentlichen Ausübung deutlich erkennbar, von der Öffentlichkeit der Trimm-Pfade über die der Volksläufe und Volkswanderungen bis hin zu den Vereinen und Clubs. Wer sich in seiner arbeitsfreien Zeit körperlich betätigt, wird, wenn er es nicht öffentlich, leistungsorientiert und mit dem Gedanken an einen Wettkampf tut (eine Art von Wettkampf ist ja auch schon der Wunsch nach Verbesserung der eigenen Leistung), seine Betätigung nur in den seltensten Fällen als »Sport« bezeichnen. Jeder Sport ist seiner Intention nach Leistungssport.

Eine Besonderheit des Sports gegenüber dem zwangloseren Spiel ist die Trennung der Geschlechter bei seiner Ausübung. Natürlich läßt sich diese Tatsache mit dem Hinweis auf die verschiedene Leistungsfähigkeit oder Belastbarkeit rationalisieren, die ja auch in den einschlägigen Rekord-Tabellen zum Ausdruck kommen. Daß dieser Trennung noch weitere Ursachen zugrundeliegen, legen einige Beobachtungen nahe: 1. Fast alle Historiker des Sports legen Wert darauf, daß der Männersport sich wesentlich früher in der Geschichte entwickelt hat als der Frauensport, und daß die Exklusivität in den frühen Gesellschaften peinlich genau eingehalten wurde. 2. Die Zeit, in der der Sport die größte Bedeutung im Leben des Menschen hat, ist die Zeit der Adoleszenz. 3. Der Sport ist ein pädagogisches Instrument, das manchmal explizit, manchmal latent als Alternative zu sexueller Betätigung angeboten und gestaltet wird. (Eine mythische Umkehrung dieser Tatsache ist die noch heute weit verbreitete Meinung, der Spitzensportler habe zu Zeiten von Wettkämpfen sexuell enthaltsam zu leben, um seine Leistungsfähigkeit nicht zu schmälern.) Andererseits ist der Sport selber eine sinnliche Erfahrung, er erzeugt starke Emotionen und ist somit ein erotischen Vorgängen paralleler Vollzug.

Die sportliche Betätigung in ihren hauptsächlichen Erscheinungsweisen ist also eine Form von Sozialisation in gleichgeschlechtlichen Gruppen, deren Hauptziel eine Art Initiationsvorgang ist. Die sportliche Leistung ist dabei die symbolische Überwindung von Vater- oder allgemeiner Elternbindung, die für den einzelnen Sportler im Sieg über einen »Favoriten«, in der Aufnahme in eine Mannschaft, dem Aufstieg in eine höhere »Klasse«, der Nominierung zu großen, gar internationalen Wettkämpfen oder dem Gewinn eines Titels besteht. Der Zuschauer mag an dieser rituellen Handlung teilhaben, er kann aber auch, je nach seiner eigenen Situation, die Position derer einnehmen, die vom Aufstieg der jungen Sportler bedroht sind. Der Sport ist ein ständiges Drama von Generationskämpfen.

Daß die Initiation im organisierten Sport keine endgültige und umfassende ist, ihr Wert ausschließlich symbolisch ist und gesellschaftlich nur bedingt anerkannt wird, und daß der durch den Sieg oder die Aufnahme »befreite« Mensch die Hürde zur Selbstbestimmung nicht ein für allemal genommen hat, sondern sogleich in die Rolle des Verteidigers (der Favoritenstellung, des Meisterschaftstitels, des »Stammplatzes« in der Mannschaft) gedrängt ist, trägt sicher einen Teil dazu bei, daß die Leistung zumindest im Spitzensport gleichsam den Charakter einer Sucht annimmt; sie wird zum Fetisch, zu einer Art seelischer Krücke. Außerdem ist in der hoch- und zumeist sogar überorganisierten Form des Leistungssports die Abhängigkeit des Athleten von neuen, autoritären »Vater«-Bildern (Trainer, Funktionäre, Mannschaftskameraden) ausgeprägt, die sich einen Teil der individuellen Leistung wieder aneigenen und eine vielleicht erträumte Emanzipation durch die sportlichen Erfolge in einen Anpassungsprozeß umbilden.

Im Bild des Sports spiegeln sich eine Reihe von gesellschaftlichen Vorgängen. So ist der Sport dem Krieg analog; er ritualisiert das Prinzip regionaler oder nationaler Konkurrenz, in unserer Zeit auch das Prinzip der Konkurrenz der Systeme gesellschaftlicher Ordnungen; er ist Ersatz für den Krieg, Vorbereitung auf den Krieg, Kritik am Krieg und Legitimation des Krieges in einem. Der Sport ist auch der Arbeit verwandt; er ritualisiert das Prinzip der Leistung als Ergebnis von Fleiß; er ist Ersatz für die (erfolgreiche) Arbeit, Vorbereitung auf die Arbeit, Kritik an der Arbeit und Legitimation der Arbeit in einem. Der Sport ist der Sexualität verwandt; er ritualisiert den Körper als Ausdrucksmedium; er ist Ersatz für Sexualität und Vorbereitung auf Sexualität in einem, zugleich sexualfeindlich und stimulierend. Schließlich ist der Sport auch der Kunst verwandt; er ästhetisiert körperliche Funktionen, indem er ihnen feste Regeln, rhythmische Abläufe und eine eigene »Dramaturgie« vorschreibt. Es ist also eine in der Struktur des Sports festgelegte Tendenz zu erkennen, die eigenen Wirkungen zu neutralisieren, zu jeder möglichen sozialen Handlungsmotivation auch eine entsprechende Gegenkraft zu produzieren.

Anhand der vorausgegangenen Beobachtungen läßt sich nun eine Definition des Sports in Zusammenhang mit seinen kulturellen Voraussetzungen geben: Der Sport ist das Ritual einer außerfamiliären Sozialisation, bei dem das Mittel zur Überwindung der verinnerlichten familiären Autorität eine gleichsam »leere« Leistung ist, deren gesellschaftliche Wirkung neutral bleibt. Dieses Ritual körperlicher Sozialisation, das auch die gleichgeschlechtlichen erotischen Impulse im Mythos des Wettkampfes aufhebt, entwickelt sich zum Schauspiel, und die ursprüngliche Ersatzhandlung des aktiven Sports, die die je gefährlichen Leidenschaften umfaßt, wird noch weiter verschoben auf die Konsumtion der sportlichen »Dramen«. Der Leistungssportler unserer Tage liefert seine Leistung stellvertretend für sein Publikum, das in ihr die Überwindung von Konflikten und den Sieg über den Mitmenschen ganz allgemein genießt. Da sich hierdurch die Umwandlung eines zunächst religiös motivierten Teiles der Kultur (der griechische Athlet beispielsweise strebte nach sportlichen Leistungen zu Ehren der Götter) in die säkularisierte Form der Unterhaltung vollzog, war es schließlich nur folgerichtig, daß sich am Ende der Entwicklung des Sports der Berufssportler herausbildete, den vorwiegend materielle Anreize motivieren.

In der Organisation des Sports spiegeln sich die Bedingungen eines gesellschaftlichen Systems ebenso wie seine Entwicklung aus religiösen und magischen Ritualen. Im internationalen Austausch wird man sich also über die Regeln, den »Geist« und die Gefühlswelt des Sports so leicht verständigen können, wie es nahezu unmöglich ist, die Bedingungen, unter denen Sport getrieben wird, miteinander zu vergleichen. Die Art und Weise, mit der sportliche Leistungen erzielt werden, gilt dem jeweils entgegengesetzten gesellschaftlichen System als »unsportlich«. Die Neutralität in der Wirkung des Sports ist also auch in den internationalen Begegnungen erkennbar: Der Sport verbindet die Völker, er trennt sie aber auch, denn er ist universal und provinziell zugleich.

2

Die »Idee« des Sports hat ihre Voraussetzung in der (philosophischen) Trennung von Geist und Körper. Die Forderung nach dem gesunden Geist *in* einem gesunden Körper differenziert strikt körperliche und geistige Ertüchtigung.

Bereits die klassischen griechischen Philosophen betrachteten den Sport als ein Mittel, die Herrschaft des Geistes über den Körper zu sichern, indem man ihn disziplinierte. Dieser Aspekt des Sports ist vor allem für die *Gymnastik* ausschlaggebend, also für jenen Teil des Sports, der zur allgemeinen Ertüchtigung des Körpers und zur Förderung der Kondition betrieben wird, aber auch die Fertigkeit im Umgang mit sportlichem Gerät einschließt. (Im Gegensatz dazu steht die *Antagonistik*, die die Formen des sportlichen Wettkampfes mit direkter Konfrontation der Gegner meint.)

Der sozialisierenden Wirkung des Sports tritt also eine »hygienische« Komponente gegenüber, die es erlaubt, die Abreaktion eines Triebstaus

(Sexualität, Aggressivität, »räuberische Instinkte« etc.) als den Triumph des Guten in einem Individuum über das Böse, des Geistes über den Körper, zu erleben. Doch während die Sozialisierungsprozesse im Sport auch auf den Zuschauer übertragen werden und dieser die Sozialisierungsdramen auch dann genießt, wenn er keine persönliche Beziehung zum Sportler hat, ist dieser Kampf der Selbstüberwindung nicht ohne weiteres nachvollziehbar. Damit auch dieser Teil der Wirkung von Sport in das Abbildungssystem der Unterhaltung Eingang finden kann, muß dieser innere Konflikt nach außen gebracht und in optisch wirksamer Form mitgeteilt werden. Dies geschieht vor allem durch die Betonung des antagonistischen Elements im Sport, die die Beteiligten zu Trägern bestimmter Rollen macht. (Fast ironisch überzogen ist dies bei den professionellen Catch-Turnieren, in denen der »Gute« und der »Böse« von vornherein festgelegt sind; solche Sympathieverteilung findet sich aber in jeder Sportart.) Wie häufig die Sympathieverteilung auf diesen sportlichen Urkonflikt zwischen Disziplin und Anarchie des Körpers bezogen ist, belegt die Tatsache, daß es zumeist »undisziplinierte« Außenseiter-Charaktere mit einer eher skeptischen Haltung gegenüber den Forderungen nach Askese sind, die im Sport die negativen Rollen spielen. (Der Film »Keep Out« von Ror Wolf, den das ZDF im November 1975 ausstrahlte, zeigte dies sehr anschaulich am Beispiel des Fußballspielers Tommy Rohrbach.)
Daneben wird in der Vermittlung des sportlichen Geschehens die eigentliche sportliche Leistung dramatisiert, in Bezug zu persönlichen Problemen gesetzt und psychologisch interpretiert. Jeder sportliche Wettkampf ist eine Bewährungsprobe, in der der Athlet zunächst sich selbst, dann seinen Gegner überwinden muß. Der innere Zwiespalt des Sportlers, der zumeist nicht sichtbar ist, wird vom Vermittler (Reporter, Kommentator, Journalist) erzählt, und es ist in den meisten Fällen völlig nebensächlich, ob die dramatische Erzählung von den inneren Konflikten des Sportlers mit der Realität übereinstimmt oder nicht. Die beliebtesten Chiffren für die Rationalisierung solcher Konflikte sind Verletzungen, denen zum Trotz die Leistung gebracht wird, die Nervosität einem Favoriten gegenüber, Handikaps, »Angstgegner« oder Konditionsschwächen.
Die sportliche Leistung ist der Ausgangspunkt für eine Legende. Dies ist keine Erfindung unseres medienbeherrschten Zeitalters. Schon in den Epen Homers und den olympischen Oden Pindars findet sich die Gleichsetzung des Sportlers mit dem Kriegshelden. Im großen Sportler steckt ein Teil des Urbildes vom Helden, vom Menschen, der auf gefährliche und doch siegreiche Weise mit den Göttern verkehrt, der Drachen tötet und in den scheinbar aussichtslosesten Situationen eine Kriegslist anzuwenden weiß.
Der allgemeine Mythos vom Sport, der unabhängig von der Sportgattung ist, läßt sich auf eine Reihe von Aussagen zurückführen: Die Bewährung

des Menschen ist eine Notwendigkeit; ihr Wert ist unabhängig von der sozialen »Nützlichkeit« und dem persönlichen Fortschritt. Der Körper ist ein Instrument des menschlichen Willens, dessen Unzulänglichkeiten durch Übung, Disziplin und Überlegung überwunden werden können. (Im Zeitalter des Positivismus bildete sich zudem die Analogie Körper–Maschine heraus.) Es muß immer Sieger und Besiegte geben. Der Maßstab für die eigene Leistung ist der Vergleich mit der Leistung anderer; gut sein heißt besser als andere sein. Aggression ist positiv, solange sie sich in geregelten Bahnen, sozusagen auf Befehl, vollzieht.
Diese (und einige andere) allgemeine Aussagen im Mythos Sport verbinden sich unter den Bedingungen eines gesellschaftlichen Systems mit den organisatorischen und ideologischen Voraussetzungen und der spezifischen Lebenshaltung. Die allgemeine Funktion des Sports, zu domestizieren, ein sekundäres Ordnungssystem als Heilmittel gegen Langeweile und Anarchie zu bieten, wird zu einem Instrument der gesellschaftlichen Herrschaft, das sich sowohl zur Ablenkung »schädlicher« Tendenzen als auch zur Motivation auf herrschaftskonforme Ziele eignet. (Das wohl deutlichste Beispiel hierfür ist die Entwicklung der Olympischen Spiele der Neuzeit.)

3

Naturgemäß gehen die Ansichten darüber auseinander, welche Funktionen der Sport und insbesondere der durch die Medien als Unterhaltung vermittelte Hochleistungssport, in der kapitalistischen Gesellschaft zu erfüllen hat. Einige der grundsätzlichen Thesen sollen im folgenden kurz aufgeführt werden. Die Zusammenstellung folgt zu einem Teil der Übersicht, die Hans Lenk gegeben hat.
1. Der Sport ist ein Ausgleich zu den Anforderungen der Industriegesellschaft. Er liefert die Illusion einer Alternative zur körperlichen Unterbeanspruchung und dem »deformierenden Einfluß der modernen Arbeit« (Lenk), zur Leere und zum Identifikationsverlust, zur Anonymisierung in der extrem arbeitsteiligen Produktionssphäre. Daneben bietet der Sport das Medium eines relativ problemlosen sozialen Aufstiegs, und die »Freiwilligkeit«, der Enthusiasmus und die Bewegungsfreude, die in ihm zum Ausdruck kommen, zeichnen das Bild erfüllten Lebens.
2. Der Sport fördert die Anpassung an die Realität der Arbeitswelt und erstickt eine etwaige Kritik daran im Kern. Er »verdoppelt« die Arbeitswelt und unterstützt das Leistungsprinzip. Er ist ein Mittel zur Entpolitisierung der Massen und zur systemkonformen Abreaktion von Aggression (Nationalismus, Lokalpatriotismus, Gruppenidentifikationen).
3. Der Sport ist das *Modell* der Leistungsgesellschaft. Es finden sich in ihm alle Elemente der Leistungsideologie, er ist »die symbolische konzentrier-

teste Darstellung ihrer Grundprinzipien« (Christian von Krockow). Er wiederholt die Form der Elitenbildung in der Leistungsgesellschaft und die Erbarmungslosigkeit, mit der der »Untüchtige« bestraft wird.
4. Der moderne Leistungssport ist eine Umkehrung der traditionellen Werte des Sports. Nicht nur ist er alles andere als gesundheitsförderlich, er spricht mit seiner Professionalisierung, seiner Tendenz zum Show-Business und seiner Erfolgsorientierung dem Ideal des auch im geistig-seelischen Sinne gesunden Sportlers hohn.
5. Der Spitzensport ist eine Zugkraft für den Breitensport; die Leistungen der Hochleistungssportler motivieren die Menschen dazu, Gesundheitssport zu betreiben, weil sie ihren Idolen nacheifern wollen. Dabei färben auch sportliche Tugenden wie Fairneß, Kameradschaft und Bescheidenheit auf den Breitensport ab.
6. Sport ist eine Form des Psychodramas, in dem familiäre Konflikte symbolhaft wiederholt und in einer vorwiegend narzißtischen Weise gelöst werden. »Hatten schon Deutsch und Stokes eine Funktion sportlicher Betätigung im Angstabbau durch Projektionen der Angstquellen von ödipalen Kastrationsängsten und Vater-Sohn-Konflikten in die Außenwelt gesehen, so deutet die psychoanalytisch orientierte neue Gesellschaftskritik des Sports darüber hinaus stellvertretend durch Zuschauen erlebte narzißtische und sadomasochistische Verhaltensmuster auf dem Sportfeld als einen leicht zugänglichen Ersatz für versagte Objektlibido im Arbeitsprozeß« (Lenk). Im Sport werden Konflikte auf einer vorsprachlichen, beinahe infantilen Art dargestellt; er ist ein Mittel der Regression.
7. Sport ist sowohl für den Aktiven als auch für den Zuschauer ein Mittel, Aggressionen abzubauen. Er wirkt daher als Hemmung sowohl für kriegerische wie für kriminelle (unter Umständen auch sozialrevolutionäre) Impulse.
8. Sport fördert die Aggressionsbereitschaft. Er ist eine Methode, aggressives Verhalten einzuüben und zu rechtfertigen.
9. Sport ist eine Form der Unterhaltung, in der sich die Heldenverehrung fortsetzt. Roland Barthes beispielsweise sieht die »Tour de France« als »homerisches Epos«, in dem überlebensgroße dramatische Konflikte ablaufen.
10. Der Sport ist ein Teil des kulturellen Regelsystems, der Gruppen der Bevölkerung allein durch den Konformitätsdruck zwingt, sich ihm zuzuwenden. Sportliche Betätigung kann als Voraussetzung für die Anerkennung im Ausbildungs- oder Berufsleben angesehen werden, und über das sportliche Geschehen informiert zu sein, ist oft notwendig, um in einer Gruppe akzeptiert zu werden. Der Sport liefert »Gesprächsstoff« und hat schon deshalb eine sozial integrative Wirkung. Und schließlich kann, wer auf anderen Gebieten erfolglos ist, seine Frustrationen auf sportlichem Gebiet kompensieren. Der Wunsch des Menschen, Situationen zu beurtei-

len, findet im Sport ein (unpolitisches) Ventil.

11. Der Sport ist ein Mittel zur Befriedigung des »Gesellungsbedürfnisses«; er vermittelt das Gefühl, unter Gleichgesinnten zu sein.

Aus diesen Thesen, die von verschiedenen Autoren aufgestellt wurden, läßt sich schwerlich ein einheitliches Bild vom Sport in der Industriegesellschaft gewinnen. Allzu Widersprüchliches, Ambivalentes kommt hier zum Ausdruck. Deutlich wird jedoch dies: Der Sport, wo immer er in Erscheinung tritt, dient dem gesellschaftlichen System, das ihn organisiert. Mit anderen Worten: Sport im Kapitalismus ist kapitalistischer Sport. Er ist kein herrschaftsfreier Raum, der neben der Gesellschaft existiert, sondern ein funktioneller Teil von ihr. Die Doppelfunktion des Sports als gesellschaftliche Agentur und als Mythos der Unterhaltung läßt ihn dabei universaler und einheitlicher erscheinen als er tatsächlich ist.

4

Sind die Geschicklichkeitsspiele, die z. B. einen nicht geringen Teil der Fernseh-Unterhaltung ausmachen, eine »harmlosere«, weniger strapaziöse Form des Sports und eine beschwichtigende Abbildung der Prüfungssituation im Allgemeinen, so sind die Rätselspiele, vom Fernsehquiz über das Kreuzworträtsel bis hin zum Preisausschreiben in der Werbung, eine Art Sport des Wissens, in dem ähnliche Werte und Ideale gelten wie im körperlichen Sport. (Der Begriff »Denksport« weist auf diese Analogie hin.)

Das Rätsel selbst hat sich bereits sehr früh in der Menschheitsgeschichte entwickelt und war, wie der Sport, am Beginn mit magischen und religiösen Ritualen verknüpft. In einigen Ländern waren Rätselfragen Teil der Opferriten, in denen Menschen als Gabe an die Götter getötet wurden (z. B. im alten Indien), und diese Funktion findet ein Echo in den zahlreichen Legenden und Sagen, die von einem zum Tode verurteilten Helden berichten, der sich durch die Lösung eines Rätsels retten kann. Das Rätsel ist ein seinem Wesen nach grausames Spiel mit der Macht, das seine demütigende Wirkung der Überlegenheit desjenigen verdankt, der die Rätselfrage stellt. Die grausamste Form einer solchen Demütigung ist das sogenannte Scheinrätsel, auf das es keine logisch zu erschließende Antwort gibt. Ein durch den Beistand guter Mächte dennoch gelöstes Scheinrätsel bildet häufig das Thema von Volksmärchen. Ist das Rätsel gelöst, so verwandelt sich die Demütigung in Triumph, und die Belohnung ist in den Sagen und Märchen nicht nur die Freiheit oder die Verschonung, sondern auch oft Reichtum und Macht.

Wie es das Rätsel als Form der »letzten Chance« gab, so war es auch als ein Mittel des Machtkampfes zwischen Gleichgestellten bekannt. Diese »Rätselduelle« wurden späterhin verfeinert und ritualisiert als mehr oder minder freundliche Form des Gesprächs kultiviert. »Zu den Rätselwettkämpfen zählt sowohl das Gespräch zwischen Salomon und der Königin von Saba, als auch der Wettstreit zwischen dem ägyptischen und dem äthiopischen König, von dem Herodot berichtet, und der geistreiche Rätselkampf aus der ›Vita Aesopi‹. Daß zwischen orientalischen Fürsten auch später noch Rätselgespräche Sitte waren, belegt die historische Begegnung Friedrichs II. mit dem Sultan von Ägypten im Jahre 1228« (Mathilde Hain).

In späterer Zeit diente das Rätsel noch anderen Funktionen. So war es ein Mittel, tabuierte Dinge anzusprechen, etwa die Sexualität im Falle des »Straßburger Rätselbuches«. Eine weitere Funktion des Rätsels bestand im »Bildungsnachweis«. So verschaffte sich im Mittelalter der fahrende Sänger bei Höfen Einlaß, indem er durch ein Rätsel höfische Bildung vortäuschte. Die Sitte, sich durch ein Rätsel Zugang zu einem Haus zu verschaffen, zu dem man normalerweise auf Grund seines sozialen Status keinen Zugang hätte, hat sich noch lange bei den wandernden Handwerksburschen erhalten. Über lange Zeit hielt sich die Sitte der Rätsel in Zusammenhang mit Brautwerbung und Hochzeit bei den Stadtbürgern. Im neunzehnten Jahrhundert schließlich ist die bäuerliche Spinnstube die Heimat des Rätsels, und erst hier ist es zu einem wirklich harmlosen Vergnügen geworden, das nicht mehr in Zusammenhang mit einer wirklichen Prüfungssituation steht, bei der es um das Leben oder doch zumindest um das persönliche Geschick des Ratenden geht.

In der bürgerlichen Welt verbinden sich Formen des Rätsels mit der Ideologie vom »Wissen ist Macht«. Das Rätsel und andere Fragespiele werden zu einem Training des Denkens oder des Gedächtnisses, das in enger Beziehung zu den Anforderungen der Lebenspraxis steht. Die pädagogische Aufgabe des Rätselspiels, Bildungsgut als Gesellschaftsausweis und Statussymbol zu vermitteln, gleichzeitig aber auch Beobachtungsgabe und Reaktionsfähigkeit zu lehren, ist auch heute noch in den modernen Formen der Rätselspiele, wie sie vor allem Rundfunk und Fernsehen produzieren, ein wesentlicher Bestandteil der Unterhaltung.

Die Freude an der Demütigung, die Bewunderung der Leistung, das Interesse an Wissensvermehrung und die Spannung des Wettkampfes sind in den modernen Arten von Spiel und Quiz ebenso enthalten wie die Ideologie vom sozialen Aufstieg, der Meßbarkeit von Klugheit und der Chancengleichheit für alle, die sich auch beim Sport findet. Mehr noch als im Sport wird in Spiel und Quiz das Bild vom »guten Verlierer« kultiviert, der keinen Neid auf den Erfolgreicheren zeigt, sondern geduldig auf seine nächste Chance wartet. Ist der Sport eher eine Analogie zum reinen Produktionsvorgang, also zur eigentlichen Arbeit, so das Spiel eine Analogie zum sozialen Verhalten am Arbeitsplatz, zum Umgang mit Vorgesetzten (Quizmaster), Konkurrenten und Mitarbeitern. Beide Bereiche der

Unterhaltung ergänzen sich zu einem Bild menschlicher Leistung, in dem Selektion, Konkurrenz und Aggression vorausgesetzt sind.

Anmerkungen

Hans Lenk: Leistungssport: Ideologie oder Mythos? Berlin/Köln/Mainz 1972. Christian von Krokkow: Der Wetteifer in der industriellen Gesellschaft und im Sport. In: Ausschuß deutscher Leibeserzieher (Hg.): Der Wetteifer. Frankfurt/Wien 1962. Zitiert nach Lenk. Roland Barthes: Mythen des Alltags. Frankfurt 1964. Mathilde Hain: Rätsel. Stuttgart 1966.

Literatur

Gustav Bally: Vom Ursprung und den Grenzen der Freiheit. Eine Deutung des Spiels bei Tier und Mensch. Basel 1945. J.-O. Böhme/J. Gadow/S. Güldenpfennig/J. Jensen/R. Pfister: Sport im Spätkapitalismus. Frankfurt 1971. Wolfgang Conrad/Sepp Strubel: Frisch, Fromm, Fröhlich, Frei. Sport und Gesellschaft. Reinbek 1971. Carl Diem: Wesen und Lehre des Sports. Berlin/Frankfurt 1949. Friedrich Eppensteiner: Der Sport. Wesen und Ursprung, Wert und Gehalt. München/Basel 1964. Arnold Gehlen: Sport und Gesellschaft. In: U. Schultz (Hg.): Das große Spiel. Frankfurt 1965. Karlheinz Gieseler: Sport als Mittel der Politik. Mainz 1966. Johan Huizinga: Homo Ludens. Versuch einer Bestimmung des Spielelements der Kultur. Basel 1949. Hans Lenk: Leistungsmotivation und Mannschaftsdynamik. Schorndorf 1970. Siegfried Mendner: Das Ballspiel im Leben der Völker. Münster 1956. Otto Neumann: Persönlichkeit und Sport. München 1957. Ulrike Prokop: Soziologie der Olympischen Spiele. Sport und Kapitalismus. München 1971. Curt Riess: Einsam vor Millionen Augen. Gütersloh 1970. Bero Rigauer: Sport und Arbeit. Frankfurt 1969. Heinz-Egon Rösch: Ist das noch Sport? Freiburg 1972. Klaus Ulrich: Tore, die für Geld nicht fielen. Fakten und Zusammenhänge zum Thema Sport und Profit. Berlin (DDR) 1975. Walter Umminger: Götter, Helden, Übermenschen. Eine Kulturgeschichte menschlicher Höchstleistungen. Düsseldorf/Wien 1961. Gerhard Vinnai (Hg.): Sport in der Klassengesellschaft. Frankfurt 1972.

Boxen

Die Geschichte des Boxsports läßt sich bis ins Jahr 4000 v. Chr. ins alte Ägypten zurückverfolgen. Der Boxkampf nahm seinen Weg über Kreta nach Griechenland, wo er zu einer der wichtigsten Sportarten bei den Olympischen Spielen wurde. (Schon in dieser Zeit trugen die Kämpfer Handschuhe aus Leder, und Schläge unter die Gürtellinie waren verboten.) Nachdem in Rom der Faustkampf den Charakter des Sportlichen weitgehend verloren hatte (die Kämpfer trugen mit Eisenplatten und Nägeln ausgestattete Handschuhe, der Tod eines der Kämpfer war eingeplant) und das Mittelalter andere Formen des Zweikampfes entwickelte, kam es erst um 1700 in England zu einer Renaissance des Boxsports. Die ersten englischen Meister im Boxen, James Figg und John Broughton, waren gleichzeitig auch Meister im Fechten, ein Indiz dafür, daß der Boxsport durchaus nicht als unfeine oder primitive Form des Zweikampfes angesehen wurde. In diese Zeit fällt auch die Einführung der Rundenzählung und anderer noch heute gültiger Regeln. Während James Figg 1747 die erste Boxschule eröffnete, legte John Broughton als erster die Regeln des Kampfes in schriftlicher Form nieder. 1747 veröffentlichte John Godfrey ein Lehr- und Regelbuch, welches endgültig die Fairneß als das oberste Gebot im Boxen verstand.

Die Funktion des Boxsports in dieser Zeit war vor allem die eines Vergnügens für den Adel, der ihn mäzenatenhaft förderte. »Schon hier zeigte sich das zukünftige sozial Verbindende dieses Sports: Die hohen Stände beschützten nicht nur das aufblühende Boxleben, sondern ihre Vertreter kamen auch selbst in den Ring, wenn auch nicht bei öffentlichen Veranstaltungen, so doch im Training, und ebenso beteiligten sie sich bei Veranstaltungen als Organisatoren und Preisstifter« (Carl Diem). (Was Carl Diem hier als »sozial Verbindendes« des Boxsports bezeichnet, ließe sich allerdings von einem weniger wohlwollenden Standpunkt aus auch als eine besonders zynische Form der Ausbeutung deuten.) Vom Adel waren die guten Boxer gern gesehen und wurden sogar als Gäste aufgenommen, was für einige Boxchampions die Aussicht auf eine Karriere und den sozialen Aufstieg bedeutete.

Große Boxveranstaltungen wurden zu einem Treffpunkt für die *society* wie sonst der Pferdesport, und ebenso wie dort forderte auch der Boxsport bald den Wetteifer heraus. Daß es dabei schon bald um hohe Summen ging, führte dazu, daß auch illegale Methoden, Bestechung und Erpressung in den Boxsport Eingang fanden. So berichtete Fürst von Pückler-Muskau bereits 1828 von einem amerikanischen Manager, der seinem englischen Schützling durch Bestechung des Gegners zum Sieg verhalf.

Die Möglichkeit des sozialen Aufstiegs hat in der Folgezeit immer wieder bei der Karriere großer Boxer Pate gestanden. In Amerika, wo sich das Boxen im neunzehnten Jahrhundert ausbreitete, wurde es für viele zur Hoffnung, aus dem tristen Dasein in den Slums zu entkommen. (Im Westen hingegen galt das Boxen, den Hollywood-Western zum Trotz, insbesondere unter den Cowboys als äußerst unehrenhafte Art der Auseinandersetzung.) Seit den zwanziger Jahren dieses Jahrhunderts war das Boxen in den Vereinigten Staaten ein Teil der Unterhaltungsindustrie, der das urbane Leben in den großen Städten präzis widerspiegelte. Unsummen von Geld konnten hier verloren oder gewonnen werden, und schon bald stand der Boxsport in enger Verbindung mit dem aufkommenden Gangstertum.

Es verwundert daher nicht, daß die zahlreichen Filme im Boxer-Milieu, die Hollywood vor allem in den dreißiger und vierziger Jahren produzierte, der Struktur und dem Stil nach Gangsterfilme waren (vgl.

Boxen als Selbstverwirklichung im Kinderbuch © W. Fischer Verlag

Crime → Gangsterfilm). »Der arme Junge aus den Slums mit vielen Muskeln und wenig Gehirn, den skrupellose Manager mit steifen Hüten und mäßigen Tischmanieren in mörderischen Schlachten zum Champion aufbauen und dann fallenlassen: Das ist das Standardthema fast aller klassischen Boxer-Filme von Michael Curtiz' ›Kid Galahad‹ (1937) bis Mark Robsons ›The Harder They Fall‹ (Schmutziger Lorbeer – 1956). Das Boxgeschäft hat dabei im Bezugssystem des Gangsterfilms den gleichen Stellenwert wie verbotenes Glücksspiel, Prostitution oder Rauschgifthandel: eine Möglichkeit, Profite zu machen etwas außerhalb der Legalität. Im Hollywood-Film gehören Berufsboxen und dunkle Geschäfte fast zwangsläufig zusammen, und auch in europäischen Gangsterfilmen wird diese Affinität häufig explizit. So führt Jean

Boxen in der Reklame

Pierre Melville in seinem Unterweltfilm ›L'ainé des ferchaux‹ (Die Millionen eines Gehetzten) den Hauptdarsteller Jean Paul Belmondo als gescheiterten Profi-Boxer ein« (Hans C. Blumenberg).

Obwohl einige Filme, die die Biographien großer Boxer nachzeichneten, mehr auf das eigentliche sportliche Geschehen eingingen (etwa »The Joe Louis Story« – Der braune Bomber – 1953 – Regie: Robert Gordon; »The Great White Hope« – 1970 – Regie: Martin Ritt), blieb der Film zumeist recht unempfindlich gegenüber der spezifischen Atmosphäre eines wirklichen

Boxkampfes, was zu einem Teil wohl auch an der Unmöglichkeit liegt, einen solchen Kampf schauspielerisch zu rekonstruieren. Ein Film, der diese Atmosphäre zu evozieren wußte und auf die üblichen Klischees des Genres verzichtete, war »Walkover« (1965), in dem der Regisseur Jerzy Skolimovski eigene Erfahrungen als Amateurboxer verarbeitete. Weitere interessante Filme aus dem Boxer-Milieu sind »The Ring« (1927 – Regie: Alfred Hitchcock), »The Champ« (1931 – Regie: King Vidor), »The Crowd Roars« (1938 – Regie: Richard Thorpe), »City for Conquest« (Im Taumel der Weltstadt – 1940 – Regie: Anatol Litvak), »Gentleman Jim« (Gentleman Jim, der freche Kavalier – 1942 – Regie: Raoul Walsh), »The Set-Up« (1949 – Regie: Robert Wise), »Champion« (1949 – Regie: Mark Robson), »Glory Alley« (1952 – Regie: Raoul Walsh), »Killer's Kiss« (Der Tiger von New York – 1955 – Regie: Stanley Kubrick), »Requiem for a Heavyweight« (Die Faust im Gesicht – 1962 – Regie: Ralph Nelson), »Fat City« (Fat City – 1972 – Regie: John Huston). Auch der deutsche Film »Die letzte Runde« (1940 – Regie: Werner Klingler) übernahm die Elemente des Hollywood-Films aus dem Boxer-Milieu (melodramatische Verwicklungen, der Gegensatz integrer Boxer – korrupter Manager etc.).

Die Struktur des Berufsboxens hat sich in jüngster Zeit erheblich geändert: Die Spitze der bekannten Boxer ist äußerst dünn geworden, und an die Stelle des Stars im Boxring ist der Superstar getreten; allen voran der wohl erfolgreichste Boxer aller Zeiten, Muhammad Ali, der nicht nur durch seine sportlichen Erfolge und durch sein Talent fürs *show-business* sondern, was neu im Boxsport ist, durch sein politisches Bewußtsein die Öffentlichkeit anspricht. Wenn sich auch die für Spitzenkämpfe veranschlagten Summen mehr und mehr ins Gigantische steigern, so ist doch nicht zu übersehen, daß der Berufsboxsport an der Basis zurückgeht. Durch die Technik der Satelliten-Übertragungen ist es möglich geworden, einen Boxkampf *life* in jedes Land zu übertragen. Dadurch, und weil sich die Tendenz abzeichnet, Boxkämpfe in wechselnden Ländern auszutragen, unabhängig von der Nationalität der Konkurrenten, ist der Boxsport zu einem internationalen Schauspiel geworden, das nur noch sehr bedingt die Konflikte einer Gesellschaft ausdrückt. Wie bei anderen Sportarten auch zu beobachten, ist der Boxsport nicht mehr so sehr ein Sport für den direkten Zuschauer als vielmehr für die Vermittlung durch die Medien.

Anmerkungen

Carl Diem: Weltgeschichte des Sports und der Leibeserziehung. Stuttgart 1960. Hans C. Blumenberg: Sport im Spielfilm. Oberhausen 1970.

Literatur

Klaus Ulrich: Schlagende und kassierende Hände. In: Ders.: Tore, die für Geld nicht fielen. Berlin (DDR) 1975.

Fernseh-Quiz

Die Sende-Gattung des Fernseh-Quiz ist ihrem Wesen nach verwandt einigen Formen der bürgerlichen Unterhaltung, die sich im neunzehnten Jahrhundert entwikkelt haben (Varieté, Bunter Abend, Lotteriespiel etc.) und hat ihre Vorläufer im Rundfunk. Ähnlich dem Sport ist das Quiz eine ritualisierte, spielerische Form des Wettbewerbs. Ob es dabei um das Abfragen von Spezialwissen (»Alles oder nichts«, »Die sechs Siebengescheiten«), das Lösen von Geschicklichkeitsaufgaben (»Der goldene Schuß«, »Am laufenden Band«), Familien- und Partnerprobleme (»Wünsch Dir Was«, »Spielregeln«) oder um möglichst schnelles Erfassen von Problemen (»Dalli-Dalli«, »Die Montagsmaler«) geht, im Vordergrund steht immer der »kultivierte« Wettstreit, bei dem man Punkte gewinnen, gesetztes »Kapital« vervielfachen (»Der große Preis«) oder – nach den Regeln des »K.o.-Systems« – gegnerische Mannschaften ausschalten (»Einer wird gewinnen«) kann.

Der Quizmaster als Star: Wim Thoelke auf dem Titel einer Fernsehzeitschrift
© Gong Verlag

Im amerikanischen Fernsehen nahm zu Beginn der sechziger Jahre das Fernseh-Quiz den ersten Platz in der Skala der Beliebtheit ein. Da es hierbei allerdings um teilweise horrende Summen ging, gerieten einige Quiz-Sendungen ins Zwielicht, als bekannt wurde, daß die Sieger zum Teil, einer ausgeklügelten Dramaturgie zufolge, von vornherein feststanden und daß auf der anderen Seite halb-professionelle Quiz-Teilnehmer dazu übergegangen waren, die Quizmaster mit handfester Bestechung für sich zu gewinnen. Nach diesem Schlag gegen die Ideologie von Chancengleichheit und Fairneß, der sich insbesondere das amerikanische Fernseh-Quiz verschrieben hatte, nahm die Beliebtheit der Quiz-Sendungen rasch ab.

Wenn die Problematik der Unterhaltung durch das Quiz in Deutschland auch nicht in so eklatanter Weise hervortritt wie in Amerika, so ist auch hier Kritik an dieser Verherrlichung des Konkurrenz-Denkens laut geworden. Wie der → Leistungssport, so huldigt auch das Quiz der Idee vom sozialen Aufsteiger, der durch eine erbrachte Leistung die Begrenzungen seines wirtschaftlichen und gesellschaftlichen Umfeldes verlassen kann. »Hier wird der soziale Aufstieg aus der Produktionssphäre abgezogen und ins Reich des Ideellen verlagert, getreu der Devise, mit der das Bildungsbürgertum seine materielle Basis seit eh und je kaschierte: Wissen ist Macht« (Dahlmüller/Hund/Kommer).

Allerdings ist eine solche systemkonforme Beeinflussung des Publikums sicher nicht das Hauptziel dieser Sendeform, sondern eher das meist unkritisch hingenommene Nebenprodukt einer auf Spannung und Identifikation angelegten Dramaturgie, die im Alltagsleben vorhandene Gefühle und Motivationen aufgreift, um beim Publikum Interesse zu wecken.

Die Freude an Quiz-Sendungen, die man zumeist als recht harmlose Form der Unterhaltung genießt, da Konflikte zumindest oberflächlich spielerisch gelöst werden, entsteht auch dadurch, daß in der speziellen Quiz-Dramaturgie Erfahrungen aufgehoben sind, die man in der Schule gemacht hat. Ein Indiz dafür ist das oft bemängelte »väterlich-autoritäre« oder »lehrerhafte« Auftreten der deutschen Quizmaster. In der »freundlichen« Form der Quiz-Sendung wird bis zu einem gewissen Grad ein allfälliges Prüfungs-Trauma verarbeitet.

Ende der sechziger Jahre war ein Trend innerhalb der Quiz-Sendungen zu beobachten, diese Sendeform vom Odium der »Heile Welt«-Ideologie zu befreien und Themen mit sozialer Bedeutung einzubringen. 1969 wurde die wohl umstrittenste dieser neuen Quiz-Sendungen, »Wünsch Dir Was« zum erstenmal ausgestrahlt. Die Moderatoren Dietmar Schönherr und Vivi Bach und ein Autorenteam, zu dem auch der Filmemacher Peter Hajek und der Chansonnier André Heller gehörten, versuchten vorsichtig, auf neue, liberale Leitbilder hinzuarbeiten und Unterhaltung mit

Information zu verbinden. Vor allem die Springer-Presse war es, die durch eine ständige, oft über Gebühr personalisierende Kritik die Einstellung der Serie nach 24 Folgen erwirkte.
Die Sendereihe »Spielregeln«, für ein jugendliches Publikum konzipiert, behandelte in der Form des Fernseh-Quiz auch die Spielregeln der Gesellschaft, die von den Teilnehmern kritisch befragt wurden. Auch in »Sparring« wurde versucht, Unterhaltsames mit Information zu verbinden. Am weitesten in ihrem aufklärerischen Anspruch ging die Serie »Das Elternspiel«, die nach dem Vorbild des amerikanischen »Parent's Game« gestaltet wurde und an deren Entwicklung namhafte Psychologen und Pädagogen beteiligt waren. Ehepaare verschiedener Generationen hatten dabei Fragen nach ihrem Erziehungsstil zu beantworten und wurden nach einem – allerdings allzu vereinfachenden – Schema von »richtigen« und »falschen« Antworten bewertet. Mit dem Aufkommen der Talk Shows (vgl. *Heimat und Familie*) Mitte der siebziger Jahre erlahmte das Interesse an neuen Formen des Fernseh-Quiz. Übrig blieben in erster Linie die konservativen Serien wie »Was bin ich« oder »Dalli-Dalli«, die nach wie vor zu den beliebtesten Sendungen zählen. Die Atmosphäre bei solchen Quiz-Sendungen ist entspannter als etwa bei solch »ernsten« wie »Alles oder Nichts«, weil keine oder kaum nennenswerte Geldsummen auf dem Spiel stehen. (Dafür erhält zumeist »Prominenz« ausführlich Gelegenheit zur Selbstdarstellung.)
Inhumanen Tendenzen steht das Fernseh-Quiz jedoch von seiner Form her offen: »Manches in der Form – nicht im Inhalt – erinnert mich an Spielchen von Soldaten in Nazi-Dokumentarfilmen. Kracauer hat über eine solche Spiel-Szene in ›Sieg im Westen‹ geschrieben, daß die Muße Verlängerung der Arbeit sei und daß den sich Amüsierenden versteckt bedeutet wird, in der Rolle der Beherrschten zu bleiben. (›Mythisches‹ Vorbild ist die ›gesellige Runde‹ etwa beim Betriebsausflug.) Wie dem Soldaten, dem Wasser über den Hintern gegossen wird, ergeht es dem Quiz-Teilnehmer, der leer ausgeht. Ihnen (und damit dem Zuschauer) wird gesagt, daß sie es doch zu nichts bringen werden, dennoch aber nicht aus der Rolle fallen sollen« (Ulrich Kurowski).

Anmerkungen
Götz Dahlmüller/Wulf D. Hund/Helmut Kommer: Politische Fernsehfibel – Materialien zur Klassenkommunikation. Reinbek 1974. Ulrich Kurowski: Ideologien, Mythen und Symbole in der Fernsehunterhaltung. In: Hans Friedrich (Hg.): Politische Prägung durch Unterhaltung. Tutzing 1971.

Literatur
Manfred Delling: Show, Quiz und Tiere. In: Ders.: Bonanza & Co. Reinbek 1976. Friedrich Knilli (Hg.): Die Unterhaltung der deutschen Fernsehfamilie – Ideologiekritische Untersuchungen. München 1971. Jean Pierre Moulin/Yvan Dalain: Eintritt frei: Fernsehen. Lausanne 1963. Bernhard Wittek/Thomas Thieringer: Quiz im Fernsehen. In: »Süddeutsche Zeitung« vom 19., 20., 21. und 22. Januar. München 1972.

Fußball

Das Fußball-Spiel entwickelte sich in England zu Beginn des vierzehnten Jahrhunderts als ein sehr hartes Mannschaftsspiel, das immer wieder mit dem Verbot durch weltliche oder kirchliche Autoritäten zu kämpfen hatte. In England wurden 1862 auch die Regeln festgelegt, die im wesentlichen noch heute verbindlich sind. Als gegen Ende des neunzehnten Jahrhunderts englische Ingenieure und Arbeiter in Europa Fabriken errichteten, verbreitete sich das Fußball-Spiel auch hier sehr schnell und wurde, insbesondere in den stark industrialisierten Gegenden, zum beliebtesten Sport. Zwischen den Weltkriegen erlebte der Fußball-Sport in Europa seine Blütezeit.
Die Überführung des Fußballs in einen Zweig der Unterhaltungsindustrie durch

Einführung der professionellen Spieler und festbezahlter Funktionäre vollzog sich in Deutschland erst nach dem Zweiten Weltkrieg. 1949 wurde der »Vertrags-Fußball« zugelassen (die Spieler erhalten zwar Geld für ihre Spiele, müssen aber einen zusätzlichen Lebensunterhalt aufweisen; diese »Lizenz-Spieler« finden sich heute vorzugsweise in der zweiten Bundesliga.) 1964 wurde die Bundesliga geschaffen, die Vollprofis als Spieler verpflichtet. Obwohl von vornherein die wirtschaftlichen Schwierigkeiten abzusehen waren, denen sich die Vereine, nun mehr oder weniger Unternehmen, gegenübersehen würden, vollzog man diesen Schritt doch in relativer Eile. Wie sehr dabei auch politische Interessen im Spiele waren, zeigt ein Gedanke von Gerd Hortleder: »Da sich die Professionalisierung in einigen Ländern früher vollzog als in der Bundesrepublik, wurde der Deutsche Fußball-Bund durch andere Vorbilder gezwungen, den Weg zum Profi-Fußball zu gehen. Hierauf zu verzichten, hätte dreierlei bedeutet: die Leistungen der Nationalmannschaft hätten stagniert, und die bundesrepublikanischen Vereine hätten an den Spielen um den Europapokal nur noch als Statisten teilnehmen können; der ›Ausverkauf‹ deutscher Spitzenspieler ins Ausland wäre zur Regel geworden.«

Trotz der Beliebtheit des Fußballs – nach einer Untersuchung von Erwin K. Scheuch rangiert er als Thema von »Männergesprächen« an erster Stelle vor Witzen, Politik, Autos und »Geschäft« – hatten die deutschen Vereine bald mit Überschuldung, Zuschauerschwund und organisatorischen Schwierigkeiten zu kämpfen. Das Fernsehen, obwohl eine der wichtigsten Einnahmequellen des DFB (Deutscher Fußball-Bund), wuchs sich zu einer ernsten Konkurrenz aus (→ Sport im Fernsehen) und verhindert auf der anderen Seite die Finanzierung durch Banden- und Trikot-Werbung (»Schleichwerbung«). Nicht nur wegen der hohen Spieler- und Trainer-Gehälter, der durch internationale Konkurrenz in die Höhe getriebenen Ablöse-Summen beim »Verkauf« eines Spielers von einem Verein an den anderen und dem Bau und der Instandhaltung großer Stadien ist der Fußball-Sport ein sehr kostenintensiver Wirtschaftszweig (so kostete etwa 1966 ein Spieltag der Fußball-*Amateure* 4,75 Millionen DM). Oft sind die Vereine deshalb auf die Unterstützung privater Mäzene angewiesen; gelegentlich greift eine städtische Kommune ein, wenn ein Verein in Finanznot geraten ist, da ein Bundesliga-Verein beispielsweise auch eine Werbung für eine Stadt darstellt. Die Instabilität der Unternehmen, der häufige Wechsel der Mitarbeiter (in der Sprache der → Sportpresse etwa das »Trainer-Karussell«) und die Mannigfaltigkeit der unterschiedlichen Interessen machen aus dem Fußball-Sport einen für Krisen, »Skandale« und Korruption anfälligen Zweig der Unterhaltungsindustrie.

Die soziale Funktion des Fußball-Spiels ist sicherlich, wie viele Theoretiker meinen, eine wenn auch nicht ganz unkomplizierte Spiegelung der Produktionsverhältnisse (Ansporn zu Leistungs- und Erfolgsdenken, Dialektik von Zusammenarbeit und Konkurrenz, autoritärer Führungsstil, Belohnung von Härte, Spezialisierung etc.). Der erfolgreiche Fußball-Spieler (→ Sportstars) ist der Held eines oft von den Medien inszenierten Dramas, das den Aufstieg eines Mannes der Unterschicht durch harte Arbeit und Fleiß erzählt; er ist die lebende Illustration der Spruchweisheiten »Jeder hat eine Chance« und »Ohne Fleiß kein Preis«. Und natürlich ist Fußball, wie jede Form der Unterhaltung, ein Mittel zur Entpolitisierung: »Die Herrschenden haben den Fußball-Sport als Mittel der Entpolitisierung der Beherrschten (sprich: Arbeiter) schon entdeckt, als dieser in den Kinderschuhen steckte: Als in den sechziger Jahren des vorigen Jahrhunderts die Massen der Industriearbeiterschaft sich für ihn zu interessieren begannen, förderten zahlreiche englische Unternehmer den

neuen Sport vor allem deshalb, weil sie hofften, er werde die Arbeiter von politischer Betätigung in ihren Klassenorganisationen abhalten« (Gerhard Vinnai).
Die »Ware« Fußball, das eigentliche Spiel und die Mythen, welche die Medien um es herum aufbauen, spiegelt deutlich ihren Entstehungsprozeß wider: die Dressur der Spieler, das Verhältnis von Star und Mannschaft, Egoismus und Gruppenunterordnung, den persönlichen Stil der Trainer, das Verhältnis einer Mannschaft zu »ihrem« Publikum. Ebenso gibt sie auch das Herrschaftsverhältnis innerhalb eines Vereins wieder: Eine Führungsgruppe von Managern aus der Mittelschicht bestimmt die Richtlinien und die Personalpolitik des Vereins, unterstützt von »beratenden« Mäzenen aus der Unternehmerschaft und der Politik; als langer Arm der Führung fungiert der Trainer, der aus den Gegebenheiten eines Vereins eine Mannschaft aufbauen und für sie eine erfolgsträchtige Taktik entwickeln muß; die Trainer haben meist nur relativ kurzfristige Verträge und werden bei ausbleibendem Erfolg oft noch während einer Saison ausgewechselt; eine Gruppe von Spezialisten (Masseur, Betreuer, Trainer-Assistent etc.) steht dem Trainer zur Verfügung; die Spieler selbst, unter denen der Mannschaftskapitän als eine Art Vorarbeiter herausragt, haben, von wenigen Ausnahmen abgesehen, auf die Führung eines Vereins keinen Einfluß; ihr erstes Interesse ist es, den eigenen Wert auf dem »Spielermarkt«, auf dem sie »eingekauft« oder »verkauft« werden können, zu erhöhen oder zu erhalten. Die Universalität des Fußball-Spiels, ein Bild für kapitalistische, feudal-kapitalistische (Spanien, Brasilien etc.) wie auch für bürokratisch-sozialistische Produktionsweisen, läßt es im außenpolitischen Kontext zu einem geeigneten Vehikel für nationales Konkurrenzstreben werden. (Die letzte Fußball-Weltmeisterschaft etwa wurde von 77 % der Bevölkerung »mit Interesse verfolgt«.)
Wenn bei aller Vermarktung, bei aller

Dynamik als Mythos: Szene eines Fußballspiels

zweckrationalen Auflösung der sportiven Elemente zugunsten wirtschaftlicher Erwägungen doch immer wieder die »Faszination des Fußballspiels« (Gerd Hortleder) durchbricht, dann deswegen, weil auch der Fußball-Sport, wie alle Genres der Unterhaltung, von Ambivalenz geprägt ist. Denn wie er einerseits die Entfremdung des Menschen, die Zerlegung der Arbeit in zahllose, isolierte, von Spezialisten ausgeführte Einzelschritte, das Konkurrenzprinzip und die Verherrlichung »rationaler« Gewalt beinhaltet, so drückt sich in ihm auch die Sehnsucht nach Natürlichkeit (Bewegung) und »Ganzheit«, nach Anschluß ans Kollektiv und Aufhebung der Isolation (»Mannschaftsgeist«) und schließlich nach Spontaneität und freiem Spiel aus. Aus seinen zahllosen widersprüchlichen Elementen entwickelt der Fußball-Sport eine eigene Ästhetik, die im

Fußball im Comic Strip: »Die Macaronis« aus der Fußball-Comic-Zeitschrift »1. FC«
© Kauka Verlag/Oberon BV

Augenblick des Konsumierens rational nicht mehr aufgelöst werden kann und deren Vielschichtigkeit erst das Fernsehen mit seiner Reduktion auf die Höhepunkte zu zerstören droht.

Unterhaltungstechnologische »Zweitverwertung« erfährt der Fußball-Sport, abgesehen von den Übertragungen im Fernsehen und im Rundfunk, vor allem im Sport-Teil der Tagespresse, wo häufig an Montagen die Sportberichterstattung größeren Raum einnimmt als die politische, und in der speziellen → Sportpresse. Daneben dient der Fußball aber auch als Rahmen für erzählende Formen der Unterhaltung in Literatur, Film und Comics. Während beispielsweise die Vorabendserie des Fernsehens, »Fußballtrainer Wulff«, versuchte, auch etwas vom Alltag einer Fußballmannschaft zu zeigen, war der Kino-Film »Libero« (1973 – Regie: Wigbert Wicker) ganz auf den Star Franz Beckenbauer zugeschnitten. Comic-Serien um beliebte Fußballspieler haben in England und in Italien eine lange Tradition; auch in der Bundesrepublik erscheint eine spezielle Fußball-Comic-Zeitschrift (»1. FC«).

Anmerkungen

Gerd Hortleder: Fußballsport als Ideologie. Frankfurt 1970. Erwin K. Scheuch/Rolf Meyersohn: Soziologie der Freizeit. Köln 1972.

Literatur

Manfred Blödorn: Fußballprofis. Die Helden der Nation. Hamburg 1974. Kurt Brumme: Fußballreport. Aber eins, aber eins, das bleibt bestehen . . . Hamburg 1973. Frederik J. J. Buytendijk: Das Fußballspiel. Würzburg 1953. Deutscher Fußball-Bund (Hg.): Geschichte des deutschen Fußballsport. Frankfurt o. J. Manfred Gröning: Alle Tage Fußball. München 1969. Peter Handke: Die Welt im Fußball. In: Ders.: Ich bin ein Bewohner des Elfenbeinturms. Frankfurt 1972. Richard Kirn/Alex Natan: Fußball – Geschichte und Gegenwart, Regeln und Begriffe. Frankfurt 1958. Reinhard Rauball: Bundesliga-Skandal. Berlin/New York 1972. Helmut Sohre: Weltmacht Fußball – Faszination für Millionen. München 1969. Hennes Weisweiler: Der Fußball. Schorndorf 1972. Ror Wolf: Punkt ist Punkt – Fußballspiele. Frankfurt 1971.

Leistungssport

Ein zentrales Motiv unserer Gesellschaftsform ist die Steigerung der Leistung; wie bei vielen Teilbereichen des gesellschaftlichen Lebens hat das Leistungsstreben auch im Sport ursprüngliche, meist beschaulichere und zwanglosere Legitimationen (»Nicht siegen – dabei sein ist wichtig!«) größtenteils verdrängt. Während sich in der gesellschaftlichen Produktion die Leistung am Ausstoß von Waren (Produktivität) bemißt, reduziert sich im Leistungssport diese Leistung auf ihre physikalischen Größen: Masse mal Weg pro Zeiteinheit. Eine solche Leistung hat die Tendenz, zum Selbstzweck zu werden, sich der ursprünglichen Motivation, der Befriedigung von Bedürfnissen, zu entziehen. Eine

Leistung ohne Ergebnis ist nur als Ritual zu verstehen und gleicht einer symbolischen Handlung. »Wie in der industriellen Großproduktion ist Leistung gar nicht mehr eigentlich das, was man früher darunter verstanden hat, nämlich eine besondere individuelle Leistung. Leistung ist eine Art Anpassung« (Bero Rigauer).

Der Weg eines Sportlers vom »Talent« zum Hochleistungssportler und damit zu öffentlicher Anerkennung führt nur über eine vollkommene Selbstaufgabe und die Unterwerfung unter die abstrakten Regeln des Trainings. Der Trainingsprozeß selbst, zunehmend von Technik und Wissenschaft bestimmt, ist analog dem industriellen Arbeitsvorgang in kleinste Einheiten zerlegt. Der Wettkampf, in dem allein diese verschiedenen Trainingsabläufe (etwa Start, Laufrhythmus, Atemtechnik, taktische Einteilung, Zwischenspurt, Kondition, zweckmäßige Bewegung der Arme, Endspurt bei einem Laufwettbewerb innerhalb der Leichtathletik) zusammengesetzt werden und als harmonisches Ganzes erscheinen, sind »nur ein winziger Ausschnitt der sportlichen Tätigkeit eines modernen Athleten« (Conrad/Strubel). Das, was wir als Unterhaltung, insbesondere in der Vermittlung durch die Medien, vom Leistungssport aufnehmen, vertuscht in seiner Dramatisierung (Wettstreit) und seiner Erscheinung als ganzheitlicher Vorgang (also ein Vorgang, der den ganzen Menschen erfordert und fordert) den eigenen Entstehungsprozeß: Extreme Entfremdung bei den Sportlern ist vonnöten, um das *Bild* natürlicher Bewegungen (Kämpfen, Laufen, Springen, Schwimmen, Tanzen etc.) zu erzeugen. Der Wettbewerb der Konkurrenten ist dabei nur zum Schein noch eine individuelle Auseinandersetzung und real nur noch vorhanden in der trainingstechnisch etwas unwägbaren Größe der »Tagesform«; in Wahrheit stehen sich nicht Sportler (also Menschen), sondern Trainingsprogramme und in manchen Sportarten auch technische Ausrüstungen gegenüber.

In den Medien wird diese immer deutlicher werdende Abstraktion des sportlichen Wettkampfes durch eine stärkere Personalisierung der Berichterstattung aufgefangen, die dem Publikum neben dem großartigen Sportler auch den Privatmenschen andient. Was also der Leistungssport an menschlichen Dimensionen verliert, wird ihm von den Medien mehr oder minder künstlich wieder hinzugefügt. Das »Menschliche« hat dabei insofern eine neue Qualität erreicht, als es zum einen als Mittel der Unterhaltung verwertbar ist und zum anderen konfliktfrei neben einer Verherrlichung absoluter Leistung existieren kann.

Im Gegensatz zu den mehr publikumswirksamen Sportarten wie Fußball und anderen Mannschaftswettkämpfen, → Motorsport oder anderen Rennläufen, erreichen die sogenannten technischen Disziplinen (wie etwa Kugelstoßen, Diskuswerfen, Schießen etc.), meist nur bei internationalen Ausscheidungen größere Beachtung in der Öffentlichkeit. Das völlige Fehlen von spontaner Reaktion in solchen Sportarten macht auch dem Publikum nur allzu bewußt, daß es dem Ergebnis eines Dressur-Aktes beiwohnt, bei dem die Methoden der Arbeitswissenschaft angewendet werden. Hier wird zwar noch das Ergebnis aufgenommen, ein eventueller Sieg erfreut zur Kenntnis genommen, von der Freude an sportlicher Betätigung teilt sich jedoch kaum noch etwas mit.

Leistungssport ist heute in manchen Bereichen bereits zu einem Alptraum, insbesondere für die Athleten selbst geworden, und es häufen sich die Fälle, wo Sportler gegen die als unmenschlich empfundenen Trainingsbedingungen revoltieren (man denke etwa an den Gewichtheber Rudolf Mang). Die im Hochleistungssport angelegte persönliche Absurdität für den Sportler übt gelegentlich einen so starken Druck aus, daß eine Professionalisierung nahezu als Erleichterung empfunden wird. Eine solche Professionalisierung, der bei den weniger publikumswirksamen Sportarten wie etwa Leichtathletik oder Turnen eine Professionalisierung durch Subventionierung von Sportlern entspricht, ließe zwar den Sport als »realistischeres« Unterhaltungsmedium erscheinen, sie widerspricht aber dem gesellschaftspolitischen Auftrag des Sports als eines »reinen, geklärten, vielleicht etwas idealisierten Abbildes der Gesellschaft, in der wir leben« (Lothar Hack) insofern, als sie den vielgepriesenen »Idealismus« des Sports (und damit seine Analogie zu staatsbürgerlichem Wohlverhalten und Bereitschaft zu militärischem Einsatz) ad absurdum führen würde. Der Sportler, der sich nicht für seinen Verein, für seine Stadt, für seine Nation, sondern für sein eigenes Einkommen schindet, mag sich der Bewunderung seines Publikums sicher sein, zum Repräsentanten taugt er aber kaum.

Anmerkungen

Bero Rigauer: Sport und Arbeit. Frankfurt 1969. Wolfgang Conrad/Sepp Strubel: Frisch, Fromm, Fröhlich, Frei – Sport und Gesellschaft. Reinbek 1971. Lothar Hack: Alle hatten doch die gleiche Chance – Leistungssport-Leistungsgesellschaft-Gerechtigkeit? In: Gerhard Vinnai (Hg.): Sport in der Klassengesellschaft. Frankfurt 1972

Literatur

Rolf Albonico/Katharina Pfister-Binz: Soziologie des Sports. Basel 1971. H. Heckhausen: Motivation und Sport. Schorndorf 1971. O. Neumann: Sport und Persönlichkeit. München 1957. Curt Riess: Einsam vor Millionen. Gütersloh 1970. Berno Wischmann: Leistungssport – ein Mittel zur Selbsterziehung. Berlin/München/Frankfurt 1971. Frank Grube/Gerhard Richter (Hg.): Leistungssport in der Erfolgsgesellschaft. Hamburg 1973. Christian Graf von Krockow: Sport und Industriegesellschaft. München 1972. Hans Lenk: Leistungssport: Ideologie oder Mythos? Stuttgart 1972.

Lotterien und Gewinnspiele

Bei den anerkannten Gewinnspielen sind zu unterscheiden: Lotterien – die staatliche Klassenlotterie in der Bundesrepublik, bei der unter einer Anzahl von verkauften Losen, aber auch 1/2, 1/4 und 1/8 Losen, Gewinne und Nieten nach einem feststehenden Gewinnplan ausgelost werden; Pferde-Toto – Rennwette, bei der Rennergebnisse vorausgesagt werden müssen, Fußball-Toto – Spielwette, bei der die gewinnenden bzw. verlierenden Mannschaften vorhergesagt werden müssen, oder, wie bei der Variante des »Sechs aus Neununddreißig«, die unentschiedenen Spiele (Pferde- und Fußball-Toto gelten im rechtlichen Sinne übrigens nicht als Wette, sondern als Glücksspiel, eine juristische Maßnahme, die zur Legalisierung des Toto-Spiels nötig war), und schließlich das Zahlen-Lotto. Dieses Spiel, bei dem man aus einer Anzahl von Zahlen einige heraussucht, in der Hoffnung, diese Zahlen würden bei der Ziehung als Gewinnzahlen bestimmt, hat seinen Ursprung in Italien, Spanien und in einigen lateinamerikanischen Staaten, und ist heute in fast allen Ländern der Welt,

Plakat für eine Lotterie-Ausspielung aus dem Jahr 1735

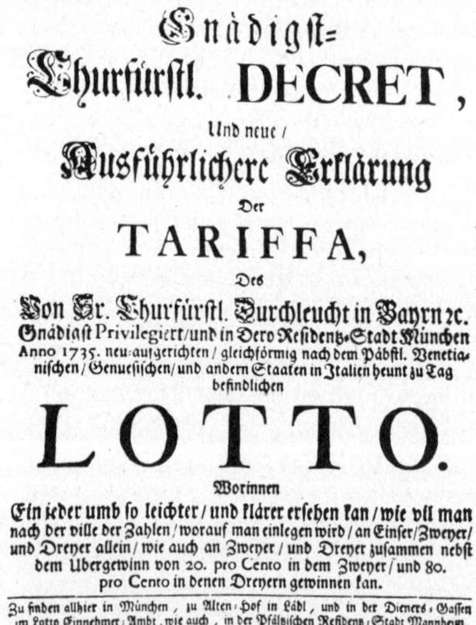
Gnädigst-
Churfürstl. DECRET,
Und neue/
Ausführlichere Erklärung
Der
TARIFFA,
Des
Von Sr. Churfürstl. Durchleucht in Bayrn rc.
Gnädigst Privilegiert/und in Dero Residentz-Stadt München
Anno 1735. neu-aufgerichten/ gleichförmig nach dem Päbstl. Venetianischen/Genuesischen/und andern Staaten in Italien heunt zu Tag befindlichen
LOTTO.
Worinnen
Ein jeder umb so leichter/und klärer ersehen kan/wie vil man nach der ville der Zahlen/worauf man einlegen wird/an Einser/Zweyer/und Dreyer allein/wie auch an Zweyer/und Dreyer zusammen nebst dem Ubergewinn von 20. pro Cento in dem Zweyer/und 80. pro Cento in denen Dreyern gewinnen kan.

Zu finden allhier in München, zu Alten-Hof in Lädl, und in der Dieners-Gassen im Lotto Einnehmer-Ambt, wie auch, in der Pfältzischen Residentz-Stadt Mannheim in der alten Klar-Wasserischen Behausung, als daselbstigen Chur-Bayrischen Lotto Einnehmer-Ambt.

Das allwöchentliche Ritual: Die Ziehung der Lottozahlen

einschließlich einiger sozialistischer Staaten, anzutreffen. Der Organisationsrahmen des Spiels kann dabei von einer kleinen Gruppe bis zu den Millionen Teilnehmern der öffentlichen, staatlich kontrollierten Zahlen-Lotterien reichen. Der Gewinn richtet sich, im Gegensatz zur Klassen-Lotterie, nach der Anzahl der »Mitspieler« und der richtigen Voraussagen, die sie gemacht haben. (Zudem ist der Gewinn natürlich davon abhängig, wie viele Zahlen man richtig vorausgesagt hat.)
Lotto, Toto und andere Gewinnspiele sind in den westlichen Industrienationen rechtlich abgesichert; das Ausfüllen eines Wettscheins ist der Unterzeichnung eines Vertrages gleichgestellt, und bei allen öffentlichen Lotterien in der Bundesrepublik ist der Staat über von ihm gehaltene Firmen finanziell und organisatorisch beteiligt. Während bei der im rechtlichen Sinne als solche definierten Wette die Schulden nicht einklagbar sind, besteht zwischen den »Partnern« der öffentlichen Gewinnspiele ein Rechtsanspruch.
Die beliebteste Form des Gewinnspieles in Deutschland ist das Zahlen-Lotto, an dem sich wöchentlich im Durchschnitt 50 % der erwachsenen Bevölkerung beteiligen. Von dem eingenommenen Geld wird etwa die Hälfte zur Deckung der Kosten der Lotto-Gesellschaft, für Steuern und für gemeinnützige Zwecke verwendet, die andere Hälfte wird als Gewinn wieder ausgeschüttet. Der Höchstgewinn beträgt derzeit 1,5 Millionen DM. (Während der Zeit der

Vorbereitung auf die → Olympischen Spiele 1972 in München wurde eine zusätzliche Gewinnmöglichkeit, die sogenannte Olympialotterie, ins System des Zahlen-Lottos eingebaut; mit dem durch den erhöhten Einsatz mehr eingenommenen Geld wurde u. a. die Sporthilfe finanziert.)

Diese legalisierte, disziplinierte und vor jeder kriminellen Unterwanderung weitgehend geschützte Form der Wette ist trotz ihres öffentlichen Charakters und ihrer vergleichsweise geringen Wetteinsätze nicht unproblematisch. »Das Spielen kann zur Gewohnheit mit Suchtelementen werden. Es wird weitergespielt aus Angst, eine Chance zu verpassen. Dies kommt einer Art Zwang gleich« (Armand Mergen). Das wöchentliche Lotto-Spiel wird dabei gerade bei denjenigen zu einem stabilisierenden, aber alltägliche Frustrationen fördernden Ritual, die sich einen sozialen Aufstieg auf andere Weise als der des Glücksspiels kaum erhoffen können. Diese Situation fehlender Aufstiegschancen, die unter Umständen zu einer Politisierung führen könnte, wird durch das Gewinnspiel bestätigt, das gleichzeitig die Hoffnung auf den plötzlichen Reichtum schürt und das Individuum daran gewöhnt, zu verlieren.

Zwar spielen, wie Untersuchungen festgestellt haben, Angehörige aller Schichten und Einkommensgruppen Lotto, doch sagt eine solche Untersuchung nichts über den Grad von Engagement, den Ernst oder die in das Glücksspiel projizierten Ängste und Hoffnungen aus. Nur an den durch die Boulevardpresse verbreiteten Familientragödien und dramatischen Konflikten in »Tippgemeinschaften« wegen falsch ausgefüllter Tip-Scheine, verschwiegener Gewinne oder ähnlicher Unstimmigkeiten läßt sich ablesen, wie wenig Spielerisches dem Lotto noch anhaftet und wie tief es bereits in den Strukturen unseres Alltagslebens verankert ist. Es fehlt dabei nicht an Versuchen, den rein zufälligen Charakter des Lotto-Spiels zu unterlaufen. Zum einen wird versucht, Systeme zu entwickeln oder Berechnungen nach dem Wahrscheinlichkeitsprinzip anzustellen. Eine kleine Industrie lebt davon, Zeitschriften und Bücher über erfolgreiche Systeme zu publizieren und »Geheimsysteme« zum Gewinn zu verkaufen. Eine spürbare Erhöhung der Gewinnchance gibt es allerdings kaum; um alle Kombinationsmöglichkeiten für »sechs Richtige« im Lotto abzudecken, wäre es nötig, 13 983 816 Tips abzugeben, einem Einsatz von 7 Mio. DM ständen dabei nur 4,5 Mio. DM Gewinn gegenüber.

Zum anderen erhält dieses Spiel mit den Zahlen, dem Zufall und der »Auserwähltheit« der Gewinner auch magische Ausschmückung; vom »Lottowürfel« über die Bestimmung der Zahlen aus Daten der eigenen Lebensgeschichte bis hin zur Verknüpfung mit pseudoreligiösen oder parapsychologischen Beschwörungsformeln reicht ein auf den ersten Blick recht harmloser, bei näherem Hinsehen aber für das Selbstwertgefühl und die Selbstbestimmung des Menschen abträglicher Rückfall in vorrationale, schicksalsgläubige Denkweisen: Der Lottospieler setzt sich, nicht ohne masochistische Untertöne, wie Wolfram Knorr bemerkt, dem Schicksal völlig passiv aus und erwartet über den Gewinn die Erhöhung durch »höhere Mächte«, nimmt den – im Regelfall eintretenden – Verlust aber als Bestätigung seiner schlechten Wirklichkeit hin. (*Zufall* ist eine Größe, die vom Menschen weder vollständig akzeptiert, noch im eigentlichen Sinne verstanden werden kann.)

Der Massenkonsumartikel Lotto (in bescheidenerem Umfang auch die anderen Gewinnspiele) ist eine Ausformung des Traums vom möglichen sozialen Aufstieg und macht seine Konsumenten zu Teilnehmern eines Rituals, dessen Regeln ewige Gültigkeit zu haben scheinen. Das Wort vom »Lotto als Ersatzreligion« ist also nicht unangebracht. Der rituelle Charakter des Lotto-Spiels wird von den Medien noch unterstrichen. Die seit einigen Jahren vom Fernsehen direkt übertragenen öffentli-

chen Ziehungen der Lotto-Zahlen – übrigens die Sendung mit der höchsten Einschaltquote – gleicht in ihrem stets unveränderten, offiziell-ernsthaften Ablauf einer Zeremonie, die durch ihre konzentrierte Strenge auch einen gewissen Einschüchterungscharakter aufweist.
Armand Mergen stellt die Frage nach der »Schutzbedürftigkeit besonders der sozial und finanziell schwachen Bevölkerungsgruppen, der alten Menschen (Rentner) und der Fremdarbeiter«, und er macht einige Vorschläge, um die soziale Gefährlichkeit des Lotto-Spiels zu mindern: »1. Ausbalancieren von Einsatz und Gewinnchancen, so daß die wenigen, dafür sehr hohen Gewinne nicht mehr möglich sind, dafür aber mehr Teilnehmer am Gewinn beteiligt werden. 2. Das Verhältnis von Einsatz und Gewinn- bzw. Verlustchancen so gestalten, daß überdimensionale Vermögensverschiebungen nicht mehr möglich sind. 3. Den Versuch wagen, spielerische Elemente einzubauen.« Eine solche Verharmlosung des Lotto-Spiels dürfte allerdings kaum Chancen einer Verwirklichung haben. Denn einerseits ist der bei Ausgewogenheit von Verlust und Gewinnchancen vergleichsweise geringe »Nervenkitzel« ein unabdingbarer Bestandteil der Spielleidenschaft, andererseits ist die durch die Berichte von den glücklichen Lottogewinnern beschworene Ideologie von der individuellen sozialen Mobilität, von der Welt der großen Chancen, in der wir leben, nur durch den Extremfall eines Millionengewinns in den Medien zu verwerten.
Die Medien ihrerseits, und hier besonders die Boulevard- und Regenbogenpresse (vgl. *Romanze*), schöpfen aus dem Lotto-Spiel »Nachrichten« von *human interest.* Der Lottospieler, der seinen Gewinn nicht verkraftet und sein Geld schnell wieder verliert, der Lottospieler, der zweimal hintereinander hohe Gewinne erzielt, der Lottogewinn, der eine Familie zerstört oder zusammenfügt, der Lottospieler, der seinen Gewinn für wohltätige Zwecke stiftet, der Lottospieler, der sich nach dem Gewinn vor falschen Freunden nicht mehr retten kann – all dies sind feststehende Klischees in der Unterhaltungspresse, die mit solchen Berichten das Interesse am Spiel wachhält, zugleich aber die »Richtigkeit« des Verlustes bestätigt, indem sie ihren Lesern mit dem unglücklichen Lottogewinner eine Variante des Mythos vom unglücklichen Reichen vorführt und den Neid auf den Gewinner in eine gewisse Schadenfreude umwandelt.

Anmerkungen

Armand Mergen: Spiel mit dem Glück. Hamburg 1976. Wolfram Knorr: Spiel ohne Grenzen. In: »Die Weltwoche« Nr. 21. Zürich 1976.

Motorsport

Der Mythos des Automobils, die sehr komplexe Beziehung von Funktion, Bedeutung und Wert des Autos, findet ihren reinsten, oft aber auch makabersten Ausdruck dort, wo die Geschwindigkeit zum Selbstzweck wird und die technische Beherrschung des Gefährts nicht zur Vermehrung der Sicherheit dient: beim Auto-Rennen. In der Frühzeit der Entwicklung des Automobils hatten solche Rennen für die technische Verbesserung des neuen Transportmittels als Test- und Erprobungsmethode einen großen Wert, und selbst von Kritikern des Rennsports wird nicht bestritten, daß eine Reihe von technischen Neuerungen und eine Reihe von Sicherheitseinrichtungen ihre Entwicklung der Erprobung in Auto-Rennen verdanken. »Doch ob Rennveranstaltungen heute noch notwendig sind, um Neuentwicklungen zu erproben, bezweifeln inzwischen auch viele Fachleute« (Conrad/Strubel). Angriffspunkte der Kritik sind vor allem das enorme Sicherheitsrisiko der Fahrer (oft auch des Publikums), die großen, mit Prestige- und Werbegewinn der großen Automobilfirmen kaum zu entschuldigenden Kosten der Entwicklung hochgezüchteter Rennwagen, die mit dem herkömmlichen Automobil kaum noch etwas gemein haben, und ein wenn

Fachzeitschrift für den Motorsport
© Rallye racing

auch kaum zu belegender »Ansteckungseffekt«, der die Bereitschaft zu schnellem, risikoreichem Fahren erhöhen könnte.

Neben den Formel-Rennen, bei denen eigens für den Rennsport entwickelte Wagen starten und innerhalb bestimmter Klassen (Formeln) gewertet werden, findet man vor allem Tourenwagen-Rennen (mit nach bestimmten Vorschriften umgebauten Serien-Automobilen); beide Formen des Autorennens werden auf speziellen Rennstrecken ausgetragen. Zudem gibt es die Form der Auto-Rallye, ein auf öffentlichen Straßen abgehaltenes, über lange Distanzen führendes Geschicklichkeits- und Ausdauerrennen, das durch Sonderprüfungen erschwert wird. Eine Sonderform der Rallye bildet der Auto-Cross, ein Geschicklichkeitswettbewerb im Gelände. Insbesondere in Amerika haben sich noch eine Reihe anderer Arten des Automobil-Rennens entwickelt; die bekanntesten sind das *drag racing* (zwei auf Geschwindigkeit getrimmte Fahrzeuge starten nebeneinander auf einem graden Kurs über eine kurze Distanz), das *stock car racing*, das Rennen auffrisierter Serienwagen auf kleinen, ovalen Rundkursen mit überhöhten Kurven und schließlich das *crash car racing* oder *demolition derby*, bei dem das gegenseitige Rammen und die Demolierung des gegnerischen Wagens erlaubt sind. Wegen ihres großen Risikos sind solche Rennen in der Bundesrepublik verboten.

Um einige Grade weniger spektakulär sind im allgemeinen die Motorrad-Rennen. Neben den Wettbewerben der Solo- und Beiwagenmaschinen auf speziellen Kursen sind die bedeutendsten Formen des Motorradrennens das Sandbahnrennen, das Eisrennen (beide mit besonderen Maschinen auf relativ kleinen Rundkursen gefahren), Moto-Cross (Geländefahrt) und Zementbahnrennen. In England und den USA findet man auch hier *drag racings*.

Als Hintergrund für Melodramen und Action-Geschichten wird der Motorsport häufig im Film, in der Literatur und in den Comics verwendet. Der Rennfahrer als der Held wird zumeist als eine Art moderner Zentaurus gezeichnet, der mit seiner Maschine eine Einheit bildet wie der Cowboy mit seinem Pferd. In den meisten Filmen dieses Genres wird der Gegensatz (oder doch der scheinbare Gegensatz) zwischen dem einsamen, oft durch Schicksalsschläge verbitterten oder psychologisch »angeknacksten« Helden und der sensationslüsternen Masse, die ihre Opfer verlangt, ausgespielt. In »Thunder Alley« (Donner-Teufel – 1966 – Regie: Richard Rush) etwa muß sich ein junger Rennfahrer rehabilitieren, der bei einem Rennen den Tod eines Kontrahenten verursacht hat. Auch in »Indianapolis« (Indianapolis – 1968 – Regie: James Goldstone) ist das Rennen eine Form der Bewährung; der Held überwindet seine im Privatbereich erduldeten Frustrationen in der großen Aufgabe des Rennens. In einem der wohl besten Filme des Genres, in Howard Hawks' »Red Line

»Red Line 7000« von Howard Hawks © Paramount Pictures

7000« (Rote Linie 7000 – 1965) durchdringen sich Privatleben und Rennen bis zur Identität; es ist dies vermutlich der einzige Film des Genres, der nicht nur die Faszination, sondern auch die Banalität, die Gleichförmigkeit und das alltäglich gewordene Erleben der Gefahr vermittelt. Die filmästhetische Qualität dieser Streifen liegt in erster Linie in der Aufnahme des Rhythmus der Rennwagen auf der Strecke in den Erzählrhythmus des Films. Dies macht etwa den Klassenunterschied zwischen John Frankenheimers »Grand Prix« (Grand Prix – 1966) und Leslie H. Martinsons »The Challengers« (Herausforderung zum Grand Prix – 1969) aus. Monte Hellman zeichnete in »Two Lane Blacktop« (Asphaltrennen – 1971) das sensible Porträt zweier Außenseiter, die von illegalen *drag racings* leben. Und schließlich lieferte Paul Bartel mit »Death Race 2000« (Frankensteins Todesrennen – 1975) einen zynischen Kommentar zu den *crash car racings*, bei denen es hier nun nicht mehr darauf ankommt, möglichst viele Autos zu zerstören, sondern darauf, bei einem Rennen quer durch die USA möglichst viele Menschen zu töten.

Solche melodramatischen oder gewalttätigen Aspekte werden im Medium der Comics zumeist vermieden; diese sind vielmehr bemüht, das Sportliche und Kameradschaftliche der Helden mit einer Ästhetisierung der Technik zu verknüpfen, welche die graphische Phantasie der Zeichner herausfordert. So zeigt die wohl zeichnerisch beste Serie dieses Genres, »Michel Vaillant« von Jean Graton, einen jugendlichen Helden, dessen Hilfsbereitschaft und Bescheidenheit mit fast unbeschränkten Fähigkeiten korrespondiert (vgl. *Abenteuer* → Technische Abenteuer).

Anmerkung

Wolfgang Conrad/Sepp Strubel: Frisch, Fromm, Fröhlich, Frei – Sport und Gesellschaft. Reinbek 1971.

Olympische Spiele

Der Ursprung der Olympischen Spiele, sportlicher Wettbewerbe, die in Griechenland alle vier Jahre zu Ehren des Gottes Zeus abgehalten wurden, reicht bis in die vorgeschichtliche Zeit zurück. Die Spiele entwickelten sich von einer primär religiös bestimmten Feier mit sportlichen Ritualen zu den wichtigsten Nationalspielen Griechenlands, die unter anderem auch ein Ort der Begegnung und des Informationsaustausches zwischen verschiedenen Städten, Staaten oder Stämmen Griechenlands waren. Sieg oder Niederlage hatten für die von den Athleten vertretenen Gemeinwesen hohen politischen Prestige-Wert, und die Wettkämpfer selbst konnten damit rechnen, für einen Sieg nicht nur ideell, sondern auch materiell belohnt zu werden. Seit 776 v. Chr. wurden die Namen der Sieger aufgezeichnet, und die Olympischen Spiele fanden Eingang in die offizielle Geschichtsschreibung. Die politische Bedeutung der Spiele zur damaligen Zeit hing mit der absoluten Vorherrschaft Spartas besonders auf militärischem Gebiet und der Herausforderung durch die spartanische Lebensweise zusammen. Die Hoffnung, Sparta, wenn nicht auf dem Schlachtfeld, so doch im sportlichen Wettkampf zu besiegen, war für viele Staaten der größte Anreiz für die Teilnahme. Daß man dabei durchaus auch auf recht handfeste realpolitische Methoden zurückgriff und keineswegs nur auf die Macht des »Gottesurteils« im sportlichen Wettkampf vertraute, zeigt die Tatsache, daß Stämme oder Staaten, die keine siegversprechenden Athleten aufweisen konnten, sich solche in benachbarten Gebieten »kauften«. So gab sich der Grieche Sotades, Sieger im Langlauf bei der Olympiade des Jahres 380, für eine Prämie als Epheser aus. Der Prestige-Gewinn durch olympische Siege war so groß, daß Staaten die größten Anstrengungen unternahmen, um das Recht auf Teilnahme zu erhalten. Beispielsweise stiftete Alexander der Große von Mazedonien einen Tempel in Olympia, um als Grieche anerkannt zu werden und seinem Land somit die Teilnahmeberechtigung zu erwirken. Die Funktion der Olympischen Spiele in der Antike unterscheidet sich also viel weniger von der der Olympischen Spiele der Neuzeit, als man auf den ersten Blick vermuten würde. Sie errangen Bedeutung als sekundäres System der Konfrontation, deren ritualisierte Konflikte sich für Motivation, Stabilisation und Kompensation in den sozialen und politischen Organisationsformen benutzen ließen.

Neben der Bedeutung, Prestige für die einzelnen Bevölkerungsgruppen zu erhöhen und somit einen permanenten Konflikt zwischen diesen in eine Form zu bringen, die nicht in ständiger blutiger Auseinandersetzung ausgetragen wird, war die Olympiade auch eine Möglichkeit, die inneren sozialen Probleme der teilnehmenden Griechenstämme aufzufangen. Vorbereitungen zu einer Olympiade und die Spannung bei den Wettkämpfen »vereinten« die verschiedenen Klassen und Kasten und richteten sie, zumindest für eine gewisse Zeit, auf ein gemeinsames Ziel hin aus, wie es sonst nur die Religion vermochte.

Die antiken Olympischen Spiele überdauerten die Zeit der römischen Besatzung, und der römische Kaiser Augustus erhob sich sogar zum Schutzherren der Olympiade. Aber nachdem das Christentum zur Staatsreligion geworden war, wurde der Sport nicht nur zu einem Widerspruch gegen die strenge, leibfeindliche Ein-Gott-Religion, sondern auch zu einer Gefahr, zu einem Medium der Revolte. »Das Verhältnis der strenggläubigen Christen zur Leiblichkeit entsprach etwa dem des Papstes zur Pille. So verbot Konstantin, ›wiewohl jeder Aberglaube zu vertilgen ist‹, die Olympischen Spiele als Götzendienst. 393 strich Kaiser Theodosius die Spiele endgültig. Zeitweise drohte illegalen Olympiateilnehmern – die es offenbar gegeben hat – die Todesstrafe« (Heinz Harder).

Die Ergebnisse der Archäologie waren es

dann, die im neunzehnten Jahrhundert das Interesse an den Olympischen Spielen wiedererweckten. Evangelios Zappas veranstaltete in den Jahren 1859 und 1870 »Olympische Wettkämpfe« in Athen, bei denen wie in der Zeit der Antike nur Griechen teilnahmeberechtigt waren. Doch erst der Franzose Pierre de Fredi Baron de Coubertin begann damit, den Gedanken der Olympischen Spiele für die Neuzeit umzuformulieren und die Notwendigkeit der internationalen Beteiligung in den Aufbau der Organisation einzubeziehen. Wenn in der offiziellen Sportgeschichtsschreibung Coubertin auch in erster Linie als Pazifist und Verkünder der Völkerverständigung angeführt wird, so lag sein hauptsächliches Interesse doch auf dem pädagogischen Aspekt des Sports, dem er im Kontext der sozialen Auseinandersetzungen und der sich durch die Herausbildung des Kapitalismus verschärfenden Klassenkämpfe eine harmonisierende, befriedende Wirkung zuschrieb. Sport war für ihn Teil einer pädagogischen Reform, welche ihrerseits ein Instrument zur Herstellung des sozialen Friedens und einer die Klassengegensätze negierenden Motivation zu Anpassung und Leistung darstellt. Die Zielstrebigkeit, der finanzielle wie ideelle Einsatz beim Aufbau der Olympischen Spiele, läßt sich wohl nur im Zusammenhang mit den Widersprüchen verstehen, die innerhalb der französischen Bourgeoisie bestanden. Eine imperialistische Kolonialpolitik, Ausbeutung unter dem Deckmantel des Liberalismus und der zunehmende Verfall traditioneller gesellschaftlicher Agenturen ließen Legitimationsprobleme entstehen. Diese Widersprüche waren zwar in den bürgerlichen Schichten aller Kolonialländer zu finden, aber in Frankreich war der Mangel an Institutionen, die eine disziplinierte bürgerliche Elite formten, am deutlichsten zu spüren.

Bei seinen Bemühungen, diese Disziplinierung durch den Sport vorzunehmen, orientierte sich Coubertin am System der englischen Schulen, die durch den Sport die bis dahin mäßige Disziplin der Schüler in relativ kurzer Zeit hergestellt hatten und das Entstehen jugendlicher Subkulturen durch die Organisation des Sports in systemkonforme Bahnen gelenkt hatten. Die Aufbauarbeit, die Coubertin für die gesellschaftliche Organisation des Sports betrieb, ergab sich aus seinen politischen Anschauungen, die eine Ertüchtigung des Bürgertums für die kolonialen Aufgaben ebenso umfaßte wie eine Zerstreuung und »unpolitische« Organisation der Arbeiterklasse und ihre Aussöhnung mit dem System. »Coubertin vertritt die Position der fortgeschrittensten Fraktion des Bürgertums; er sieht durchaus die Notwendigkeit, zugunsten langfristiger Systemsicherung Sozialmaßnahmen durchzuführen, die der Politisierung der Lohnabhängigen entgegenwirken. Auch in der außenpolitischen Alternative: Revanchekrieg gegen Deutschland oder imperialistische Erweiterung des französischen

Das Ritual des Taubenflugs: Eröffnung der Olympiade in Rom 1964

Der spätere IOC-Präsident Avery Brundage als Sportstar

Einflusses mit deutscher Unterstützung, vertritt Coubertin die aufgeklärten Interessen des französischen Großkapitals. Seine pädagogischen Interessen und seine Begeisterung für den Imperialismus waren gleichermaßen Ausdruck der langfristigen Interessen der französischen Bourgeoisie. Die englische Entwicklung hatte Coubertin hinsichtlich der Bedingungen analysiert, die soziale Stabilität im Inneren und imperialistische Außenpolitik möglich zu machen« (Ulrike Prokop). Um diese Interessen durchzusetzen, bedurfte es der Umstrukturierung der Legitimationssysteme. Die Religion hatte sich, wie Coubertin selbst feststellte, für diese Aufgabe als nur bedingt tauglich erwiesen. Was auf der Ebene der Ideologie die positivistische Philosophie in der Nachfolge Auguste Comtes leistete, das sollte auf dem nichtsprachlichen Sektor der positivistische Kult des Sports erreichen: den absoluten Glauben an objektive, wertneutrale Maßstäbe und die »Vergötterung« der Effektivität, die als Wert für sich betrachtet wird. Sind diese dem Sport inhärenten Maßstäbe akzeptiert, so läßt sich auch die freiwillige Anerkennung der Herrschaft legitimieren, wenn sich zeigen läßt, daß sie, nach objektiven Maßstäben gemessen, effektiv ist (hierfür läßt sich der technologische Fortschritt anführen) und Leistungen erbringt. So wenig sich im Sport ernsthaft die Frage nach dem *Sinn* der Leistung stellen läßt, so wenig stellt sich dann die Frage nach dem Wert der gesellschaftlichen Effektivität für den einzelnen.

Um die völlig heterogene und untereinander verfeindete Sportbewegung in den einzelnen Ländern zu einen, bedurfte es der Motivation durch die internationale Konkurrenz. 1894, auf einer internationalen Pädagogenkonferenz in Paris, kam es zur Begründung der Olympischen Spiele. Es wurde über die Definition, die Legalität von Eintrittsgeldern, das Verbot von Wetten und über die Preise für die Gewinner abgestimmt. Die Ausrichtung der ersten Olympischen Spiele übertrug Coubertin Griechenland, und mit staatlicher Hilfe, vor allem aber mit Unterstützung reicher Mäzene, kamen 1896 die ersten Olympischen Spiele zustande. Zwar regte sich in Deutschland anfangs heftiger Widerstand gegen die olympische Idee – vor allem bei der Turnbewegung galt die Olympiade als ein Verrat an den nationalen Zielen – aber dennoch nahmen auch 19 deutsche Sportler an der ersten Olympiade in Athen teil.

Im Zeitabstand von vier Jahren wurden in

der Folgezeit Olympische Spiele in verschiedenen Metropolen abgehalten, wobei Organisation und publizistischer Stellenwert noch weitgehend von Zufälligkeiten bestimmt war, obwohl Coubertin unermüdlich versuchte, den olympischen Gedanken international zu verankern. Die Spiele von Paris (1900) und St. Louis (1904) fanden am Rande von Weltausstellungen statt und liefen größtenteils ohne große Beachtung durch die Öffentlichkeit ab. In dieser Frühzeit der Olympischen Spiele waren die ideologischen Voraussetzungen der Coubertinschen Idee, der peinlich genau eingehaltene Amateurstatus der Athleten, die absolute Chancengleichheit beim Wettbewerb etc., noch nicht durch bürokratischen Aufwand und die Überwachung durch »Funktionäre« abgesichert, und folgerichtig nahm man es »mit der demonstrativen Herausstreichung der Chancengleichheit und der gleichen Bewertung aller Leistungen, als die Massen sich noch nicht beteiligten, nicht so ernst« (Ulrike Prokop).

1908 fanden die Olympischen Spiele, nachdem Rom aus finanziellen Gründen zurückgetreten war, in London statt. Hier erhielt die Olympiade zum erstenmal größere publizistische Aufmerksamkeit, und die Spiele waren durch den Erfolg beim Publikum endgültig als Institution mit eigenem Wert etabliert. In einer Rede zitierte Coubertin: »Am letzten Sonntag, während der Zeremonie zu Ehren der Athleten, rief der Bischof von Pennsylvania ins Gedächtnis: Das wichtigste an diesen Olympiaden ist weniger zu siegen als teilzunehmen.« Dieses Wort, als Motto der Olympischen Spiele immer wieder zitiert, wurde später Coubertin selbst zugeschrieben. Tatsächlich drückt es Coubertins Vorstellung von der Olympiade als einem feierlichen Ritual aus, bei dem die Teilnahme, aber auch die Teilhabe durch das Zusehen, ein erhebendes Kollektiverleben hervorrufen, das den einzelnen sich als Teil eines großen, »bedeutenden« und sinnvollen Ganzen verstehen läßt. Die folgenden Olympiaden waren, neben einer stufenweisen Verbesserung und Erweiterung der Organisation, dadurch gekennzeichnet, daß man die eigentlichen sportlichen Wettkämpfe durch Zeremonien und Feiern symbolisch überhöhte.

Nach dem Ersten Weltkrieg wurde der Sport zur Unterhaltung für ein Massenpublikum. Einen großen Anteil an der Publikumswirksamkeit der Olympischen Spiele zwischen den Weltkriegen hatte das neue Medium des Rundfunks. Bei der Olympiade 1924 in Paris wurden die Wettkämpfe zum erstenmal in Direktübertragungen kommentiert. Der Charakter der Spiele wandelte sich zu einer immer perfekteren Show, die nicht mehr der Selbsterziehung der Sportler diente, sondern ihren Aufbau nach den Bedürfnissen des Publikums richtete. Der ursprüngliche Gedanke Coubertins, in einem feierlich überhöhten Zeremoniell die Demonstration effektiver, disziplinierter Leistung durchzuführen, wurde nun in die Tat umgesetzt. Deutlicher als bisher wurde nun auch von der Analogie zwischen Sport und Politik gesprochen. So meinte Coubertin selbst: »Durch den Sport vermochte Frankreich, so heroisch wie 1870, aber ungleich kraftvoller, eine mächtige physische Brustwehr gegen die Invasion aufzurichten. Die Athletik trainierte unvergleichliche Soldaten . . .« Aber Coubertin versuchte auch – allerdings vergebens – den Ausschluß Deutschlands von den Spielen 1920 und 1924 zu verhindern.

In diese Zeit fällt auch die Ausschmückung der Olympischen Spiele mit den pseudoreligiösen und pseudo-militärischen Ritualen, die in einer etwas abgeschwächten Form auch noch heute ihren Ablauf bestimmen. 1920 wurde zum erstenmal der olympische Eid abgelegt, die olympische Fahne wurde am Beginn der Spiele aufgezogen und am Ende der Spiele in einem feierlichen Ritual der Nation übergeben, die die nächste Olympiade ausrichten würde. Als Symbol der friedlichen Botschaft

der Olympiade stiegen bei der Eröffnungsfeier Friedenstauben auf. 1924 wurde zum erstenmal eine Flaggenparade der beteiligten Nationen durchgeführt, seit 1928 wird die olympische Flamme entzündet, die während der Dauer der Olympischen Spiele brennt, und 1936 wurde der Staffellauf mit einer Fackel von Athen bis zum Austragungsort der Spiele eingeführt.
Obwohl die Nationalsozialisten zunächst starke Propaganda gegen den olympischen Gedanken betrieben hatten – es existierte sogar ein »Deutscher Kampfbund gegen die Olympischen Spiele« – nutzten die Faschisten, einmal an die Macht gekommen, den propagandistischen Effekt einer Olympiade. Gegen nur geringen Widerstand in den eigenen Reihen übertrug das Internationale Olympische Komitee Berlin die Ausrichtung der Spiele von 1936. Diese Olympiade zeichnete sich durch die bis dahin perfekteste Ausgestaltung und Organisation und durch den Versuch der Nationalsozialisten aus, die Überlegenheit des faschistischen Systems auf dem objektiv meßbaren Gebiet des Sports zu beweisen. (Eine systematische, in anderen Ländern bis dahin unbekannte Vorbereitung der Athleten sorgte dafür, daß Deutschland die meisten Medaillen gewann.) Der architektonische, organisatorische und »diplomatische« Aufwand, den der nationalsozialistische Apparat betrieb, hatte innenpolitisch in erster Linie motivierende und beschwichtigende Absichten, ein Leistungsbeweis, der zugleich die Aufmerksamkeit vom enger werdenden Griff der Staatsmacht ablenkte. Ähnlich gelagert waren die außenpolitischen Ziele der Olympischen Spiele: Es ging einerseits um eine Demonstration der eigentlichen Möglichkeiten, andererseits wurden die wahren Absichten, die bevorstehende militärische Aggression, verschleiert. Daß dieses Ziel im großen und ganzen erreicht wurde, erstaunt bei einem Organisator der Spiele, wie dem Sporttheoretiker Carl Diem, der seine Auffassung vom Sport öffentlich verkündete: »Krieg ist der vornehmste Sport.« Die Funktionäre und die internationalen Führer der olympischen Bewegung weigerten sich hartnäckig, den politischen Charakter dieser Demonstration anzuerkennen, den Ausschluß jüdischer Sportler – eine mit den olympischen Statuten unvereinbare Maßnahme – zur Kenntnis zu nehmen oder die Unvereinbarkeit der olympischen Idee mit den Todesurteilen der Volksgerichte zu erörtern. Wo sich Widerstand rührte, wurde recht rabiat entschieden: Als sich das amerikanische Mitglied des Internationalen Olympischen Komitees, Jahncke, gegen Hitler aussprach, wurde er abgesetzt; an seine Stelle trat Avery Brundage.
Im sozialistischen Spanien wurde versucht, eine Volksolympiade als Gegenveranstaltung abzuhalten; der beginnende Bürgerkrieg vereitelte diesen Plan. Die Athleten selbst waren zum größten Teil völlig ahnungslos über die politische Lage in Deutschland. Als man dem farbigen amerikanischen Sprinter Jesse Owens, dessentwegen Hitler es ablehnte, den Siegern die Hand zu geben, mitteilte, daß Hitler im Stadion eingetroffen sei, fragte er: Über welche Strecke läuft er?
Die Olympiade in Berlin brachte zum erstenmal auch eine mediale Auswertung der Olympischen Spiele, die sich nicht auf die Berichterstattung während des Ablaufes beschränkte, sondern sie in eigenständigen Kunstwerken ästhetisierte. Leni Riefenstahl (vgl. *Heimat und Familie* → Bergfilm) drehte den zweiteiligen Olympia-Film, der unter den Titeln »Fest der Schönheit« und »Fest der Völker« ein Jahr später in die Kinos kam. (Dieser Film ist dazu geeignet, auch heute noch heftige Kontroversen über das Thema Faschismus und Kunst zu provozieren; seine Struktur übertrug die Perfektion der Olympiade ins Medium des Films und organisierte das Material im Dienste einer Verherrlichung des faschistischen Körper-Mythos.) Die Anfertigung eines »offiziellen« Olympia-Films – Leni

Riefenstahls Film war übrigens ohne Unterstützung der Partei entstanden – wurde nach dem Zweiten Weltkrieg zur Regel. Auch die Verwertung der Olympiade in Form von Büchern nahm 1936 ihren Anfang, und der Einsatz des Sports in der Werbung (Zigarettenbilder etc.) erreichte einen ersten Höhepunkt. Paradoxerweise ist diejenige Olympiade, die sich sehr bald im nachhinein als Verrat an der olympischen Idee entlarvte, für die kommende Organisation der Spiele stilprägend geworden.

Die Politik, die Baron de Coubertin so bemüht von den Spielen ferngehalten hatte, und der Kommerz, den er als den Todfeind der olympischen Ideologie ansah, drangen nach dem Zweiten Weltkrieg ganz offen und ungetarnt in die Organisation der Spiele ein; die Geschichte der Olympischen Spiele der Nachkriegszeit ist auch die Geschichte von politischen Skandalen, Provokationen und Rankünen. Der universale Mythos der Olympiade eignete sich dazu, politische Botschaften zu lancieren und politische Ziele zu erreichen.

Seit 1952 beteiligte sich auch die Sowjetunion wie andere sozialistische Staaten an der Olympiade, die zuvor den »Olympismus« als »bourgeoise Erfindung, die Massen der Arbeiter zugunsten weniger Stars zu schädigen« abgetan hatten. Nun setzte sich der Wettkampf der Systeme auch bei den Olympischen Spielen fort; insbesondere die »deutsche Frage« wurde zu einer ständigen Bedrohung des olympischen Friedens, bis man sich 1964 darauf geeinigt hatte, daß zwei deutsche Mannschaften an den Start gehen dürfen.

Die wirtschaftlichen und politischen Interessen der ausrichtenden Länder und Städte waren nicht mehr zu übersehen, und entsprechend stiegen die Investitionen für die olympischen Bauten, eine immer eindrucksvollere Sportarchitektur und die Sanierung der Städte. Mit den Spielen von Melbourne (1956) wollte sich Australien vom Ruf der ehemaligen Strafkolonie befreien und benutzte die Gelegenheit, der ganzen Welt vermittels der Medien ein Bild von einem neuen Australien zu präsentieren, das auch als Handelspartner von Interesse ist. Die Olympiade in Rom (1960), die zum erstenmal in hohem Ausmaß von den Bedürfnissen des Fernsehens geprägt war, diente nicht zuletzt auch der Fremdenverkehrswerbung, die durch eine geschickte Einbeziehung antiker baulicher Sehenswürdigkeiten in den Ablauf der Wettbewerbe unterstützt wurde. Die nächsten Olympischen Sommerspiele fanden in Tokio statt, und sie waren für Japan nicht nur der Anlaß, die Hauptstadt zu modernisieren, einige architektonische und verkehrstechnische Versuche zu wagen und die Bevölkerung auf die Leistung einzuschwören, die die Ausrichtung der Olympiade bedeutete, sondern es ging auch für dieses Land darum, sein Image dem eines modernen Industriestaates anzupassen und seine faschistische Vergangenheit vergessen zu machen. Für Mexiko (1968) war die Olympiade eine Möglichkeit, das Bild eines rückschrittlichen Operettenstaates abzubauen, in dem organisatorisches Chaos herrscht. Und schließlich waren die Olympischen Spiele in München (1972) nicht nur die Bestätigung für den Status Deutschlands in der Welt, sondern auch eine Gelegenheit, in der Präsentation »heiterer Spiele« deutsche Untugenden und nicht zuletzt die »Nazi-Olympiade« vergessen zu machen. Auch für Montreal (1976) ging es um eine internationale Aufwertung, doch zeigt das Beispiel, daß die Investitionen, der bürokratische und organisatorische Aufwand mittlerweile solche Ausmaße angenommen haben, daß es sich längst nicht mehr jede Stadt oder jedes Land leisten kann, eine Olympiade auszurichten, auch wenn der Rückfluß der Investitionen in den meisten Fällen als sicher angesehen werden kann. Die Gefahr besteht, daß die Olympischen Spiele ein Privileg der reichen Nationen werden, die durch den Werbeeffekt ihr Handelsvolu-

men zu vermehren trachten. Sind die Sommerspiele noch nationalen Interessen untergeordnet, so sind die Winterspiele zum größten Teil relativ preiswerte Werbeveranstaltungen für Wintersport-Urlaubsorte; das amerikanische Squaw Valley existierte als Ortschaft nicht, bevor der findige Besitzer eines Hotels die Anregung für die Winterspiele in »seinem« Tal gab. (Weil im Gegensatz zu Skipisten, Lifts und Eislaufstadien Eisbahnen keine Attraktion für den Fremdenverkehr darstellen, sparten sich die Veranstalter die Investitionen für eine Bob- und Rodelbahn; diese Disziplinen wurden 1960 kurzerhand aus dem olympischen Programm gestrichen.)
Mit dieser Kommerzialisierung der Olympiade, die allerdings aus dem eigentlichen Wettkampfritual noch ausgegrenzt blieb, ging auch eine Wandlung im Charakter der Spiele einher. Die kultischen Elemente, die starren, quasi-religiösen Zeremonien wurden abgeschwächt, und in den Mittelpunkt des Interesses trat die mediale Präsentation vor allem der → Sportstars. Die perfekte Organisation wird zu einem Großteil darauf verwandt, den *Eindruck* von Ungezwungenheit und Spontaneität zu erzeugen; das touristische, spielerische und kulturelle Angebot erhöht den Unterhaltungswert, und die Olympiade wird zu einem medialen Gesamtkunstwerk. Zugleich wird sie zu einer Feier des technischen Fortschritts: Insbesondere auf dem Gebiet der elektronischen Zeitmessung und der Datenverarbeitung bieten sich Olympische Spiele als eine Art »Gebrauchsmusterschau« an. Alle an der Organisation beteiligten Firmen benutzen ihren Anteil am Gelingen der Spiele als Werbe-Aussage. Die Hersteller von Sportartikeln liefern sich oft hinter den Kulissen erbitterte Konkurrenzkämpfe bei dem Bestreben, die Athleten mit ihren Produkten auszustatten, die sie dann werbewirksam ins Fernsehbild halten. (Auf diesem Gebiet hat es seit der Einführung des Fernsehens die meisten Verstöße gegen die Amateurregeln und die meisten Skandale gegeben.)
Die eigentliche und nach wie vor der Olympiade den ideologischen Sinn gebende »pädagogische« Funktion wurde im Sinne der Unterhaltungsindustrie transformiert, dem Wesen nach aber nicht nur beibehalten, sondern zur Perfektion gebracht. »Dieser technisch perfekte public service, der jedem, der weltweit nur will, kostenlos ins Haus geliefert wird, diese äußerst demokratisch sich gebärdende Maschinerie übermittelt – und deshalb wird sie von den herrschenden Eliten so intensiv gefördert – das, was Coubertin stets vorschwebte, in perfekter, allen Jahrmarktsrummel, den Coubertin im Schausport noch gegeben sah, ausschließender Form: den sich selbst verleugnenden ›an sich arbeitenden‹, sich freiwillig unterdrückenden *einzelnen* an den objektiven Grenzen seiner eigenen Leistungsfähigkeit. In der ›heiteren‹ Konzentration auf den einzelnen Sportler, der seine Leistungen mit anderen mißt und die Leistungshierarchien als verbindlich anerkennt, können nun in dieser dritten Phase die von Coubertin intendierten, im Sport nichtverbal gegebenen Erziehungsmechanismen als solche auf ein ihnen affines Bewußtsein bestätigend wirken« (Ulrike Prokop).
Diese Konzentration auf die Leistung des einzelnen, die in gleichsam mythisch überhöhter Form präsentiert wird und die in der Medaille und dem Rekord ihren »Fetisch« besitzt, hat für den Olympiateilnehmer beträchtliche persönliche Folgen. Der Streß, dem er ausgesetzt ist, das Eingespanntsein in ein System von Trainingsplänen, medizinischen Vorschriften und Lebensbeschränkungen läßt kaum etwas von einem vielleicht ursprünglich vorhandenen Gefühl der Freude am Sport übrig. Den Charaktertyp, der dabei gefordert und geformt wird, beschreibt der Hürdenläufer Rainer Schubert, selbst mehrfacher Olympiateilnehmer, so: es ist der »introvertierte, egoistische Charaktertyp, bei konsequenter Weiterentwicklung werden auch noch ma-

sochistische Züge wünschenswert sein«. Und: »Der Prestigekampf wird auf dem Rücken der Athleten ausgetragen.« Den Amateur im herkömmlichen Sinn kann es dabei natürlich nicht mehr geben, und die schleichende Professionalisierung der Sportler (Werbung, Sporthilfe, »Staatsamateurismus«, Prämien, Berufssicherung, Überwechseln zum Profi-Sport) wird auch vom Publikum zunehmend akzeptiert. Hat man 1968 noch mit Empörung auf die Werbung treibenden Amateure reagiert, so nahm die Bevölkerung bei der gleichsam öffentlichen Suche der Olympia-Siegerin Rosi Mittermair nach dem passenden Management und lukrativen Werbeaufträgen engagierten Anteil. Die Olympischen Spiele sind ein Angebot der Unterhaltungsindustrie, das ein gleichsam rauschhaftes Gemeinschaftserlebnis über die Medien weltweit vermittelt. Die Symbolfiguren dieses Gemeinschaftsgefühls sind die Sportstars, die sich stellvertretend für das Publikum zur Leistung quälen. Wie etwa das Verhalten des Publikums bei der Olympiade in München zeigt, ist Nationalismus dabei nicht unbedingt eine notwendige Ingredienz. (Nach einem Wort von Ludwig Harig waren es vielmehr die Berichterstatter und Autoren, die militaristische und chauvinistische Töne anschlugen.) Neben sportlichen Leistungen feiert man die »Information«, die Technik, aber auch die »Begegnung«. Die perfekte Organisation wird zu einem selbständigen Wert, der die Effektivität von Bürokratie im allgemeinen mythisiert. Die Aussage des Olympischen Spiels ist eine der universalsten der Unterhaltung; im olympischen Mythos lassen sich die verschiedensten ideologischen Ausrichtungen repräsentieren.

Anmerkungen

Heinz Harder: Unternehmen Olympia. Mustermesse-Pseudoreligion-Ersatzkrieg. Köln 1970. Ulrike Prokop: Soziologie der Olympischen Spiele. München 1971. Ludwig Harig: Die gespaltenen Zungen. Ludwig Harig über die deutschen Olympia-Bücher. In: »Der Spiegel« Nr. 47. Hamburg 1972.

Literatur

Pierre de Coubertin: Der olympische Gedanke. Schorndorf 1967. Pierre de Coubertin: Olympische Erinnerungen. Berlin 1936. Deutsche Olympische Gesellschaft (Hg.): Olympisches Lesebuch. Hannover 1971. Carl Diem: Das Olympiade-Buch. Leipzig 1935. Carl Diem: Der olympische Gedanke im neuen Europa. Berlin 1942. Westphal Fiebelkorn: Die olympischen Spiele. Berlin (DDR) 1969. Bernhard Horn: Olympia – Der Sportgedanke in drei Jahrtausenden. München 1968. Hans Lenk: Werte, Ziele, Wirklichkeit der modernen Olympischen Spiele. Schorndorf 1964. Gerhard Lukas: Kritischer Beitrag zur olympischen Idee. Halle 1950. Ferencz Mezö: Die modernen Olympischen Spiele. Budapest/ Berlin 1959. Heinz Schöbel: Olympia und seine Spiele. Leipzig 1967. H. Ueberhorst: Von Athen bis München. München/Berlin/Frankfurt 1969. Jesko von Wiehl: Olympische Spiele wozu? München 1972. Hans-Joachim Winkler: Sport und politische Bildung – Modellfall Olympia. Opladen 1973.

Spiel ohne Grenzen

Das Geschicklichkeitsspiel »Spiel ohne Grenzen«, bei dem jeweils die Mannschaften verschiedener Städte gegeneinander antreten, ist eine der ältesten und erfolgreichsten Unterhaltungssendungen des Fernsehens. Die Spiele, in denen anhand einer Punkt- oder Zeitwertung der Sieger ermittelt wird, werden immer speziell für einen bestimmten Wettbewerb erdacht und sind aus sportlichen und folkloristischen Elementen zusammengesetzt. In dieser »mit Patriotismus gepaarten Mischung aus Folklore, Bierseligkeit, Muskelkraft und Bürgermeisterstolz« (Sepp Burri) wird zunächst in einer »Vorrunde« die Mannschaft einer Stadt ermittelt, die dann in der »Endrunde« mit internationaler europäischer Beteiligung die Bundesrepublik Deutschland vertreten soll. Die Spiele der nationalen Ausscheidungsrunde werden von der ARD im Wochenendnachmittagsprogramm gesendet, während die Endrunde, im Rahmen der Eurovision in die beteiligten Länder übertragen, in die Hauptsendezeit am Abend plaziert ist.

Die Wettkämpfe in »Spiel ohne Grenzen« geben sich als harmlos-heitere Spielerei mit phantastischen und komischen Accessoirs, in ihrer Struktur aber entbehren sie nicht der sadistischen und verrohenden Elemente. Den Spielern werden Aufgaben zugeteilt, deren Erfüllung ihnen durch das Spielmaterial bzw. durch das Eingreifen des Gegners so schwer als möglich gemacht wird, und zum Ausgleich ist in der Anlage der Spiele dafür gesorgt, daß sowohl das Meistern der Aufgabe als auch das Scheitern an ihr komische Effekte produziert. Der Gebrauch von Schmierseife und Wasser, der in den Spielen der ersten Jahre die größte Rolle spielte, wurde zwar auf Grund von Protesten eingeschränkt, aber nach wie vor ist es das Ziel der Wettbewerbe, die Teilnehmer in demütigende und lächerliche Situationen zu bringen. Das Element der Schadenfreude wird vor allem auch dadurch unterstützt, daß es bei den meisten Spielen möglich ist, daß die unter Mühen und Anstrengungen erfolgte Aufbauleistung durch einen Zufall oder das geschickte Eingreifen der anderen Mannschaft völlig zunichte gemacht werden kann.

»Es gibt eine Komik, deren Wirkung darauf beruht, daß Menschen in eine für sie verzweifelte Situation kommen. Der Effekt ist psychologisch einfach zu erklären: Es freut sich erstens der, der auf dem Trokkenen sitzt, über seine gute Lage um so mehr, wenn er einen sieht, der ins Wasser gefallen ist; zweitens aber sehen Menschen in vielen Fällen der Bedrängnis auch wirklich komisch aus. Sie entfalten eine ungeheure Aktivität, rappeln sich aus den unmöglichsten Lebenslagen wieder auf und wirken dabei dennoch hilflos« (Urs Jaeggi).

Über dieser Kritik an »Spiel ohne Grenzen« sollte jedoch nicht vergessen werden, daß die *Möglichkeiten* einer solchen Sendung durchaus auch zu einer positiveren Gestaltung genutzt werden könnten. Der Volksfestcharakter in Verbindung mit phantasievollen Spielen, die sich aus den Eigenheiten einer Stadt und ihrer Geschichte entwickeln ließen, wäre als Basis für eine unterhaltende und anregende Sendung durchaus denkbar, und das dem Spiel zugrundeliegende Interesse an europäischem Austausch könnte sich in einer entkrampften, vom latenten Sadismus gereinigten Form von »Spiel ohne Grenzen« durchsetzen.

In seiner jetzigen Form aber ist »Spiel ohne Grenzen« die – unbewußte – Karikatur des Sports und entlarvt dabei auch einige seiner weniger erfreulichen Züge, die ihm durch die Inszenierungsweise des Fernsehens zueigen geworden sind. So ist etwa der Moderator oder Spielleiter der Sendung (z. B. der ehemalige Eisschnelläufer Erhard Keller) im Rahmen der Dramaturgie des Spiels daran interessiert, weiteren Unterhaltungswert aus dem Geschehen durch einen Kommentar zu schöpfen, der oft genug auf Kosten der Teilnehmer »Humorigkeit« produziert. Die Grenze zur Verhöhnung wird dabei erreicht, wenn z. B. der Moderator angesichts eines ins Wasser gefallenen Konkurrenten bemerkt, daß dieses »infolge des bereits vierzehn Tage dauernden Schlechtwettereinbruchs geradezu unerträglich kalt« sei. In einer anderen Folge teilte der Moderator des Spiels ungeniert Einzelheiten aus dem Privatleben einer Konkurrentin mit. Dieser Effekt wird durch die Kameraführung noch verstärkt: Im Bild ist selten der Teilnehmer, der seine Aufgabe mit Bravour meistert, sondern der, der sich am meisten quält oder sich am ungeschicktesten verhält.

Das Interesse der teilnehmenden Städte, deren politische Prominenz zumeist als Mannschaftsleiter, Betreuer etc. auftritt, ist in erster Linie auf den kostenlosen Werbeeffekt gerichtet, auf die Gelegenheit, touristische Attraktionen herauszustellen.

Anmerkungen

Sepp Burri: Viel Farbe – wenig Spannung. Immer wieder »Spiel ohne Grenzen«. In: »Zoom/Filmberater« Nr. 15. Bern/Zürich 1974. Urs Jaeggi: Grenzenlose Hampelmänner. In: »Zoom« Nr. 12. Bern 1972.

Literatur
Rosemarie Mahl: Viel Schaum und keine Grenzen. Wie das Fernsehen mit Städten spielt. In: »Frankfurter Rundschau« vom 8. September. Frankfurt 1973.

Sport im Fernsehen
Direktübertragungen von sportlichen Wettkämpfen oder deren spätere Sendung in Form von Aufzeichnungen, Sportmagazinsendungen, die neben aktueller Berichte auch Interviews, Kommentare und Hintergrundinformationen bieten, und Sport-Features, die ein kontroverses Thema aus dem Bereich des Sports behandeln, gehören zu den wichtigsten Sendesparten des Fernsehens in aller Welt. Seit der Einführung des Fernsehens in Deutschland hat der Anteil des Sports, was die Sendezeit anbelangt, nie weniger als 10 % vom Gesamtprogramm ausgemacht. In den Jahren, in denen eine Olympiade (→ Olympische Spiele) oder eine Fußballweltmeisterschaft ausgetragen wurde, hat sich dieser Anteil noch deutlich erhöht. So stellte im olympischen Jahr 1960 der Sport mit 19,2 % den größten Programmanteil überhaupt. 1966 (Weltmeisterschaft) betrug der Anteil sogar 32,6 %, und 1972 waren es immerhin noch 24,6 % der gesamten Sendezeit, die mit Sport gefüllt wurden.
Dieser hohe Anteil des Sports am Programm erklärt sich zum einen aus der Beliebtheit der Sendegattung: 44 % aller Zuschauer sind, einer Umfrage zufolge, am Sport »sehr stark« oder »stark« interessiert; die durchschnittliche Sehbeteiligung bei Sportsendungen beträgt um 25 % und erreicht bei attraktiven Übertragungen astronomische Ziffern, die sonst durch keine Sendegattung, einschließlich der populären Kriminalsendungen, erreicht werden. Im Mittel wird dabei eine Zustimmungsquote von +5 erreicht, was bedeutet, daß der Sport die Sendegattung mit der stabilsten Zuschauerbindung ist. (Dieser Erfolg beim Publikum bewirkt bei den zuständigen Redakteuren zuweilen eine Immunität gegenüber Kritik.)
Große sportliche Ereignisse waren es auch, die in den Jahren, in denen sich die Fernsehindustrie einen Markt aufzubauen hatte, als Stimulans für die Erstanschaffung eines Gerätes oder den Austausch des Empfängers benutzt wurden.
Dabei ist das Verhältnis der Sportveranstalter, der Vereine und Verbände zum Medium Fernsehen durchaus nicht widerspruchsfrei. Die Konkurrenz durch das Fernsehen führte in den fünfziger Jahren zu einem merklichen Rückgang der Zuschauer auf den Stadionrängen und Sportplätzen. Dies hatte zur Folge, daß die Vereine (über ihre Fachverbände) höhere Forderungen für die finanzielle Abgeltung aufstellten und eine Limitierung der Sportübertragungen verlangten. Außerdem sollte versucht werden, attraktive Sportsendungen nicht zu Zeiten zu senden, in denen regionale Sportveranstaltungen durchgeführt werden. (Beispielsweise finden die Spiele der Bundesliga am Samstag statt, während die Regional- und die Bezirksligen ihre Spiele zumeist am Sonntag austragen.)
Die rechtliche Grundlage für die Sportübertragungen bilden Sammelverträge zwischen den Sendeanstalten und dem Deutschen Sportbund (DSB) bzw. seinen Fachverbänden. Sie erlauben es dem Fernsehen gegen eine vereinbarte Pauschalsumme »von allen großen nationalen und internationalen Veranstaltungen des Fachgebiets des Sportverbandes zu berichten, soweit sie im Gebiet der Bundesrepublik Deutschland einschließlich West-Berlin stattfinden«. Dennoch bestehen z. B. zwischen den Sendeanstalten und dem Deutschen Fußballbund erhebliche Differenzen, die bei Grenzfällen oder Kontroversen um die Vorankündigungen einer Sportübertragung aufbrechen. (Bei wichtigen Sportereignissen ist es dem Fernsehen untersagt, die Übertragung in den Programmzeitschriften vorankündigen zu lassen, um mehr Menschen an den Austragungsort zu locken.) »ARD und ZDF vertreten den

Standpunkt, daß es das Recht freier Berichterstattung sei, über öffentlich sich vollziehende Ereignisse (wie ein Fußballspiel) zu informieren, also ein Kamerateam ins Stadion zu schicken. Der Deutsche Fußballbund hingegen macht seine Rechte, zumindest die Platzrechte, geltend: es seien Lizenzentgelte zu zahlen, schon weil viele Sportfreunde dazu verlockt würden, zu Hause zu bleiben. Die Rechtslage möchte aber keine der beiden Seiten klären lassen – es wäre zu riskant. So handelt man Verträge aus, aber, zumindest seitens der ARD, immer mit der Hervorhebung, daß das ›unbeschadet der Grundsatzfrage‹ geschehe« (Friedrich Wilhelm Hymmen).

Die relative Stärke in der Position des Fernsehens gegenüber den Sportverbänden ist vor allem durch die Zusammenarbeit von ARD und ZDF bedingt, die ihre frühere aufwendige Konkurrenz gegeneinander (z. B. bei Olympischen Spielen) in ein kooperatives Vorgehen umgewandelt haben, mit der zum Beispiel eine täglich alternierende Berichterstattung bei großen sportlichen Ereignissen erreicht wurde. Eine von beiden Sendeanstalten gemeinsam gegründete Gesellschaft, die »Deutsche Olympia Zentrum Radio Television«, übernimmt bei internationalen Wettkämpfen die Koordinierung und Organisation der Übertragungen.

Das Fernsehen und der Sport sind mittlerweile so verflochten, daß schwerlich noch das eine ohne das andere vorstellbar wäre. »Die Fernsehanstalten, die die Popularität zugleich erzeugen und ausnutzen, sind inzwischen mit dessen Managern ins Geschäft gekommen: Für die Übertragung des Länderspiels Deutschland–Holland hatte der Deutsche Fußballbund der Rundfunkgesellschaft 1926 noch 100 Mark Unkostenbeitrag bezahlt, im Jahre 1972 aber wurden dem DFB vom Fernsehen über drei Millionen Mark als Übertragungsgebühr überwiesen; 2,3 Millionen erhielten die Bundesligavereine, 700 000 die Regionalligaclubs; die Amateurligen gingen – selbstverständlich – leer aus. Die Übertragungsrechte für die Fußballweltmeisterschaft wurden vom Veranstalter für 18 Millionen Mark vergeben, doch auch die hohen Einnahmen für die Stadionwerbung (20 Mio.), aus der Lotterie ›Glücksspirale‹ (etwa 50 Mio.) und aus der Verwertung der WM-Maskottchen ›Tip und Tap‹ (knapp 12 Mio.) konnten nur mit Hilfe der Fernsehreklame erzielt werden. Erst durchs Fernsehen wurde auch die Trikot-, Sportschuh- und Stadionwerbung der Vereinsmannschaften richtig interessant, und auch der Verkaufserfolg der von der ›Nationalmannschaft‹ besprochenen Schallplatte ›Fußball ist unser Leben‹ ist letztlich nur den ›Sportstudio‹-Propagandisten zu verdanken« (Eric Ertl).

Diese wirtschaftliche Abhängigkeit des Sports vom Fernsehen, das hier immer noch eine seiner »billigsten« Programmformen produziert, führt zu einer Angleichung des Sports an die technischen Bedingungen des Mediums, die sowohl den äußeren Ablauf von Sportveranstaltungen – in den USA beispielsweise werden Baseball- oder Footballspiele vom Schiedsrichter unterbrochen, wenn es Zeit für die Werbeeinschaltung ist; in der Bundesrepublik zieht man bei interessanten Spielen das Flutlichtspiel am Abend dem Nachmittagsspiel oft vor, weil die Übertragung dadurch in eine günstigere Sendezeit kommt – als auch den Gehalt des Sports betrifft.

Mehr als bei anderen Sende-Sparten kommt in den Sportsendungen des Fernsehens jene als »Augenzeugenideologie« bezeichnete kritiklose Haltung den verzerrenden Momenten des eigenen Mediums gegenüber zum Ausdruck, die den Sport in gewisser Weise zu einem Zulieferer für das Fernsehen degradiert. Dabei stehen die organisatorischen Aufwendungen, die angewendet werden mußten, um etwa einen finanziellen Ausgleich zwischen Sportveranstaltern und Fernsehen herzustellen oder Sportsendungen von ARD und ZDF zu koordinieren, in keinem Verhältnis zu den

Bemühungen, eine angemessene Dramaturgie für den Sport im Fernsehen zu entwickeln. (Ein Beleg dafür ist beispielsweise die Tatsache, daß es bislang keine besondere Ausbildung für die Sportberichterstattung gibt und daß auch so gut wie keine Fachliteratur zu diesem Themenkomplex existiert.)

Aber »die großen Übertragungen des Sports brauchen, wenn sie einem Millionenpublikum vorgesetzt werden, eine eigene, sehr differenzierte Theorie der Dramaturgie. Mit anderen Worten: Die großen Sportereignisse müssen szenisch gerecht dargestellt werden. Die Präsentation des Sports, wenn er sich in den großen Arenen der Welt abspielt, ist ja durch die Massenmedien fremdbestimmt. Die Athleten selbst haben, wie die Philosophen Goffmann, Gebauer, Lenk u. a. bemerkten, keine Chance, sich selbst zu präsentieren. Ihre Aktion, ihre Leistung, wird präsentiert, sei es durch die Zeitung, sei es durch die Reportage des Hörfunks, sei es durch das von Kamera und Regie des Fernsehens auserwählte Bild, wobei der Kommentar eine ›verbale Hilfe‹ sein sollte« (Horst Seifert).

Von allen Medien hat das Fernsehen, wohl weil es das »bürokratischste« ist, die stärkste Tendenz, die Betonung der eigenen Leistung, die eigene Vermittlerrolle *vor* das Dargestellte oder Vermittelte selbst zu stellen. Würde man das Verhältnis von Sport und Fernsehen personalisieren, so könnte man von einem gewissen Neid des Mediums auf die objektivierte Leistung im Bereich des Sports sprechen. In den Sportsendungen des Fernsehens wird deshalb der Sportler selbst eher mit Herablassung und Arroganz behandelt als mit dem Wunsch, den Sportler als Individuum zu zeigen. Die stereotypen und banalen Fragen der Reporter, die vertrauliche Duz-Form der Anrede, wirken in diesem Zusammenhang als »Verkleinerung« des Athleten, der oft seinen Erfolg nur dem Wohlwollen der Institutionen verdankt. (Man vergleiche nur einmal das Verhalten eines Sportreporters gegenüber einem Sportler oder einem Trainer.)

Eine weitere Möglichkeit, dem Zuschauer neben der sportlichen auch die eigene Leistung vorzuführen, hat das Fernsehen in der »Aktualität als Ritual« (Christian Schultz-Gerstein). Der Moderator oder Reporter betont ständig, wie schnell ein Film zu einem Sportereignis fertiggeworden ist, wie präzis die Organisation des Mediums funktioniert. Die Berichte selbst, die nicht mehr in Ruhe geschnitten werden können und für die der Kommentar in kürzester Zeit verfaßt werden muß, werden dadurch recht oberflächlich und passivieren den Zuschauer durch Aneinanderreihung von Zahlen, Daten und Fakten mit einer in die Adjektive eingeschmuggelten Wertung, die für den Konsumenten kaum noch zu durchschauen ist. Die Aktualität gerät so leicht in den Ruf, ein Alibi für die gleichförmige und abstrakte Form der Berichterstattung zu sein.

Das wirksamste Mittel des Fernsehens aber, sich selbst als seinem Gegenstand überlegen zu zeigen, ist die Autorität der Moderatoren, die nicht nur die Auswahl dessen bestimmen, was der Zuschauer vom Sport zu sehen bekommt, sondern auch die eigene Persönlichkeit gleichsam als Filter zwischen dem Publikum und dem sportlichen Ereignis installieren. (Dies ist nur in Ausnahmefällen durch die persönliche Eitelkeit des Moderators begründet, zumeist liegt es an der Struktur der Magazin-Sendungen, die durch Personalisierung eine starke Zuschauerbindung erreichen können und durch die Beliebtheit des Moderators von den eigentlichen Schwächen der Sendung ablenken.)

Das Bild, das das Fernsehen vom Sport zeigt, ist gereinigt: In den Sportsendungen wie in den zahlreichen Serien wird eine hermetische Welt ohne störende Einflüsse der Wirklichkeit vorgeführt. Ein Beleg dafür sind die bekannt gewordenen Fälle, in denen kritische Berichte unterdrückt oder von einer Sport- in eine politische Sendung verlagert wurden. Einer der wenigen Redakteure, die auch politische und gesellschaftliche Fragestellungen in einer Sportsendung zulassen (hier: »Das aktuelle Sportstudio« des ZDF), ist Joachim Friedrichs, dessen resignierende Feststellung allerdings kaum eine Hoffnung für die Zukunft offenläßt: »Man muß weg von der reinen Ereignisvorstellung. Man muß nun auch mal die gesellschaftliche Relevanz des Sports ansprechen, fragen was passiert . . ., Querverbindungen herstellen, welchen Stellenwert hat der Sport, auch politischen – hat er ja. Doch damit kommen sie im Moment eben nicht weiter, davon findet nichts statt, und ich habe die Befürchtung, daß da mit der herkömmlichen Personalpolitik auch nicht weiterzukommen ist.«

Anmerkungen

Friedrich Wilhelm Hymmen: Übertragung aus Sportstätten. In: »Medium« Nr. 6. Frankfurt 1974. Horst Seifart: Die Macht der Redakteure und Regisseure. In: »Süddeutsche Zeitung« vom 13. Juni. München 1974. Eric Ertl: Vom Spiel-Bericht zum Fernseh-Spiel. Zur Rolle der Sportberichterstattung. In: »Medium« Nr. 6. Frankfurt 1974. Christian Schultz-Gerstein: Aktualität als Ritual. In: »Die Zeit« Nr. 35. Hamburg 1973. Hans-Joachim Friedrichs zitiert nach: Heile, Heile Weltchen. In: »ran« Nr. 2. Düsseldorf 1973.

Literatur

Alfred Behrens: Die Fernsehliga. Berlin 1974. Walter Jens: Die Sprache der Spiele. In: Ders.: Fernsehen – Themen und Tabus. München 1973. Jürgen Werner: Ein Volk von Schiedsrichtern. Fußball im Fernsehen. In: »Die Zeit« Nr. 16. Hamburg 1976.

Sport im Film

Als eigenständiges Genre mit festen Regeln und einem Werte-Kodex gibt es den Sport-Spielfilm nicht. Allerdings haben sich fast alle herkömmlichen Genres mit der Darstellung sportlicher Vorgänge und sportlicher Tätigkeiten angereichert. So haben sich, um nur einige Beispiele zu nennen, das Musical mit dem Baseball-Sport verbinden lassen (»Take Me Out to the Ball Game« – 1949 – Regie: Busby Berkeley), der politische Propagandafilm mit dem Reitsport (». . . reitet für Deutschland« – 1941 – Regie: Arthur Maria Rabenalt), die Filmkomödie mit dem Radsport (»Um eine Nasenlänge« – 1949 – Regie: E. W. Emo), der Gangsterfilm mit dem → Boxen (»99 River Street« – Taxi 539 antwortet nicht – 1953 – Regie: Phil Karlson), die neorealistische Studie mit dem → Fußball (»La domenica della buona gente« – Sonntag in Rom – 1953 – Regie: Anton Giulio Majano), das Melodram mit dem Ringkampf (»La bestia magnifica« – Alle Griffe sind erlaubt – 1951 – Regie: Chano Urueta), der Horror-Film mit dem Catchen (»Santo contro los mujeres vampiros« – Supermann gegen Vampire – 1962 – Regie: Alfonso Corona Blake), der Western mit dem Pferderennen (»Bite the Bullet« – 7000 Meilen westwärts – 1975 – Regie: Richard Brooks), der Science Fiction-Film mit dem → Motorsport (»Death Race 2000« – Frankensteins Todesrennen – 1975 – Regie: Paul Bartel), die heitere Liebesgeschichte mit dem Eiskunstlauf (»Die große Kür« – 1964 – Regie: Franz Antel). Daneben hat der Sport noch in drei anderen Formen in den Spielfilm Eingang gefunden:

1. Die Biographie eines großen Sportlers wird nachgezeichnet. Einige Beispiele dafür: »Go, Man, Go« (1954 – Regie: James Wong Howe) gab einige Episoden aus dem Leben und der Geschichte der berühmten Basketball-Mannschaft »Harlem Globetrotters« wieder. »Gentleman Jim« (Gentleman Jim, der freche Kavalier – 1942 – Regie: Raoul Walsh) erzählte die Biographie des amerikanischen Weltmeisters James J. Corbett, der in der Frühzeit des Berufsboxens berühmt wurde. In »Follow the Sun« (1951 – Regie: Sidney Lanfield) spielte Glenn Ford die Rolle des bekannten Golf-Professionals Ben Hogan. »The Bob Mathias Story« (1954 – Regie: Francis D. Lyon) verband die sportlichen Erfolge des

Jean Pierre Léaud, der Junge, der unbedingt Rennfahrer werden will, in Jerzy Skolimowskis »Der Start«

amerikanischen Zehnkämpfers Bob Mathias mit der Schilderung von Begebenheiten aus seinem Privatleben (Bob Mathias spielte sich selbst.)
2. Berühmte Sportler werden als Stars in einer Spielhandlung eingesetzt, und die Handlungsführung gibt ihnen Gelegenheit, ihr sportliches Können vorzuführen. Markante Beispiele dafür sind etwa die Filme der skandinavisch-amerikanischen Eiskunstläuferin Sonja Henie (»Everything Happens at Night« – 1939 – Regie: Irving Cummings; »Iceland« – 1942 – Regie: H. Bruce Humberstone; »It's a Pleasure« – Funkelnde Sterne – 1945 – Regie: William A. Seiter) oder der Schwimmerin Esther Williams, die in zahlreichen Musik- und Revue-Filmen auftrat (»Million Dollar Mermaid« – Die goldene Nixe – 1952 – Regie: Mervyn LeRoy; »Dangerous When Wet« – Die Wasserprinzessin – 1953 – Regie: Charles Walters). Auch der Skiläufer Toni Sailer trat in einigen Filmen auf, in denen er zumeist tollkühne Abfahrten zu meistern hatte (»Der schwarze Blitz« – 1958 – Regie: Hans Grimm; »Ginrei no ohja« – Der König der silbernen Berge – 1960 – Regie: Yoshiaki Bansho; »Kauf dir einen bunten Luftballon« – 1960 – Regie: Geza von Cziffra). Die Popularität des deutschen Eislaufpaares Marika Kilius und Hans-Jürgen Bäumler, die vor allem durch die Regenbogenpresse (vgl. *Romanze*) gefördert wurde, schlug sich auch in einigen Filmrollen nieder (»Die große Kür« – 1964; »Das große Glück« – 1967 – Regie bei beiden Filmen: Franz Antel). Toni Sailer und Hans-Jürgen Bäumler waren auch in Fernseh-Serien zu sehen.
3. Nur sehr wenige Filme haben sich kritisch mit Phänomenen des Sports auseinandergesetzt oder versucht, die Motivation

für sportliche Leistungen psychologisch zu erklären. Auch hierfür einige Beispiele: In »O necem jinem« (Von etwas anderem – 1963) konfrontiert die tschechoslowakische Regisseurin Věra Chytilová den vom Training bestimmten Tageslauf einer Olympiasiegerin mit dem Alltag einer Hausfrau. »This Sporting Life« (Lockender Lorbeer – 1963 – Regie: Lindsay Anderson) erzählt die Geschichte eines Rugby-Spielers, der in diesem Sport nur die Abhängigkeit, Unterdrückung und Gewalttätigkeit weiterlebt und weiter erlebt, die er früher – er arbeitete im Bergbau – als Voraussetzungen des Lebenskampfes zu akzeptieren hatte. »Walkover« (Walkover – 1965 – Regie: Jerzy Skolimovski) handelt von einem jungen Mann, der sich selbst für einen »Versager« hält und ein zielloses Dasein führt. Mehr oder weniger zufällig läßt er sich von einem Box-Manager anheuern, versucht zunächst, sich vor dem entscheidenden Kampf zu drücken, stellt sich dann aber doch und gewinnt, weil nun der Gegner nicht zum Kampf erschienen ist, durch »Walkover«. Wenn diese Filme auch mit sehr verschiedenen Mitteln arbeiteten, so ist ihnen doch gemeinsam, daß sie den Sport nicht als ein Medium für das Heldentum, nicht einmal für den wirklichen Aufstieg ansehen. Vielmehr wird in der physischen Unterdrückung durch den Sport ein die gesamte Gesellschaft umfassender Unterdrückungsmechanismus am deutlichsten sichtbar.

Einer der erschreckendsten und beeindruckendsten Filme, die Sportmotive verarbeitet haben, ist der ungarische Streifen »Ket felidö al pokolban« (Zwei Halbzeiten in der Hölle – 1961 – Regie: Zoltán Fabri). Anläßlich eines Besuches in einem Konzentrationslager in Ungarn stellen die Besatzer unter den Häftlingen eine Fußballmannschaft zusammen, die gegen eine Mannschaft der Wärter antreten soll. Der Haß gegen die Brutalität der SS-Wärter steigert die Leistungen der Häftlingsmannschaft, der Siegeswillen ergreift schließlich auch die Zauderer und Kollaborateure. Die Häftlinge gewinnen nach Einsatz ihrer letzten Kräfte das Spiel, dieser Sieg aber bedeutet für sie den Tod: alle Spieler der Mannschaft werden liquidiert.

Auch in Tony Richardsons »The Loneliness of the Long Distance Runner« (Die Einsamkeit des Langstreckenläufers – 1962) ging es um den Versuch eines Menschen, das Trauma der Gefangenschaft sportlich zu bewältigen. Ein junger Mann soll die Erziehungsanstalt, in die er eingewiesen wurde, auf einer Sportveranstaltung vertreten und bricht, kurz vor dem sicheren Sieg, seinen Lauf aus Protest ab.

Eine Reihe von Filmen hat sich mit den Erscheinungen des Sports auf ironische Weise auseinandergesetzt; die Reihe der Sportsatiren reicht bis zurück in die Stummfilmzeit. Max Linder (»Max als Boxer« – 1912), Charlie Chaplin (»The Champion« – 1915), Buster Keaton (»College« – 1927) Harold Lloyd (»The Freshman« – 1925) haben sich des Themas angenommen, um es mit ihren jeweiligen spezifischen Mitteln zu bearbeiten und zu verfremden. Die Marx-Brothers verdrehten die »Spielregeln« des College-Sports in »Horse Feathers« (Blühender Blödsinn – 1932 – Regie: Norman Z. McLeod) und des Pferdesports in »A Day at the Races« (1937 – Regie: Sam Wood). In den fünfziger Jahren gab es eine Anzahl von Sportkomödien, die allerdings kaum das Wesen des Sports selber betrafen, sondern sportliche Akte nur als dramaturgische Ansatzpunkte benutzten. (Beispiele: »Rhubarb« – 1951 – Regie: Arthur Lubin – die Geschichte einer Baseballmannschaft, die einer Katze gehört: »That's My Boy – 1951 – Regie: Hal Walker – Jerry Lewis wird ein Football-Spieler; »Der Theodor im Fußballtor« – 1951 – Regie: E. W. Emo – Theo Lingen als Torwart; »The Caddy« – 1953 – Regie: Norman Taurog – Jerry Lewis als Balljunge des Golfchampions Dean Martin; »Wee Geordie« – 1956 – Regie: Frank Launder – satirische Geschichte um einen Hammer-

werfer.)
Eines der jüngsten Beispiele für einen satirischen Sportfilm ist »Fimpen« (Fimpen, der Knirps – 1973 – Regie: Bo Widerberg). Ein Fußballwunderkind, ein etwa sechsjähriger Junge, wird zum Star der schwedischen Nationalmannschaft (die Mitglieder der schwedischen Nationalmannschaft spielten sich übrigens in diesem Film selbst). »Diese Konstellation: ein Kind und die Männer – was kann sie für neue Reize oder Kenntnisse bringen? Verhaltensmuster gegenüber der Gesellschaft: Das Kind wird geprägt, genormt, und dadurch, daß sich diese Begebenheit an einem Kind vollzieht, scheint die Diskrepanz deutlicher. Die genormten Rituale verschärfen sich in diesem Blickwinkel und behalten gleichzeitig eine humorvolle Sicht, die nicht in ihrer aufklärerischen Wirkung erstickt« (Sigrid Schmitt).
Beide Bereiche, der Sport und der Film, sind von Bewegung bestimmt, doch es scheint, als ließen sich diese Bewegungen nur in Ausnahmefällen wirklich so synchronisieren, daß eine neue Qualität entsteht. Das Filmdrama und das sportliche Drama in Einklang zu bringen, ist nur wenigen Regisseuren gelungen.

Anmerkung
Sigrid Schmitt: Fimpen, der Knirps. In: »Medium« Nr. 6. Frankfurt 1974.

Literatur
Hans C. Blumenberg: Der Sport im Spielfilm. Oberhausen 1970. Hilmar Hoffmann: Sportfilm und Sport im Film. In: Bericht Sportfilmtage '68 Oberhausen. Oberhausen 1968.

Sport im Rundfunk

Am 13. Juni 1926 wurde zum erstenmal ein Spiel um die deutsche Fußballmeisterschaft im Rundfunk übertragen; ein Jahr zuvor hatte es die erste *life*-Reportage von einem Sportereignis (einer Ruder-Regatta) gegeben. Anläßlich der genannten Fußballübertragung schrieb die »Süddeutsche Rundfunkzeitung« euphemistisch: »Es zeigte sich, daß die ›Hörbarmachung‹ eines sportlichen Ereignisses von solcher Art von nun ab als gelungen und möglich anzusehen ist; der Rundfunk hat damit ein gewaltiges Gebiet heutiger moderner Lebensinteressen erobert« (zitiert nach Friedrich Wilhelm Hymmen).
Der Stil dieser Sportübertragungen im Rundfunk war zunächst durch Pathos, Überdramatisierung und extrem persönliche Ansprache des Reporters gekennzeichnet. Überdies waren die Sportsendungen des Radios in den Vorkriegsjahren und natürlich besonders zur Zeit des »Dritten Reiches« stark von nationalen Vorurteilen geprägt, und man scheute sich nicht, den sportlichen Gegner durch verächtliche Kommentare herabzusetzen. Als das adäquate Mittel, dem Zuhörer die »Stimmung« bei einem Sportereignis mitzuteilen, erschien den Reportern die möglichst direkte und unreflektierte Weitergabe der eigenen Erregung. Die fast hysterischen »Tor! Tor«-Rufe der Reporter sind noch aus den Sportübertragungen der fünfziger Jahre bekannt. Die emotionale Art der Sportberichterstattung änderte sich entscheidend erst durch den Einfluß der Fernsehübertragungen (→ Sport im Fernsehen), bei denen die Reporter, auf die Information durch das Bild vertrauend, gelassener und differenzierter berichten konnten. Als Reporter, der als einer der ersten Rundfunk-Sportjournalisten sich des Pathos enthielt und gelegentlich auch ironische Obertöne fand, wurde in dieser Zeit vor allem der Österreicher Heribert Meisel bekannt.
Auch die »Intimisierung« (Eric Ertl) der → Sportstars durch Interviews, in denen die Reporter die »allgemein menschlichen« Züge der Athleten herausstellten, wurde von den Sportsendungen des Rundfunks bereits vorgenommen, lange bevor dies durch das Fernsehen zur Perfektion gebracht wurde. Durch die sinnliche Präsenz des Rundfunks konnte der Sportler als Identifikationsangebot dienen, mit dem den Zuschauer mehr verband als die bloße

Bewunderung der Höchstleistung. Der Rundfunk trug seinen Teil dazu bei, den Sport zu einem Bestandteil der Unterhaltungsindustrie zu machen.
Mit der Verbreitung des Fernsehens ging die Bedeutung der Sportberichterstattung im Rundfunk zwar zurück, sie verlor aber keineswegs ihre Existenzberechtigung. Gegenüber dem Fernsehen verfügt der Rundfunk über einige entscheidende Vorzüge: Bei Sportübertragungen, die zwar »wichtig« sind, aber doch eine Direktübertragung nicht lohnen, oder die durch Abkommen mit den jeweiligen Fachverbänden des Deutschen Sportbundes untersagt sind, ist der Rundfunk um einiges aktueller. Besonders deutlich wird dies am Beispiel der samstäglichen Fußball-Bundesliga. Seit 1966 werden Bundesliga-Spiele nicht mehr vollständig vom Fernsehen übertragen, da die Vereine diese Konkurrenz für den Zuschauerrückgang in den Stadien verantwortlich machten. Aufzeichnungen von den interessantesten Begegnungen des Tages bringt die ARD in ihrem nachmittäglichen Magazin »Sportschau« zu einer Zeit, da die meisten Spiele bereits beendet sind. Das ZDF bringt solche Aufzeichnungen erst in der abendlichen Sendung »Das aktuelle Sport-Studio«. In beiden Fällen handelt es sich um zusammenfassende Berichte, die die zusammengeschnittenen Höhepunkte eines Spiels mit einem wertenden Kommentar verbinden. Der Rundfunk hingegen berichtet direkt aus den Fußballstadien über die Bundesliga-Spiele. Zumeist wird in dieser Sendeform die Abfolge der Übertragungen von einem Moderator im Studio geleitet, der abwechselnd zu den Reportern in den Stadien schaltet (Konferenzschaltung), die einen kurzen Überblick über den Spielverlauf und eine Schilderung der aktuellen Situation geben. Die Spielberichte sind dabei durch kurze Glossen, Interviews, Zwischenmusiken und überleitende Kommentare des Moderators gekoppelt. Diese Sendeform trägt auch zur Entemotionalisierung der Sportberichterstattung bei.
Ein weiterer Vorteil des Rundfunks gegenüber dem Fernsehen ist seine Unabhängigkeit gegenüber dem Phänomen der »Schleichwerbung«, die gelegentlich die Übertragung im Fernsehen unmöglich macht. Schließlich ist noch ein gewisser Vorsprung durch die Mobilität des technischen Apparats beim Rundfunk gegeben. Die Chance, das Interesse des Publikums auch für regionale Sportereignisse zu wekken, weniger bekannte Sportarten zu präsentieren und so auch den Breitensport ins Bewußtsein der Öffentlichkeit zu rücken, hat der Rundfunk bislang kaum wahrgenommen, obwohl ihm dazu durch die starke regionale Auffächerung alle Möglichkeiten offenstehen würden.
Das Problem, sportliches Geschehen, das ja primär sinnlicher Natur ist, in Sprache umzusetzen, hat der Rundfunk nicht allein (→ Sportpresse, → Sport im Fernsehen, → Sport im Film). Doch werden hier die Schwierigkeiten augenscheinlich, das archaische Erleben eines grundsätzlich aggressiven, nur durch Regeln »gebremsten« gewaltsamen Handelns in »zivilisierter« Rede wiederzugeben, denn schließlich muß sich der Rundfunk auf das Wort allein verlassen. Es hat sich dabei im Lauf der Zeit eine sportliche Sonder- oder Fachsprache herausgebildet, von deren Wendungen einige in den Alltagsgebrauch der Sprache als Metaphern für zumeist kampfbetonte Vorgänge eingegangen sind (»Tiefschlag«, »gut im Rennen liegen«, »in den Clinch gehen«, »Eigentor«). Einige andere Wendungen, beim Fußball etwa »aus der Tiefe des Raumes kommen«, »die Flügel wechseln«, »Doppelpaß spielen«, »den Ball halten«, setzen bereits eine gewisse Kenntnis beim Publikum voraus und sind zu beliebten Wendungen bei der »Fachsimpelei« über den Sport geworden, die Kennerschaft und Erfahrung signalisieren. Wieder andere umschreiben bestimmte Vorgänge oder Gegenstände in blumigen Metaphern: So wird der Fußball als

»Leder« bezeichnet, das Tor als »Kasten«, und wenn ein Torwart mehrmals »einen Schuß« nicht hat halten können, so mußte er »oft hinter sich greifen«. Diese Sprache aus Formeln und Klischees, die von Zeit zu Zeit mit neuen modischen Wendungen aufgefüllt wird, hat zunächst die Aufgabe, Affektivität zu vermitteln, den Vorgang der Berichterstattung zu vereinfachen und zu verkürzen und ein Einverständnis, eine Vertraulichkeit zwischen Berichterstatter und Publikum herzustellen oder zu suggerieren. Gerade beim Rundfunk wird die Person des Reporters dabei immer wieder herausgestellt. Ein solch intimes Verhältnis wie zwischen Sportreporter und seinem Publikum gibt es ansonsten allenfalls noch beim Quizmaster (→ Fernseh-Quiz), und man würde sich diese Art der Kommunikation wohl auch energisch verbieten, wäre das Thema der Reportage nicht ein sportliches, sondern ein politisches oder kulturelles Ereignis. Mit anderen Worten: Die Sprache, mit der das sportliche Geschehen vermittelt wird, dient nicht in erster Linie der »kühlen« Information, sondern ist selbst ein Teil des Unterhaltungsangebotes Sport. Und wenn es gerade der Rundfunk derzeit unternimmt, die Sprache seiner Sportberichterstattung »sachlicher«, »fairer« und »objektiver« zu gestalten, so ist dies nur bis zu einem gewissen Grade möglich, ohne daß sich nicht auch das Interesse des Publikums verlieren würde. Denn was den Sport interessant macht, das ist nicht die große Leistung, die geglückte Taktik, der »schöne« Spielzug an sich, sondern die Emotionen, die sich daran entzünden können.

Anmerkungen

Friedrich Wilhelm Hymmen: Übertragung aus Sportstätten. In: »Medium« Nr. 6. Frankfurt 1974. Eric Ertl: Vom Spielbericht zum Fernsehspiel. In: »Medium« Nr. 6. Frankfurt 1974.

Literatur

Harald Dankert: Sportsprache und Kommunikation. Tübingen 1969. Albert Donnepp: Sport und Rundfunk. Münster 1950. Willibald Drescher: Der Sport im Deutschen Rundfunk. Würzburg 1941. Dieter Gerburg: Wie der Sport in das Bewußtsein der Massen sich verlängert – Versuch über die sprachliche Darstellung sportlicher Aktionen. In: Gerhard Vinnai (Hg.): Sport in der Klassengesellschaft. Frankf. 1972. Peter Schneider: Die Sprache des Sports. Düsseldorf 1974.

Sportpresse

Die Sportberichterstattung in der Presse entwickelte sich parallel zur Organisation des Sports als Freizeitvergnügen für den Zuschauer im neunzehnten Jahrhundert. 1817 hatte als erste englische Tageszeitung der »Morning Herald« einen Sportteil eingerichtet, und diesem Beispiel folgten bald die meisten Blätter. Die Information bezog sich dabei allerdings weniger auf die populären Formen des Massensports als auf die kostspieligen sportlichen Vergnügungen der *leisure class*: Reiten, Segeln, Polo etc. In der Frühzeit des Sportjournalismus war die Berichterstattung den »Gesellschaftsnachrichten« näher verwandt als den heutigen Sportberichten.

Mitte des Jahrhunderts entwickelte sich eine eigenständige Sportpresse. Mit »Le Sport« (seit 1854) erschien in Frankreich zum erstenmal eine Zeitschrift, die ausschließlich dem sportlichen Geschehen gewidmet war. 1878 erschien die erste Nummer der »Allgemeinen Sportzeitung« in Wien.

Auch die einzelnen Sportarten bildeten das Thema von Publikumszeitschriften. Insbesondere die von Friedrich Ludwig Jahn ins Leben gerufene Turnbewegung führte zu reger publizistischer Tätigkeit, vor allem deswegen, weil sie am meisten mit ideologischen und weltanschaulichen Vorstellungen verknüpft war (Beispiele: »Der deutsche Turner«, seit 1846; »Deutsche Turnzeitung«, seit 1856).

Nach und nach verlagerte sich das Interesse auch auf die »proletarischen« Sportarten, und um 1895 begann der Fußball die Position im Interesse des Publikums einzunehmen, die er heute innehat. Zu Beginn des zwanzigsten Jahrhunderts war die Sport-

SPORT-Kurier
Bayerische Ausgabe
Bayern beim HSV ohne Schwarzenbec
„Sieger" Hunt in Madrid disqualifiziert
Wird Weltmeister Ali in München entthront?
Mein heißer Tip:
Das neue RennQuintett 6 aus 18
Toto-Lotto-Annahme

Nr. 36 / 19. Wo.
1,50 DM
sportmagazin
kicker
DEUTSCHLANDS GRÖSSTE SPORTZEITUNG
Erbitterter Kampf gegen den Abstieg:
Land in Sicht für Offenbach
Pokal-Halbfinale: FC Bayern beim HSV
Diesen Gegner fürchten wir
Hochspannung in den zweiten Ligen:
Dortmund muß noch zittern!
Weltmeister Ali noch nicht fit für München:
Zu dick, um stark zu sein

Titel von Sportzeitungen: »Sport-Kurier« und »Sportmagazin Kicker«
© Sport-Kurier-Verlag/Olympia-Verlag

presse eines der wichtigsten Unterhaltungsmedien. 1934 betrug die Gesamtauflage der Sportpresse in Deutschland 3,1 Millionen.

Während in Deutschland der Sport ein integraler Bestandteil der politischen Tagespresse geworden ist (nach einem ereignisreichen Sportwochenende umfaßt der Sportteil der Montagsausgabe zumeist mehr Seiten als das politische Ressort), hat beispielsweise in Italien die Herausbildung einer Sporttagespresse zu einem Auflagenrückgang der politischen Tageszeitungen geführt. In einigen lateinamerikanischen Ländern überwiegt die Sportpresse gegenüber dem politischen Journalismus.

Die Schwerpunkte der Sportberichterstattung liegen vor allem auf dem Gebiet des Fußballs und anderer professioneller Sportarten wie → Boxen, Radrennen oder Eishockey. Bei der Berichterstattung über den Amateursport überwiegen naturgemäß die internationalen Wettkämpfe; vor allem zu Zeiten von → Olympischen Spielen versuchen die Zeitungen, durch Sonderbeilagen und spezielle Serviceleistungen ihren Absatz zu fördern. Der Konkurrenzkampf wird dabei zumeist mehr auf dem Gebiet der Aktualität als auf dem der Qualität ausgetragen. Die regionalen Sportberichte sind in den letzten Jahren in den Hintergrund getreten; die meisten großen Blätter beschränken sich hierbei auf den Abdruck von Tabellen und Spielergebnissen.

Neben den Vereinszeitschriften und den von den verschiedenen Sportverbänden herausgegebenen Fachzeitschriften haben nur einige publikumsorientierte Sportzeitschriften in der Bundesrepublik überlebt. Den Hauptteil der Sportzeitschriften bilden Magazine mit dem Thema Automobilsport (»Auto, Motor und Sport«, »rallye

racing«, »Das Motorrad« etc.). Einer der Gründe für die weite Verbreitung der Automobilsportzeitschriften ist ihr fließender Übergang zur Verbraucher- und Hobbyzeitschrift. Zudem eignet sich dieser Typ einer Zeitschrift in besonderem Maße als Werbeträger für die Automobilindustrie.
Die Sportpresse mit allgemeinerem Charakter läßt sich unterteilen in Sport*zeitungen* und Sport*illustrierte*. Während die vierzehntägig, wöchentlich oder sogar zweimal wöchentlich erscheinenden Sportzeitungen (»Sportmagazin Kicker«, »Sportkurier«) auf umfassende Information und Kommentierung den größten Wert legen (sie erscheinen deshalb auch in mehreren Regionalausgaben), sind die Sportillustrierten in erster Linie auf Hintergrundinformationen, den Berichten über → Sportstars und auf dem Fotomaterial aufgebaut, das zum Teil hervorragende Qualität aufweist. Das Vorbild dieser Sportillustrierten bildet die heute größte Sportzeitschrift der Welt, das amerikanische Magazin »Sports Illustrated«, das in seiner Aufmachung ein Mittelding zwischen Nachrichtenmagazin und Illustrierter darstellt. Die deutschen Zeitschriften dieser Art (»Sportillustrierte«, »Sport – Illustrierte für Sport und Freizeit«) sind demgegenüber mehr auf Unterhaltung abgestimmt, und insbesondere »Sport« bringt eine Sportfotografie auf hohem Niveau, wohingegen die eigentliche Information zweitrangig wird.
Für einige Sportarten, deren Ausübung mit hohen Kosten, aber auch mit einem hohen Prestigewert verbunden ist und die daher für die werbende Wirtschaft von Interesse sind, existieren noch spezielle Zeitschriften, so etwa für den Wassersport (»Südkurs«, »Das Boot«), den Tauchsport (»Submarin«), den Pferdesport (»Herold«) oder den Flugsport (»Flugwelt«, »Aerokurier«). Die Verbindung von Technik und Sport erweist sich dabei als die beliebteste Form der Sportpresse und findet, im Gegensatz zu den Fachzeitschriften, zu Sportarten wie Leichtathletik, Turnen oder Schwimmen, auch im Vertrieb über den Kiosk-Handel Absatz.

Literatur
Hans Bollmann: Vom Werdegang der deutschen Sportpresse. Frankfurt 1938. Harald Dankert: Sportsprache und Kommunikation. Tübingen 1969. Emil Dovifat: Der Sportteil. In: Ders.: Zeitungslehre II. Berlin 1962. Kurt Koszyk/Karl H. Pruys: Sportberichterstattung. In: Dies.: dtv-Wörterbuch zur Publizistik. München 1969.

Sportstars
Der Sportstar, dessen Publizität vor allem durch Funk und Fernsehen und durch die → Sportpresse geschaffen wird, unterscheidet sich vom Star herkömmlicher Art (vgl. etwa *Sex* → Star) in mehrfacher Hinsicht:
1. Bewundert wird nicht seine Persönlichkeit, sondern seine Leistung. Zwar wird auch er in den Medien als »Privatmensch« vorgestellt, seine Meinungen werden aufgenommen und diskutiert, und in modischen oder anderen Bereichen kann er durchaus als Trendsetter fungieren (ein Beispiel dafür sind die langen Haare, die auch durch die Fußballspieler populär wurden). Aber jedes bizarre Element, auch eine nur geringe Unorthodoxie, stempelt ihn zum Außenseiter. Auch der Sport hat seine Anti-Stars, seine Buhmänner und *heavies*. Im sportlichen Star verkörpert sich der Mythos des Sports als eines spielerischen und zugleich leistungsbetonten Wettbewerbs, bei dem es fair, objektiv und freundschaftlich zugeht. Ein Sportler, der seine Frustrationen, seine schlechten Erfahrungen, seinen Haß auf Gegner oder Schiedsrichter oder gar auf das Publikum artikulieren würde, könnte kein Star werden, egal ob seine Leistungen und sein Talent dies ansonsten ermöglichen würden, denn (um nur ein Beispiel zu nehmen), »ein Fußballstar liest jeden Tag aus der Zeitung sein eigenes Image heraus. Das prägt ihn, reguliert sein Verhalten, festigt sein Selbstverständnis, und dem rennt er nach« (Horst Vetten).

2. Anders als der Star etwa beim Film oder in der Musik ist der Sportstar nur in Ausnahmefällen selber eine »Botschaft«. Er ist das Produkt der Medien, die ihn als Transportmittel für ihr Bild vom Sport benützen, das vorwiegend durch Retuschen der sportlichen Wirklichkeit zustande kommt und alles eliminiert, was dem »Ansehen des Sports« (sprich: seiner medialen Verwertbarkeit) widerspricht. Wenn also der Sportler als Person in den Medien so blaß und schemenhaft bleibt und keine Konturen gewinnt, und wenn, was von Medienkritikern oft beklagt wird, die von Funk und Fernsehen produzierten Sportler-Interviews so inhaltsleer und schematisch sind, so liegt dies nicht nur an einer Unfähigkeit der Produzenten, sondern es ist eine Voraussetzung für das Funktionieren des sportlichen Unterhaltungsangebots und seiner Identifikationsmechanismen.

Die Rolle, die der Sportler dabei zu spielen hat, ist genau vorgeschrieben, und die Kontrolle darüber ist durch die absolute Herrschaft der Medien über den Sport, ökonomisch wie ideologisch, gesichert. Der Sportler selbst gewinnt dabei erst in den Medien seine Identität, und er ist entsprechend bemüht, sich den Interessen der Medien anzupassen. Gegenüber den »Noten« etwa, die die Presse verteilt, ist ein Sportler absolut machtlos; wenn ein Fußballspieler z. B. bei einer Übertragung im Fernsehen nicht erwähnt wird oder der Kommentator seine Leistungen negativ bewertet – eine Beurteilung, die in der Ausschnitt-Dramaturgie des Fernsehens vom Publikum kaum überprüft werden kann –, so entscheidet dies oft direkt auch über seinen beruflichen »Marktwert«. Ein Sportstar, insbesondere auf dem Gebiet des Berufssports, kann auch kaum die Gelegenheit eines Interviews ausschlagen, auch wenn ihm dabei die gestellten Fragen noch so unsinnig, ja entwürdigend erscheinen.

Der Schauspiel- und Gesangs-Star kann, wenn sein Ruhm einmal einen gewissen Grad erreicht hat, durchaus aktiv an dem Bild, das die Medien von ihm zeichnen, mitgestalten, er kann sogar bewußte Provokationen als Methode einsetzen, seine Eigenart zu unterstreichen. Ein Sportstar dagegen muß sich, je höher er in der Hierarchie steht, den Interessen der Medien um so stärker unterwerfen. Das hat mehrere Gründe.

Zum einen ist die Struktur der Interaktion zwischen Sportstar und Medium so weitgehend präformuliert, daß der Sportler, wollte er wirklich seine Interessen oder Erfahrungen einbringen, diese Strukturen erst einmal aufbrechen müßte. Ihr Funktionieren hängt aber von der allgemeinen Bestätigung der objektiv meßbaren und nur nach der sportlichen Effektivität beurteilten Leistung ab. Diesen Maßstäben hat sich der Sportler zu unterwerfen, auch wenn er sie subjektiv als ungerechtfertigt betrachtet. Der Amateur unterwirft sich diesen Ritualen zumeist auf recht naive Weise; in dem Moment, in dem er seine Rolle erkennt, bleibt für ihn eigentlich nur die Wahl, seine sportlichen Erfolge kommerziell zu verwerten und sich als Teil des Show-Business zu verstehen oder aber sich vom Sport zurückzuziehen. Der Amateur als Sportstar entspricht dem idealisierten Bild vom Sport, das die Medien zeichnen, weil er es als Rechtfertigung für seine eigene Aktivität braucht. Der Berufssportler hingegen verschweigt die negativen Aspekte des Sports, »reinigt sein Image« und unterwirft sich ganz den Spielregeln der Medien, weil dies Teil seines Berufsbildes ist. Die Star-Karriere auf dem Gebiet des Sports ist relativ kurz, und das Ende aus Alters- und Gesundheitsgründen ist vorhersehbar. Diese Begrenztheit übt einen starken Druck auf die Sportler aus, nichts zu unternehmen, was der Karriere hinderlich sein könnte. Abweichendes Verhalten, ob auf dem Sportplatz, ob im Privatleben oder durch auffallendes Engagement für eine nicht den Sport betreffende Sache, liegt nicht im Sinne der Medien, die ein »reines« Bild vom Sport benötigen, um ihr eigenes

System zu stabilisieren. Das Sportressort soll von den gesellschaftlichen Konflikten frei bleiben, und der Sportstar repräsentiert ein Wesen, das außer sportlichen keine Konflikte kennt.
3. Der Sportstar ist ein positives Leitbild. Er wirbt in erster Linie natürlich für den Sport als solchen. (Ob der Spitzensport mit seinem Starsystem allerdings die von seinen Apologeten behauptete positive Wirkung auf den Breiten- und Gesundheitssport hat, kann bezweifelt werden.) Werte wie »sportliches Verhalten«, Bescheidenheit, Leistung, Disziplin propagiert er, weil sie im System des Sports bereits verankert sind. Darüber hinaus sind die Aussagen und das Auftreten der Sportler von fast grenzenlosem Vertrauen in ihr System, den gesellschaftlich organisierten Sport, geprägt. Kritische Äußerungen gegenüber Verbänden oder Funktionären gelten als »unsportlich«. Aus den in seinem eigenen gesellschaftlichen System produzierten Zwängen heraus, der Abhängigkeit von Verband, Verein, Trainer, der Abhängigkeit von dem ideologischen Druck der Medien (die ihrerseits unter dem Druck der Verbände eine unkritische Haltung einnehmen), dem Druck einer innerhalb von Mannschaft oder Verein bestehenden Hierarchie, in der sich jeder in seine Rolle einzufinden hat, und nicht zuletzt dem finanziellen Druck, vermittelt der Sportstar Anpassung als Lebenshaltung, deren Belohnung der (sportliche) Erfolg darstellt. Zeigt dabei jemand einen Ansatz von Selbständigkeit, so wird er gleich zum »Rebellen am Ball« (so der Titel einer Biographie über Günter Netzer).
Wie sehr die Medien die Sportstars in einer eigengesetzlichen Dramaturgie verwenden, mögen zwei Beispiele aus dem in Deutschland populärsten Sport, dem → Fußball, zeigen. Bei der Fußballweltmeisterschaft 1966 hatte die »Bild-Zeitung« einen Fußballspieler als ihren Favoriten auserkoren, den sie systematisch zur Heldenfigur aufbaute und damit sogar den Trainer zwang, gegen seine Überzeugung und gegen den Rat anderer den Spieler in die Mannschaft aufzunehmen. Beim Spiel um den Einzug ins Viertelfinale gelang es diesem Spieler (Lothar Emmerich), ein entscheidendes Tor zu erzielen. Die »Bild-Zeitung« brachte nun Schlagzeile auf Schlagzeile, um den »Retter« des deutschen Teams herauszustellen, zu dessen Einsatz sie gewissermaßen selbst (nebst ihren treuen Lesern) die Grundlage geschaffen hatte. In dem darauffolgenden Spiel versagte der Spieler, nicht etwa, weil er ein schlechter Fußballer gewesen wäre, sondern weil er nicht in das Konzept des Trainers paßte. Sich gegen den Druck der Presse zu stellen, hatte der Trainer nicht gewagt. Die »Bild-Zeitung« kehrte schnell zu einer »sportlich-fairen«, objektiven Berichterstattung zurück: das Drama war abgebrochen, aber das gewünschte Ziel erreicht worden: Es wurde eine Identifikationsfigur geschaffen, eine dramatische Person, deren Auftreten in jedem Fall eine Entscheidung bringt. Mit Hilfe dieser Identifikationsfigur konnte ein Spannungsbogen, der über die Spannung des Spiels selber hinausging, geschaffen werden, der es erlaubte, »interessanten« (d. h. emotional ansprechenden) Lesestoff in nahezu beliebiger Menge zu schöpfen. Die Identifikationsfigur erhöhte gleichzeitig die Leser-Blatt-Bindung (es ist »unser« Held, der die Mannschaft retten soll), und man vermittelte dem Leser ein Erfolgserlebnis, indem man diesem »seinen« Helden gegen den Widerstand der »Unvernünftigen« zum Einsatz verhalf. Es läßt sich ermessen, wie in einem solchen Fall die Spannung schon lange vor dem Spiel geschürt und wie der Leser diesen gewissermaßen künstlich erzeugten Konflikt zu verfolgen förmlich gezwungen wird. Hat der so erzeugte Held dann tatsächlich Erfolg, so bedeutet dies für das Medium doppelten Gewinn: Das Vertrauen seines Publikums in das fachmännische Urteil seiner Mitarbeiter steigt enorm, und das Zusammengehörigkeitsge-

fühl von Leser und Zeitung (und damit ein »moralischer Kaufzwang«) festigt sich durch den gemeinsamen Erfolg, den man feiert (»Das schönste Tor der Weltmeisterschaft« lautete eine der euphorischen Überschriften). Versagt der Held, kann man zur Tagesordnung übergehen, ohne daß das Versagen etwa selbstkritisch geprüft wird. Unnötig zu sagen, daß ein von einem Medium aufgebauter Sport-Held, der durch einen solchen dramaturgischen Trick manchmal um seine beruflichen Möglichkeiten gebracht wird, sehr rasch aufgegeben und einer neuen dramatisch aufgebauten Person Platz macht.

Wie die Dramaturgie des Sports in den Medien den Helden und Retter schafft (ein solcher Retter wird beinahe vor allen wichtigen Entscheidungen aufgebaut; 1974 bei der Fußballweltmeisterschaft gab es z. B. die Variante, daß der vermeintliche Retter Günter Netzer zugleich die Rolle des Außenseiters innehatte und als Vertragsspieler im Ausland gewissermaßen als »Heimkehrer« zu feiern war), so schafft sie auch den negativen Helden, den Sündenbock. Ein junger talentierter Fußballspieler (Karl-Heinz Mrosko) kam, nachdem er bei einem großen Fußballverein reüssiert hatte, zu einem aufstiegsorientierten Verein der Zweiten Liga, wo er durch »exzentrisches Verhalten« und »private Affären« auffiel. Der Verein verpaßte den Aufstieg, und die Presse gab dem Spieler, einem der »teuersten« der Mannschaft, die Schuld dafür. Für wesentlich weniger Geld, als er gekostet hatte, wurde er an einen finanzschwachen Erstliga-Verein »verkauft«, der selber in der Gefahr war, abzusteigen. Von Beginn an wurde dem Spieler die Rolle des Sündenbocks zudiktiert: Obwohl die lokale Presse bereits eine gehörige Gehaltskürzung beim Verein durchgesetzt hatte, wurde weiter – unterstützt durch gezielte Indiskretionen – dem Spieler die Rolle eines für viel Geld eingekauften Versagers übertragen. Schließlich unterstellte man ihm, er habe seinen Verein erpreßt (Tatsache war, daß er als »Belohnung« für gute Leistungen gefordert hatte, daß man ihn, den Ungeliebten, am Ende der Saison von seinem Vertrag entbinden sollte), mit der Folge, daß man ihn kaum mehr einsetzte und ihm somit die Chance nahm, sich sportlich zu rehabilitieren. Die negativen Emotionen, die sich ansonsten gegen den Verein oder das – zumindest lokale – Interesse am Fußballspiel insgesamt richten konnten, wurden durch diese Personalisierung des Mißerfolgs abgelenkt, und der Lokalpatriotismus, mit dem die Mannschaft unterstützt wurde, blieb erhalten, indem man den »Fremden« ausstieß. Der Unhold in der Medien-Dramaturgie des Sports ist der Sportstar mit schlechten Manieren.

Natürlich sind die beiden erwähnten Beispiele Extremfälle. Durchleuchtet man aber die Berichterstattung und die Kommentare zum Sport, so ist festzustellen, daß sie immer einer Rollen-Dramaturgie folgt, die dem Sportstar eine ganz bestimmte Funktion zudiktiert, deren divergierende emotionale Niveaus über das eigentliche sportliche Verhalten hinaus Spannung erzeugen. An der Gestaltung dieser Rollen hat der Sportstar selbst kaum Anteil; er liefert durch sein Naturell und sein Auftreten den Medien allenfalls die Ansatzpunkte. (Dies trifft übrigens für die Amateursportler ebenso zu wie für die Berufssportler.)

Innerhalb dieser Dramaturgie ist der Sportstar der Archetypus des Menschen, der auf individuelle Weise Anerkennung gesucht und gefunden hat. Diese Anerkennung ist zumeist befristet auf die Zeit der sportlichen Erfolge; nur wenige Sportstars (etwa Max Schmeling, Fritz Walter oder Toni Sailer) haben nach Ablauf ihrer sportlichen Karriere sich zumindest so etwas wie »Prominenz« erhalten. Der Sportstar ist mit seiner Leistung, seiner Funktion im Ritus des Sports und mit seiner Rolle in der Dramaturgie des Sports in den Medien identisch; eine darüber hinausgehende Individualität wirkt sich im Verhältnis zum

Zuschauer eher negativ aus. Was sich dem Zuschauer ansonsten vom Sportstar mitteilt, sind Individualitätsreste: eine nette Angewohnheit, eine dialektgefärbte Sprache, gutmütiges, humorvolles, besonnenes, leidenschaftliches etc. Auftreten. Der Sportstar verwirklicht sich in seinem Metier nicht als Person, oder, um es mit einem Wort von Günter Netzer zu sagen: »Das richtige Leben beginnt wohl erst, wenn man mit dem Fußball aufhört.«
Der Verdacht liegt also nahe, daß die trotz allem behauptete und von den Medien fast trotzig hervorgehobene Individualität im Sport eine Konvention ist. Denn würde etwa ein Marathonläufer uns mitteilen, was ihn wirklich zum Laufen bewegt, könnte der Identifikationsmechanismus (das Im-Geiste-Mitlaufen) kaum reibungslos funktionieren. Der Projektionsmechanismus, der die Wirkung des Sports ausmacht, beruht gerade darauf, daß der Sportler keine uns wirklich berührende Individualität erreicht. Er ist das Medium eines Rituals und repräsentiert im Wettkampf das je *Eigene* im Kampf gegen das Fremde. Der Mythos des Sports und vor allem die Erscheinung des Sportstars verknüpft die widersprüchlichen Bedürfnisse nach dem gültigen Ritus und nach der individuellen Chance durch die außergewöhnliche Leistung. Dieser Widerspruch ist es wohl auch, der den Sportstar daran hindert, zu einer individuellen Aussage zu werden. Von einigen wenigen Ausnahmen abgesehen, bei denen zu der sportlichen Leistung eine Funktion in der Öffentlichkeit kommt (Muhammad Ali, Franz Beckenbauer) sind Sportstars weitgehend austauschbar und einem raschen Verschleiß ausgesetzt. Dies läßt sich beispielsweise an der Verwertung sportlicher Erfolge in der Werbung zeigen: Ist zwischen den sportlichen Siegen und dem Auftreten des Sportlers in der Werbung eine gewisse Zeit verstrichen, so ist die Werbewirksamkeit nur noch gering. (Ein prominentes Beispiel für ein solches – oft auch persönliches – Debakel ist der Mißerfolg, den Mark Spitz, mehrfacher Goldmedaillengewinner und *der* Star der → Olympischen Spiele 1972, erlitt, als er sich zum Show- und Werbe-Star aufbauen lassen wollte.)
Sportstars sind – auch wenn es berühmte Sportler bereits in der Antike gegeben hat – eine »Erfindung« der modernen Medien und ein bei der Umwandlung des Sports von einem Erziehungs- in ein Unterhaltungsmedium unabdingbarer Teil des Gesamtkomplexes Sport. Das Geschäft im Sport wird mit den und durch die Stars gemacht. Als Nebenprodukt fällt dabei das durch die Organisations- und Macht-Strukturen des organisierten Sports geformte Bild des Sportstars als vorbildlichen Menschen ab, der die Werte des jeweiligen gesellschaftlichen Systems und soziales Wohlverhalten propagiert.

Anmerkungen
Horst Vetten zitiert nach: Manfred Blödorn: Fußballprofis. Die Helden der Nation. Hamburg 1974. Peter Bizer (in Zusammenarbeit mit Günter Netzer): Günter Netzer: Rebell am Ball. Frankfurt 1971.

Literatur
Frank Grube/Gerhard Richter (Hg.): Leistungssport in der Erfolgsgesellschaft. Hamburg 1973. Martin Hörmann: Religionen der Athleten. Stuttgart 1968. Willi Knecht: Amateur '72. Mainz 1971. Alex Natan: Sport – kritisch. Bern/ Stuttgart 1972. Horst Peets: Sport – die wichtigste Nebensache der Welt. Bremen 1960. Curt Riess: Einsam vor Millionen Augen. Gütersloh 1970. Wolfgang D. Salewski: Das Rollenspiel von Führer Franz. In: »Warum!« Nr. 5. Hamburg 1976. Alfons Spiegel: Zerzauster Lorbeer. Wuppertal 1970. Ulfert Schröder: Stare auf grünem Rasen – Informationen, Schlaglichter, Hintergründe. Bayreuth 1970. Hans-Jürgen Winkler: Franz Beckenbauer – Das deutsche Fußballwunder. München 1969.

Was bin ich

Das nach amerikanischem Vorbild gestaltete Fragespiel »Was bin ich« ist eine der frühesten und erfolgreichsten Sendungen des deutschen Fernsehens. Sein Schema hat sich seit seiner Einführung (1957) nur unwesentlich geändert, und auch der Höchstbetrag (50 DM), den ein Teilnehmer gewinnen kann, ist gleich geblieben. Diese Kontinuität macht wohl einen großen Teil der insbesondere bei älteren Zuschauern beliebten Sendung aus, die noch heute eine durchschnittliche Sehbeteiligung von 61 % aufweist. Dieser anhaltende Erfolg bei den Zuschauern verhinderte auch eine diskutierte Einstellung der Serie.

Unter Anleitung eines Quizmasters (Robert Lembke, der wohl mehr mit »seiner« Sendung identifiziert wird als sonst irgendein Quizmaster) hat ein vierköpfiges Rateteam durch einkreisende Fragen, die nur mit »Ja« oder mit »Nein« beantwortet werden dürfen, den Beruf des Kandidaten herauszufinden (zumeist ein ausgefallener, selten gewordener Beruf, der eher im handwerklichen als im industriellen Bereich angesiedelt ist). Für jedes »Nein« erhält der Befragte 5 DM in ein Sparschwein; bei zehn mit »Nein« beantworteten Fragen wird das Spiel abgebrochen, und der Befragte stellt die Umstände seines Berufslebens, zumeist anhand eines kurzen Films, dar. Dieses Berufsleben der Kandidaten weist durch seine skurrilen, originellen und persönlichen Züge auf ein ungebrochenes, »erfülltes« Verhältnis zwischen Individuum und Arbeit hin, das in der Realität nur sehr selten anzutreffen ist, und negiert die Austauschbarkeit des modernen Menschen im Arbeitsprozeß.

Die Frage-Prozedur selber gibt ausgiebig Gelegenheit für den *small talk* des Rateteams und des Quizmasters, wobei es zur mehr oder weniger bewußten Konvention der Sendung gehört, daß die Frager, prominente Persönlichkeiten, sozial höherstehend sind als die Befragten. Dadurch ergibt sich in »Was bin ich« eine Travestie auf das »Einstellungsgespräch« in der Wirtschaft, dem durch die allseitige Freundlichkeit die Spitze genommen wird. Die latent vorgetragene Herablassung des Rateteams gehört dabei ebenso zum Ritual wie die Beschützerfunktion, die der Quizmaster, Robert Lembke, einnimmt und die er durch die Anwesenheit eines »Maskottchens«, einem funktionslos sich langweilenden Foxterrier, noch verstärkt in die Richtung einer allgemeinen Menschlichkeit verschiebt. Wie sehr das Verhältnis zwischen Rateteam und »Kandidat« bestätigenden Charakter hat, erweist sich spätestens in jeder Sendung, wenn, wie es die Konstruktion der Serie vorschreibt, als letzter »Kandidat« ein Prominenter auftritt (vorwiegend aus dem *show-business*) und die Befragungsweise plötzlich von ironischer Herablassung in devote Apologie umschlägt. »Was bin ich« zeigt in völlig harmloser Weise, daß Klassenschranken zu Recht bestehen.

Die Serie, die in erster Linie durch planvolle Bescheidenheit, Zurückhaltung in den Dekors, aber auch durch höflich-distanzierte Umgangsformen gekennzeichnet ist, bei denen alle geplanten Zweideutigkeiten von Entschuldigungen und Beschwichtigungen begleitet sind, ist »ein vielhundertfach wiederholtes Ritual. Die fragenstellenden Partner kennen ihr Spiel und ihr Publikum seit Jahren. Natürlich sind auch sie ›nett‹, ›humorvoll‹ und ›vertrauenerweckend‹, Marianne Koch beispielsweise, die lust-lose Film-Liebhaberin. Oder die kluge Anette von Aretin, für Fernseher laut Infratest ›der Inbegriff einer Dame‹. Sie alle werden aber zeitweilig in den Schatten gestellt vom Staatsanwalt Hans Sachs aus Nürnberg. Der müßte unserer Justiz was wert sein: ein Staatsanwalt und so menschlich« (Klaus Behr).

Das erklärte Ziel der Serie, in Form eines Ratespiels »über interessante Berufe des täglichen Lebens zu berichten«, umfaßt auch eine Verharmlosung der tatsächlichen Arbeitssituation, denn die angesprochenen Berufe vertreten zumeist ein real nicht mehr zu erreichendes Ideal: den von persönlichen Vorlieben und Fertigkeiten bestimmten handwerklichen oder kunsthandwerklichen Beruf, bei dem es keinen die Arbeitsbedingungen diktierenden Chef gibt. Das mittelständische Ideal, das sich auch in den »ausgestorbenen« Berufen ausdrückt, deren Beschaulichkeit Erinnerungen an eine vorgestellte »gute, alte Zeit« weckt, ist ein Erbe der Nachkriegszeit mit ihrer Idolisierung der beruflichen Aufbauarbeit.

Anmerkung

Klaus Behr: Ein Quizmaster von Gottes Gnaden. In: »Konkret« Nr. 26. Hamburg 1971.

Literatur

Manfred Delling: Show, Quiz und Tiere. In: Ders.: Bonanza & Co. Reinbek 1976.

MAE WEST
in
"Every Day's a Holiday"
with
EDMUND LOWE
CHARLES BUTTERWORTH
CHARLES WINNINGER
WALTER CATLETT
LLOYD NOLAN
HERMAN BING
CHESTER CONKLIN
and LOUIS ARMSTRONG
Screen Play by Mae West
An EMANUEL COHEN Production
Directed by A. EDWARD SUTHERLAND
A Paramount Picture

Sex

1
Sexualität ist zugleich die »einfachste und natürlichste Sache der Welt« und das größte Problem unserer Kultur überhaupt. Denn so selbstverständlich die »Notwendigkeit« der Sexualität anerkannt wird, so sehr führt ihre unabdingbare gesellschaftliche Organisation, die in engem Zusammenhang mit politischer und ökonomischer Herrschaft steht, zu kulturellen Konflikten. Die Voraussetzung für die Organisation der Sexualität sind verbindliche Regeln, Verbote, Bedingungen, Verantwortlichkeiten etc., die über die Transmissionsriemen der Öffentlichkeit vermittelt werden und in allen Instanzen des gesellschaftlichen Lebens, von der Familie über den Bildungssektor bis hin zur Gesetzgebung, ihren Niederschlag finden. Die Legitimation solcher Regeln auf der ideellen Ebene leistet die Moral, sei sie nun religiös, völkisch-national (wie im Faschismus), »vernünftig« (wie im bürgerlichen Positivismus) oder auf der Grundlage psychologischer Erkenntnisse aufgebaut. Wer sich also mit Sexualität auseinandersetzt, muß sich gleichzeitig mit den moralischen Voraussetzungen, und daher mit politischen Fragen, beschäftigen.
Die öffentliche Bestimmung der moralischen *standards* einer Gesellschaft findet dabei auf mehreren, miteinander verknüpften Ebenen statt. Die augenscheinlichste und unserem liberalen Selbstverständnis verhaßteste Form der gesellschaftlichen Organisation von Sexualität ist der staatliche Eingriff, die Verordnung von Regeln durch den Gesetzgeber und die staatliche Zensur von Kunst und Unterhaltung. Die Reglementierung sexueller Ansprüche durch Verbote ist zumindest dort fragwürdig, wo sie über den Schutz der Persönlichkeitsrechte hinausgeht.
Die zweite Instanz für die Bestimmung moralischer Grundsätze bilden die »gesellschaftlichen Agenturen«, deren selbstgewählte Aufgabe es ist, über die Einhaltung moralischer Gebote zu wachen. Dabei sind die Kirchen an hervorragender Stelle zu nennen, die auf dem Gebiet der »Sexualethik« eine immer noch fast monopolhafte Stellung innehaben. Daneben sind es vor allem die Bildungseinrichtungen, vom Kindergarten über die Schulen bis hin zur Lehre an den Universitäten, die das moralische Weltbild prägen. Schließlich bilden sich von Zeit zu Zeit Verbände oder andere Vereinigungen, die mit den verschiedensten Mitteln versuchen, moralische Wertvorstellungen als allgemein verbindlich durchzusetzen (man denke nur an die seinerzeit beängstigende Macht der amerikanischen

Mae West auf einem zeitgenössischen Filmplakat

Frauenverbände, deren militanter Konservativismus zuweilen sogar die Entscheidungen von Politikern beeinflußt hat, oder an die freilich nicht ganz so ernst zu nehmenden Versuche des deutschen »Volkswartbundes«, indirekte Formen der Zensur einzuführen). Auf der anderen Seite gibt es auch Versuche der Selbstorganisation von sexuellen Minderheiten, und politische Gruppierungen nehmen den Kampf gegen die Unterdrückung der Sexualität in ihr Programm auf. Auf dieser Ebene vollzieht sich der »Kulturkampf« um die Sexualität als die Beantwortung von Machtfragen.
Die dritte und oft unterschätzte Form der Vermittlung von sexualmoralischen Wertvorstellungen geschieht über die Wirkung der Massenmedien, und hier besonders über die Unterhaltung. Das Spektrum reicht dabei über die repressiven Aussagen von Schlagertexten und bestimmten Formen der Heftromane bis zur von Zensur bedrohten Pornographie.
Das Identifikationsangebot der Unterhaltung ist soweit aufgefächert, daß die verschiedensten moralischen Systeme abgedeckt werden und die verschiedensten Bedürfnisse Bestätigung erfahren. Denn in der Tat läßt sich in den hochentwickelten Industriestaaten des Westens eine verbindliche, öffentliche Sexualmoral nicht mehr ausmachen; die Gesellschaft ist vielmehr aufgespalten in verschiedene Subkulturen, in denen jeweils andere, oft zueinander vollkommen konträre moralische Auffassungen bestehen. Von daher ist die Unsicherheit zu verstehen, die die Diskussion der Sexualität beherrscht.
Die Aufspaltung in verschiedene moralische Systeme, die nebeneinander und gegeneinander konkurrierend existieren, ist vor allem deswegen einigermaßen schwer aufzuschlüsseln, weil es zwei verschiedene Kriterien sind, die entscheidend auf die Bildung einer sexualmoralischen Einstellung einwirken:
Als vertikale Koordinate läßt sich die ökonomische Situation anlegen; es sind die Verhältnisse am Arbeitsplatz und der zur Verfügung stehende Freiraum in der Privatsphäre, die das Verhältnis zur eigenen Sexualität und die Einstellung zur »offenen« Darstellung und Diskussion sexueller Themen prägen. Da Sexualität und Erotik den ganzen Menschen erfordern (was von der Unterhaltung zumeist unterschlagen wird), schlägt sich die Prägung durch die alltägliche Erfahrung (Entfremdung durch isolierte, asinnliche Arbeit, Existenzangst, »Stress«, restriktive Familienstruktur etc.) auch in seinen Beziehungen zu anderen Menschen (die allgemeinste Definition von Erotik) und in seiner Genußfähigkeit nieder. Die Dimension des Glücks in der Sexualität erscheint erst dann, wenn das Individuum über einen gewissen Grad an Autonomie verfügt, seine Bedürfnisse zu erkennen und zu erfüllen und die Bedürfnisse seiner Partner aufzunehmen. (Es ist in diesem Zusammenhang aufschlußreich, daß die Unterhaltung selbst und gerade da, wo sie am deutlichsten auf sexuelle Handlungen Bezug nimmt, Sexualität primär als zwanghaft schildert.) Die autonome

Verwirklichung individueller erotischer Bedürfnisse ist unter den herrschenden Bedingungen nur einer kleinen Minderheit möglich.
Der Mensch erlaubt sich also immer soviel an Erotik, wie er sich (in mehrfacher Hinsicht) »leisten« kann. Nach den Bedingungen der Arbeit wird sich bei jedem Menschen eine eigene Definition der Erotik herausbilden, die es ihm erlaubt, seine sexuelle Realität zu legitimieren, seine Versagungen zu kompensieren und seine Ansprüche zu organisieren. Unter dem Primat ökonomischer Zwänge wird die Sexualität selbst zu einem ökonomischen Problem. Jedes moralische Wertsystem ist in diesem Zusammenhang so gut, wie es persönlich praktikabel und in der eigenen Umwelt realisierbar und mitteilbar ist.
Als zweite, horizontale Koordinate zur Bestimmung des sexualmoralischen Standortes ist die Veränderung der Moral im Wechsel der Generationen zu nennen. Dabei ist die Veränderung der sexuellen Moral stringenter als die Veränderung des sexuellen Verhaltens. (Eine Form des sexuellen Verhaltens kann durch sehr verschiedene moralische Systeme legitimiert werden.) In den verschiedenen jugendlichen Subkulturen sind gegenüber den »Erwachsenen« vor allem die Kommunikationsformen und die erotische Symbolik in Kleidung, Gestik und bevorzugter Unterhaltung verschoben; die Konflikte, die sich aus dem Zusammenprall erotischer Bedürfnisse und tradierter Normen ergeben, werden in jeweils anderen erotischen Mythen ausgedrückt. Nur selten haben die jugendlichen Subkulturen mehr als episodischen Charakter und können deshalb kaum eine anhaltende Veränderung moralischer Normen bewirken. Die Pluralität der moralischen Systeme findet dort ihre Grenzen, wo der entstehende Kulturkonflikt reale politische Veränderungen heraufbeschwören kann und in den Medien nicht mehr aufgefangen wird. »Je radikaler eine subkulturale Moral das offizielle kulturale Erbe, die tradierten Werte, Normen und Ziele der menschlichen Geschlechtlichkeit in Frage stellt oder gar verwirft, je stärker die subkulturale Akzentuierung auf der Veränderung der überkommenen Ordnung liegt und je größer der Radius der Öffentlichkeit ist, um so intensiver und weittragender ist der dadurch ausgelöste kulturale Konflikt, und um so rigideren Kontrollen ist jene Subkultur ausgesetzt« (Ingrid Kroner).
Die Zugehörigkeit zu einer durch ökonomische und soziale Bedingungen definierten Schicht einerseits und einer altersmäßig bedingten Subkultur andrerseits entscheidet darüber, welche moralischen Systeme von den Menschen als die »ihren« anerkannt werden. Dabei muß allerdings das Individuum mit »seiner« Moral durchaus nicht konfliktfrei leben; entscheidend ist, daß diese Moral als einigermaßen verläßliche Grundlage für die Gestaltung des Lebens angesehen werden kann.
Aufklärung, also der Versuch, über die Theorie moralische Werte zu verändern, kann nach dem, was hier skizziert wurde, kaum allzu große

Wirkung zeitigen, wenn sie sich auf die Entmythologisierung sexueller Tabus allein beschränkt. Anders ausgedrückt: Verkürzung der Arbeitszeit, Minderung des Leistungsdrucks, Auflösung stressfördernder Arbeitsbedingungen etc. sind ein weit gewichtigerer Beitrag zur sexuellen Befreiung als alles, was die theoretische Erörterung zu leisten vermag. Denn die Angst, der Todfeind des Eros, wird uns viel weniger durch die Prediger der Moral vermittelt als durch die Bedingungen unseres alltäglichen Lebens. Und so wenig uns die Unterhaltung die Angst vor dem Leben nehmen kann (und will), so wenig kann uns die erotische Unterhaltung die Angst vor der Sexualität nehmen, die eine konstante Rolle in unserem Herrschaftssystem spielt.

2

Unterhaltung ist ein System von Abbildungen, in denen Widersprüchliches als harmonische, logische Einheit erscheint. Sollen Bedeutung und Funktion einer bestimmten Form der Unterhaltung analysiert werden, müssen vor allem drei Fragen beantwortet werden: Was wird abgebildet? Wie wird abgebildet? Welches ist der Grundwiderspruch, der durch die Abbildung »aufgelöst« werden soll?

Was die erotische Unterhaltung anbelangt, so scheint die Frage nach dem, was abgebildet wird, zunächst sehr einfach zu sein. Es ist die menschliche Sexualität, soweit sie den Körper betrifft. (Für den seelischen Aspekt der Erotik ist in der Unterhaltung das Genre der Romanze zuständig. Aufschlußreich ist, daß sich die erotische Unterhaltung vorwiegend an Männer, die Romanze in der Hauptsache an Frauen richtet. Hier machen sich erst in jüngster Zeit tendenzielle Veränderungen bemerkbar.)

Die Skala der erotischen Unterhaltung reicht von der einladenden Pose des Pin-up-girls bis hin zur »harten« Pornographie, der naturalistischen Schilderung von sexuellen Perversionen oder von dem, was jeweils dafür gehalten wird. Allen Formen der erotischen Unterhaltung gemeinsam ist die Dramatisierung des Körpers und seine Ästhetisierung.

Doch was da abgebildet wird, der »reine« Sex, ist selber schon eine Projektion, nämlich die Reduktion der Sexualität auf ihre sichtbaren, sinnlich präsenten Komponenten. (Auch die literarische Form der Pornographie versucht ja kaum, ins Seelenleben der Protagonisten vorzudringen, sondern liefert vor allem Bilder.) Diese Abstraktion der Sexualität, die in der Wirklichkeit kaum jemandem möglich ist, beinhaltet neben einer erotischen Anregung auch einen Ansatz zu einer Problem-Lösung: Indem die Sexualität aus dem Zusammenhang von Gefühlen, Erfahrungen und Vorstellungen herausgenommen wird, lassen sich die Konflikte, die sich in der Sexualität entwickeln oder in ihr zum Ausdruck kommen, weitgehend ausklammern. Sexualität in der erotischen Unterhaltung er-

scheint als Ausdruck der Beherrschung des Körpers (hier treffen sich »Ideologie« und Produktionsbedingungen des Genres) und nähert sich in seinem rituellen Charakter gewissermaßen dem Sport an.
Ist in der Wirklichkeit die Sexualität ein Medium des Menschen, so in der Abbildung durch die erotische Unterhaltung der Mensch ein Medium der Sexualität. Dies folgt schon daraus, daß die mit der Sexualität verbundenen Gefühle und Empfindungen kaum anders dargestellt werden können, als daß man sie im Konsumenten erzeugt. Das erotische Schauspiel soll das Publikum nicht unbeteiligt lassen, gleichwohl dürfen die Protagonisten selber nicht zum Triebziel des Publikums werden. Dieser Widerspruch der erotischen Unterhaltung, als Katalysator eines Sexualisierungsprozesses zu dienen und gleichzeitig eine Abstraktion zu bewirken, die den Weg zum individuellen Partner erschwert, verstärkt ihre Funktion als Surrogat und verhindert emanzipatorische Folgerungen.
Abgebildet wird in der erotischen Unterhaltung also Sexualität in körperlichen Reaktionen, die einen bestimmten »Schauwert« haben und deren Allgemeinheit es dem Konsumenten gestattet, eigene individuelle Phantasien in den Rahmen des erotischen Schauspiels einzubringen. Wenn in der erotischen Unterhaltung der epische Zusammenhalt oder die Zeichnung der Protagonisten als Individuen so vernachlässigt werden, so deswegen, weil Raum geschaffen wird für die Phantasietätigkeit des Publikums. Die »Erniedrigung des Menschen zur seelenlosen Sex-Maschine«, wie sie von Kritikern der erotischen Unterhaltung beklagt wird, ist also die Voraussetzung für ihr Funktionieren: die erotische Phantasie auf seiten des Publikums und die Zurückhaltung auf seiten der Produzenten bedingen einander und gehören zur Konvention des Genres. Nur die Seelenlosigkeit der Protagonisten erlaubt es dem Konsumenten, die eigene Psyche zu bewahren, seine Gefühlswelt nicht zu belasten, kurz: sich zu unterhalten.
Von diesen Voraussetzungen her ergeben sich für die erotische Unterhaltung bereits einige Regeln für das *Wie* der Abbildung. Sie erfolgt unter dem Gebot der Überdeutlichkeit, sowohl was den Ausdruck oder die Handlungen der Protagonisten, als auch was die erzählerische Perpektive anbelangt. Erotik wird gleichsam in Anführungszeichen gesetzt und zelebriert als ein Schauspiel, das sich viel weniger an den jeweiligen Partner als an den Zuschauer oder Leser richtet.
Die Verallgemeinerung wie die Ästhetisierung der Sexualität in der erotischen Unterhaltung verlangt nach ganz bestimmten Erscheinungsweisen der Darsteller. Je pornographischer der Inhalt, desto stärker tendiert die Zeichnung der Charaktere zu einer vollständigen Eigenschaftslosigkeit. Basiert der Sex-Appeal etwa eines Stars des Hollywoodfilms darauf, daß sich in ihm die widersprüchlichsten erotischen Aspekte vereinen, so ist der »Star« des pornographischen Films von einer durchschnittlichen »Hübschheit«, die den Gedanken an eine Konfrontation mit einem Indi-

viduum nicht aufkommen lassen. Beide Konstellationen entfernen, mit freilich sehr verschiedenen Mitteln, das Medium der erotischen Unterhaltung (hier: den Schauspieler) von der Wirklichkeit.
Die Überdeutlichkeit in der Abbildung der Sexualität beinhaltet auch die von jeder Form der Unterhaltung vorgenommene Übertreibung, Überspitzung und Verzerrung. Wo der psychische Erfahrungsschatz ausgeklammert ist, kann als Kriterium nur noch der gleichsam fetischistische Einsatz des erotischen Details übrigbleiben, will sich ein Produkt der erotischen Unterhaltung vom anderen unterscheiden. Dieser Hang zur Verabsolutierung sexueller Einzelheiten beginnt bei den veröffentlichten »Maßen« von Schönheitsköniginnen und Starlets und endet bei der quantitativen Auflistung sexueller Akte in den Katalogen der Produzenten von pornographischen Filmen. Die Projektion einer (in der Abbildung auch nur sehr vage darstellbaren) Qualität auf die Ebene der Quantität hat ihr visuelles Pendant in der Betonung von Einzelheiten. Der pornographische Film ist um eine Folge von Nahaufnahmen zentriert; er vermittelt nichts von der Gesamtheit und der Einheit sexueller Prozesse, sondern zerlegt sie in kleinste, überproportionierte Detailzeichnungen. Ähnliches gilt für die literarische Pornographie.
Die Abbildungsform der erotischen Unterhaltung setzt sich zusammen aus der Eliminierung all dessen, was an kulturellen, psychischen und moralischen Elementen vor allem retardierender Natur in die Sexualität des Menschen eingewoben ist, und der Überbetonung quantifizierbarer sexueller Leistungsbeweise. Der Sexualisierungsprozeß der Protagonisten in der erotischen Unterhaltung bleibt ebenfalls ausgeklammert, weil er zum einen ein wesentlich individuellerer Vorgang ist als die eigentliche sexuelle Betätigung und weil er zum anderen immer mit mehr als »reiner« Sexualität zu tun hat. Der eigenen Entstehungsgeschichte beraubt erscheint Sexualität primär als zwanghafte Handlung, und paradoxer Weise ist diese Zwanghaftigkeit wiederum die Legitimation der Sexualität: Die erotische Unterhaltung schildert die Sexualität als konstante, »natürliche« Triebkraft, deren vollkommene Eigengesetzlichkeit eine Vermischung mit anderen Motiven und Erfahrungen nicht gestattet. Der Vielfalt der Formen erotischer Handlungen steht in diesem Genre eine völlige Eindimensionalität der Funktion der Sexualität gegenüber: Sie ist nicht veränderbar noch vermag sie zu verändern. Sie ist Mittel und Zweck, Ausgangspunkt und Ziel zugleich. Sie ist unabhängig von Person, Charakter und »Geschichte« der Individuen. Und sie ist »eine Kunst«, was soviel heißt, daß sich die Menschen gegenseitig zum Instrument werden.
Mit dieser Idealisierung der Sexualität transportiert die erotische Unterhaltung eine für ihre Wirkung als Stimulans oder Ersatz unerläßliche Botschaft: Sexualität ist, wenn man ihre Natürlichkeit einmal anerkannt hat, eine vollkommen unkomplizierte Sache. Weil sie außerhalb und unab-

hängig von der gesellschaftlichen und historischen Realität vollzogen wird, existiert sie in einem konfliktfreien Raum. Damit erhebt die erotische Unterhaltung, zumindest in ihrer pornographischen Form, ihre eigene Funktion zur »Ideologie«. Die Ausgrenzung der Sexualität aus dem Gesamtbereich menschlicher Erfahrungen bewirkt ihre Denaturierung zu einem »Freizeitvergnügen«.
Der Grundwiderspruch, von dem anfangs die Rede war und der scheinhaft in der erotischen Unterhaltung aufgelöst wird, ist die Tatsache, daß Sexualität zugleich ein »biologisches« und ein kulturelles Problem ist, in dem sich die Bedingungen der gesamten Lebenspraxis wiederfinden. Sexuelle Bedürfnisse lassen sich nicht einmal bestimmen, geschweige denn befriedigen, unter Bedingungen, die eine Veränderung des Alltagslebens nicht zulassen. Die erotische Unterhaltung liefert die Fiktion, die »natürlichste Sache der Welt« sei verfügbar wie das Warenangebot und ebenso konsumierbar.

3

Die erotische Unterhaltung, insbesondere die Pornographie, als *ein* Genre der Unterhaltungsindustrie unter vielen, als (Ersatz-) Lösung für *ein* Problem unter vielen, als Vermarktung *eines* kulturellen Konfliktes unter vielen zu sehen, fiel und fällt den meisten Kritikern noch schwer. Sowohl in positiver Hinsicht (im Sinne einer Befreiung des Sexus) als auch in negativer Hinsicht (im Sinne einer Verrohung der erotischen Sitten und einer weiteren Entfremdung) wurde der Einfluß der erotischen Unterhaltung auf das Verhalten der Konsumenten weitgehend überschätzt. Das bedeutet natürlich nicht, daß bestimmte unerfreuliche Tendenzen im Geschäft mit der Pornographie, etwa die zunehmende Verbindung von Sexualität und Gewalt, der latente Rassismus in Filmen wie »Mandingo« oder der wirkliche Betrug des Publikums kritiklos hingenommen werden sollten; und es ist alarmierend, wenn in Amerika ein pornographischer Film einen tatsächlichen Sexualmord zeigt und diese Sensation der Boulevardpresse mehr Material liefert als alle politischen Ereignisse derselben Zeit zusammen. Mit dem wissenschaftlichen Beleg der Harmlosigkeit der »normalen« Pornographie sind auch keineswegs Überlegungen überflüssig, die sich auf die Wirkung von sexuellen Darstellungen auf Jugendliche beziehen, so wenig wie dies bei den Gewaltdarstellungen der Fall ist. Aber die Legitimität erotischer Unterhaltung kann isoliert so wenig in Frage gestellt werden wie die Legitimität von Unterhaltung dort, wo nach einem Wort von Oswald Wiener die Ersatzbefriedigung immer noch besser ist als gar keine Befriedigung.
Das Problem, welches die gesellschaftlichen Instanzen mit der erotischen Unterhaltung haben, ist in erster Linie das der mangelnden Unterschei-

dung von Fiktion und Realität, und die Befürchtung, die bei den gesellschaftlichen Bemühungen um eine Zurückdämmung der Flut von Pornographie im Hintergrund steht, ist die, daß die anarchische Kraft der Sexualität andere als die privaten Lebensbereiche erfaßt. Die relative Freizügigkeit beim »Gestatten« von erotischer Unterhaltung gründet sich nicht zuletzt auf die Erkenntnis, daß bei den meisten der bekannten Formen erotischer Unterhaltung die Verknüpfung von erotischer mit politischer Rebellion eher verhindert als gefördert wird. Die *permissiveness* (Freizügigkeit) unserer Gesellschaften ist dabei in hohem Grade von der ökonomischen Situation abhängig: Je mehr eine Gesellschaft Konsumgüter im Überfluß produziert und daher die Konsumbereitschaft auch mit erotischen Mitteln fördern muß, desto höher ist auch die Bereitschaft, erotische Unterhaltung zuzulassen. Wirtschaftliche Krisen hingegen lassen diejenigen Kräfte erstarken, die eine stärkere Zensur und die Bindung der Energie an die Verdrängung sexueller Triebkräfte zugunsten ökonomischer Aufbauleistungen und der Arbeitsdisziplin fordern. Die *permissive society* (erlaubende Gesellschaft) erlaubt an erotischer Unterhaltung soviel, wie sie sich von ihrer Struktur her selbst »erlauben« kann. Das heißt: die Freizügigkeit, die unsere Gesellschaften auf dem Gebiet der öffentlichen Diskussion der Sexualität und der erotischen Unterhaltung gewähren, ist gewissermaßen eine Freiheit auf Zeit, die jederzeit widerrufen werden kann (ein Beispiel dafür ist etwa das Erstarken der Zensur in den amerikanischen Staaten des Südens zur Zeit der Rezession). Diese Tatsache kommt auch in einer juristischen Unsicherheit zum Ausdruck, die in manchen Bereichen zu fast willkürlichen Verboten oder Freigaben von Produkten der erotischen Unterhaltung führt. Besonders grotesk werden solche Rechtsprobleme in jenen Fällen, wo die Darstellung von sexuellen Situationen in Zusammenhang mit dem »Kunstvorbehalt« erörtert werden. In der Bundesrepublik Deutschland trägt auch eine spürbare regionale Unterschiedlichkeit in der Beurteilung »pornographischer« Werke dazu bei, daß sich auf dem Gebiet der erotischen Unterhaltung eine Form des »grauen Marktes« etabliert, auf dem die Formen des Angebots ständig wechseln. Diese Situation erhöht zwar in einigen Bereichen den »Reiz des Verbotenen« und steigert daher die Nachfrage, sie verhindert auf der anderen Seite aber eine unverkrampfte Einstellung in der öffentlichen Diskussion und eine sinnvolle Eingliederung nicht nur der sexuellen Aufklärung, sondern auch der erotischen Unterhaltung in ein pädagogisches Konzept.

Anmerkungen

Ingrid Kroner: Genitale Lust im Kulturkonflikt. Eine Untersuchung am Beispiel der St. Pauli Nachrichten. Tübingen 1974. Oswald Wiener: Der Geist der Super-Helden. In: Hans Dieter Zimmermann (Hg.): Vom Geist der Superhelden. Comic Strips. Berlin 1970

Literatur

Theodor W. Adorno: Sexualtabus und Recht heute. In: Eingriffe. Neun kritische Modelle. Frankfurt

1968. Günter Amendt: Sexfront. Frankfurt 1970. Harry M. Clor: Obscenity and public morality. Chicago 1969. Lo Duca: Histoire de l'Erotisme. Paris 1960. Peter Gorsen: Sexualästhetik. Zur bürgerlichen Rezeption von Obszönität und Pornographie. Reinbek 1972. Anton-Andreas Guha: Sexualität und Pornographie. Die organisierte Entmündigung. Frankfurt 1971. Richard Huber: Sexualität und Bewußtsein. Frankfurt 1971. Abram Kardiner: Sex and Morality. New York 1954. Phyllis und Eberhard Kronhausen: Erotische Fantasien. Die erotische Literatur im Licht der modernen Sexualpsychologie. München 1972. Herbert Marcuse: Triebstruktur und Gesellschaft. Frankfurt 1970. William H. Masters/Virginia E. Johnson: Die sexuelle Reaktion. Reinbek 1970. Wilhelm Reich: Die sexuelle Revolution. Frankfurt 1969. Ira L. Reiss: Freizügigkeit Doppelmoral Enthaltsamkeit. Reinbek 1970. Helmut Schelsky: Soziologie der Sexualität. Über die Beziehungen zwischen Geschlecht, Moral und Gesellschaft. Hamburg 1968. Berl Kutschinsky: Pornographie und Sexualverbrechen. Das Beispiel Dänemark. Köln 1971.

Aufklärung

Im geschichtlich-philosophischen Sinne versteht man unter Aufklärung einen Prozeß, der sich durch die gesamte Neuzeit zieht und noch längst nicht abgeschlossen ist, nämlich den Versuch, durch die Vermittlung von Wissen den Menschen zum »Herrn und Eigentümer« (Descartes) der und insbesondere seiner eigenen Natur zu machen und ihn am Ende aus der »Unmündigkeit« zu befreien. Immer schon hat sich, mit merklichen Akzentverschiebungen, dieser Wille zur Befreiung auch auf das Gebiet der Sexualität bezogen. Dies bedeutet, daß »die menschliche Sexualität in den Griff der Rationalität geriet« (Georg Scherer). Die Tatsache, daß sich verschiedene Zweige der Wissenschaften (Medizin, Völkerkunde, Soziologie, Psychologie, Statistik, Biologie etc.) mit den unterschiedlichsten Aspekten der Sexualität beschäftigen, ist für sich allein genommen noch kein Beleg für die Befreiung der Sexualität, ja, es scheint, als habe die Verwissenschaftlichung der Diskussion um die Sexualität und die Moral und der damit verbundene Verlust an »Unschuld« neue Formen der Entfremdung heraufbeschworen, ohne daß die alten Formen der Unterdrükkung der Sexualität aufgehoben sind.

Um den Anspruch, den Menschen zum »Herrn und Eigentümer« seiner Sexualität zu machen, verwirklichen zu können, bedarf es der Popularisierung der wissenschaftlichen Erkenntnisse, und spätestens hier gerät die Aufklärung in ein Feld der verschiedensten Interessen, Machtansprüche und Traditionen, in dem die ursprünglichen Aussagen deformiert oder sogar in ihr Gegenteil verkehrt werden können. Was uns die Massenmedien und die Unterhaltung als »Aufklärung« anbieten, ist in den seltensten Fällen identisch mit den Intentionen der Wissenschaft, denn der mün-

Der italienische Aufklärungsfilm »L'amore questo sconosciuto«, der in der Bundesrepublik unter dem Titel »Perfektion der Liebe« zu sehen war Verleih: Avis

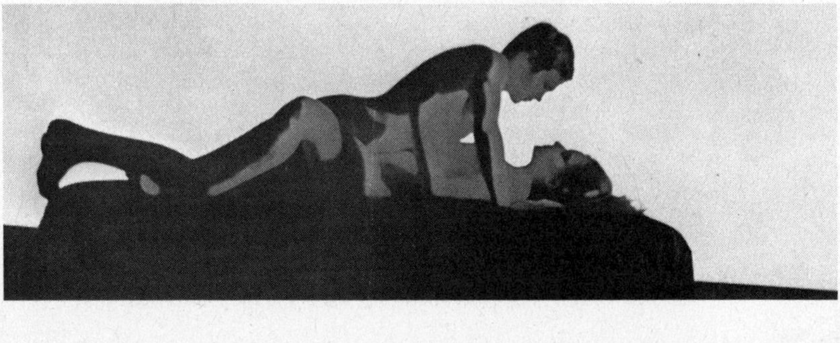

Der fünfte von Oswalt Kolles Aufklärungsfilmen: »Dein Mann das unbekannte Wesen«
Verleih: Filmzentrum

dige Mensch kann nur sehr bedingt das Ziel der Unterhaltungsmedien sein. Unter den Händen der Unterhaltungsindustrie verkommt die Aufklärung allzu leicht zum Alibi für das Angebot eines unverbindlichen Voyeurismus, der eben jene tendenziell emanzipatorischen Ansätze überlagert, denen sie die Entstehung und die gelegentliche Schützenhilfe von Wissenschaftlern und fortschrittlicher Intelligenz verdankt.

Trotz der rapiden Vermarktung der Aufklärung in der Presse, dem Kino und der populären Literatur, ist doch nicht auszuschließen, daß die populäre Darstellung der Erotik in den Medien einen wenn auch vielleicht bescheidenen Beitrag zur Liberalisierung der Moral und zu einem unverkrampfteren Verhältnis zur Sexualität leisten kann. Vergleicht man etwa die pädagogischen »Aufklärungsbücher« der fünfziger Jahre mit den Illustrierten-Serien eines Oswalt Kolle, so kann man mit Vorbehalten von einem Fortschritt sprechen. (Ein Beispiel für die repressive und an politischen Leitbildern des »Kalten Krieges« orientierte Moral dieser »Aufklärungsbücher«: Die Autoren Christa Meves und Joachim Illies behaupten in ihrem Buch »Lieben, was ist das?«, daß politische Gefangene in Rotchina mittels Pornographie gefoltert würden und »im Ansturm solcher massivster Obszönitäten völlig zusammenbrechen«.)

Der sexuellen Aufklärung, die sich zur »Sexwelle« auswuchs, bemächtigten sich in erster Linie jene Medien, die aus verschiedenen Gründen Mitte der sechziger Jahre

in eine Absatzkrise geraten waren: die Illustrierten (vgl. *Heimat und Familie*), die Boulevard-Presse und der Film. Nach und nach fanden dann auch das Fernsehen und der Rundfunk zu einer freieren Sprache auf dem Gebiet der Erotik. (In Amerika gibt es Rundfunksendungen, in denen Fragen sexueller Natur beantwortet werden wie hierzulande Verbraucherfragen.)
Gleichsam eine Symbolfigur der sexuellen Aufklärung in den Massenmedien wurde Oswalt Kolle, der in zahlreichen Illustrierten-Serien versuchte, wie er selbst es ausdrückte, »wissenschaftliche Erkenntnisse so präzise wie möglich für die breite Masse zu übersetzen«. Diese Serien (Titel etwa: »Das Wunder der Liebe«, »Sexualität '70« oder »Deine Frau, das unbekannte Wesen«), die später auch in Buchform publiziert wurden, hatten vor allem den positiven Effekt, daß Sexuelles auf Begriffe gebracht, beim Namen genannt wurde. Diese schrittweise verbale Liberalisierung, begleitet von zunehmender optischer Freizügigkeit, wurde in den Illustrierten nach und nach wieder neutralisiert, indem man, dem Gesetz der Steigerung in diesem Medium folgend, immer sensationellere Darstellungen lieferte und, nachdem die »normale« Sexualität abgedeckt war, zu den pathologischen Sonderfällen überging. Das sogenannte Kinsey-Syndrom, demzufolge Schuld- und Schamgefühle beim einzelnen abgebaut werden, wenn er die Erfahrung macht, bzw. darüber informiert wird, daß auch die anderen Menschen als sexuelle Wesen zu begreifen sind, wurde ins Gegenteil verkehrt; denn was sich als Aufklärung gab, entfernte sich immer weiter von der Wirklichkeit. Betrachtet man nur einmal die von Günther Hunold initiierten »Schulmädchenreports« und ihre (praktisch nicht vorhandene) Beziehung zur Realität, so wird deutlich, daß hier der Boden für neue Vorurteile und Repression bereitet wurde. Als die Aufklärungswelle auch das Kino erfaßt hatte (→ Sexfilm), die »Report«-Filme zeitweilig das größte Kontingent der bundesdeutschen Filmproduktion ausmachten, war die Aufklärung vollends zum »Massenbetrug« (Max Horkheimer) degeneriert.

Anmerkungen

Georg Scherer: Anthropologische Aspekte der Sexwelle. Essen 1970. Bernd Michels: Nackt und bei Licht. Bernd Michels sprach mit Oswalt Kolle. In: »Konkret« Nr. 8. Hamburg 1970. Max Horkheimer (zus. mit Theodor W. Adorno): Dialektik der Aufklärung. Amsterdam 1947.

Literatur

Günter Amendt: Sexfront. Frankfurt 1970. Alex Comfort: Der aufgeklärte Eros. Plädoyer für eine menschenfreundliche Moral. Reinbek 1969. Doris von Freyberg/Thomas von Freyberg: Zur Kritik der Sexualerziehung. Frankfurt 1971. Helmut Kentler: Für eine Revision der Sexualpädagogik. München 1970. Herbert Marcuse: Triebstruktur und Gesellschaft. Frankfurt 1965. Günter Speicher: Die großen Tabus. Macht und Ohnmacht der Moral. Düsseldorf/Wien 1969.

Bardot

Brigitte Bardot, geb. 1934, französische Schauspielerin. Nach einer kurzen Karriere als Foto-Modell und einer Reihe von unbedeutenden Film-Rollen wurde sie vor allem als Schauspielerin in melodramatisch-erotischen Filmen wie »Futures vedettes« (Reif auf junge Blüten – 1955) oder »La lumière d'en face« (Gier nach Liebe – 1955) bekannt. Der routinierte Regisseur Marc Allégret verstand es, in »En effeuillant la Marguérite« (Das Gänseblümchen wird entblättert – 1956) den Typ der Bardot zu einem Symbol der weiblichen Selbstbestimmung zu entwickeln. Brigitte Bardot spielte hier ein junges Mädchen aus gutem Hause, das ausreißt und sich durch ihre Entkleidungskünste in Paris einen Namen macht.
Zu einem Mythos wurde Brigitte Bardot erst durch die Filme, bei denen Roger Vadim (Roger Vadim Plemianikoff) Regie führte, ihr eigentlicher Entdecker, Mentor und zeitweiliger Ehemann. »Et dieu créa la femme« (... und immer lockt das Weib – 1956) zeigte sie als ein Mädchen »von

Brigitte Bardot in »Don Juan '73« von Roger Vadim

aparter und unwillkürlich aufreizender Schönheit, aber auch von einer triebhaften Liebesbesessenheit« (Konrad Karkosch), das sich dem Besitzanspruch der Männer entzieht. Diese Figur war keineswegs neu in der französischen Literatur und im Film; eine ganz ähnliche Einstellung verkörperte eine Generation vorher Arletty (etwa in »Les enfants du paradis«; vgl. *Romanze*). Im Gegensatz dazu aber war in »Et dieu créa la femme« die Promiskuität keine Folge eines unsteten Künstlerlebens oder des Bohème-Milieus, und die erotischen Verstrickungen waren auch nicht eingekleidet in Tristesse, Poesie und melancholischen Weltschmerz. Die Darstellung von Brigitte Bardot blieb, bei aller erotischen Ausstrahlung, die eines Bürgermädchens, das wesentlich handfestere Dinge im Kopf hat als Kunst. Überdies war Brigitte Bardot durch ihre Jugendlichkeit, ihren berühmten Schmollmund und die scheinbar naive Direktheit ihrer Aktionen etwas Lolitahaftes zu eigen. Dies war nicht nur ein Element in ihrer Beziehung zu Männern, sondern auch die Betonung des jugendlichen Anspruchs auf Erotik. Paradoxerweise war Brigitte Bardot zu dieser Zeit ein Teenager-Star (was man etwa an der Jugend-Presse ablesen kann), obwohl es den Teenagern verboten war, ihre Filme zu sehen.

Das Besondere an Roger Vadims Film und damit am beginnenden Mythos B. B. war »nicht die Geschichte vom sinnlichen Waisenkind, das unter der Sonne der Côte d'Azur die Männer, vom gesetzten Yachtbesitzer bis zum jungen Werftarbeiter, in Rage versetzt, sondern die Szenen, in denen B. B. durch einfache Gesten, durch einen Tanz oder eine paroxystische Kuß-Szene ihre Lebens- und Liebeslust unverhüllt mitteilt« (Enno Patalas). Gleichsam als Markenzeichen eines Bardot-Filmes galt in der Folgezeit eine Entkleidungsszene an zentraler Stelle; die Initialen B. B. waren, eine Zeitlang zumindest, ein Synonym für Sex-Appeal. Die Filme aber, in denen Brigitte Bardot auftrat, konnten zumeist nicht halten, was der Mythos versprach. Und so war das »Privatleben« der Bardot und das, was die Boulevard-Presse daraus machte, bald für den Mythos Brigitte Bardot mehr konstituierend als ihre Filme.

Nur noch der zweite Bardot-Film von Roger Vadim, »Le repos du guerrier« (Das Ruhekissen – 1962), nahm geringfügige Korrekturen an dem einmal in die Welt gesetzten Bild Brigitte Bardot vor. B. B. wird hier als bürgerliches Mädchen geschildert, das einen ehemaligen Résistance-Helden liebt. Dieser aber kann ihre vollkommene Hingabe, ihre Bereitschaft, sich für ihn zu opfern, nicht akzeptieren, und versucht, sie durch demütigende Handlungen und die Hinwendung zu Prostituierten zu einer anderen, weniger ideellen Form der Liebe zu bewegen. Am Ende verläßt das Mädchen den Mann; das »Duell zweier Masochisten« (Raymond Durgnat) entscheidet sich zugunsten der »gesünderen« (Durgnat) Frau, die mit der Befreiung auch emotionale Bindungen wie Eifersucht, Besitzanspruch etc. ablegt. Im Mythos Brigitte Bardot sind die Gefühle, die der erotischen Selbstbestimmung hinderlich sind, negiert, oder sie werden durch einen Reifungsprozeß abgebaut. Der eine, eher zerquälte Aspekt findet sich vor allem in den Filmen: das »reif werden durch Leiden«. Der andere, eher leichte, oft fast verspielte Aspekt des Mythos nimmt vor allem in der öffentlichen Figur B. B. Gestalt an: die Übernahme eines bis dahin den Männern vorbehaltenen Verhaltens, des erotischen Konsumierens, der Promiskuität als ständige Flucht vor dem Gefängnis der Liebe.

Von den Hollywood-Stars ist Brigitte Bardot in mehrfacher Hinsicht unterschieden. Einmal ist ihr Ruhm nicht auf den sozialen Aufstieg begründet (→ Star, → Marilyn Monroe); sie ist im Gegenteil immer die Tochter aus begütertem Hause geblieben. Existenznot, das Bewußtsein, ums Überleben kämpfen zu müssen, ist ihr fremd. Sie ist daher ein Star ohne Hintergrund, vollkommen identisch mit ihrer Rolle, ohne daß dahinter etwas verborgen liegen könnte, wie bei vielen Hollywood-Stars. »Sie ist ohne Erinnerung, ohne Vergangenheit, und sie findet dank dieser Unwissenheit die vollkommene Unschuld wieder, die man in mythischem Glauben der Kindheit zuschreibt« (Simone de Beauvoir). Zum anderen ist sie von den Sex-Stars Hollywoods durch ihre absolute Präsenz unterschieden. Parker Tyler vergleicht sie mit → Mae West: »B. B. war ein Symbol, das nichts als das Leben meinte; Mae war das Leben, das nur ein Symbol war.« Und schließlich läßt sich dieser sehr kontinentale Mythos kaum ironisieren; das Komödiantische fehlt in der Anlage der Figur (und als Fähigkeit der Schauspielerin) fast völlig. Nachzuprüfen ist dies etwa an Louis Malles Film »Viva Maria« (Viva Maria, 1965).

Von den späteren Filmen mit Brigitte Bardot hat kaum einer noch etwas Entscheidendes an ihrem Image verändert, weder die ambitionierteren Filme wie »La vérité« (Die Wahrheit – 1960 – Regie: Henri-Georges Clouzot), »Vie privée« (Privatleben – 1961 – Regie: Louis Malle) oder »Le mépris« (Die Verachtung – 1963 – Regie: Jean-Luc Godard), die bereits den Mythos reflektierten, noch die Action-Filme wie »Shalako« (Shalako – 1968 – Regie: Edward Dmytryk), »Boulevard du Rhum« (Die Rum-Straße – 1970 – Regie: Robert Enrico) oder »Les pétroleuses« (Petroleum-Miezen – 1971 – Regie: Christian-Jaque). Selbst eine erneute Zusammenarbeit mit Vadim (»Don Juan 1973«) brachte wenig mehr als ein Selbstzitat, während der Dokumentarfilm »Brigitte Bardot in USA«, 1965 von François Reichenbach realisiert, sehr exakt das spannungsgeladene Verhältnis zwischen Brigitte Bardot und ihrer Umwelt registrierte.

Anmerkungen

Konrad Karkosch: Brigitte Bardot. In: »Film und Ton-Magazin« Nr. 9. München 1973. Enno Patalas: Stars – Geschichte der Filmidole. Frankfurt 1967. Raymond Durgnat: Sexus Eros Kino. München 1967. Simone de Beauvoir in: Flavius Claudé (Hg): Brigitte Bardot. (Texte von Simone de Beauvoir, Lo Duca, Roger Vadim, Marcel Achard u. a.) Zürich 1961. Parker Tyler: Sex Psyche Etcetera in the Film. London 1971.

Literatur

Peter Evans: Bardot – Eternal Sex Goddess. London 1972. Werner Kließ: Brigitte Bardot – Typologie eines Filmstars. in: »Film« Nr. 2. Velber 1966.

Eight Pagers

Amerikanische Form pornographischer Comics. Die Eight Pagers, Comic-Hefte mit jeweils acht Seiten Umfang, entwickelten sich in der Blütezeit der Humor-Comics und wurden illegal vertrieben. Die Helden der Eight Pagers waren dieselben wie in den offiziellen Comics, nur daß sie hier Abenteuer erotischer Natur zu bestehen hatten. Bekannte Figuren wie Popeye, Blondie, Mutt und Jeff, Little Orphan Annie etc. (vgl. *Komödie*) wurden in obszönen Posen und grotesk überzeichneten sexuellen Akten abgebildet, wobei die in den originalen Serien unterschwellig angelegten psycho-sexuellen Defekte der einzelnen Figuren in aller Deutlichkeit ausgespielt wurden. So ist Dagwood, Blondies Mann, durch die amerikanische Form des Matriarchats bedroht vom Odium der Homosexualität; in den Eight Pagers mußte er seinem Chef, der ihn ausbeutet, zu Diensten sein, während Blondie alle Männer verführte, die ihr über den Weg liefen. Neben dem Interesse des vornehmlich jugendlichen Publikums (der wichtigste Markt für den Absatz von Eight Pagers waren die High-schools) an derben Darstellungen der Sexualität, die nie ganz frei

Satire auf den Comic Strip »Moon Mullins« in den Eight Pagers

von Sadismus waren, war ein Kaufanreiz die Neugier auf den von Comic-Zeichnern und -Textern unterschlagenen Bereich der Sexualität der bekannten Comic-Figuren. Insofern waren die Eight Pagers auch eine Kritik an der kaum glaubwürdigen makellosen Moral der Comic-Helden. (Das zeigte sich vor allem, als man neben den Figuren der Humor-Comics auch die Abenteurer und Superhelden in den Eight Pagers auftreten ließ.)

Die Zeichner der Eight Pagers blieben aus verständlichen Gründen immer anonym, und nur in wenigen Fällen ist es den Historikern der Comics gelungen, durch Stil-Vergleiche und Recherchen die Schöpfer dieser Streifen auszumachen. Das bekannteste Beispiel hierfür wirft zugleich ein Licht auf das eigentümliche Verhältnis von Puritanismus und Pornographie: die zur Blütezeit der Eight Pagers produktivsten Gestalter waren zwei ältere Schwestern, pensionierte Lehrerinnen, die in ihrer Umgebung als besonders sittenstreng galten.

In ihrer karikaturistischen Übertreibung, der gelegentlich aufscheinenden Sozialkritik und der Schilderung einer chaotischen, lustbetonten Welt, in der es für andere als egoistische Motive keinen Platz gibt, können die Eight Pagers als Vorläufer der Underground-Comics gelten.

Literatur

Bernd Brummbär: Comic Strip Tease. Sex und Porno im Comic-Strip. Darmstadt 1973.

Emmanuelle

Der Roman »Emmanuelle« von Emmanuelle Arsan, der in den sechziger Jahren noch unter dem Ladentisch verkauft werden mußte (heute liegt er nebst einer Fortsetzung im Taschenbuch vor) und zum Ruhm der Edition Losfeld beitrug, die sich in dieser Zeit auf literarische und künstlerische Erotik spezialisiert hatte, gehört zu den modernen Klassikern der erotischen Literatur. Erst 1974, nachdem sich die französischen Zensurbestimmungen für den Film etwas gelockert hatten, nahm der ehemalige Mode-Fotograf Just Jaeckin den Stoff auf und inszenierte einen Film, der der Vorlage nur in groben Zügen folgte. Die Mischung aus kunsthandwerklicher Fotografie (gesoftete Bilder, satte Farben, folkloristischer, an Touristik-Werbefilme erinnernder Hintergrund), Erotik und pseudoliterarischem Dialog erwies sich als Erfolgsrezept, das einen eigenen Stil im französischen → Sexfilm entstehen ließ. Im Gegensatz zum Film lebte in Arsans Buch noch »immerhin über einige Strecken das Atmosphärische, das Erotische auf; der Wille, das Leben zu befreien von falschen Tabus und Frustrationen, die Erektion vor den Orgasmus zu stellen und sich in der Sinnesschärfung zu üben, war zumindest der Diskussion wert. So einseitig diese Glücksvorstellungen auch waren – Arsans Buch erschien in seinem Anliegen ehrlich, währenddem der reaktionär-elitäre Aspekt unausstehlich blieb« (Bruno Jaeggi). Diesen reaktionär-elitären Aspekt stellte der Film als eigentliches Hauptmotiv in den Vordergrund.

Das Buch und der Film schildern die Erlebnisse einer jungen Diplomatenfrau in Bangkok, das offenkundig nur als exotische Kulisse für eine Handvoll weißer Müßiggänger dient. Im Verlauf der Handlung macht die Frau eine Art »Schule der Erotik« durch, die sie selbst (wie die Autorin und der Regisseur) als schrittweise Befreiung ihrer Sexualität mißversteht. Tatsächlich lernt sie immer mehr, sich den Männern zu unterwerfen, sich zu erniedrigen und sich als ein Objekt zu begreifen. Diesen Vorgang macht sich der Film als Perspektive zu eigen; die Kamera umkreist die zumeist unbekleidete Hauptdarstellerin (Sylvia Kristel) wie ein Fetisch-Objekt. Dabei wird durch die Weichzeichnung und eine schwülstige Musik eine in der Handlung selbst fehlende gefühlsmäßige Motivation »nachgeliefert«.

Der in »Emmanuelle« latent propagierte Masochismus der Frau, für die es nur die

Corinne Cléry, die Hauptdarstellerin von »Histoire d'O« auf dem Titel von »L'Expres« (oben) und »Der Spiegel«

beiden Alternativen besinnungslose Sexualität oder unerfüllte Langeweile gibt, wurde in Jaeckins zweitem Film, »Histoire d'O« (Geschichte der O – 1975) manifest. Wie »Emmanuelle« ist auch »Histoire d'O« die Verfilmung eines bereits klassisch gewordenen erotischen Romans, der ebenfalls von einer Frau verfaßt worden war. »Histoire d'O« ist die mit den gewohnten Versatzstücken der → pornographischen Literatur gestaltete Schilderung der Unterwerfung einer Frau; eine fast klinische Beschreibung erotischer Obsessionen. Der Roman, unter dem Pseudonym Pauline Réage 1954 veröffentlicht, war dennoch »Pornographie besonderer Art, eine Expedition in unausgeleuchtete Grenzbereiche der menschlichen Seele, eines jener bedrohlichen Schwarzen Bücher, die in der Nachbarschaft de Sades oder des obszönen Werks von Georges Bataille eher anzusiedeln sind als neben dem letzten bunten Heft über heiße Mädchen oder heiße Höschen« (Dieter E. Zimmer), und insbesondre in Frankreich selbst wurde der literarische und psychologische Gehalt des Romans heftig diskutiert.

Ließ sich der Roman noch als Studie einer die Konventionen sprengenden Leidenschaft (des Masochismus, der bis zum einverständigen Mord reicht) verstehen, die freilich auch als Bestätigung von männlichen Vorurteilen mißbraucht wurde, so war der Film ausschließlich die genüßliche Visualisierung einer Ideologie: Die Frau kann sich nur als »glückliche Sklavin« des Mannes selbst verwirklichen.

»O ist eine junge Frau, die von ihrem Geliebten in ein mondän ausgestattetes Schloß außerhalb von Paris gebracht wird, wo ein Männerbund Mädchen hält, die ihren Herren jederzeit und auf jede Weise, Züchtigungen und Folterungen eingeschlossen, zur Verfügung sein müssen. In einer Art Noviziat lernt O, sich auf Befehl ihres Geliebten anderen Männern hinzugeben, Demütigungen und sadistische Handlungen widerspruchslos hinzunehmen und dabei noch Liebe, Lust und Befriedigung zu empfinden. Das ›klösterliche‹ Milieu und die Riten und Rituale lassen erkennen, daß es sich hier um die Pervertierung einer religiös motivierten Selbstentäußerung und Hingabe handelt, wie sie das Christentum und andere, vor allem östliche, Religionen kennen. O erhält verschiedene ›Weihen‹, und als Zeichen der Zugehörigkeit zu dieser ›Ordensgemeinschaft‹ erhält sie zwei Ringe: Der eine wird an ihrer Vagina befestigt, der andere an einem Finger, womit den Angehörigen des Männerbundes das Recht auf O's Körper signalisiert wird. Nach Paris zurückgekehrt, hat sie ihrem Geliebten, der sie mit einem älteren Freund verkuppelt, weitere Beweise ihrer totalen Verfügbarkeit zu geben. Als Höhepunkt ihrer absoluten Selbstpreisgabe und Unterwürfigkeit bekommt sie schließlich mit glühendem Eisen die Initialen des ›väterlichen‹ Freundes auf ihren bloßen Hintern eingebrannt – O ist zur Sklavin und zum Eigentum des Mannes geworden« (Franz Ulrich).

Der Erfolg dieser Serie von kunsthandwerklichen Sexfilmen (zu nennen wären u. a. noch »Les félines« – Der Hengst und die Nymphe – 1974 – Regie: Daniel Daert, »La jeune fille assassinée« – Ein wildes Leben – 1974 – Regie: Roger Vadim, »Emmanuelle l'antivierge« – Emmanuelle II – 1975 – Regie: Francis Giacobetti) hat mehrere Ursachen: Paradoxerweise ist es gerade dieser frauenfeindliche Sexfilm, der durch seinen vorgeblichen Kunstanspruch und seine Star-Bildung auch ein weibliches Publikum erreicht und neben den *raincoat*-Besuchern auch jüngere Zuschauer anspricht. (Die Bezeichnung *raincoat-people* bezieht sich auf das Stammpublikum amerikanischer Porno-Kinos, das am unauffälligen Äußeren, dem Regenmantel, zu erkennen ist.) Entsprechend sind diese Filme auch nicht in den einschlägigen Kinos in der Bahnhofsgegend zu sehen, sondern in respektablen Erstaufführungstheatern.

Ein weiterer Grund für den Erfolg des »Kinos der Lüste« (»Der Spiegel«) ist die große Beachtung, die insbesondere die Filme von Just Jaeckin in der Presse gefunden haben. »L'Express«, das französische Nachrichtenmagazin beispielsweise widmete dem Thema mehrere Titelgeschichten, den Abdruck des Romans »Histoire d'O« nebst Kommentaren renommierter Literatur-Kritiker und zahllose kleinere Beiträge; auch «Der Spiegel« setzte ein Bild aus »Histoire d'O« auf die Titelseite. (Die prätentiöse Fotografie eignete sich dazu, verkaufsförderndes Bildmaterial für die Presse zu liefern, so daß Film und Presse gegenseitig ihren Marktwert erhöhen konnten; kaum eines der bekannten Magazine oder eine Illustrierte verzichtete auf eine Fotogeschichte zu mindestens einem der Filme.)

Eine letzte, vielleicht die entscheidende Ursache für den Erfolg dieser Film-Welle bildet die (Angst-)Reaktion auf weibliche Emanzipationsbestrebungen. Der Unterschied bei der Erniedrigung der Frau zum Sexualobjekt gegenüber den herkömmlichen Formen der Pornographie und erotischen Unterhaltung besteht dabei darin, daß hier die Frau freiwillig und gewissermaßen bewußt sich dem Mann unterwirft, und dies nicht nur im Interesse ihrer Befriedigung, sondern auch ihres Glücks. Die Verfügbarkeit der Frau wird nicht einfach vorausgesetzt, sondern in weitschweifigen Dialogen »philosophisch« begründet. Der Mystizismus, der dabei ins Spiel kommt, fördert zusätzlich eine unkritische Haltung gegenüber den Botschaften, die viel weniger erotischer als sexistischer Art sind. Der Marktwert dieser Filme beruht also in der Ergänzung von Ästhetizismus und Ideologie.

Im Ursprungsland wurde die Welle der »weichen« Sexfilme allerdings auch recht lapidar als die Folge der wirtschaftlichen und künstlerischen Krise des französischen Films gedeutet.

Anmerkungen

Bruno Jaeggi: Emmanuelle. In: »Zoom/Filmbe-

rater« Nr. 2. Bern/Zürich 1975. Dieter E. Zimmer: Liebe als Versklavung. In: »Die Zeit« Nr. 47. Hamburg 1975. Franz Ulrich: Histoire d'O. In: »Zoom/Filmberater« Nr. 22. Bern/Zürich 1975. Kino der Lüste. In: »Der Spiegel« Nr. 37. Hamburg 1975.
Literatur
Le choc d'Histoire d'O. In: »L'Express« Nr. 1260. Paris 1975.

Erotischer Film
Im Gegensatz zum Genre des → Sexfilms, das als Vorform der → Pornographie die Sexualität als problem- und geschichtslose Sinnlichkeit um ihrer selbst willen schildert, begreift der erotische Film sein Thema auch in moralischen und kulturellen Dimensionen und führt psychologisch durchgeformte Charaktere ein. Zwar kommt auch er nicht ohne voyeuristische und exploitierende Elemente aus, sein Anliegen ist es jedoch, die Erotik in möglichst vielen Bezügen darzustellen. Die Probleme, die sich aus den erotischen Beziehungen ergeben, werden im erotischen Film nicht ausgeklammert, was allerdings nicht bedeutet, daß sie immer realistisch dargestellt werden. Das Verhalten der Protagonisten ist für den Zuschauer nachvollziehbar und bezieht sich zumeist auch auf Konflikte, die das Individuum mit gesellschaftlichen Normen zu überwinden hat. Insofern ist es verständlich, daß eine Reihe der Klassiker des erotischen Films unter dem Begriff des »Problemfilms« subsumiert wurden.
Der erotische Film ist im engeren Sinne des Wortes kein Genre für sich, da er keine eigene Erzählstruktur aufweist, sondern Formen des Melodrams (vgl. *Romanze*), des psychologischen Thrillers, des Kriminalfilms etc. verwendet, um sein Thema zu erörtern. Erotische Elemente gibt es in jedem Film-Genre, und jedes Genre hat eigene Möglichkeiten, Erotik auszudrücken. Im Action-Film beispielsweise sind explizit erotische Handlungen von nur peripherer Bedeutung, während das eigentliche erotische Erleben mehr in der sinnlichen Auseinandersetzung mit der Gefahr, in der freien, ungehemmten Bewegung und den Beziehungen der Menschen über das Medium der »Aufgabe« zum Ausdruck kommt. Im Horror-Film realisiert sich Erotik über eine spezifische Symbol-Sprache, in der sowohl Zärtlichkeit als auch Sadismus ausgedrückt werden. Im Melodram ist die Sehnsucht nach Zärtlichkeit und Geborgenheit und die Instabilität der Gefühle aufgehoben.
Dabei ist das Medium Film selber schon erotisch, weil die Konstruktionsprinzipien von Eros und Film in einem gewissen Sinn übereinstimmen. Die Beziehungen im Film und die Beziehung zwischen Film und Zuschauer basieren auf einem ganzheitlichen, sinnlichen Erleben, und die Spannungsabläufe und Gefühlsveränderungen, die Symbolwelt des Kinos, sind strukturgleich mit dem erotischen Empfinden. Erotik im Film steht immer in einem Kontext, der auch auf anderes als Sexualität verweist, denn »Sexualisierungsprozesse sind paradox konstruiert; sie haben immer mit mehr und mit anderem als ›reiner‹ Sexualität oder ›reiner‹ Abfuhr zu tun. Sexualität bedarf der Hemmung, Brechung, Wandlung, Auslegung (auf andersartige Entwicklungen hin), der Gegenbewegung wie des Getragenwerdens durch anderes. Vereinfachend läßt sich das auf die Formel bringen, Sexualität lasse sich nur in bezug auf eine Kultur des Seelischen verstehen« (Wilhelm Salber). Dies erklärt zum Teil auch, warum man den Sexfilm zumeist sowohl als unerotisch als auch als unfilmisch empfindet.
Bei aller Vielschichtigkeit und allem Beziehungsreichtum der Erotik im Film kann das Kino doch nur über einen recht beschränkten Vorrat an Bildern für die bewußte Bezeichnung von Erotik verfügen. Das heißt, wenn sowohl von seiten der Produzenten als auch von seiten der Konsumenten Einverständnis darüber bestehen soll, daß hier Erotisches bezeichnet wird, dann reduzieren sich die Ausdrucksmöglichkeiten auf einige immer wiederkehrende Bilder. Die Möglichkeiten, Erotik unterschwellig zu

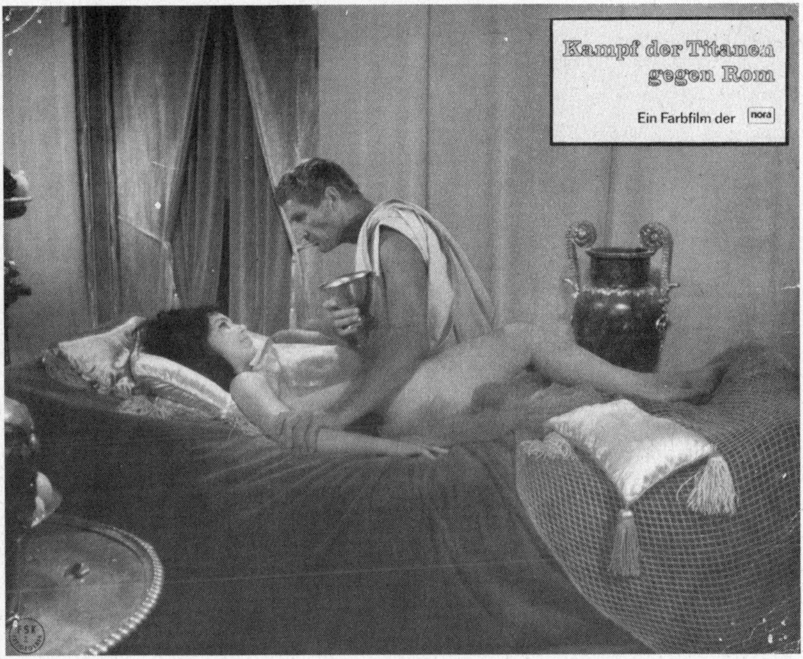

Erotik im historischen Kostüm: »Kampf der Titanen gegen Rom« (1966) von Serge Nicolaescu Verleih: Avis

transportieren, sind hingegen nahezu unbeschränkt.

Lo Duca hat eine solche Ikonographie des Erotischen im Film zusammengestellt, die jene Themen und Bilder umfaßt, die in allen Filmgenres benützt werden, um Erotik manifest werden zu lassen:

1. Die »Orgie«: Ein rauschhafter Zustand, in dem die herkömmlichen moralischen Bedingungen außer Kraft gesetzt werden. Solche anarchischen und erotischen Feste werden teils als Sinnbild von Verkommenheit oder Dekadenz interpretiert (beispielsweise in Filmen um antike Helden, in denen der Niedergang einer Kultur verdeutlicht werden soll), teils sind sie Symbole für das Heraufdämmern eines neuen »Goldenen Zeitalters«, in dem die Sexualität befreit ist.

2. Das Bordell: Ein Kulminationspunkt für soziale Dramen, in dem sich Erotik mit Tragik und Schicksal verknüpft. In vielen Filmen ist die schwülstige Atmosphäre in einem Bordell und die erfahrene Mütterlichkeit der Prostituierten die erste Begegnung von jungen Männern mit der Sexualität (Beispiele etwa: »Der junge Törless« – 1966 – von Volker Schlöndorff; »Fellinis Roma« – 1972 – von Federico Fellini).

Dirnentragödien waren bereits für den frühen deutschen Film ein Thema, in dem sich tatsächliche oder vorgespielte Empörung über soziale Mißstände oder über das unmoralische Verhalten der Protagonisten, für das sie im Verlauf der Handlung »bestraft« wurden, mit der Darstellung des eigentlich Verbotenen verbinden ließ. Auf das Leben von historischen Kurtisanen

(»Madame Dubarry« – 1919 – Regie: Ernst Lubitsch) oder zeitgenössischen, skandalumwitterten Prostituierten (»Das Mädchen Rosemarie« – 1958 – Regie: Rolf Thiele) hat der Unterhaltungs-Film immer wieder Rekurs genommen. Nur selten, so etwa in → Russ Meyers »Fanny Hill« (Fanny Hill – 1965), wird das Leben einer Prostituierten dabei als durchaus erfolgreich und lebenswert geschildert.

3. Nudismus: Die Freikörperkultur mit ihrem Natürlichkeitsideal fand ihren Niederschlag etwa in einer ganzen Serie von »Nudisten-Filmen«, die die Abbildung nackter Menschen mit einer mehr oder weniger dürftigen Handlung garnierte. Diese Nudisten-Filme standen Pate bei der Entwicklung des Sexfilmes. In »Liane, das Mädchen aus dem Urwald« (1956 – Regie: Eduard von Borsody) ist das Thema mit einer Abenteuer-Handlung verknüpft, in einigen Bibel-Verfilmungen bietet das Adam und Eva-Motiv die Gelegenheit, nackte Menschen zu fotografieren. Auch die unverdächtige Form der Komödie verwendet oft Nacktszenen als »frivole« Einlagen, wobei das Peinliche oder Anzügliche solcher Situation im Lachen aufgelöst wird.

4. Exotik: Das Fremde und andere ist auch das erotisch Bedrohliche. In Abenteuer-Filmen (insbesondere in Tarzan-Filmen, Filmen um antike Helden oder phantastischen Filmen) steht der Held oft Amazonen, geheimnisvollen Priesterinnen oder Königinnen gegenüber. Das exotische Äußere und die verführerischen Gesten, die teilweise in rituelle Handlungen eingekleidet sind, wenden sich dabei nicht nur an den Helden, der den Verführungskünsten der exotischen Schönheiten zumeist widersteht, sondern auch direkt an den Zuschauer.

Eine andere Form der exotischen Erotik findet sich in den Expeditionsfilmen, die beispielsweise über das Liebesleben »unzivilisierter« Völker berichten. In den fünfziger Jahren waren solche »Kulturfilme« eine Möglichkeit, bei der Darstellung nackter Menschen die Zensur zu umgehen.

5. Historische Reminiszenzen: Erotik als Sittengeschichte. Die Verknüpfung von Erotik und Weltgeschichte auf der einen Seite und ihre Verschiebung in räumlich und zeitlich entfernte Welten, in denen möglicherweise »freiere Sitten« herrschten, auf der anderen Seite, ermöglicht es, die Erotik wie selbstverständlich aus der dargestellten Handlung zu entwickeln. Weil es sich bei den vorgeführten Personen um »bedeutsame« Gestalten der Geschichte handelt, wird dem Zuschauer das Vergnügen nicht als in erster Linie voyeuristisches bewußt. Und die Weltgeschichte ist voll von erotischen Mythen, die die mannigfaltigsten Spekulationen ermöglichen; von Salome (»Salome« – 1922 – Regie: Robert Wiene) über Delilah (»Samson and Delilah« – Samson und Delilah – 1950 – Regie: Cecil B. DeMille), Cleopatra (»Cleopatra« – Cleopatra – 1963 – Regie: Joseph Mankiewicz), Messalina (»Messaline« – 1913 – italienischer »Diven-Film« ohne Regieangabe), Heinrich VIII. (»The Private Life of Henry VIII« – Das Privatleben Heinrichs VIII. – 1933 – Alexander Korda), Lucretia Borghia (»Lukrezia Borgia« – 1922 – Regie: Richard Oswald), Casanova (»Casanova« – 1927 – Regie: Alexander Volkoff), Rasputin (»Les nuits de Rasputin« – Die Nächte des Rasputin – 1959 – Regie: Pierre Chenal), Ludwig II. (»Ludwig II« – 1955 – Regie: Helmut Käutner) bis hin zu Mata Hari (»Mata Hari« – 1932 – Regie: George Fitzmaurice). (Die Beispiele wurden bewußt den verschiedensten Epochen der Filmgeschichte entnommen.)

6. Im Atelier: Das Modell des Künstlers als ein erotisches Objekt. In diese Rubrik gehören auch Filme um Tänzerinnen oder Revue-Girls. (»Ziegfeld Follies« – 1944 – Regie: Vincente Minnelli), oder Filme, die nachzeichnen, wie ein → Star »gemacht« wird.

7. Der Tanz: Im Tanz verkörpert sich einerseits ritualisierte Erotik – er stellt Ero-

tik in einer ästhetisierten Weise dar – andrerseits kann er auch das Vorstadium, ein Übergangszustand zu anderen erotischen Kommunikationsformen und ein Medium der Verführung sein. Das Paar, das sich im Verlauf eines Tanzes näherkommt, ermöglicht es, das Entstehen einer Liebesbeziehung auf sehr filmische Art darzustellen.

8. Striptease: Der → Striptease als forcierteste Form des erotischen Tanzes, einmal als professionelle Kunst, ein andermal als seine amateurhafte Variante etwa in Form eines gutbürgerlichen Pyjama-Striptease von Doris Day in den Filmkomödien der fünfziger Jahre. Zu dem kommt noch der unfreiwillige Striptease, der sich zumeist aus komischen Situationen entwickelt. Die unfreiwillige »Entdeckung« des Striptease zum Vergnügen der anwesenden Männer schildern etwa die Filme »The Night They Raided Minsky's« (Die Nacht, als Minsky's aufflog – 1968 – Regie: William Friedkin) und »Viva Maria« (Viva Maria – 1965 – Regie: Louis Malle).

9. »Bekleidet – entkleidet«: Im Zusammenhang damit, was ein Star an Erotik ausdrückt, wird die Garderobe oft selbst zum erotischen Signal. Die Kostüme in Abenteuer- und Historienfilmen, die »Prächtigkeit«, Luxus, Verschwendung und die Raffinesse von Verhüllung und Präsentation andeuten, sind im Handlungsverlauf nicht vollständig motiviert und bieten gewissermaßen eine fetischistische Nebenlinie des Films. Die Überbetonung der Kleidung (man denke etwa an Jean Harlow, → Mae West, Marlene Dietrich oder Greta Garbo) ist eine Form der erotisierenden Bekleidung; andere, eindeutigere sind etwa die Betonung des Sex-Appeals durch tief ausgeschnittene Dekolletés, hautenge Kleider oder besondere Hervorhebung der weiblichen Formen. Auch die Signalwirkung von Farben ist hier zu nennen. Ist die Mode im allgemeinen bereits ein System erotischer Symbolik, so wird diese im Film noch stärker herausgestellt. Auch die männlichen Stars verlängern ihren erotischen Anspruch in Kleidung und Gebrauchsgegenstände hinein, doch ist, womit sie ihre Erotik ausdrücken, zumeist aktiver Teil der Handlung (Autos, Waffen) oder hat den Charakter eines notwendigen Statussymbols (Uniformen, die spezielle Kleidung von Gangstern oder Cowboys). Piraten-, Antik-, Tarzan- und Sport-Filme bieten die Gelegenheit, die körperlichen Vorzüge der Helden vorzuführen.

Sophia Loren in Vittorio de Sicas »Gestern, heute und morgen« Verleih: Fox-MGM

10. Das Wasser: Nicht nur ist das Wasser für sich genommen bereits ein erotisches Symbol (es bezeichnet einerseits das Leben, andrerseits erinnert es an den Zustand fast schwerelosen Schwebens), es dient auch häufig als narrativer »Vorwand« für erotische Szenen. Bereits in der Frühzeit des Hollywood-Films waren die Filme von Cecil B. DeMille durch ihre (für damalige Verhältnisse) gewagten Badeszenen berühmt geworden. Häufig verbindet sich das Bade-*topic* auch mit dem Nudismus-Thema. Eines der optisch wirksamsten erotisierenden Motive des Films ist der Regen.

11. Das Bett: Wird in einem Film im Zu-

sammenhang mit erotischen Konstellationen ein Bett gezeigt, so genügt dies bereits, eine sexuelle Handlung zu implizieren. In Filmen wie »Hiroshima mon amour« (Hiroshima mon amour – 1959 – Regie: Alain Resnais) oder »Tystnaden« (Das Schweigen – 1963 – Regie: Ingmar Bergman) ist das Bett der zentrale Ort der Handlung.

12. Das Liebespaar: Die kleinste Einheit im Katalog der erotischen Beziehungen; ein Thema, ohne das fast kein Film-Genre auskommt. Das bevorzugte Zeichen für die sexuelle Beziehung eines Paares in weniger sexbetonten Genres ist der Kuß.

13. Die Natur: Unberührte Natur verweist auf »unbefangene« Sexualität, sie weckt die Triebe und legalisiert gleichsam die natürliche Sexualität.

14. Vergewaltigung: Die linearste Form der Verbindung von Erotik und Gewalt. In einer Reihe von Filmen (besonders in japanischen Streifen der sechziger Jahre) ist eine Vergewaltigung Ausgangspunkt von sexuellen Traumen.

15. »Das Pathologische im Film«: Exhibitionismus, Fetischismus, Narzißmus, Sadismus, Sado-Masochismus, Homosexualität als »sensationelle« erotische Fehlhaltungen.

16. Das »Kindweib«: Von → Brigitte Bardot über Audrey Hepburn bis hin zu Sue Lyon in Stanley Kubricks »Lolita« (Lolita – 1962) sind Frauen, die in ihrer gespielten oder tatsächlichen Kindlichkeit Beschützerinstinkte bei den Männern wachrufen und zugleich den Reiz von etwas Verbotenem evozieren, das sich oft als soziale und psychische Gefahr auswirkt, Manifestationen eines Übergangsstadiums der weiblichen Rolle zwischen Sexualobjekt (»Sexbombe«, → Pin Up) und Emanzipation. Das männliche Pendant, der Kindmann, findet sich in der Komödie (vgl. *Komik*, → Harry Langdon) oder in der Form des jugendlichen Rebellen (James Dean, Marlon Brando).

Zu diesen von Lo Duca aufgestellten erotischen *topics* des Films lassen sich noch einige weitere zählen, die ihr Erscheinungsbild einigen neueren Phänomenen der Massenkultur zu verdanken haben, so etwa die Verbindung von Sexualität und Drogen (»The Trip« – 1967 – Regie: Roger Corman), Transvestismus (nicht nur in der komödiantischen Form) oder die erotischen Komponenten der Rock- und Soulmusik und der damit verknüpften Kultur (das »Woodstock-Gefühl«).

Einen Endpunkt erotischer Darstellung im Film bilden wohl die hochartifiziellen, kulturpessimistischen Filme von Bernardo Bertolucci (»L'ultimo tango a Parigi« – Der letzte Tango von Paris – 1972), Liliana Cavani (»Pottiere di Notte« – der Nachtportier – 1974) oder Pierpaolo Pasolini (»Salo« – Salo oder die dreißig Tage von Sodom – 1975), in denen Erotik und ihre politisch-kulturellen Determinanten eher als obsessiver Zwang denn als »heitere« Selbstverwirklichung des Menschen gesehen werden.

Anmerkungen

Wilhelm Salber: Film und Sexualität. Bonn 1970. Lo Duca: Die Erotik im Film. Basel 1965.

Literatur

Georges de Coulterey: Le Sadisme au cinéma. Paris 1964. Raymond Durgnat: Sexus Eros Kino. Bremen 1964. Arthur Knight/Hollis Alpert: The History of Sex in Cinema. In: »Playboy« (Serie von 20 Artikeln). New York 1965–1968. Adou Kyrou: Amour, erotisme et cinéma. Paris 1955. Claude Mauriac: L'Amour du cinéma. Paris 1954. C. Moreck: Sittengeschichte des Films. Dresden 1926. Jeremy Pascall/Clyde Jeavons: A Pictorial History of Sex in the Movies. London/New York 1975. William Rotsler: Contemporary Erotic Cinema. New York 1973. Hans Scheugl: Sexualität und Neurose im Film. München 1974. Parker Tyler: Sex Psyche Etcetera in the Film. London 1971. Alexander Walker: Sex in the Movies – The Celluloid Sacrifice. London 1968. Gert Wolfram: Der Sex Appeal. München 1958.

Groschenpornographie

Groschenpornographie ist die Bezeichnung für die Produkte der erotischen Unterhaltung, die in der Form der Kioskliteratur angeboten werden und im Gegensatz zu der exklusiven Pornographie mehr oder weniger frei zugänglich sind. In der Bundesrepublik fallen unter diese Rubrik vor allem die Erzeugnisse der → St. Pauli Presse, ein Teil der Herrenmagazine und → Pin Up-Zeitschriften, Taschenbücher (»Orgas«, »Sexer«, »Starfighter« etc.), in jüngster Zeit auch Romanhefte mit vorwiegend erotischem Inhalt (»Callgirl 2000«). Daneben findet sich die Bezeichnung Groschenpornographie auch für die billigeren Produkte der nicht am Kiosk, sondern über den Versandhandel und Sex-Shops vertriebenen erotischen Unterhaltung (Fotomagazine, Bücher etc.).

Nach einem Boom, der in der Bundesrepublik zwischen 1968 und 1970 zu einer gewissen Überproduktion an pornographischer Literatur geführt hatte, konsolidierte sich der Markt. Obwohl ständige Konsumenten von Groschenpornographie, von Professor Hans Giese als die »Avantgarde der Frustrierten« bezeichnet, gegenüber den Gelegenheitskäufern eher in der Minderzahl sind, ergab die Statistik für das Jahr 1971 beispielweise, daß jeder deutsche Mann über 18 Jahre im Durchschnitt 19 Mark für pornographische Erzeugnisse ausgegeben hatte. »Damit hat die Porno-Branche auf dem Markt eine beachtliche Position eingenommen: 385 Millionen Mark werden jährlich für ihre Produkte bezahlt. Das ist nicht viel weniger, als erwachsene Bundesbürger alljährlich an den Kinokassen bezahlen. Es ist weit mehr, als deutsche Familien jährlich für Seife ausgeben« (»Der Spiegel«). Die Hauptvertriebsstellen der Groschenpornographie sind neben den Zeitschriftenhandlungen, wo sie oft »unter dem Ladentisch« gehandelt wird, die Spezialgeschäfte (ca. 180 in der Bundesrepublik), die zu einem Teil wirtschaftlich mit den spezialisierten Versandgeschäften (ca. 75) verflochten sind.

Diese »Demokratisierung« der Pornographie durch das Billigangebot einiger marktbeherrschender Produktions- und Vertriebsunternehmen, die freilich eine

Sex im Groschenheft: Die Kriminalreihe »Callgirl 2000« © Müller Verlag

Sex im Illustriertenstil © Müller Verlag

gewisse Standardisierung des Angebots zur Folge hatte, wurde von engagierten Schriftstellern als Mittel angesehen, zur sexuellen Emanzipation beizutragen. So gab Gerhard Zwerenz in dem von ihm mitbegründeten »Normalverlag« eine Reihe pornographischer Bücher (»Nummernbücher«) zu niedrigen Preisen heraus. Aufgabe dieser Reihe sollte es sein, zum einen jüngeren Autoren die Gelegenheit zu geben, ihre finanzielle Situation zu verbessern und sich im Handwerk des Schreibens zu üben, zum anderen eine ehrlichere alternative Form zu den herkömmlichen pornographischen Büchern zu schaffen: »Der Taschenporno sozialisiert den Exklusiv-Porno, er ist ein Volks-, Gebrauchs- und Kunst-Porno« (Gerhard Zwerenz). Pornographie als Vehikel zum Transport politischer Aufklärung verwendeten auch einige linksorientierte Publikumszeitschriften (»Konkret«, »das da«, »Spontan«, »Pardon« etc.).

Anmerkungen

Porno Markt: Frau Saubermann an der Spitze. In: »Der Spiegel« Nr. 45. Hamburg 1971. Gerhard Zwerenz: Die Zukunft der Nummernbücher. In: »Konkret« Nr. 11. Hamburg 1971.

Literatur

Peter Brockmeier: Repressive Pornographie. In: »Streitzeitschrift« Nr. 7. Frankfurt 1969. Anton-Andreas Guha: Sexualität und Pornographie. Die organisierte Unmündigkeit. Frankfurt 1971. Pornographie: Müdes Lächeln. In: »Der Spiegel« Nr. 50. Hamburg 1969. The Porno Plague. In: »Time« Nr. 13. New York 1976.

Meyer

Russ Meyer, geb. 1922, amerikanischer Regisseur, der als Industrie-Filmer und → Pin Up-Fotograf (u. a. für das → Playboy Magazin) begann und später zu einem der bekanntesten Regisseure von Sexfilmen wurde. Mit »The Immoral Mr. Teas« (1959) drehte Meyer den ersten Streifen für das Genre der *nudies*, Filme, die die Elemente der aus Europa nach Amerika exportierten FKK- oder »Nudisten«-Filme mit einer wenn auch noch so dürftigen Handlung verbanden. Diese Geschichte eines Mannes, vor dessen »geistigem Auge« alle Frauen unbekleidet erscheinen, war in den USA eine kleine Sensation und gab den Anstoß zu zahllosen Nachahmungen, darunter Russ Meyers eigener Film »Eve and the Handyman« (1961). Typisch für die Verbindung von Sex und Parodie, die Meyer in dieser Periode seiner Arbeit bevorzugte, ist »Naked Gals of the Golden West« (1962), bei dem das Hauptaugenmerk mehr auf der Persiflierung des Western-Films als auf den Sex gerichtet war. Auf diese »Voyeur-Filme« folgten eine Reihe »gotisch-sado-masochistischer Melodramen« (Roger Ebert), und bereits der erste dieser Art, »Lorna« (1964), löste eine Welle von ähnlichen Filmen aus, denen die amerikanische Filmkritik den Namen *roughies* (rough = roh, gewaltsam) gab. In diesem Film finden sich alle Elemente, welche mit dem Stil der Filme von Russ Meyer gleichgesetzt werden: die Vorliebe für die amerikanische »Provinz«, das weite Land und die kleinen, öden Städte (hier im Süden der USA), die Konfrontation »lasterhafter« und gewalttätiger Frauen mit impotenten Männern oder pathologischen Frauenhassern, ein Inszenierungsstil, der die Bewegungs-Ästhetik der B-Filme übernimmt und eine oft überdeutliche erotische Symbolik, die manchmal fast parodistisch wirkt. In den nächsten Filmen dieser Art kam dazu die Ästhetisierung motorisierter Bewegung; in »Mud Honey, Rope of Flesh« (Im Garten der Lust – 1965), »Motor Psycho« (Motorpsycho . . . wie wilde Hengste – 1965), und »Faster Pussycat, Kill, Kill« (Die Satansweiber von Tittfield – 1966) sind Autos oder Motorräder Gewalt-Symbole und eine Spiegelung verquerer, deformierter Sexualität.

In den späten sechziger Jahren, beginnend mit »Vixen« (Ohne Gnade – Schätzchen – 1968), wurden Meyers Filme stilisierter, und der »Fetischismus« trat etwas in den Hintergrund. »Beyond the Valley of the Dolls« (Blumen ohne Duft – 1970) ist zugleich eine Parodie auf Jacqueline Susanns Roman »The Valley of the Dolls« und Mark Robsons gleichnamigen Film als auch ein »Sex- und Gewalt-Trip« (Russ Meyer). Diese Verfahrensweise ist typisch für den Stil Meyers, dessen Ausgangspunkt immer die Parodie, also die Übertreibung und Deformierung, ist. Nach eigenen Angaben achtet der Regisseur dabei darauf, daß die Schauspieler die Parodie nicht »mitspielen«. Auf diese Weise entsteht eine Ambivalenz, die seine Filme über die befreiende Vulgarität hinaus verführerisch macht, weil sich die Symbolik ohne Umweg über den Realismus in einem durch und durch künstlichen Universum entfaltet. »In ›Lorna‹ sind Gestrüpp, Sumpf, Salz Ausrufezeichen hinter den sexuellen Trieben und Wünschen, keine Naturerscheinungen. Die reife Farmerstochter in ›Motor Psycho‹ hat Brüste wie Kanonenkugeln . . . In ›Beyond the Valley of the Dolls‹ wird einer schlafenden Lesbierin langsam ein Revolver in den Mund geschoben« (Ulrich Kurowski). Wenn in »Finders, Keepers, Lovers, Weepers« (1968) eine Bett-Szene mit Bildern eines *stock car racings* (ein Autorennen, bei dem sich die Wagen gegenseitig rammen und umstürzen; vergl. *Sport und Spiel* → Motorsport) gegengeschnitten wird, so erinnert dies an die besten Momente in den *screwball comedies* (vgl. *Komik*).

Anmerkungen

Roger Ebert: Russ Meyer – King of the Nudies. in: »Film Comment« Vol. 9 No. 1. Boston 1973. Ulrich Kurowski: Vorläufiges zu Russ Meyer. in: »Filmkritik« Nr. 187. München 1972.

Literatur

Raymond Durgnat: An Evening with Meyer and Masoch – Aspects of »Vixen« and »Venus in Furs« in: »Film Comment« Vol. 9 No. 1. Boston 1973. Hollywoods Unterleib. in: »Der Spiegel« Nr. 1–2. Hamburg 1971. Arthur Knight/Hollis Alpert: The Nudies – The History of Sex in the Cinema. in: »Playboy« No. 6. New York 1967. Horst Königstein: Von Lust und Gewalt. in: Gewalt im Film – Ein Bericht. Aachen 1971.

Monroe

Marilyn Monroe (Norma Jean Baker, 1926–1962), amerikanische Schauspielerin, begann ihre Karriere als Fotomodell und spielte in einigen *blue movies* (→ Sexfilm), bevor sie kleinere Rollen in Filmen wie »Dangerous Years« (1948 – Regie: Arthur Pierson) oder »Ladies of the Chorus« (1948 – Regie: Phil Karlson) erhielt. In »Love Happy« (1950 – Regie: David Miller) mit den Marx-Brothers (vergl. *Komik*) spielte sie eine kleine, aber signifikante Rolle. Berühmt geworden ist die Dialogstelle, wo sie Groucho Marx als Privatdetektiv um Beistand bittet, weil ein paar Männer sie verfolgen. »Warum nur ein paar?« fragt Groucho. In Filmen von John Huston (»The Asphalt Jungle« – Asphalt-Dschungel – 1950), Joseph L. Mankiewicz (»All About Eve« – Alles über Eva – 1950) und Fritz Lang (»Clash by Night« – Vor dem neuen Tag – 1952) entwickelte sie ihre schauspielerischen Fähigkeiten, und diese kleineren Rollen gehören zu ihren »am wenigsten ausbeuterischen, differenziertesten und natürlichsten« Darstellungen (Marjorie Rosen). Howard Hawks' »Monkey Business« (Liebling, ich werde jünger! – 1952) gab ihr Gelegenheit, ihre komödiantischen Qualitäten einzusetzen und präsentierte sie zum erstenmal nicht nur als ein Sex-Symbol, sondern auch gleichzeitig als die Parodie darauf.

Endgültig in den Rang eines Stars stieg Marilyn Monroe mit dem Erfolg von »Niagara« (Niagara – 1953 – Regie: Henry Hathaway) auf. Sie spielte eine junge Frau, die mit Hilfe ihres Liebhabers den Ehemann beseitigen will. Obwohl das Studio offensichtlich mehr Wert auf den Sex-Appeal als auf das schauspielerische Vermögen legte, gab sie dieser Figur doch menschliche Dimensionen. Wie allerdings Enno Patalas meint, war der Erfolg dieses Films eher einem Mißverständnis zu verdanken: »In Henry Hathaways ›Niagara‹ wurde sie als eine dämonische Synthese von *femme fatale* und Sexbombe exponiert; das Resultat

Marilyn Monroe und Cary Grant Verleih: Fox-MGM

aber war Heiterkeit im Parkett. Die beiden nächsten Filme, die noch im selben Jahr entstanden, trugen dem Effekt bereits Rechnung: in Howard Hawks' ›Gentlemen Prefer Blondes‹ (Blondinen bevorzugt) und Jean Negulescos ›How to Marry a Millionaire‹ (Wie angelt man sich einen Millionär?) trat sie als tumbe Blondine auf, deren ganzer Ehrgeiz auf Männerfang gerichtet ist – auf den Fang reicher Männer«. Dieser Umschlag ins Lachen, der für die Star-Karriere von Marilyn Monroe so bedeutsam wurde, mag vielleicht aber auch einen anderen Grund haben: Während das Drehbuch für die Bösartigkeit der Protagonistin keine Erklärung bereit hatte, war die Darstellung der Monroe so angelegt, daß der Zuschauer spürte: diese Frau hatte Gründe, so zu handeln, wie sie es tat, Gründe, die weniger im Bereich psychologischer Motivationen als in einem vitalen Anspruch verankert waren. Dieser Anspruch war um so deutlicher, als Marilyn Monroe so gar nichts von einer »bösen Frau« an sich hatte. Gerade durch ihre Naivität löste sie den Konflikt zwischen der Erwartung des Publikums und ihrer Rolle aus, der ihr Auftreten so faszinierend machte.

Das beunruhigende Gefühl, daß Marilyn Monroe etwas verkörperte, für das es noch kein Wort gab, stellte sich in all ihren Filmen beim Publikum ein. Sie schien zwar äußerlich dem Bild einer »Sexbombe« im herkömmlichen Sinne zu gleichen, sie war aber auch das Gegenteil davon: ein Star, der die eigene Persönlichkeit, die Bedingungen einer »langen und schweren Kindheit« (Joan Mellen) in ihre Rollen einbrachte. Diese Widersprüche in dem Mythos Marilyn Monroe ließen sich in den Komödien glätten, aber nicht überbrücken.

Die Regisseure, mit denen Marilyn Monroe in der Folgezeit zusammenarbeitete, wiesen zumindest teilweise ein Gespür für diese neue »Sex-Göttin« auf, die nicht nur ein Versprechen, sondern auch einen Anspruch verkörperte. »Drei der bedeutendsten nicht-Misogynen des amerikanischen Films sind Howard Hawks, Billy Wilder und George Cukor; folgerichtig sind dies zugleich drei Filmemacher, die lange verkannt wurden und auf das (inzwischen ziemlich lückenlos erfolgte) Aussterben der misogynen Kritiker warten mußten, um auch bei uns anerkannt zu werden. (Bei Billy Wilder liegt der Fall ein bißchen komplizierter, weil er sich zuerst mit misogynen Dramen einen Namen gemacht hatte und deshalb auch dann noch eine Weile Kredit bekam, als er dazu überging, männerkritische Komödien zu drehen.) Marilyn hatte das Glück, ihre wichtigsten Filme mit diesen Regisseuren zu drehen, je zwei mit Howard Hawks (›Monkey Business‹ und ›Gentlemen Prefer Blondes‹) und Billy Wilder (›The Seven Year Itch‹ und ›Some Like It Hot‹) und einen plus ein Fragment mit George Cukor (›Let's Make Love‹ und das, was von ›Something's Got to Give‹ gedreht wurde)« (Joe Hembus).

»Gentlemen Prefer Blondes« (Blondinen bevorzugt!) wurde 1953, »The Seven Year Itch« (Das verflixte siebente Jahr) 1954, »Some Like It Hot« (Manche mögen's heiß) 1959 und »Let's Make Love« (Machen wir's in Liebe) 1960 gedreht; »Something's Got to Give« wurde 1962 begonnen, aber nicht zu Ende geführt, weil das Studio Marilyn Monroe entließ.

Neben diesen Komödien trat Marilyn Monroe in einigen Filmen auf, die sehr verschiedene Facetten ihres Talents zeigten. In »River of no Return« (Fluß ohne Wiederkehr – 1954) stellte der Regisseur Otto Preminger zwei Stars gegenüber, die beide eine recht abgründige Art von Sexualität ausstrahlten: Robert Mitchum und Marilyn Monroe. Obwohl der erklärte Weiberfeind Preminger, der seine Arbeit mit Marilyn Monroe mit der mit dem »Hunde-Star« Lassie verglich, es kaum verstand, die differenzierten Möglichkeiten der Schauspielerin einzusetzen, repräsentiert dieser Western doch die problematische Stellung der Monroe in der »Ambivalenz sittlicher Normen und der Unsinnigkeit rigoros angewandter Moralbegriffe« (H. G. Pflaum). Die Analogie von Sexualität und Natur, die hier zum Ausdruck kommt, ist einer der Schlüssel zum Verständnis des Mythos Marilyn Monroe. (Dieser Film beinhaltet auch einige der schönsten Gesangs-Nummern von Marilyn Monroe.)

»Bus Stop« (Bus Stop – 1956 – Regie: Joshua Logan) reflektierte die Rolle des Sex-Symbols und war zugleich Marilyn Monroes reifste und konzentrierteste schauspielerische Leistung. Im Schicksal der Bar-Sängerin Cherie, von der man glaubt, daß sie nicht singen kann, spiegelt sich das Schicksal von Marilyn Monroe, von der man geglaubt hat, daß sie keine Schauspielerin werden könnte. Erzählt wird die Geschichte des »Cowboys« Bo Decker, der in Cherie sein Frauen-Idol sieht und glaubt, sie einfangen und zu seinem Besitz erklären zu können wie die Rinder auf der Weide. Indem Cherie Bo dazu bringt, sie als Mensch zu sehen, befreit sie nicht nur sich selbst, sondern auch ihn.

Im Gegensatz zu diesem fast utopischen Film war »The Prince and the Showgirl« (Der Prinz und die Tänzerin – 1957 – Regie: Laurence Olivier) eine sehr europäische Form der Huldigung an den Star mit einer märchenhaften Geschichte. Über einige oberflächliche Analogien hinaus – die Tänzerin Elsie Marina kommt, wie Marilyn Monroe, zu allen, selbst den für sie wichtigsten Ereignissen, zu spät; die Szene, in der der Träger ihres Kleides reißt, verweist auf dasselbe Mißgeschick, das Marilyn Monroe einige Zeit vorher auf einer Pressekonferenz geschah – enthält dieser Film kaum eine Reflexion des Monroe-Mythos (obwohl dies sicherlich intendiert war).

»The Misfits« (Nicht gesellschaftsfähig – 1961 – Regie: John Huston), der letzte fertiggestellte Film mit Marilyn Monroe, war in erster Linie der Versuch eines sozialkritischen Films über die Verlängerung alter Cowboy-Ideale in die Jetztzeit. Daneben war es aber auch ein Film über die Fähigkeit einer Frau, den *Machismo* und die Borniertheit von Männern aufzuweichen.

Daß Marilyn Monroe mehr als zu einem Star, mehr als zu einem Mythos, zu einer Kult-Figur geworden ist, wie sonst vielleicht nur Rudolph Valentino, Humphrey Bogart oder James Dean, hängt zu einem Teil wohl auch damit zusammen, daß sie eine Märtyrerin nicht nur des Hollywood-Systems, sondern der ganzen (männlichen) Gesellschaft war. Ihr lebenslanger Kampf gegen ihre materielle wie vor allem psychische Ausbeutung rührt so stark, wie ihr erotisches Imago in seiner Ambivalenz verwirrt. Bei alledem ist der Mythos Marilyn Monroe so mit dem Mythos Amerika verbunden, daß er in Europa ein Synonym für die Widersprüche in der amerikanischen Gesellschaft geworden ist.

Anmerkungen

Marjorie Rosen: Popcorn Venus. New York 1974. Enno Patalas: Stars – Geschichte der Filmidole. Frankfurt 1967. Joan Mellen: Marilyn Monroe. New York 1973. Joe Hembus: 94 – 56 – 89 Marilyn Monroe. Die Frau des Jahrhunderts. München 1973. H. G. Pflaum: Fluß ohne Wiederkehr. In: »Süddeutsche Zeitung« vom 14. 7. München 1973.

Literatur

Michael Conway/Mark Ricci: The Films of Marilyn Monroe. New Jersey 1972. Fred Lawrence Guiles: Norma Jean: The Life of Marilyn Monroe. New York 1970. Michael Laclos: Marilyn Monroe. Paris 1962. Norman Mailer: Marilyn Monroe. München/Zürich 1973. Alexander Walker: Body and Soul: Harlow and Monroe. In: Ders.: The Celluloid Sacrifice. New York 1966. Maurice Zolotow: Marilyn Monroe. New York 1960.

Playboy

Das Magazin »Playboy« wurde 1953 von Hugh Hefner gegründet und sprach durch seine Mischung von erotischer Fotografie, Cartoons, Literatur (insbesondere Kurzgeschichten), Beratung und Konsumanreiz ein Publikum an, das gemeinhin erotische Unterhaltung kaum akzeptiert hatte: den aufstrebenden weißen Mittelstand. Mittlerweile das auflagenstärkste aller Herrenmagazine mit »Ablegern« in verschiedenen Ländern (etwa Frankreich, Italien und Deutschland), hat der »Playboy« sein Rezept kaum verändert: propagiert wird ein Lebensgenuß, der einer konsumierenden, spielbetonten Freizeitgestaltung den Vorzug vor der intellektuellen Durchdringung gesellschaftlicher Vorgänge gibt, und ein erotisches Leitbild, das neben den absolut gesetzten Tugenden von Jugend und Schönheit auch die Verdinglichung der

Frau zur Ware, zum »Spielzeug des Mannes« umfaßt. Zur Verarbeitung alltäglicher Widersprüche bietet der »Playboy« seinen Lesern eine Form des schwarzen Humors an, die insbesondere in den teils vorzüglichen Cartoons (etwa von ffolkes, Gahan Wilson oder VIP) zum Ausdruck kommt. Auch die erotischen Fotografien (berühmt geworden und von allen Nachahmern übernommen sind die Ausklapptafeln des »Playmate of the Month« in der Mitte des Heftes) sind durch handwerkliche Qualität ausgezeichnet und vermeiden pure Obszönität; ihr eher aseptisches Konzept (die Makellosigkeit der Modelle wird oft durch Retuschen verstärkt) brachte der Redaktion den Vorwurf ein, sie verwandele den Sex in eine »sterile Verpackungs-Mentalität«, bei der sich die Nacktheit der Frau als eine neue Form der »Kleidung« präsentiere.

Die von Hefner propagierte »Playboy-Philosophie«, die wohl seinerzeit durchaus einen Effekt in Hinsicht auf die sexuelle Befreiung aufweisen konnte, fand ihren Niederschlag auch in den »Playboy-Clubs«, die insbesondere durch die *bunnies* (Serviermädchen in einer Art Häschen-Uniform) berühmt wurden. Der männliche Besucher sollte sich wie in einem Harem fühlen können; gleichwohl ist es den *bunnies* verboten, sich auch nur mit einem der Gäste zu verabreden. Diese »Bordelle ohne oberes Stockwerk« repräsentieren die Verbindung von »veröffentlichter« Erotik und Verdrängung, welche den Kern der »Playboy-Philosophie« ausmacht.

Zu Beginn der siebziger Jahre begann das »Playboy-Imperium«, das neben dem Magazin, den »Playboy-Clubs« und einer eigenen Buchgemeinschaft auch Film- und Schallplattenproduktionen umschließt, an Einfluß zu verlieren. Dies ist wohl nicht nur auf die Konkurrenz des von Bob Guiccione herausgegebenen Magazins »Penthouse« zurückzuführen, das in seiner Ansprache direkter und in seiner Gestaltung weniger steril ist (die Rivalität zwischen Hefner und

Titelbild einer deutschen (oben) und einer amerikanischen Ausgabe des »Playboy«

Guiccione nimmt bisweilen recht persönliche Formen an, und die Aussprüche des einen über den anderen sind der amerikanischen *yellow press* manche Schlagzeile wert). Das Disengagement, das die »Playboy-Philosophie« in allen ihren Ausformungen vertritt, die Reduktion politischer und wirtschaftlicher Phänomene auf die Personen der »Macher«, die Ideologie des sozialen Aufstiegs durch Anhäufung von Status-Symbolen und die fast pubertären Formen erotischer Ersatzbefriedigung reichen für die Problemlösungen der Leser und Konsumenten kaum mehr aus.
Unter dem Druck der Konkurrenz startete Hefner 1971 in Zusammenarbeit mit dem französischen Magazin »Lui« ein neues, sexbetonteres Objekt: »Oui«. Dieses Magazin, weniger kulturbeflissen und ehrlicher in seinem Unterhaltungscharakter, erlaubte es Hefner, den »Playboy« weiterhin als Publikumszeitschrift zu führen, ohne Leser an die Konkurrenz zu verlieren (Teil der Publikationsstrategie des »Playboy« ist der für ein Magazin dieser Art außergewöhnlich hohe Anteil von weiblichen Lesern).
Die deutsche Ausgabe des »Playboy«, die im Heinrich Bauer Verlag erscheint, besteht zu einem großen Teil aus Übersetzungen des amerikanischen Originals, bringt daneben aber auch Beiträge von deutschen Autoren. Ein Vergleich zeigt, daß die deutsche Ausgabe zwar die extremsten Formen der »Playboy-Philosophie« ausspart, daß aber auf der anderen Seite eine noch unkritischere Haltung zu Politik und Wirtschaft eingenommen wird. Während etwa in den amerikanischen »Playboy-Interviews« (ein fester Bestandteil jeden Heftes) die Fragen oft recht provokativ gestellt werden und die befragten Personen aus Wirtschaft, Kultur, Sport, Politik und »Gesellschaft« mitunter auch auf Kritik stoßen, wirken die deutschen Pendants zumeist apologetisch. Die »unverklemmte Ästhetik«, die der Herausgeber des deutschen »Playboy«, Heinz von Nouhuys, für sein Magazin in Anspruch nimmt, ist die Ästhetik der Werbung: »Was ist das für ein Mann, der den Playboy liest?« fragt die Redaktion und antwortet selbst im schönsten Werbe-Deutsch: »Ein junger Mann, für den es nur eine Grenze gibt: die Weite des Himmels. Ob er zu einer geschäftlichen Verabredung oder zu einem romantischen Abenteuer startet, egal – seine Unternehmungslust und sein Einkommen erlauben es ihm, einen eigenen Kurs zu steuern.« Das dazugehörige Bild zeigt einen modisch gekleideten Mittzwanziger mit einem Sportflugzeug und einer ebenso modisch gekleideten Begleiterin im Hintergrund. Der ideale Verbraucher ist auch der ideale »Playboy«-Leser.

Literatur
Playboy Interview: Hugh M. Hefner. Ein freimütiges Gespräch mit dem Mann, der vor 20 Jahren Playboy erfunden hat. In: »Playboy« Nr. 1. München 1974. Wolfgang Boller: Der Playboy zielt, aber er schießt nicht. In: »m« Nr. 9. München 1969.

Pin Up
Pin Up ist die aus der Funktion als Wandschmuck (*to pin up* = aufhängen, an die Wand nageln) abgeleitete Bezeichnung für die bildliche Darstellung erotischer Situationen, insbesondere weiblicher Akt- oder Halbaktporträts. »Ein Pin Up ist ein in vielen Exemplaren reproduziertes, Sexualität evozierendes Bild, das durch den Ausdruck oder die Haltung der abgebildeten Person den Betrachter einlädt, in eine persönliche Beziehung zu dieser Person zu treten, wobei die abgebildete Person ein Substitut für eine wirkliche Person oder der Gegenstand reiner Wunschvorstellungen ist« (Mark Gabor). Zwar findet sich in der europäischen Gebrauchsgraphik, vor allem auf dem Gebiet der Werbung, bereits im neunzehnten Jahrhundert die bewußte Anwendung von Sex-Appeal zur Erhöhung des Verkaufswertes, doch die selbstzweckhafte Erotik des Pin Up ist in erster Linie eine amerikanische Tradition. Eine Reihe von

Magazinen gruppierten ihren meist recht spärlichen redaktionellen Inhalt um gezeichnete Pin Ups. Das Material für die Abbildungen und den dazugehörigen Text lieferten dabei in der zweiten Hälfte des neunzehnten Jahrhunderts Berichte über Tänzerinnen und Darstellerinnen in den Vaudeville- und Burlesque-Theatern. Die Zeitschriften wie »Metropolitan Magazine«, »Broadway Magazine«, »Truth Magazine« oder »Cosmopolitan« entwickelten einen zunächst graphischen, dann auch fotografischen Stil der Darstellung, der als »Cheesecake«-Tradition in die Geschichte der erotischen Unterhaltung einging (*cheesecake* – Käsekuchen – bezog sich dabei auf die Süßlichkeit der Darstellung).
Während in Frankreich bereits in den siebziger Jahren des neunzehnten Jahrhunderts eine Reihe von Pin Up-Magazinen erschienen (»La Vie Parisienne«, »La Fétard«, »La Vie en Rose«, »Rabelais« etc.), die vor allem durch den Export gewinnträchtig waren, dauerte es in Deutschland immerhin bis ins Jahr 1923, bis das erste Magazin mit Pin Ups erschien. »Das Magazin« wurde von F. W. Koebner mit einem Kredit des Filmregisseurs Robert Siodmak gegründet, setzte sich sehr bald durch und rief eine Reihe von Nachahmungen ins Leben.
Neben den erotischen Magazinen waren es in Europa vor allem Bildpostkarten, die als Medium für Pin Ups dienten. Künstler wie Toulouse-Lautrec, Bonnard oder Boutet versuchten sich ebenso an Pin Up-Postkarten wie ausschließlich auf dieses Medium spezialisierte Graphiker wie etwa Raphael Kirchner.
Um die Jahrhundertwende entstand mit den Zigarettenbildern ein weiteres Medium für das Pin Up; auch hier waren es vorzugsweise Schauspielerinnen und Tänzerinnen, die als Modelle dienten. Etwa in dieselbe Zeit fällt die Entwicklung des Pin Up-Kalenders, der als Werbegeschenk verteilt wurde.
Neben dem fotografierten Pin Up, das in seiner ästhetischen Spannweite von der Amateurfotografie in einem FKK-Magazin bis zu den artifiziellen erotischen Fotografien etwa eines Sam Haskins, David Hamilton oder John Thornton reicht, hat sich bis heute die Form des gezeichneten Pin Ups gehalten. Gleichsam das Urbild dieser graphischen Pin Ups war das Gibson-Girl, das seit 1887 unter anderem regelmäßig in »Life« erschien. Das Gibson-Girl, das nur unwesentlich variierte Schönheitsideal der eleganten, kultivierten Frau, verband den Sex-Appeal des Pin Ups mit der Propagierung einer Lebensart von Optimismus und Sportlichkeit. Zwei Elemente des gezeichneten Pin Ups, die noch heute ein unabdingbarer Bestandteil sind, hat der Erfinder und Schöpfer des Gibson-Girls, Charles Dana Gibson, entwickelt: 1. Die Pose des dargestellten Modells richtete sich direkt an den Betrachter. 2. Jede Zeichnung war mit einem ironischen Text versehen, der durch seine betonte Harmlosigkeit einen Kontrapunkt zu der aufreizenden Pose des Pin Up bildete. (In späterer Zeit wurde dies durch eine in aller Unschuld vorgetragene Zweideutigkeit ersetzt.) Um 1910 verschwand das Gibson-Girl aus den Seiten der Zeitschriften und fand erst 1934 im Petty-Girl (benannt nach dem Zeichner George Petty) im Magazin »Esquire« eine Nachfolgerin. Ganz im Gegensatz zum Gibson-Girl verkörperte das Petty-Girl den Typ der *femme fatale*, und die Kommentare unter den Zeichnungen waren zuweilen recht boshaft und zynisch. 1941 wurde das Petty-Girl vom Varga-Girl abgelöst (benannt nach dem Zeichner Alberto Varga), dessen amoralische Ausstrahlung und realistischer Sex-Appeal dem »Esquire« ein Gerichtsverfahren einbrachte. Versöhnt wurden die konservativen Kritiker vor allem auch deshalb schließlich, weil das Varga-Girl in dieser Zeit besonders patriotisch auftrat; so erschien es in die amerikanische Flagge gehüllt, und der Text war dazu angetan, die Kampfmoral der G.I.s an der Front zu kräftigen. 1946

Das Vargas Girl © Playboy

verließ Varga »Esquire« und zeichnete später für das Magazin → »Playboy«, zu dessen Erfolg das Varga-Girl nicht unwesentlich beigetragen hat.

Seit den zwanziger Jahren wurden in den Magazinen neben den Fotografien von Modellen und gezeichneten Pin Ups auch Fotos von den berühmten Filmstars in Pin Up-Posen publiziert. Eine Reihe von Fan-Zeitschriften (»Motion Picture Magazine«, »Picture Play«, »Screen Book« etc.) verknüpften Pin Up-Fotos der großen Stars (Clara Bow, Louise Brooks, Gloria Swanson in Amerika, Josephine Baker, Mistinguette u. a. in Frankreich) mit Klatschberichten aus dem Leben der Stars.

Für einen Typus des Hollywoodstars, der vorwiegend während der Zeit des Zweiten Weltkrieges in vielen Filmen anzutreffen war, hat sich ebenfalls die Bezeichnung Pin Up eingebürgert, weil diese Darstellerinnen (Betty Grable, Dorothy Lamour, Hedy Lamar, Lana Turner etc.) das Idealbild des Soldaten verkörperten, wie das »wirkliche« Pin Up, das nicht nur an den Wänden und in den Schränken, sondern auch an Panzern, Flugzeugen und Schiffen zu sehen war: »Die Sehnsüchte der Landser richteten sich auf den Urlaub. Das Mädchen, das er für den Urlaub sich erträumte, sollte mit weiblichen Reizen üppig ausgestattet sein und nicht damit geizen, es durfte nicht anstrengend sein, was bedeutete, daß es geistiger Gaben und ausgeprägter Charakterzüge entbehren konnte – die Frau als bloßes Objekt« (Enno Patalas).

Diese Kennzeichnung gilt wohl für das gesamte Phänomen des Pin Up. In der Idealisierung und Verdinglichung des Körpers kommt auch ein Problem zum Ausdruck: Das Pin Up ist der extreme Fall einer »Sinnvergewisserung« über männliche und weibliche Rollen. In den rein männlichen Organisationen der Gesellschaft, vom Internat über den Wehrdienst bis hin zur Baustelle mag es auch als Beweis der bewahrten Heterosexualität oder als Symbol der eigenen Potenz dienen.

Anmerkungen

Mark Gabor: Die Geschichte des Pin Up. München 1975. Enno Patalas: Stars – Geschichte der Filmidole. Frankfurt 1967.

Literatur

Allen Chellas (Hg.): Cheesecake: An American Phenomenon. New Jersey 1953. Martin Levin (Hg.): Hollywood and the Great Fan Magazines. New York 1970. Jacques Sternberg/Pierre Chapelot: Un siècle de pin up. Paris 1971. Gert Wolfram: Der Sex Appeal. München 1958. Richard Wortley: Pin-ups Progress: An Illustrated History of the Immodest Art. London 1971.

Pornographie

Der Begriff Pornographie, eine Zusammensetzung der griechischen Wörter *porne* (= Hure) und *graphein* (= schreiben), bezeichnete ursprünglich die Beschreibung von Leben und Sitten der Prostituierten und ihrer Liebhaber. Im Laufe der Zeit wurde er verallgemeinert zum Begriff für die Darstellung sexueller Akte überhaupt. Heute läßt sich Pornographie definieren als »die optische, textliche und akustische Vermittlung der Teilnahme am Sexualleben der dargestellten Personen« (Henryk M. Broder). Hinzuzufügen wäre vielleicht, daß diese Teilnahme so vermittelt wird, daß sie als Genuß empfunden wird.

Pornographie setzt durch ihre narrative Struktur zumindest für die Zeit ihrer Konsumtion moralische Hemmungen außer Kraft, ohne sie deshalb ganz aufzuheben. Wegen ihrer problematischen Stellung in den kulturellen Auseinandersetzungen um moralische Grundregeln hat es immer wieder Kontroversen um die individuelle und gesellschaftliche Wirkung der Pornographie gegeben. Weder auf wissenschaftlichem Gebiet noch in der populären Darstellung der Medien ist man im Verlauf dieser Auseinandersetzungen zu einer einheitlichen Definition dessen gekommen, was Pornographie bedeutet und welche Wirkungen sie zeitigt. Hier sollen nur die vier hauptsächlich wiederkehrenden Argumente in der Diskussion um Schaden oder Nutzen der Pornographie wiedergegeben werden:

1. Die Pornographie verletzt die kulturellen und geschmacklichen Werte der Gesellschaft. Diese These geht weniger davon aus, daß Pornographie gefährlich für das soziale Verhalten der Menschen ist, als vielmehr, daß sie die kulturellen Errungenschaften und die ästhetischen Maßstäbe verletzt und somit als eine Art »geistiger Umweltverschmutzung« den Sinn für die wirklichen Schönheiten von Literatur und Kunst beeinträchtigt. A. Burgess drückt das so aus: »Pornographie ist so lange harmlos, als wir nicht unseren Geschmack dadurch verderben, daß wir sie als Literatur mißverstehen.«

2. Pornographie schadet dem Individuum. Die Vertreter dieser These beziehen sich vor allem (aber nicht nur) auf die jugendlichen Konsumenten. Unterstellt wird ein Nachahmungseffekt bei Lesern oder Zuschauern, der durch die verrohende Wirkung der Pornographie auch zu kriminellem oder pathologischem Verhalten führen kann. Es verwundert nicht, daß diese Position vor allem von konservativen Wissenschaftlern vertreten wird und oftmals die Legitimations-Grundlage für Zensur- und Verbotsmaßnahmen darstellt. Doch nicht alle Anhänger dieser These fällen so apodiktische Urteile wie L. Kubie: »Pornographie befreit nicht nur die Phantasie von Kindern, sondern auch die des Kindes, das in jedem Menschen lebt, und führt die Menschen dazu, viel weiter zu gehen, als sie es von sich aus täten. Die erregte Phantasie führt zu entsprechendem Handeln.«

Ernster als diese recht globale Entmündigung des Menschen ist eine Ableitung der These zu nehmen, die besagt, daß durch die Rezeption von Pornographie ein schiefes oder fehlerhaftes sexuelles Weltbild entstehen könnte, das besonders bei Jugendlichen möglicherweise zu falschen Erwartungen oder Fehlhandlungen führt. (Die logische Folgerung daraus wäre: Der Mensch kann sich ohne Gefahr für seine Seele soviel an Pornographie leisten, wie ihm an Aufklärung zuteil geworden ist.)

3. Pornographie schadet der Gesellschaft. Vor allem die desintegrierende Wirkung der Pornographie, die eine verbindliche, für eine Gesellschaft insgesamt gültige Moral unmöglich macht, wird hier beanstandet. Pornographie, so heißt es bei Vertretern dieser These, mache den Menschen »egoistisch«, »unengagiert« und »entindividualisiert«. »Schlimmstenfalls zerbricht das gesamte moralische Gefüge unserer Gesellschaft« meint etwa E. van den Haag. Als Gegenargument zu dieser These kann allerdings vorgebracht werden, daß Pornographie ja selten etwas ist, was von außen an die Gesellschaft herangetragen wird, sondern daß jede Gesellschaft ihre eigene Form der Pornographie aus ihren kulturellen und moralischen Konflikten heraus entwickelt. (Man denke nur an die viktorianische Pornographie mit ihrer Betonung

flagellantischer Elemente.) Das »moralische Gefüge unserer Gesellschaft« und die Pornographie sind also nicht Antipoden, sondern nur die zwei Seiten einer Münze. Folgerichtig müßte, wer die Pornographie kritisiert, auch die gesellschaftlichen Moral-Systeme und ihre politischen Grundlagen kritisieren.

4. Pornographie ist harmlos oder hat sogar eine karthartische Wirkung. Ein Teil der Repräsentanten dieser These geht davon aus, daß die tatsächliche Wirkung von Darstellungen in den verschiedenen Medien, handele es sich nun um Gewalt- oder um Sex-Darstellungen, verschwindend gering sei. »Würden alle sogenannten anstößigen Bücher und ähnliches von heute auf morgen von der Erdoberfläche verschwinden, so würden unserer Überzeugung nach weder Kriminalität, Delinquenz, Unmoral, antisoziales Verhalten noch Krankheit und Not davon in irgendeiner Weise berührt. Die Gesellschaft mit ihren Frustrationen und Versagungen bliebe dieselbe, und Kinder und Erwachsene würden weiterhin gegen sie aufbegehren« (R. Lindner).

Auch bei fortschrittlichen Wissenschaftlern umstrittener ist die These, Pornographie könne eine positive Wirkung auf den Konsumenten ausüben. Insbesondere der Zusammenhang zwischen Pornographie und sexuellen Gewaltverbrechen stand dabei im Mittelpunkt der Diskussion: Die Pornographie wurde als eine Art Sicherheitsventil gedeutet, das potentielle Triebtäter zur gefahrlosen Abreaktion nützen könnten. Diese These konnte so wenig belegt werden (etwa anhand der Freigabe der Pornographie in Dänemark) wie die gegenteilige Behauptung, Pornographie erhöhe die Gefahr von sexuellen Gewaltverbrechen oder psychischen Defekten.

Diese vier Grundanschauungen beziehen sich auf die sogenannte »normale« Pornographie, die im Gegensatz zur »harten« Pornographie steht. Diese bezieht sich jeweils auf den Teil der Sexualität, der im klinischen (nicht im moralischen) Sinne als Perversion oder als sozial gefährlich eingestuft wird.

Allein die »normale« Pornographie weist eine Unzahl von verschiedensten Erscheinungsformen, »Härtegraden« und Grundhaltungen auf, die durch pauschale Urteile kaum sinnvoll bewertet werden können. Zu fragen wäre im Einzelfall wohl nicht so sehr: Wieviel Sexualität zeigt das pornographische Produkt?, sondern vielmehr: Welches Menschenbild transportiert es? Daß der Diskussion um die Pornographie bisweilen selber etwas Pornographisches anhaftet, liegt wohl vor allem daran, daß sich in ihr die Deformierung, ja Verkrüppelung der menschlichen Sexualität ebenso spiegelt wie in ihrem Gegenstand.

Anmerkungen

Henryk M. Broder: Wer hat Angst vor Pornographie? Darmstadt 1970. A. Burgess: What is pornography? In: Perspectives on pornography. New York 1970. L. Kubie, E. van den Haag und R. Lindner zitiert nach: Der Pornographie-Report – Untersuchungen der Kommission für Obszönität und Pornographie des amerikanischen Kongresses. Reinbek 1971.

Literatur

Boris Bergson: Porno per Post. Materialien zur Realität sexueller Verhaltensweisen in der Bundesrepublik Deutschland. München 1972. H. Clor: Obscenity and Public Morality. Chicago 1969. Alex Comfort: Der aufgeklärte Eros. Plädoyer für eine menschenfreundliche Sexualmoral. Reinbek 1969. Peter Gorsen: Das Prinzip Obszön. Reinbek 1969. Peter Corsen: Sexualästhetik. Zur bürgerlichen Rezeption von Obszönität und Pornographie. Reinbek 1972. Anton-Andreas Guha: Sexualität und Pornographie. Frankfurt/Main 1971. D. A. Hughes (Hg.): Perspectives on Pornography. New York 1970. Montgomery Hyde: Geschichte der Pornographie. Frankfurt/Main 1969. Phyllis und Eberhard Kronhausen: Pornographie und Gesetz. Stuttgart 1963. Ludwig Marcuse: Obszön – Geschichte einer Entrüstung. München 1962. W. H. Masters, V. E. Johnson: Die sexuelle Reaktion. Reinbek 1970. Peter Michelson: The Aesthetics of Pornography. New York 1971.

Pornographische Literatur
Genre der Unterhaltungsliteratur, das der ausschließlichen Schilderung sexueller Vorgänge gewidmet ist und im Gegensatz zu anderen Formen der erotischen Literatur, etwa dem Sex and Crime-Roman, dem erotisch-realistischen Melodram oder dem Sittenroman, kaum Beschränkungen hinsichtlich der Deutlichkeit in der Beschreibung unterworfen ist. Entsprechend unterliegt die pornographische Literatur zumeist (von Land zu Land unterschiedlich strengen) Vertriebsbeschränkungen (Jugendschutz etc.).
Die pornographische Literatur besteht ihrem Wesen nach aus sexuellen Märchen, der fiktiven Erfüllung erotischer Wunschträume und der Möglichkeit, sich zeitweilig mit Menschen zu identifizieren, die für sich die gesellschaftlichen Tabus außer Kraft gesetzt haben. Da die jeweiligen Tabus in verschiedenen Kultur-Kreisen differieren, ist die Definition des Pornographischen in der Literatur an Ort und Zeit gebunden; die rein pornographische Literatur stellt immer das in den Mittelpunkt der Erzählung, was als verboten, oder doch zumindest als unschicklich gilt (insofern ist die pornographische Literatur ein Kind des neunzehnten Jahrhunderts, während die erotische Literatur an sich so alt ist, wie die Literatur überhaupt).
Wie jedes Genre der Unterhaltung läßt sich auch der pornographische Roman auf einige wenige, immer wiederkehrende und untereinander variierte Themen zurückführen. Die Aufgabe eines pornographischen Romans ist es, eines oder mehrere solcher Themen in einem pornographischen Klima zu entwickeln, in dem bewußte oder unbewußte Abwehrhaltungen des Lesers abgebaut sind. Daß die pornographische Literatur eine Art Urlaub von den strikten Sexualnormen der Gesellschaft darstellt, das spiegelt sich nicht nur in diesem durch die Form der Darstellung evozierten Klima, sondern auch im Themenkatalog. Einen solchen Themenkatalog haben Phyllis und Eberhard Kronhausen (ohne Anspruch auf absolute Vollständigkeit, aber mit dem Ziel einer praktikablen Eingrenzung) aufgestellt, der die Grundlage für die folgende Gliederung bildet:
1. Die Verführung. Im Gegensatz zu den meisten anderen Genres der Unterhaltung vollzieht sich eine Verführung in der pornographischen Literatur in kürzester Zeit, was »durch die Leichtigkeit bedingt ist, mit der die Verführung vollbracht wird« (Kronhausen). Eine grundsätzliche Determinante des pornographischen Klimas wird in Verbindung mit diesem Thema sehr deutlich: Die Protagonisten der pornographischen Literatur funktionieren im Sinne des Genres vorwiegend deswegen, weil eine geheime oder offene Bereitwilligkeit zur »Ausschweifung« vorhanden ist. Es ist eine Grundvoraussetzung des Genres und gleichzeitig ein utopischer Aspekt in ihm, daß so gut wie nie etwas gegen den Willen der Beteiligten geschieht. Das Raffinement und die psychologischen Verstrickungen in Zusammenhang mit einer Verführung, die beispielsweise das Melodram nicht müde wird zu schildern, gibt es in der pornographischen Literatur nicht.
2. Defloration: Im Spannungsbogen eines pornographischen Romans stehen Deflorationsszenen zumeist am Beginn der Handlung. Häufig stehen sie für einen Initiationsritus, in dem die Frau den Schmerz überwindet und die Lust entdeckt. Dieser Charakter der Initiation wird oft dadurch unterstrichen, daß die Defloration im Beisein anderer vollzogen wird und die Frau dann in einen Kreis »Eingeweihter« aufgenommen wird. Wie es die Voraussetzung der »normalen« Pornographie ist und wie es einem Initiationsritus angemessen ist, wird die Defloration immer mit dem Einverständnis der Frau vorgenommen, ja, sie ist oft die eigentliche Initiatorin.
3. Inzest: In der pornographischen Literatur wird der Inzest so dargestellt, als sei er kein Problem, und die Protagonisten werden von keinerlei Schuldgefühlen geplagt.

Die Tatsache aber, daß kaum ein pornographischer Roman ohne die Schilderung einer inzestuösen Beziehung auskommt, deutet doch darauf hin, daß hier ein äußerst wirksames Tabu angesprochen wird.

4. Die »tolerant-verführende Elternfigur«: Wie die scheinbare Selbstverständlichkeit des Inzests die Erfüllung eines erotischen Wunschtraumes ist, der mit der bürgerlichen Familien-Struktur und ihren Zwängen verknüpft ist, so ist auch das Idealbild der Eltern, die den Jugendlichen nicht nur die freie Entfaltung ihrer Sexualität gestatten, sondern darüber hinaus aktiv für die Erfüllung erotischer Wünsche Sorge tragen, ein gleichsam märchenhafter Traum. Umgekehrt sind auch die Kinder im Kosmos der pornographischen Literatur ihren Eltern gegenüber äußerst tolerant und lassen sie an ihrem sexuellen Leben teilnehmen; die gewährte Freiheit und Unterstützung wird dankbar zurückgegeben. Die Funktion der Familie als triebfeindliche Institution wird in diesem Genre ersetzt durch das Bild von der Familie als (auch) erotischer Lebensgemeinschaft, in der es kaum Besitzverhältnisse gibt. Die Figur der »tolerant-verführenden« Person ist nicht nur auf das Gebiet der Familie beschränkt, sondern sie findet sich auch in Zusammenhang mit anderen sozialen Institutionen, so der Schule oder der Kirche. Daß gerade jene Personen, die in der Wirklichkeit als Agenten der gesellschaftlichen Macht die Entfaltung der Sexualität verhindern, in der pornographischen Literatur die Initiatoren und Förderer freier Liebe sind, hat zum einen den Zweck, potentielle Schuldgefühle beim Leser abzubauen, da die gemeinhin zu fürchtenden Autoritäten selber sich zum Fürsprecher eigener Triebwünsche machen. Zum anderen beinhaltet dies auch einen gewissen utopischen Aspekt.

5. Die Verquickung von »Hohem« und »Niedrigem«: Einen besonderen Reiz vermittelt die Begegnung des Erotischen mit den Symbolen von Macht, Religion oder Tradition, die allgemein als unantastbar gelten. Das Blasphemische in der pornographischen Literatur, das oftmals durchaus aggressive Züge aufweist, kommt einer Trotz-Reaktion gegen den Druck herrschender Moral- und Kultur-Gebote gleich, die wiederum dazu dient, den Leser gegen die Macht seines Über-Ichs, seines »schlechten Gewissens« zu stärken. So ist zum Beispiel die Vorliebe dafür, gerade Angehörige des Klerus zu Helden der pornographischen Literatur zu machen, nicht nur historisch bedingt.

6. Die erotische Sprache: Was die Helden der pornographischen Literatur tun, darüber reden sie auch. Die Sprachlosigkeit, in der sich die Sexualität zumeist in der Realität vollzieht und das Verbot, erotische Bedürfnisse zu verbalisieren (zumal in der »Öffentlichkeit«), ist in diesem Genre vollständig aufgehoben. Die Protagonisten machen sich (und dem Leser) durch ihre deftige erotische Sprache Mut, etwaige Skrupel zu überwinden.

7. »Sexualgiganten«: Die Heldinnen und Helden der Pornographie sind Supermenschen, deren Leben von kaum etwas anderem bestimmt wird als von ständiger, unerschöpflicher Lust. Dies dem pornographischen Roman als gefährlich unrealistische Komponente vorzuwerfen, wie es Kritiker der »verklemmten« Pornographie getan haben, ist etwa so sinnvoll, wie dem Western vorzuwerfen, daß in ihm zuviel geritten, geschossen und geprügelt wird und daß die Cowboys in der historischen Wirklichkeit längst keine solchen Meisterschützen waren, wie sie der Western darstellt.

Die Hervorhebung von Größe, Leistung und Anzahl in der pornographischen Literatur nimmt bisweilen die Formen eines regelrechten Kultes an, in dem sich männlicher Narzißmus spiegelt. Sexuelle Attribute geraten leicht zum Fetisch, und die Mythen vom überpotenten Mann und der nymphomanischen Frau transportieren eine weitgehend verdinglichte Erotik.

8. Angehörige anderer Völker und Rassen als Sexualsymbole: Abgesehen davon, daß

etwa in der europäischen Kultur Negern, Asiaten oder Südländern größere Virilität zugeschrieben wird, ist die sexuelle Beziehung von Menschen verschiedener Rassen ein Tabu-Bruch, den viele pornographische Romane in den Mittelpunkt ihrer Handlung stellen. Der exotische Reiz solcher »verbotenen« Beziehungen ist gewiß ein Erbe des Kolonialismus und seiner aus Unterdrückung, Abgrenzung und Legitimation gebildeten »Philosophie«, und entsprechend ist das Bild, das die pornographische Literatur von Angehörigen fremder Rassen zeichnet, ambivalent und schwankt zwischen Bewunderung und Unterwerfung. Die Erhöhung zum Sexualobjekt geht einher mit der Erniedrigung des Menschen. In der pornographischen Literatur setzt sich, bis hin zu den zahlreichen Romanen, die schwarze Prostituierte in den USA zu Heldinnen haben, eine Tendenz der Sklavenhalter-Mentalität fort.
Eine ähnliche Haltung, nämlich die der Reduktion auf die geschlechtlichen Funktionen im Dienste der »genießenden« Helden, nimmt die pornographische Literatur oft gegenüber den Angehörigen niedrigerer Klassen und Schichten ein. »Stark« und »primitiv« sind die Bauern, Diener oder Handwerksburschen, mit denen sich die Heldinnen der klassischen pornographischen Romane vergnügen, »willfährig« und »unterwürfig« die Mägde, Dienstmädchen oder andere abhängige Frauen.
So befreiend unrealistisch die pornographische Literatur in bezug auf ihr Thema ist, so genau registriert und übernimmt sie doch im allgemeinen die hierarchischen Verhältnisse, welche in der Gesellschaft herrschen, die sie hervorgebracht hat. Insbesondere in Romanen, die den sozialen Aufstieg von Frauen durch gezielte Verführungen oder Prostitution thematisieren, wie etwa Defoes »Moll Flanders« oder Clelands »Fanny Hill«, kann die Schilderung dieser Hierarchie auch satirische und kritische Züge aufweisen. Die literarisch weniger anspruchsvolle Pornographie begnügt sich zumeist jedoch damit, diese Hierarchie zu übernehmen und die (auch sexuelle) Verfügbarkeit ihrer Protagonisten danach zu verteilen. (Im übrigen darf man, trotz aller Freiheit der Heldinnen, davon ausgehen, daß in der Mehrzahl der pornographischen Romane die Hierarchie der Protagonisten von einem *Mann* aus den herrschenden Schichten angeführt wird.)
9. Homosexualität: Da die Mehrzahl der pornographischen Romane von Männern für (heterosexuelle) Männer geschrieben wird, bleibt die männliche Homosexualität begreiflicherweise zumeist nur eine Episode am Rande. Hingegen sind lesbische Szenen für die meisten pornographischen Romane unerläßlich.
Auch für die Sprache des pornographischen Romans lassen sich einige Konstanten aufstellen, die in den meisten Produkten dieses Genres aufscheinen: Da ist einmal der weihevolle, mystische, ja beinahe religiös anmutende Tonfall, den die meisten Klassiker der pornographischen Literatur und ihre Epigonen anwenden, um die eventuell aufkeimende Erkenntnis von der letztendlichen Banalität des Dargestellten im Keim zu ersticken und das Thema zu idealisieren.
Daneben steht die »Schreckwirkung« (Wolfgang Maier) der direkten sexuellen Sprache. Viele pornographische Romane verwenden als Gegensatz die »poetischsten« Metaphern und die vulgärsten Kraftausdrücke nebeneinander. Die Sprache im pornographischen Roman hat die Aufgabe, sexuelle Spannung zu evozieren und mögliche innere Zensuren aufzuweichen. »Der Intention nach hat Pornographie ›nichtverbalen‹ Charakter. Das bedeutet: die Sprache ist ihrer informativen, demonstrativen, symbolischen und kritischen Fähigkeiten enthoben. Sie ist nur Mittel, das beiseite gelegt werden kann, sobald die sexuellen Impulse aus ihrer tiefen Verdrängung ›herausgeschockt‹ sind, um bestimmte Wunschvorstellungen hervorzurufen und auszubeuten. Die gesellschaftlichen

Machtzentren, von denen Manipulation ausgeht, und ihre Ziele sind mannigfaltig, reichen vom Durchsetzungswillen klerikaler Absichten bis zu Wählermanipulation. Am nächsten noch kommt die pornographische Methode der massierten und skrupellosen Konsumwerbung« (Wolfgang Maier).

Anmerkungen

Phyllis und Eberhard Kronhausen: Bücher aus dem Giftschrank. Eine Analyse der verbotenen und verfemten erotischen Literatur. München 1969. Wolfgang Maier: Grundmodelle pornographischer Literatur. In: »Streitzeitschrift« Nr. 7. Frankfurt 1969.

Literatur

Dulan F. Barber: Pornography and Society. London 1972. Hans Giese: Das obszöne Buch. Stuttgart 1965. Ralph Ginzburg: An Unhurried View of Erotica. New York 1958. Montgomery Hyde: Geschichte der Pornographie. Stuttgart 1965. Phyllis und Eberhard Kronhausen: Erotische Fantasien. Die erotische Literatur im Licht der modernen Sexualpsychologie. München 1972. Phyllis und Eberhard Kronhausen: Pornographie und Gesetz. Stuttgart 1963. Ludwig Marcuse: Obszön. Die Geschichte einer Entrüstung. München 1965. Jean-Pierre Martinon: Les métamorphoses du désir et l'oeuvre. Paris 1970. Edgar Mertner/Herbert Mainusch: Pornotopia. Das Obszöne und die Pornographie in der literarischen Landschaft. Frankfurt 1970. Lothar Streblow: Erotik, Sex, Pornographie. München 1968. Harry E. Wedeck: Dictionary of Erotic Literature. London 1963.

Pornographischer Film

Bereits in der Frühzeit des Films hat das neue Medium auch als Mittel der erotischen Unterhaltung gedient. Einer der frühesten erhaltenen → Sexfilme der Filmgeschichte ist der französische Streifen »Le Bain« aus dem Jahre 1896, in dem sich die Schauspielerin Louise Willy wohl als erster → Star nackt präsentierte. Auch der deutsche Filmpionier Oskar Messter stellte einige Filme mit eindeutigen sexuellen Szenen her. »Strictly Union« (ca. 1919) in Amerika und »Le télégraphiste« (ca. 1922) in Frankreich markieren den Beginn des eigentlichen pornographischen Films, der sich vom Sexfilm durch Echtheit und Deutlichkeit der dargestellten sexuellen Aktivitäten und durch das Fehlen von Legitimationen wie Handlung, → Aufklärung oder »Philosophie« unterscheidet. Pornographische Filme wurden (zumindest bis in unsere Zeit) nicht öffentlich gezeigt, sondern entweder an private Clubs und spezielle Etablissements in den Vergnügungsvierteln der großen Städte verliehen oder an »Liebhaber« verkauft.

In dieser Frühzeit des pornographischen Films war der Markt bereits international organisiert und nicht selten von Männern beherrscht, die auch mit anderen als den Sittengesetzen ihrer Länder in Konflikte kamen. Hergestellt zu einem großen Teil in Ländern wie Cuba (das vor der Revolution ein Hort der verschiedensten Arten illegaler Geschäfte war) oder Brasilien, in denen man kaum das Eingreifen der Polizei zu befürchten hatte, wurden diese Streifen in die westlichen Länder geschmuggelt und zu hohen Preisen verkauft. (In Havanna, der Hauptstadt Cubas, gab es auch das erste und bis in die Tage der PAM-Kinos und Sex-Shops wohl auch einzige Lokal, in dem pornographische Filme öffentlich vorgeführt wurden.)

Der amerikanische *stag-film* (*stag* bedeutet soviel wie »Herrenabend«) eroberte sich in den zwanziger und dreißiger Jahren eine führende Stellung. In diesen Dekaden war das sexuelle Moment in den pornographischen Filmen zumeist noch mit einer recht rüden Form von Humor versetzt, ein Zeichen dafür, wie groß der Druck der puritanischen Moral noch war, dem man sich durch die Flucht ins Komische zu entziehen trachtete. Der »blasphemische« Charakter der *stag-films* trug denn auch wohl ebenso zum Vergnügen des Publikums bei wie die erotische Stimulation. In den vierziger und fünfziger Jahren verlagerte sich das Interesse mehr auf »ernsthaften« Sex. Hier spiegelten sich die moralischen Konflikte in der zum Ausdruck kommenden Frauenfeind-

lichkeit, die sich an der Häufung von Szenen ablesen läßt, in denen Frauen gedemütigt oder geschlagen werden.
In der Zeit vor dem Zweiten Weltkrieg erreichte der pornographische Film in Amerika (aber auch in Frankreich) eine gewisse handwerkliche Qualität, die sich aber in den Kriegsjahren wieder verlieren sollte. So bezeichnen Arthur Knight und Hollis Alpert den um 1933 entstandenen Film »Matinee Idol« als veritables »Meisterwerk«: »Die erotischen Szenen hätten nicht großzügiger und komischer inszeniert werden können, wenn Busby Berkeley die Regie geführt hätte.«
Mit der Entwicklung der 8mm-Geräte, die vergleichsweise gute und billige Abspielmöglichkeiten für das »Heimkino« boten, nahm der Markt für pornographische Filme Mitte der fünfziger Jahre an Quantität zu und an filmtechnischer, ästhetischer Qualität weiter ab. Dieses Verfahren ermöglichte es auch Amateuren, sich am Geschäft zu beteiligen, und störte eine Zeitlang das Monopol der bis dahin führenden illegalen Produktionsfirmen. Der Anteil der Verkäufe überwog nun den der Vermietungen, was dazu beitrug, den Vertrieb der »heißen Ware« etwas zu entkriminalisieren und auch die weniger mit finanziellen Mitteln ausgestatteten mittelständischen Bürger instand zu setzen, sich gefahrlos mit pornographischen Filmen zu versorgen. Spätestens jetzt wurde der pornographische Film zu einem Bestandteil der Massenkultur. In Amerika wurde der *stag-film* zu einem verbreiteten und in gewisser Weise auch sozial anerkannten Freizeitvergnügen im Mittelstandsmilieu der Vorstädte. Im Zuge der Informationen, die Kinsey, Masters und Johnson und andere über die Sexualität lieferten und der darüber öffentlich geführten Diskussion, gestatteten es sich auch immer mehr Frauen, das Vergnügen an pornographischen Filmen zuzugeben und mit anderen zu teilen. (Die soziale Anerkennung des pornographischen Films und der → Pornographie überhaupt als sozialhygienische »Medizin« vollzog sich etwa in derselben Zeit, als in den *suburbs* das Phänomen der *swinger* auftauchte, Ehepaare, die im Partnertausch das Heilmittel gegen die Frustrationen der Kleinfamilie sahen.) Dennoch wurde die »männliche Perspektive« des pornographischen Films nur in Ausnahmefällen aufgegeben.
Den europäischen Markt versorgten in den sechziger Jahren vor allem skandinavische, insbesondere dänische und schwedische Firmen mit 8mm-Filmen pornographischer Natur. Zu dieser Zeit wurde auch in der Bundesrepublik Deutschland der Markt legaler, und auch Information und Polemik um den pornographischen Film drang zum erstenmal ins Bewußtsein der Öffentlichkeit. Mit Erstaunen wurde registriert, wie groß offensichtlich das Bedürfnis nach derartigen Produkten war, obwohl bereits die Kinos ihr Programm zu einem großen Teil mit Sexfilmen bestritten.
Karlheinz Brecher referiert für das Jahr 1970 einige Zahlen. Demnach verkaufte in diesem Jahr eine einzige – weniger bedeutende – Firma an private Abnehmer 3000 Filme der »harten« und 2500 Filme der »weichen« Art (wobei man unter den »harten« wirklich pornographische, unter den »weichen« Filmen eher dem Sexfilm ähnliche Streifen zu verstehen hat). In diesem Jahr waren zwischen 400 und 500 Filme mit jeweils 1000 bis 1500 Kopien im Angebot. Der Hauptanteil der Filme wurde von einer schwedischen Firma (»Climax«) geliefert, daneben existierten größere deutsche Unternehmen (»Party«, »Venus«, »Mini Slip«). Der Rest dieses lukrativen Marktes wurde von sogenannten Waschküchenproduktionen abgedeckt, also von Filmen, die von Amateuren oder Kleinstunternehmen hergestellt werden.
Mitte der siebziger Jahre gelang es auch in Deutschland einigen findigen Verleih-Firmen unter Ausnützung einer Lücke im Gesetz, pornographische Filme in die Kinos zu bringen, indem man den Eintritt mit einem

Verzehr oder dem Erwerb eines Magazins koppelte. Das Gesetz verbietet nur solche Kinoveranstaltungen, die Pornographie »in einer öffentlichen Filmvorführung gegen Entgelt zeigt, das ganz oder überwiegend für diese Vorführung verlangt wird«. Indem Verleiher und Kinobesitzer den Großteil des Eintrittspreises für anderes als die Filmbesichtigung veranschlagten, waren sie der Anwendung dieses Gesetzes enthoben. So brachte die Dortmunder Firma Bauer in ihre PAM-Kinos auch einige Filme der amerikanischen »Welle« von pornographischen Filmen heraus, als deren bekanntestes Beispiel »Deep Throat« zu gelten hat, ein Film, der auch in der seriöseren Presse soviel Echo fand, daß seine Hauptdarstellerin Linda Lovelace zu so etwas wie einem Star des Pornofilms (besser vielleicht: zu einer Travestie auf den herkömmlichen Hollywoodstar) avancierte. Diese Filme (zu erwähnen wären etwa noch »The Devil in Miss Jones«, »Behind the Green Door« oder »It Happened in Hollywood«) waren filmtechnisch zwar einwandfrei, sie präsentierten Sexualität jedoch nicht als ein ästhetisches Vergnügen, sondern als »schweißtreibenden Hochleistungssport« (»Der Spiegel«). Sie erreichten es zumindest für eine kurze Zeit, daß sich auch die Filmkritik mit ihnen auseinandersetzte und der Besuch dieser Filme Mode wurde. »Porno Chic« nannte die »New York Times« diese Mode, die in Amerika bereits abgeklungen ist und auch in Deutschland ihren Höhepunkt überschritten hat.

Die Kritik hat sich vorwiegend mit dem pornographischen Film als kulturellem Phänomen beschäftigt, in einigen Fällen – so in Wieland Schulz-Weils 1973 im Dritten Programm des WDR ausgestrahlten Dokumentarbericht »Die harte Welle – Pornos made in USA« – auch mit der Tatsache, daß hinter dem pornographischen Film zumeist eine Industrie steht, die oft mit den Methoden der Mafia arbeitet. Zwar ist auch der pornographische Film als ein außerhalb der traditionellen Filmwirtschaft gedeihender Zweig der Massenkultur (wiewohl in engem materiellen und idellen Zusammenhang mit ihr existierend) Moden und kulturellen Strömungen unterworfen; rassistische, »sexistische« und schichtenspezifische Vorurteile lassen sich an ihm ablesen; doch bleibt das Dargestellte selbst nur in Nuancen variierbar. (Denn im Gegensatz zum Sexfilm und zum → erotischen Film kümmern den pornographischen Film die Bestimmungen der Zensur recht wenig, und er verwendet weder ästhetische noch ideologische Mittel, seine Absicht zu verschleiern, Sexualität so deutlich wie möglich zu bezeichnen und sein in erster Linie männliches Publikum mit traumhaften Erfolgserlebnissen zu versorgen.) Ein Hinweis darauf, wie »zeitlos« der pornographische Film ist – vor allem, weil er *nichts anderes* als Sex darstellt – ist die Tatsache, daß eine Anzahl der im Handel befindlichen pornographischen Filme bereits zehn, zwanzig, ja sogar dreißig Jahre alt sind, ohne daß der Unterschied zu neuen Produktionen in mehr als altmodischem Haarschnitt und einigen Accessoires des täglichen Lebens deutlich würde. Ähnliches gilt im übrigen auch für die → pornographische Literatur. Informationen über das kulturelle und sexualmoralische Klima einer Gesellschaft lassen sich also weniger den Inhalten der pornographischen Filme entnehmen als den Umständen und Bedingungen, unter denen sie gezeigt werden (etwa die Gegensätze privat – öffentlich, legal – illegal, elitär-exklusiv – »demokratisch« etc.). Während die obere Grenze dessen, was als pornographisch im Film erachtet wird, zeit- und gesellschaftsabhängig ist, bleibt die untere Grenze – von sexualpathologischen Grenzfällen einmal abgesehen – als gleichsam ewig bestehend vorgegeben: Es ist die allenfalls ins Gigantische oder Groteske verzerrte sexuelle Praxis selber. Es erscheint daher als evident, daß die Interessen der produzierenden »Industrie« und des Handels (oder des

Verleih-Handels) einen größeren Einfluß auf die Formen des pornographischen Films haben als die wie immer auch gearteten Bedürfnisse des Publikums.

Anmerkungen

Arthur Knight/Hollis Alpert: The Stag-Film – The History of Sex in the Cinema, Part Seventeen. In: »Playboy« No. 4. New York 1967. Karlheinz Brecher: Na, Leute? Pornofilme gucken? In: »Pardon« Nr. 1. Frankfurt 1971. Porno mit Verzehr. In: »Der Spiegel« Nr. 25. Hamburg 1975.

Literatur

Richard Corliss: Cinema Sex – From »The Kiss« to »Deep Throat«. In: »Film Comment« Vol. 9 No. 1. Boston 1973. Ove Brusendorff/Poul Henningsen: Erotica for the Millions. Los Angeles 1960. Ponkie: Filme im Giftschrank. In: »Abendzeitung« vom 17. 2. München 1972. Der Pornographie-Report. Untersuchungen der »Kommission für Obszönität und Pornographie« des amerikanischen Kongresses. Reinbek 1971. William Rotsler: Contemporary Erotic Cinema. New York 1973. Joachim Straeten: Orgie frei Haus. In: »Konkret« Nr. 2 Hamburg 1971. Was ist unzüchtig? Porno-Welle in der Bundesrepublik. In: »Der Spiegel« Nr. 50. Hamburg 1969.

Robbins

Harold Robbins, geb. 1916, amerikanischer Autor von melodramatischen erotischen Romanen *(sexploitation novels)*, deren Gesamtauflage sich mittlerweile auf über 70 Millionen beläuft. Robbins ist der »Erfinder« einer Formel für den amerikanischen Bestseller-Roman: Bruchstücke aus den Biographien prominenter oder umstrittener Menschen – Schauspieler, Politiker, Wirtschaftsmagnaten – werden mit einer grellen Schilderung von Sexualität, Gewalt und »Leidenschaft« verbunden; die Namen der so Portraitierten werden nicht genannt, doch sind die Analogien so pointiert dargestellt, daß der Leser sofort erkennt, »wer gemeint ist«. So bezog sich das Bild des lebenshungrigen Diplomaten Dax in seinem Roman »The Adventurers« auf Porfirio Rubirosa. »The Carpetbaggers« spekulierte mit den mysteriösen Lebensumständen des Millionärs Howard Hughes. Und »Where Love Has Gone« wies deutliche Parallelen zu dem Mord von Lana Turners Tochter an deren Liebhaber auf.

Obwohl Harold Robbins seinen Lesern kein erotisches Detail »erspart«, sind seine Romane doch alles andere als Pornographie. Geht es dieser um das Vergnügen an der Erotik, so dämonisiert Robbins die Sexualität; sie erscheint bei ihm als eine Krankheit. Das erzählerische Grundmuster seiner Romane ist die »moralische Erzählung«; von den erotischen »Stellen« gereinigt würde jeder Roman von Harold Robbins die Zustimmung der prüdesten Puritaner erhalten. Ein Bespiel: In »The Carpetbaggers« geht es um ein »braves« Mädchen, das vergewaltigt wird und sich aus Verbitterung der Prostitution zuwendet. Sie verliebt sich dennoch eines Tages in einen »guten« Mann, der sie auch heiraten will. Doch das Schicksal will es anders, und nachdem sich ihre Träume zerschlagen haben, tritt das Mädchen in ein Kloster ein. Diese Verbindung von sentimentalen Klischees und Schicksalsträchtigkeit mit Sex und Violenz ermöglicht es dem konservativen Leser, einen Blick ins »Verbotene« zu werfen und gleichzeitig seine Vorurteile bestätigt zu sehen. Und weil in den beschriebenen Charakteren Züge wirklich lebender »Persönlichkeiten« aufscheinen, wird auch das von den Medien bereits vorgezeichnete Bild von der »Welt der Reichen« als Ort überlebensgroßer Gefühle und Gefahren bestätigt.

Diese Formel haben mehrere Autoren übernommen. So lieferte etwa Morton Cooper mit »The King« eine Sex-gespickte Analogie zu Frank Sinatras Leben, Alvah Bessie deformierte, ganz im Stil von Robbins, in »The Symbol« die Biographie von → Marilyn Monroe, und Henry Suttons »The Exhibitionist« beutete den Ruhm der Schauspieler-Familie Fonda für ein Sex- und Crime-Melodram aus.

Mehrere von Robbins' Romanen wurden

verfilmt, so etwa »The Carpetbaggers« (1963 von Edward Dmytryk), »Wher Love Has Gone« (1964 ebenfalls von Dmytryk) und »The Adventurers« (1969 von Lewis Gilbert). Daneben verfaßte Robbins das Drehbuch zu Filmen wie »Nevada Smith« (1966 von Henry Hathaway) oder »Stiletto« (1969 von Bernard Kowalski) und zu der Fernsehserie »The Survivors« (1969).

Literatur

John Skow: The Harold Robbins Co. In: »Playboy« No. 12. New York 1969. Hans Giese: Das obszöne Buch. Stuttgart 1965.

Sexfilm

Das Genre des Sexfilms entwickelte sich in den westlichen Industrienationen im Zuge der »Sexwelle« in den späten sechziger Jahren. Es stellt eine Zwischenform zwischen → erotischem Film und → pornographischem Film dar. Seine Vorläufer in Deutschland sind die → Triebfilme und Aufklärungsfilme der Zeit zwischen den Weltkriegen und einige einzelne Streifen, deren »skandalöse« erotische Ansprache zumeist mit melodramatischen und romantischen Elementen versetzt war. Als Beispiel seien die erotischen Filme von Gustav Machaty genannt, von denen »Ekstase« (1933) den größten Proteststurm auslöste, weil in ihm die Schauspielerin Hedwig Kiesler für kurze Zeit unbekleidet zu sehen war. (Unter dem Pseudonym Hedy Lamarr reüssierte Hedwig Kiesler später im Hollywood-Kino.)

In der Nachkriegszeit entwickelten sich drei Arten des Films, die ihrem Publikum (für heutige Verhältnisse recht harmlose) erotische Szenen boten: die sogenannten Nudisten-Filme wie beispielsweise »The Nudist Story« (Eva unter nackter Sonne – 1959 – Regie: Ramsey Harrington) oder »Nackte Intimitäten« (1964 – Regie: Werner Kunz), die ihre Geschichten an FKK-Stränden oder -Camps ansiedelten, ferner Filme, die Sightseeing-Attraktionen mit einem Abstecher ins Nachtleben großer Städte, vor allem Paris, verbanden und hier hauptsächlich Strip-Tease-Darstellungen fotografierten, wie etwa »Mademoiselle Strip-Tease« (Paris tabu – 1957 – Regie: Pierre Foucaud) oder »Paris secret« (Paris geheim – 1964 – Regie: Edouard Logereau) und schließlich »Dokumentarfilme« über die Liebesgebräuche primitiver Völker wie etwa »Sexy magico« (1963 – Regie: Mino Loy) oder »Il tabu« (Die Tabus der Welt – 1963 – Regie: Romolo Marcellini). Daneben sprachen einige »gehobene Unterhaltungsfilme« erotische Themen an. Die seit dem Erfolg von Willy Forsts Film »Die Sünderin« (1951), in dem Hildegard Knef in einer kurzen Nacktszene zu sehen war, nicht abreißende Kette von Filmen, die in mehr oder weniger verschlüsselter Form erotische Probleme darstellten, signalisierten ein Bedürfnis, das auf Dauer schließlich nicht von den Filmen der genannten Art zu befriedigen war.

Nach den asketischen und leistungsbetonten Jahren des Wiederaufbaus kristallisierte sich in den verschiedenen »Wellen« (der »Freß-Welle«, der »Reise-Welle« und schließlich auch der »Sex-Welle«) der Nachholbedarf nach allem heraus, was mit der lang entbehrten Lebensfreude zusammenhing. »Der internationale Film dieser merkwürdig schizophrenen Restaurationsjahre hatte es mit einem gemeinsamen Phänomen zu tun: Immer stärker rückte ein Prototyp der Nachkriegsgegenwart als Schlüsselfigur in den Vordergrund – der genußsüchtige, egoistische, gefühlsleere Frustrationsmensch. Einer, dem man nichts mehr vormachen kann. Dieser Type kam man mit dem alten Lohn- und Strafe-Prinzip nicht mehr bei« (ponkie).

Diese grundsätzliche Wandlung in der Einstellung den moralischen und kulturellen Normen gegenüber, die zwar entmythologisiert, aber keineswegs erneuert wurden, führte nicht nur zum Verfall herkömmlicher Film-Genres (Western, Heimatfilm, Melodram etc.) mit ihrer strikten Moral und unzweifelhaften Unterscheidung von Gut und Böse, sondern auch zur Herausbil-

Erotische Verfremdung eines Filmgenres: »Die Sex-Abenteuer der drei Musketiere«
Verleih: Avis

dung neuer Filmformen, deren Unterhaltungswert vor allem in ihrer Schockwirkung begründet war und die ihrerseits eine Verarbeitung (im Sinne der Unterhaltungsindustrie) der kulturellen Schocks der sechziger Jahre darstellten.
Für das Gebiet der Erotik leisteten diese zunächst eher zerstörerische Arbeit neben einigen künstlerischen Streifen wie Ingmar Bergmans »Tystnaden« (Das Schweigen – 1963), vor allem die japanischen Nacktfilme, die, handwerklich oft meisterhaft, Erotik als obsessive und kriminelle Fehlhaltung vorführten. In Filmen wie »Suna na onna« (Die Frau in den Dünen – 1964 – Regie: Hiroshi Teshigahara), »Kabe no nakano himegoto« (Geschichten hinter Wänden – 1965 – Regie: Koji Wakamatsu) oder »Hatsukoi jigokuhen« (Das Mädchen Nanami – 1967 – Regie: Susumu Hani) spiegelten sich die Probleme einer Gesellschaft, deren moralische Traditionen durch die ökonomischen Verhältnisse zerstört zu werden drohten. Die Botschaft dieser und ähnlicher Filme wuchs sich jedoch sehr schnell zum Erfolgsrezept für ein Genre aus, das durch seine Verbindung von Sexualität, Gewalt und »Exotik« zum Exportschlager der japanischen Filmindustrie wurde. Der in Japan lebende amerikanische Filmhistoriker Donald Ritchie beschreibt dieses Rezept so: »Ein junger neurotischer Mann lauscht dem Geschlechtsverkehr im nebenliegenden Zimmer, attackiert seine Schwester, erweist sich als impotent; er öffnet eine Tiefkühltruhe, um

Würste und Gurken zu ordnen, beobachtet die Nachbarin beim Kopulieren, besucht und bedroht sie, beide versuchen es, wieder erweist er sich als impotent. Er schießt der Nachbarin eine Kugel in den Kopf.« Wie Christine Erbe mitteilt, fielen 1965 von 503 insgesamt in Japan produzierten Filmen 233 in die Kategorie des Nacktfilms.

Wie in Japan, so war auch in Schweden der Grund für die massenhafte Produktion von Sexfilmen von 1962 an die wirtschaftliche Unterlegenheit der nationalen Filmindustrie gegenüber dem Hollywood-Kino. Sex war die einzige Attraktion, die gleichzeitig international verkäuflich war und die man ohne großen Aufwand an Material und Geld, ohne sonderliche handwerkliche und dramaturgische Fähigkeiten und vor allem ohne → Stars herstellen konnte. Zudem bestand in den westlichen Ländern von seiten der Kinobesitzer Bedarf nach Film-Genres, deren Unterhaltungsangebot von der Konkurrenz des Fernsehens nicht geliefert werden konnte, und dies leistete, neben den ausgesprochen gewalttätigen Formen des *action*-Films (Polizei-Filme, Italo-Western, Kung Fu-Filme, Horror-Filme etc.) vor allem der Sexfilm.

Die Verbindung von Sex und Klamauk: »Die Mädchenhändler« von Erwin C. Dietrich
Verleih: Avis

Die Entwicklung des Sexfilms in Deutschland vollzog sich kurioserweise unter der Patenschaft der Bundesregierung: Der Aufklärungsfilm »Helga« (1967 – Regie: Erich F. Bender) war mit Beteiligung des Bundesgesundheitsministeriums produziert worden und erwies sich, auch und gerade auf dem Auslandsmarkt, als Kassenmagnet. In der Folgezeit wurden eine Reihe ausländischer Aufklärungsfilme (→ Aufklärung) gedreht, die freilich mehr und mehr die Information zugunsten der Unterhaltung zurückstellten (Beispiele: »Helga und Michael« – 1968 – Regie: Erich F. Bender, Oswalt Kolle: »Das Wunder der Liebe« – 1968 – Regie: Werner M. Lenz, »Du – Zwischenzeichen der Sexualität« – 1968 – Regie: Gerhard Zenkel). Als wissenschaftliche Legitimation bei diesen Streifen diente zumeist die Mitarbeit eines anerkannten Mediziners oder Psychologen (etwa Professor Hochheimer bei »Du – Zwischenzeichen der Sexualität«) oder eines durch Veröffentlichungen in der Presse bekannten Fachjournalisten wie Oswalt Kolle oder Phyllis und Eberhard Kronhausen, die mit »Freiheit für die Liebe« (1969) selbst einen solchen Aufklärungsfilm inszenierten.

Der Welle von Aufklärungsfilmen schlossen sich die zahllosen »Report«-Filme an, die in pseudodokumentarischer Form das Sexualleben in unserer Gesellschaft thematisierten. Ihre Vorakzeptanz beim Publikum verdankten diese Filme der Wirkung des »Kinsey-Reports«. Unter den ersten dieser »Report«-Filme befanden sich unter anderem »Schulmädchen-Report« (1970 – Regie: Ernst Hofbauer), »Ehemänner-Report« (1971 – Regie: Harald Philipp) und »Hausfrauen-Report« (1971 – Regie: Eberhard Schröder).

Prostitution im Sexfilm: »Blutjunge Masseusen« Foto: Afiba Film

»Absoluter Branchen-Hit ist der Dauerbrenner ›Schulmädchen-Report‹, von dem es inzwischen acht Folgen gibt. Nach Angaben des Produzenten haben die ersten sechs in zweieinhalb Jahren 60 Millionen Mark an der Kasse und drei Millionen Mark Exporterlös gebracht. Hinzu kommen als Ehrenpreis drei Goldene Leinwände für mindestens drei mal drei Millionen Besucher in 18 Monaten« (Henryk M. Broder).

Parallel zu diesen »Report«-Filmen entwickelte sich nun auch der »reine« Sexfilm, der auf das Alibi der Information über Sexualität verzichten konnte. Als erzählerischen Rahmen für die Sex-Szenen verwendeten die Drehbuchautoren vor allem Geschichten um Journalisten, Fotoreporter oder Wissenschaftler, denen bei ihren Recherchen die haarsträubendsten Dinge geschehen (Beispiele: »Bettkarriere« – 1971 – Regie: Claus Tinney; »Mädchen, die nach Liebe schreien« – 1974 – Regie: Michael Thomas), die Typologie des deutschen Märchens. (Beispiele: »Grimms Märchen von lüsternen Pärchen« – 1969 – Regie: Rolf Thiele; »Hänsel und Gretel verliefen sich im Wald« – 1970 – Regie: Franz Josef Gottlieb), Elemente des Kriminalfilms (Beispiele: »Die Mädchenhändler« – 1972 – Regie: Michael Thomas; »Leben heißt Lieben« – 1972 – Regie: Stylianos Pavlides). Schließlich wurde der »Stammtischwitz« und die traditionelle Zote zum Filmthema: »Donnerwetter, Donnerwetter, Bonifatius Kiesewetter« (1968 – Regie: Helmut Weiss), »Frau Wirtin bläst auch gern Trompete« (1969 – Regie: Franz Antel), »Graf Porno bläst zum Zapfenstreich« (1970 – Regie: Alois Brummer) etc.

Henryk M. Broder, einer der wenigen Kritiker, die sich mit dem deutschen Sexfilm anders als moralisierend auseinanderge-

setzt haben, hat für die Konstruktionsprinzipien dieses Genres fünf Kriterien aufgestellt:
»Erstens: Verbotene Sexualität. Die unerlaubte Lust findet heimlich statt. Die Gefahr des Entdecktwerdens ist ein dramaturgisches Muß.
Zweitens: Verhinderungen. Während bei den amerikanischen und skandinavischen Pornos eine artistische Sexualnummer von Anfang bis zum Schluß konsequent durchgezogen wird, geht es in den Sexfilmen beim Finish fast immer schief: Ein ungebetener Dritter kommt hinzu; der Mann macht schlapp; das Bett bricht zusammen; ein Schrank stürzt um; das Licht geht an oder aus. In jedem Fall bekommt der Zuschauer von den Präliminarien gerade noch soviel mit, daß er auf seine Kosten kommt; gleichzeitig kann er mit der Schadenfreude seinen angestauten Neid wettmachen.
Drittens: Traditionelle Rollenteilung. Fast immer ist der Mann der Fordernde, der Drängende. Die Frauen, durchaus nicht abgeneigt, zieren sich anständigerweise eine Weile, bevor sie nachgeben. Ganz selten nur übernimmt die Frau die aktive Rolle. Dann ist sie aber die komische Mutter, ihr Mann der Pantoffelheld.
Viertens: Sexualität als Tauschobjekt. Sex wird getauscht – gegen Geld, gegen Naturalien, gegen die Miete, fürs Prestige. Der Warencharakter der Sexualität in der fortgeschrittenen Konsumgesellschaft wird mit einer unbekümmerten Deutlichkeit dargestellt, die kein Kulturkritiker aufgebracht hat.
Fünftens: Die Negativfigur. Ihr Einsatz folgt dem Muster der klassischen Klamotte, ist aber hier um eine sexuelle Komponente bereichert. Besonders beliebt sind der aufdringliche Schwule, die eifersüchtige Ehefrau oder ein älterer Mensch, über den herzlich gelacht werden darf, weil auch er einmal möchte.«
Zu Beginn der siebziger Jahre hatte sich das sogenannte Sex-Lustspiel als das beliebteste Subgenre des Sexfilms in Deutschland etabliert und war zu einem deutschen Markenzeichen auf dem internationalen Markt des Sexfilms geworden. Neben der Folge der »Kumpel«-Filme, die nach einem populären Roman von Hans Henning Claer entstanden (»Laß jucken Kumpel!« – 1972 – Regie: Franz Marischka; »Bohr weiter, Kumpel« – 1974 – Regie: Siggi Goetz) und der Projektion erfolgreicher Lustspiel-Stoffe ins Genre des Sexfilms (»Charleys Tante nackt« – 1969 – Regie: Norbert Terry; »Auch Ninotschka zieht ihr Höschen aus« – 1973 – Regie: Claus Tinney) waren besonders jene Filme erfolgreich, die den Sexfilm mit der Kulisse und dem Typenarsenal des Heimatfilms (vgl. *Heimat und Familie*) und des Volkstheaters (vgl. *Komik* → Komödienstadel und Ohnsorgtheater) verknüpften (»Geh, zieh dein Dirndl aus!« – 1973 – Regie: Siggi Goetz; »Auf ins blaukarierte Himmelbett« – 1974 – Regie: Alois Brummer). Dieses Element der Komik trug dazu bei, dem deutschen Sexfilm auf dem internationalen Markt den Ruf »unverkrampfter« Erotik einzubringen. In seiner Blütezeit (1967–1974) profitierte er zudem noch von einer gegenüber der französischen, italienischen und englischen Konkurrenz höheren Freizügigkeit. Außerdem hatte die Masse des Angebots und der relativ häufige Einsatz der gleichen Schauspieler dazu geführt, daß sich eine Art Star-Typus herausbildete (Ingrid Steeger, Christine Schuberth, Elisabeth Volkmann, Andrea Rau, Ulrike Butz).
1972 waren von den 57 Filmen, die ausschließlich von deutschen Produktionsfirmen (also nicht in Co-Produktion mit anderen Ländern) hergestellt worden waren, 28 Sexfilme; 1973 waren von 72 in der Bundesrepublik produzierten Filmen 39 Sexfilme. Dazu kamen die zumeist nach ähnlichen Stilprinzipien inszenierten Sexfilme aus Österreich und der Schweiz. Diese Zahlen belegen nicht nur das Interesse der Filmwirtschaft an dem Genre, sondern auch den Erfolg beim Publikum, der erst

nachließ, als mit den → pornographischen Filmen in den PAM-Kinos und ähnlichen Unternehmen ein »härteres«, mit dem französischen kunsthandwerklichen »Kino der Lüste« (»Der Spiegel«), etwa den Filmen → »Emmanuelle« (Emmanuelle – 1973 – Regie: Just Jaeckin), »Emmanuelle l'antivierge« (Emmanuelle II – 1975 – Regie: Francis Giacobetti) oder »Histoire d'O« (Geschichte der O – 1975 – Regie: Just Jaeckin) ein »ästhetischeres« und mit Fernsehserien wie »Klimbim« (Regie: Michael Pfleghar, Mitwirkende u. a. die ehemaligen Stars des Sexfilms Ingrid Steeger und Elisabeth Volkmann mit Gastauftritten von Andrea Rau und Christine Schuberth) ein humorvolleres Angebot gemacht wurde.

Anmerkungen

Donald Ritchie zitiert nach: Christine Erbe: Pornographie im Film. In: »Film und Ton Magazin« Nr. 5. München 1972. Henryk M. Broder: Unterm Dirndl wird gekurbelt. In: »Die Zeit« Nr. 4. Hamburg 1975. Kino der Lüste. In: »Der Spiegel« Nr. 37. Hamburg 1975.

Literatur

Henryk M. Broder: Das Jodeln aus der Lederhose. In: »Spontan« Nr. 6. Hamburg 1974. Sepp Buri: Über den Umgang mit Sexualität in der Zwangsjacke. In: »Zoom« Nr. 7. Bern/Zürich 1974. Florian Hopf: Die Träne der Ejakulation. In: »Er« Nr. 1. München 1970. Klaus Lackschéwitz: Leinwand Lust und Liebe. Aufklärungsfilme. In: »Konkret« Nr. 3. Hamburg 1968. Klaus Lackschéwitz: Sex und Sadismus. Filme aus Japan. In: »Konkret« Nr. 5. Hamburg 1968. Alfred Nemeczek: Servus Sex, Porno Ahoi. In: »Stern« Nr. 26. Hamburg 1975. ponkie: Die unsaubere Leinwand. In: »Er« Nr. 6. München 1972. Dietmar Schmidt: Report über Report-Filme. In: »Medium« Nr. 1. Frankfurt 1973.

Sex- und Pop-Comics

In den klassischen amerikanischen Comics findet sich das erotische Moment zumeist nur in sehr verdeckter, angedeuteter Form, und eine Reihe der beliebtesten Serien zeichneten sich durch völlige Abwesenheit direkter sexueller Beziehungen aus. Allerdings legte gerade dieses peinlich genaue Ausgrenzen der Sexualität Spekulationen über die oft recht eigentümlichen Familienverhältnisse in vielen Humor- und Familien-Comics nahe, und die Herausbildung der → Eight Pagers veranschaulicht, was unausgesprochen in manchen Serien mitschwang.

Aber auch die Darstellung von Charakteren mit Sex-Appeal im Comic hat eine lange, wenn auch gelegentlich unterbrochene Tradition. Die realistisch gezeichneten Abenteuer-Comics des »Golden Age of Comics« vertraten ein Frauen-Ideal, das gleichermaßen von erotischer Ausstrahlung wie von einer völligen Unterwerfung unter die männlichen Helden gekennzeichnet war. »Prince Valliant« (Prinz Eisenherz, vgl. *Abenteuer* → Ritter-Comicserien) von Hal Foster, »Flash Gordon« (vgl. *Science Fiction* → SF-Comics) von Alex Raymond, »Phantom« von Lee Falk und verschiedenen Zeichnern wie Phil Davis oder Ray Moore zum Beispiel und »Tarzan« (vgl. *Abenteuer* → Tarzan) von Burne Hogarth versetzten ihre Abenteuer mit einem kräftigen Schuß Sex. Die Begleiterinnen der Helden, Prinzessin Aleta bei »Prince Valliant«, Dale Arden bei »Flash Gordon«, Diana Palmer bei »Phantom« oder Jane bei »Tarzan« waren so phantasievoll wie sexbetont gekleidet, und die Tatsache, daß sie ständig aus den Händen der bösesten Schurken gerettet werden mußten, die offensichtlich auch erotische Absichten verfolgten, ließ dem Leser Raum für die verwegensten Phantasien und tröstete ihn darüber hinweg, daß der Held selber anscheinend wenig mit seiner Schönen anzufangen wußte. (Eine Ausnahme bildete hier wohl nur »Prince Valliant«, wo eine sehr leidenschaftliche Beziehung geschildert wurde und Held und Heldin ausnahmsweise sogar Kinder miteinander haben.)

Die sexuelle Symbolik in diesen Serien war manchmal so eindeutig, daß sie bei der Übertragung für europäische Zeitungen oder *Comic Books* retuschiert oder gekürzt

wurden.
Den »guten Frauen« in den Abenteuer-Comics, die dem Mythos der »verfolgten Unschuld« verbunden waren, standen die »bösen Frauen« gegenüber, die den männlichen Helden mit allen möglichen erotischen Raffinessen zu umgarnen suchten: Königinnen von versunkenen Reichen, Priesterinnen archaischer Kulte, reiche Abenteurerinnen, Agentinnen und weibliche Gangster verkörperten den gefährlichen Aspekt der Sexualität. Die guten wie die bösen Frauen (und die unvermeidliche Zwischenform der »guten bösen Frau«) scheinen in diesen Serien von einer libidinösen Energie, die angesichts der sich in Aktion und Männerfreundschaften flüchtenden Helden nur als Narzißmus oder Exhibitionismus zum Ausdruck kommen kann.
Zumindest diese Frustration überwanden die zahlreichen Dschungel-Heldinnen, die ihrem männlichen Vorbild Tarzan folgend soviel an Kleidung wie möglich ablegten und die ihrerseits ihre männlichen Begleiter zu Statisten degradierten. Die bekannteste dieser Serien war »Sheena, Queen of the Jungle« von Morgan Thomas und Zolne Rowich (und anderen Zeichnern), gefolgt von »Camilla, Queen of the Jungle Empire« von Victor Ibsen, »Judy of the Jungle« von Ralph Mayo, »Rubak Jungle Goddess« von Alec Hope und vielen anderen mehr. »Im Gegensatz zu den traditionellen Heldinnen hatten diese Dschungelmädchen – mit Ausnahme von zweien, denen Jungfräulichkeit zudiktiert wurde – erklärtermaßen Liebhaber. Die konventionelle Situation der ›Verlobten‹ konnte im Dschungel nicht funktionieren, ohne Zweifel war daran das heiße Klima schuld. Neben der massiven Ausrottung von ›Wilden‹ und der täglichen Rettung einer Safari war die Hauptbeschäftigung dieser Damen, im Evaskostüm zu baden oder mit jungen Eingeborenenmädchen zu spielen. Diese Vergnügungen waren weit davon entfernt, immer unschuldig zu sein« (Jacques Sadoul). Die Dschungel-Heldinnen sind, sowohl was ihre Freizügigkeit anbelangt als auch in ihrer Bereitschaft, bei der Bekämpfung eines Feindes jede weibliche Zurückhaltung aufzugeben und mit offensichtlichem Vergnügen Mensch und Tier »niederzuringen«, Vorläuferinnen der modernen Pop-Heldinnen wie »Barbarella«, »Jodelle« oder »Pravda«.
Die Erotik als Problem thematisierten vor allem Serien um junge Mädchen, die ihre ersten Erfahrungen mit dem eigenständigen Leben zu machen hatten, wie »Tillie the Toiler« (1921), »Fritzi Ritz« (1922) »Winnie Winkle« (1924). Wie in den Serien um Dschungel-Heldinnen und in den frühen amerikanischen erotischen Filmen waren auch hier die Bade-Szenen bevorzugtes Mittel, den Sex-Appeal der Heldinnen vorzuführen. (Diese Serien um moderne und »aufgeschlossene« Mädchen fanden später ihre Fortsetzung in Streifen wie »Long Sam« von Al Capp oder »Tiffany Jones« von Pat Tourret und Jenny Butterworth, die in ihrer erotischen Ansprache noch weiter gingen.)
Während des Zweiten Weltkrieges wurden die amerikanischen und englischen Soldaten in ihren speziellen Zeitschriften mit → Pin Ups und erotischen Comics versorgt, was seinen Teil dazu beitrug, das Medium der *Comic Strips* auch als Vermittlung erotischer Unterhaltung salonfähig zu machen. Die englische Serie »Jane« von Pett war wohl der erste legale Comic, in dem eine vollständig nackte Frau gezeigt wurde. Nach dem Krieg führte eine strikte Zensur, die zu einem großen Teil auf J. Werthams Anti-Comics-Pamphlet »The Seduction of the Innocents« zurückging, dazu, daß jede erotische Anspielung in den *Comic Strips* unterblieb. Erst im Verlauf der sechziger Jahre wurde der Sex für die Comics wiederentdeckt. In Frankreich sorgte die Serie »Barbarella« von Jean-Claude Forest für Aufregung, deren erzählerischer Rahmen dem Science Fiction-Genre und der Fantasy-Literatur entlehnt war und die zumeist

nackte Titelfigur erotisch getönte Abenteuer auf fernen Planeten und in anderen Dimensionen erleben ließ. Das Vorbild für die Zeichnung der Heldin war der Star des französischen Films → Brigitte Bardot. Der Graphiker und Filmemacher Forest hatte die antike Mythologie und die phantastische Literatur des neunzehnten Jahrhunderts »geplündert«, um seine Heldin etwa mit einem Vogel Rock, mit Harpyen, einer Medusa, einem geflügelten Prometheus, aber auch mit Robotern, Raumschiffen, »Lustmaschinen« und gefährlichem Spielzeug zu konfrontieren. Neben der Tatsache, daß dieser Streifen zum erstenmal handfesten Sex bot, machte ihn besonders der phantastische, mythologische Rahmen und der Beziehungsreichtum seiner Story gerade bei einem mehr intellektuellen Publikum beliebt, das normalerweise kaum zu den Comic-Konsumenten gehörte.

Forests Comics (neben »Barbarella« – 1964 – etwa »Hypocrite« – 1971 – oder »Mystérieuse« – 1972) stecken voller Anspielungen, die sich auf literarische Quellen oder auf psychologische Symbole beziehen. Diese Mythen und auch »fixen Ideen« sind verbunden mit einer gewissen Ironie und einer Erotik, die zum Zeitpunkt des Erscheinens von »Barbarella« noch Entrüstung, ja sogar den Ruf nach der Zensur evozieren konnte. Die Ästhetisierung von sexuellen Obsessionen, wie sie in diesen Strips durchgeführt wird, verband Forest nicht nur mit den Redakteuren der einflußreichen amerikanischen Zeitschrift »Evergreen«, die seine Streifen nachdruckten und somit die neue Art erotischer Comics für die USA »entdeckten«, sondern auch mit dem Regisseur Roger Vadim, der seine Ideen ins Medium des Films übertrug (»Barbarella« – Barbarella – 1968). Führte dieser Film mit Jane Fonda in der Hauptrolle bei seiner Uraufführung noch zu Entrüstungsstürmen, so war, als er nur sechs Jahre später im englischen Fernsehen zur Hauptsendezeit ausgestrahlt wurde, kein Wort des Protestes zu vernehmen.

Sind die zeichnerischen Fähigkeiten von Forest seinem literarischen Erfindungsreichtum nicht immer gewachsen (er blieb immer ein wenig seinem eigentlichen Metier, der Buch-Illustration, verhaftet und verstand es weniger, die spezifischen visuellen Möglichkeiten des Comic-Mediums auszuschöpfen), so lieferte Guy Peellaert mit dem Comic-Buch »Jodelle« (1966) eine Synthese aus Comic, Pop Art, plakativen Werbe-Zitaten und Sex. »Wie die Pop Art, macht sich der Band bestimmte Elemente der volkstümlichen Comic Strips zunutze, um daraus einen flächig-bunten Spiegel der modernen Bildzivilisation zusammenzusetzen, der dank Raffungen ästhetischen Genuß und lächelnde Einsicht, allerdings auch eine knallbunte Apotheose der Werbe-, Sex- und Konsumwelt sowie der reinen, brutalen *action* bewirkt« (Günter Metken). Recht willkürliche Realitätszitate (die Beatles, François Mauriac, Papst Paul VI.), die Verbindung von Warenfetischismus, sadistisch gefärbter Erotik und Destruktionslust sowie eine generalisierende, undifferenzierte »Kritik« an der kapitalistischen Zivilisation ließen den Band zu einem Mythos der Popkultur in den ausgehenden sechziger Jahren werden.

War »Jodelle« nach dem Vorbild der Schlagersängerin Sylvie Vartan gezeichnet, so ihre Nachfolgerin »Pravda« (1968) nach dem der Interpretin melancholisch-»schwarzer« Chansons, Françoise Hardy. Noch mehr als in »Jodelle« verwendete Pellaert in »Pravda«, einer Geschichte um die Anführerin einer weiblichen Motorradgang, filmische Einstellungen und Elemente der psychedelischen Kunst. Die Entfremdung der Sexualität, die in fast allen diesen Comics zum Ausdruck kommt, erlebt hier ihre Vollendung: die erotische Erscheinungsweise der Heldinnen ist bloßer Schein, gleichsam ein Signal in betrügerischer Absicht; eine sinnliche Beziehung hat die Titelfigur allenfalls zu ihrem Motor-

VALENTINA

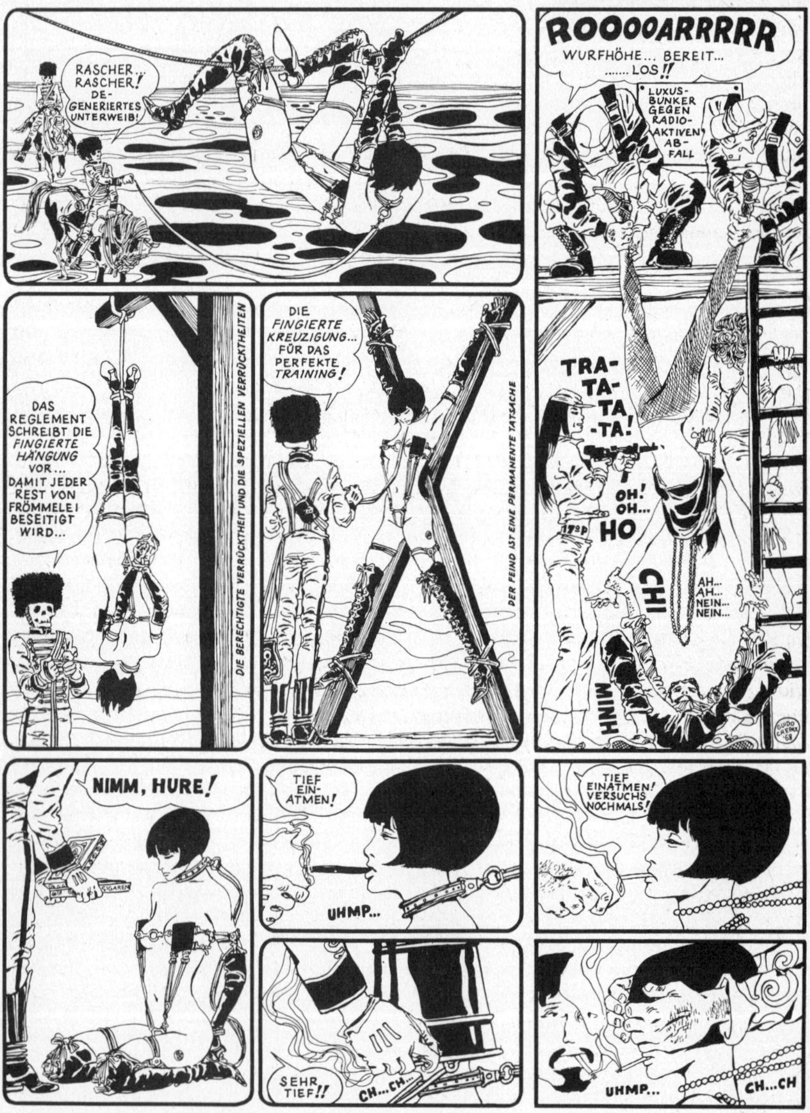

»Valentina« von Guido Crepax © Interscal

rad. Die Umkehrung der Geschlechterrollen in diesem und einigen ähnlichen Strips wirkt forciert und hat mehr mit einer »apokalyptischen« Vision zu tun als mit Emanzipation. In »Pravda« löst sich die Handlung folgerichtig in einem psychedelisch visualisierten Drogenerlebnis der Heldin auf, das sie vollkommen einsam der Welt entfliehen läßt.

Die amerikanische Serie »Phoebe Zeitgeist«, zunächst in der Zeitschrift »Evergreen« erschienen und 1968 auch in Buchform veröffentlicht, war eine Satire auf die populären Mythen und zugleich ihre Übertragung ins Medium des erotischen *Comic Strips*. Phoebe, die Heldin, erlebt halb traumhaft, halb real alle stereotypen Situationen der *action-comics* und -Filme, nur daß die latenten sadistischen, fetischistischen oder masochistischen Elemente in den Beziehungen zwischen den »Bösewichten« und ihren Opfern hier deutlich zum Ausdruck kommen. Der Texter Michael O'Donoghue und der Zeichner Frank Springer schufen ein Pandämonium des Pathologischen in der Unterhaltung, indem sie ihre unbekleidete Heldin in jeder Episode einer anderen Art von »Bösewicht« ausliefern (vom Nazi-Schergen über den verrückten Wissenschaftler, den asiatischen Mönch, den brutalen Killer bis hin zur weiblichen Sadistin).

Ebenfalls als Persiflage angelegt war die Serie »Little Annie Fanny« von Harvey Kurtzman und Will Elder, die zunächst im Magazin → »Playboy« erschien. Die Parodie richtete sich dabei nicht nur auf die einstmals beliebte Familien-Serie »Little Orphan Annie« (vgl. *Heimat und Familie* → Familien-Comics), sondern auch auf die Status-Symbole des American Way of Life, und sie träfe, wäre die Handlung nicht allzusehr ins Groteske verschoben, auch die Mentalität des Playboy-Lesers selbst. »Little Annie Fanny«, der Karikatur eines »Bunnys« mit einem überdimensionalen Busen, blonden Haaren, einem naiven, kindlichen Gesicht und unschuldigem Sex-Appeal »droht wegen ihres naiven Wesens ständig die Exploitation durch eine sexbesessene Umwelt, und auf diese Weise werden die aktuellen sexuellen Moden verspottet. Aber auch die tiefergehenden Strömungen in der amerikanischen Gesellschaft werden von Harvey Kurtzman scharfsinnig seziert« (Reitberger/Fuchs).

Unter den zahlreichen erotischen Comics, die im Gefolge von »Barbarella«, »Jodelle« und »Pravda« in Frankreich produziert wurden, ragen zwei besonders hervor: Die Serie »Paulette« von Georges Wolinski und Georges Pichard verwendet Elemente des Phantastischen, des Melodrams und der Satire, um die Erlebnisse seiner Heldin zu schildern, eine Art weiblicher »Candide«, die ständig die Schlechtigkeit der Welt buchstäblich am eigenen Leibe erfahren muß. In der Darstellung zwischen Zynismus und Melancholie schwankend, besticht dieser Streifen vor allem durch genaue Milieuschilderungen, visuellen Reichtum und ein sehr differenziertes Zeichenrepertoire. Neben den exotischsten und verrücktesten Gestalten tauchen immer wieder »Durchschnittsfranzosen« auf, die in diesem Zusammenhang allerdings als die allerexotischsten und gefährlichsten Wesen erscheinen, die man sich denken kann. Die Verbindung von Phantastik und Realismus, die den Reiz dieser Serie ausmacht, findet sich auch in der Comic-Serie »L' Odyssée«, die Pichard gemeinsam mit dem Szenaristen Lob nach dem antiken Vers-Epos von Homer realisierte und die sicherlich zu Recht zu den Meisterwerken der Comics für Erwachsene gezählt wird. Haftet der Erotik in diesen Serien auch immer etwas Fetischistisches an (der *Comic Strip* scheint das ideale Medium dafür zu sein), so ist doch hervorzuheben, daß die Darstellungsweise bei den Strips von Pichard das Sterile, Schematisierende überwunden hat, das bei den meisten anderen erotischen Comics überwiegt.

Ähnlich wie die Streifen von Pichard weist auch die Serie »Epoxy« von Paul Cuvelier und Jean van Hamme, die 1968 zum erstenmal erschien, graphischen Realismus, eine sehr filmische Bildkomposition und anspielungsreiche Dialoge auf. Erzählt werden die Abenteuer eines Mädchens, das per Zeitreise ins antike Griechenland versetzt wird und sich in den komplizierten erotischen Beziehungen in der Mythologie der Götter, Halbgötter, Fabelwesen und Menschen zurechtfinden muß. Verglichen mit der Serie »Paulette« ist »Epoxy« ein fast naiver Streifen, und auch die im übrigen vorzügliche graphische Gestaltung bleibt weitgehend der schönen Oberfläche verhaftet.

In Italien wurde die seit 1965 erscheinende Serie »Neutron« von Guido Crepax durch eine weibliche Nebenfigur attraktiver gemacht, die später den Strip ganz für sich »erobern« sollte: »Valentina«. In diesem Streifen, der weniger eine kontinuierliche Handlung als einen anhaltenden Strom von Traumbildern, Phantasien und Obsessionen darstellt, verwendet Crepax Stilformen der Op Art und der Jugendstilmalerei. Die Abstraktion der Erotik, der Kleidungsfetischismus und der Narzißmus der Hauptfigur wurde hier (und noch deutlicher in Crepax' *Comic Book* »Bianca Torturata«) auf die Spitze getrieben, wie auch die Ästhetisierung des Mediums kaum noch überboten werden kann.

Diese Klassiker des erotischen Comics haben eine Reihe von Nachahmungen gefunden, und mittlerweile hat sich um dieses Genre ein regelrechtes *fandom* gebildet. In Frankreich, Italien, Belgien und Spanien erscheinen Zeitschriften und Buchreihen, die sich ganz dem künstlerischen Comic widmen. Sind diese Comics zunächst nur für eine Minderheit konzipiert (was zum großen Teil schon durch die hohen Preise für solche Bücher bedingt ist), so popularisierten die italienischen *fumetti neri* (etwa: Schwarze Comics) die Stilelemente der Popcomics, verbanden sie mit Abenteuer-Elementen konventioneller Art, die verständlicher sind als die verschlungenen, surrealen Geschehnisse in den Popcomics, und vereinfachten den graphischen Stil. Der latente, stilisierte Sadismus, der in den erotischen Comics mit Ironie, barocker visueller Fülle und Zitaten aus Kunst und Literatur und nicht zuletzt mit einer recht individuellen Botschaft der Zeichner und Autoren verbunden war, kommt hier manifest zum Ausdruck.

Anmerkungen

Jacques Sadoul: L' Enfer des bulles. Paris 1968. Günter Metken: Comics. Frankfurt 1970. Reinhold C. Reitberger/Wolfgang J. Fuchs: Comics – Anatomie eines Massenmediums. Reinbek 1973.

Literatur

Bernd Brummbär (Hg.): Comic Strip Tease. Darmstadt 1973. Hans Christoph Buch: Sex-Revolte im Comic Strip. In: »Pardon« Nr. 12. Frankfurt 1966. Ennio Cavalli: Crepax. In: »Phenix – Revue Internationale de la bande dessinée« No. 28. Neuilly sur Seine 1973. Wolfgang Christlieb: Whamm – Pravda schlägt zu. In: »Abendzeitung« vom 4./5./6. 2. München 1969. Brigitte Hermann: Les filles de Pichard: de la liberté à l' esclavage . . . In: »Schtroumpf – Les Cahiers de la bande dessinée« No. 27. Grenoble 1975. Ingelore Kuhner: Pravda, die Übersinnliche. In: »Twen« Nr. 10. München 1968. Wolfgang Längsfeld: Die schöne Jodelle. In: »Süddeutsche Zeitung« vom 7. 12. München 1967. Yves die Manno: Jean-Claude Forest en ses mythes. In: »Schtroumpf – Les Cahiers de la bande dessinée« No. 26. Grenoble 1975. M. L. Moeller: Zur primären Wirklichkeit in künstlerischen Comics. In: Hans Dieter Zimmermann (Hg.): Vom Geist der Superhelden. Comic Strips. Berlin 1970. Gottfried Pfeffer: Barbarella. Comics für die Großen – Parodie oder Pornographie? In: »Rheinischer Merkur« vom 10. 2. Köln 1967. Karl Riha: Zoak Roarr Wumm. Zur Geschichte der Comics-Literatur. Steinbach/Gießen 1970. François Riviere: Blanche-épiphanie ou la subversion dans le plaisir. In: »Schtroumpf – Les Cahiers de la bande dessinée« No. 27. Grenoble 1975.

St. Pauli-Presse

Die St. Pauli-Presse, die vor allem in den Jahren zwischen 1968 und 1972 in Deutschland starke Verbreitung erfuhr, ist eine Form der → Groschenpornographie, die – oftmals von der Indizierung bedroht – ihre Produkte über den legalen Zeitschriftenhandel absetzt. 1968 erschienen im Hamburger Vergnügungsviertel erstmals die von Helmut Rosenberg herausgegebenen »St. Pauli Nachrichten«, die zunächst in Bars und Lokalen verkauft wurden, nach dem großen Erfolg aber auch in den Kiosken zu finden waren und schließlich über das gesamte Bundesgebiet verbreitet wurden. Diese in Zeitungsform zu relativ geringem Preis verkaufte Gazette fand eine Unzahl von Nachahmungen, und auf dem Höhepunkt ihrer Beliebtheit lagen wöchentlich Produkte der St. Pauli-Presse in einer Auflage von über drei Millionen Exemplaren vor. Nicht nur wegen häufiger Indizierungen, warnender Kritik von Pädagogen und Publizisten und der teilweisen Übernahme von Stilelementen der St. Pauli-Presse in anderen Presse-Formen flaute die Produktion dieser Sex-Zeitungen zu Beginn der siebziger Jahre spürbar ab, sondern auch, weil der rüde Stil der Darstellung und das implizierte Menschenbild zwar den Reiz des Sensationellen aufwies, aber kaum zu einer dauerhaften Leserbindung führen konnte.

Titelblatt der St. Pauli Nachrichten

In Preis, Aufmachung und Gestaltung lehnten sich die Produkte der St. Pauli-Presse an die Boulevardpresse und an die Regenbogenpresse (vgl. *Romanze*) an. In der Tat besteht zwischen diesen drei Presseformen ein innerer Zusammenhang, was die Deutung der menschlichen Sexualität anbelangt. Die Regenbogenpresse verdrängt Sexualität so nachhaltig in den Bereich von Sentimentalität und schwülstiger Symbolik, daß Glück und Sexualität nahezu zu Antipoden werden und sich gegenseitig ausschließen. Der verdrängte Trieb bahnt sich in der Boulevardpresse wieder eine Gasse, allerdings mit Hilfe eines Tricks: Pornographische Elemente werden unter dem Deckmantel der Entrüstung vorgetragen. Diese Pornographie zweiten Grades verfestigt Vorurteile gegenüber der Sexualität und stachelt doch zugleich die Neugier an. Der so verunsicherte Mensch sucht nach einem Ventil, das ihm die St. Pauli-Presse zu bieten scheint: »ungeschminkte« Darstellung der Erotik, Aufforderung zu größerer sexueller Freizügigkeit und eine Definition der Erotik, die die freie Verfügbarkeit des Menschen als Sexualobjekt suggeriert.

Die Verdrängungsmechanismen, die in Boulevardpresse und Regenbogenpresse sichtbar werden, finden ihren Niederschlag allerdings nun auch in der St. Pauli-Presse, und so realisiert sich in ihr, wie es Rolv Heuer einmal formuliert hat, »Liebe in Haßform«. Indiz dafür ist die Struktur der einzelnen Beiträge, die in etwa das wiedergeben, was der sprichwörtliche Stammtisch an Kommunikation leistet, von der erotischen Zote über prahlerische »Erlebnisberichte« bis hin zum Erfahrungsaustausch

über Prostituierte. Die Sprache verwendet mit Vorliebe Metaphern aus dem militärischen Bereich.
Mit der St. Pauli-Presse wurde zum erstenmal Pornographie frei zugänglich am Kiosk verkauft, »verpackt in die Hülle eines Boulevardblattes mit seiner Sonderausprägung, seiner spezifischen Sprache und seinen außergewöhnlichen visuellen Texten, seinem über eine ausgedehnte Vertriebsorganisation optimalen Verbreitungsraum, wurden konkrete, hyperdeutliche Aussagen über sexuelle Wünsche und ihre Befriedigungsmöglichkeiten im Kontext der Massenkommunikation umfassend öffentlich, das heißt für jedermann zugänglich, für jedermann verfügbar, während es bisher nur jeweils privilegierten Gruppen, vorrangig Bildungseliten, möglich war, konkret Sexuelles über die vom Staat nicht zensierbare ›obszöne‹ Kunst zu rezipieren« (Ingrid Kroner).
Mit dieser »Demokratisierung« der Pornographie in der St. Pauli-Presse und der ihr folgenden Groschenpornographie ging eine qualitative Wandlung des Pornographischen einher, die in erster Linie in ihrem stringenten Bezug zur Praxis liegt. Das heißt, die Pornographie in der St. Pauli-Presse ist grundsätzlich von der Substitions-Pornographie bürgerlicher Provenienz mit ihrer ästhetischen Legitimation unterschieden. Sie ist das Sprachrohr einer sexuellen Kontrakultur, die sich in den kleinbürgerlichen und proletarischen Schichten der sechziger Jahre entwickelt hat, und entsprechend ist der Leser selbst zumindest teilweise auch das Subjekt dieser Kommunikationsform. Dies wird deutlich zum einen anhand der sogenannten Kontaktanzeigen, die wohl zum größten Kaufanreiz der St. Pauli-Presse gehören: Leser bieten sich gegenseitig als Sexualpartner an, es entsteht ein veritabler Markt, der unter dem Siegel »strenger Vertraulichkeit« Angebot und Nachfrage gewissermaßen als Karikatur des Kapital- und Arbeitsmarktes regelt. In dieser Form der Kommunikation gleichen sich sexuelle Beziehungen tendenziell der Prostitution an, und es ist nicht verwunderlich, daß auf diesem Markt die professionellen Anbieter die »Amateure« fast verdrängten.
Wie sehr die Sexualität in der St. Pauli-Presse zur Ware wurde, zeigt eine andere Form der Praxis-Anleitung: Mit zu den beliebtesten Themen gehörten die »Testberichte« zur Prostitution. Den dritten Bezug zur Praxis schließlich bilden die Beiträge der Leser selbst in den Zeitschriften, die ihre Aktfotos oder »Erlebnisberichte« veröffentlichen lassen. (Dabei ist es ziemlich nebensächlich, wie viele dieser Leser-Beiträge »getürkt« sind, von schlechtbezahlten Autoren im Fließbandverfahren verfertigt; entscheidend ist, daß die St. Pauli-Presse bei ihren Lesern den *Eindruck* erweckt, Teilnehmer eines Kommunikationsprozesses zu sein, bei dem am Ende die wechselseitige Befriedigung sexueller Bedürfnisse steht.)
Das Bild, welches die St. Pauli-Presse von der Sexualität zeigt und das in den »Leserwünschen« zum Ausdruck kommt, transportiert zwar in seiner »Reduktion des Sexualtriebs auf seine Lustfunktionen« (Ingrid Kroner) einen Protest des unterdrückten Lustprinzips, verhindert aber in seiner ausschließlichen Ausrichtung auf individuelle, »private« Bedürfnisse eine grundsätzliche Änderung der Einstellung zu gesellschaftlichen Normen. Sexualität in allen ihren Ausformungen soll »Privatsache« sein, emanzipiert nur als isoliertes Phänomen und als Freizeit-Vergnügen, das mit der Gesamtexistenz des Individuums nur insofern zu tun hat, als es die Reproduktion der Arbeitskraft (»Sex ist gesund«) fördert.
Einen Beitrag zur Stabilisierung im Alltagsleben leisten die St. Pauli-Blätter für ihre Leser insofern, als sie deren Bedürfnisse als grundsätzlich »natürlich« hinstellen, wenn sich in ihnen auch noch die größten Frustrationen spiegeln. Indem geleugnet wird, daß auch die sexuellen Bedürfnisse gesellschaftlich vermittelt werden, ver-

hindern die St. Pauli-Presse und die ihr wesensverwandten Erscheinungen der erotischen Unterhaltung den Blick auf jedweden Anspruch sowohl gesellschaftlicher wie individueller Emanzipation und bestätigen die schlechte Praxis. Die bedingungslose Gleichsetzung von Glück und »Lust« treibt der Erotik die Utopie aus.

Der zumindest quantitative Rückgang der St. Pauli-Presse kann nicht darüber hinwegtäuschen, daß die durch sie mitinitiierte Neuorganisation der Sexualität in einem moralischen wie gesellschaftlichen Getto weiterhin bestehen bleibt und von den Kommunikatoren der Unterhaltungsindustrie forciert wird.

Anmerkung

Ingrid Kroner: Genitale Lust im Kulturkonflikt. Tübingen 1974.

Literatur

Boris Bergson: Porno per Post. Materialien zur Realität sexueller Verhaltensweisen in der Bundesrepublik Deutschland. München 1972. Bundesprüfstelle für jugendgefährdende Schriften: Entscheidung Nr. 2346 vom 21. Januar 1972 über die Indizierung der periodischen Druckschrift »St. Pauli Nachrichten«. In: Rudolf Stefen (Hg.): Grundsatzentscheidungen zum Jugendmedienschutz. Bonn 1972. Peter P. Dahl/Henryk M. Broder/Karl H. Bönner: St. Pauli-Presse. Anatomie eines Lustmarktes: Seid nett aufeinander. Hamburg 1971. Anton Grabner-Haider: Recht auf Lust? Wien/Freiburg/Basel 1970. Richard Huber: Sexualität und Bewußtsein. Frankfurt 1971. Horst Scarbath: Jugendgefährdung durch St. Pauli-Presse? In: Wolfgang Fischer, Jörg Ruhloff, Horst Scarbath, Theodor Schulze, Hans Thiersch: Inhaltsprobleme in der Sexualpädagogik. Sexualpädagogik Band II. Heidelberg 1973. Helmut Schelsky: Soziologie der Sexualität. Über Beziehungen zwischen Geschlecht, Moral und Gesellschaft. Hamburg 1968.

Star

Die Qualität eines Stars im Film erreicht ein Darsteller, wenn seine natürliche Anziehungskraft und die Form seiner Erscheinung geeignet ist, kollektive Sehnsüchte oder Traumen zu verkörpern. Im Bild des Stars, das dessen wirkliche Persönlichkeit darstellt, oder doch linear aus ihr entwikkelt wurde, verbinden sich körperliche (Schönheit, Sportlichkeit, Vitalität, Originalität, Eleganz, Charme etc.), soziale (Erfolg, Rebellion, Draufgängertum, Weltläufigkeit, Trotz, Einsamkeit etc.) und erotische (Unterwürfigkeit, Aggressivität, Passivität, erotische Ambivalenz, Homosexualität etc.) Komponenten zu einem Mythos. Dabei ist die Erscheinungsweise des Stars selbst, die bewußt konstant gehalten wird, eine Aussage. Diese Aussage ist nicht unbedingt im Sinne eines »Vorbildes« oder Idols wirksam; das Kriterium für den Star ist nicht moralische Makellosigkeit, Tugendhaftigkeit, ja nicht einmal der unbedingte Erfolg, sondern Konsequenz. Im Bild des Stars vereinen sich Widersprüche, die sich aus den gesellschaftlichen Bedingungen ihrer Zeit ergeben; es bezieht durchaus Teile der schlechten Realität und Alltagserfahrungen in seine Botschaft mit ein, und der »Rebell« gegen moralische Normen und gesellschaftliche Reglementierungen hat ebenso seinen festen Platz in der Galerie der Stars wie der Verlierer, der *underdog*, der Scheiternde.

Die moralische, gesellschaftliche und nicht zuletzt erotische Ambivalenz des Stars, die sich in einer verläßlich sicheren und stetigen Erscheinungsweise entfalten kann, macht einen Großteil seiner Wirkung aus, und es ist, wie Edgar Morin schreibt, sicher »kein Zufall, daß die Stars gewöhnlich Personen im Zustand der Liebe darstellen«. Die Identifikation mit dem Star ist die Identifikation mit einer erotischen Strategie, mit einer von den Umständen geprägten Art, Liebe zu geben und zu nehmen, bzw. zu verweigern. Die Geschichte der Stars läßt sich von daher lesen als die Geschichte der Organisation von Sexualität in der Gesellschaft und der moralischen Normen.

Anmerkung

Edgar Morin: Die Stars. In: Dieter Prokop (Hg.):

Materialien zur Theorie des Films. München 1971.

Literatur

Arthur Knight: Chaplin and the Rise of the Star System. In: Ders.: The Liveliest Art. New York 1957. Siegfried Kracauer: Der Hollywood-Star. In: Ders.: Theorie des Films. Frankfurt 1964. Enno Patalas: Stars – Geschichte der Filmidole. Frankfurt 1967. Alexander Walker: Stardom. The Hollywood Phenomenon. London 1970.

Starlet

Starlet ist die Verkleinerungsform von → Star und bezeichnet in erster Linie junge weibliche Filmdarsteller, die weniger durch ihre Rollen in erfolgreichen Filmen als durch ihr Auftreten in der Öffentlichkeit, z. B. bei Filmfestivals (einem solchen Auftritt bei den Filmfestspielen von Cannes verdankte beispielsweise → Brigitte Bardot ersten Ruhm) einen gewissen Grad an Bekanntheit erringen. Dieses vor allem in den fünfziger Jahren verbreitete Phänomen basiert auf einem unausgesprochenen *gentleman agreement* zwischen den Starlets (oder ihren Agenten) und den Medien: erschien das Bild eines Starlets häufig in den Illustrierten und Boulevard-Blättern, wuchs die Hoffnung auf ein gutes Rollen-Angebot. Umgekehrt verfügten die Medien so über ein schier unerschöpfliches Reservoir an unbezahlten → Pin Up-Modellen. In ihrer oft absurden Jagd nach Publicity versorgte das Starlet zudem die Klatschspalten mit »Nachrichten«. Hatte ein Starlet den Weg zum Film geschafft, war auch dies eine Erfolgsmeldung wert und stabilisierte das »System«.

Das las sich, in Zusammenhang mit einem entsprechenden Foto, in der Illustrierten »Revue« (Nr. 20 des Jahres 1959) so: »Eine Verkehrsstockung ebnete dem 17jährigen Wiener Teenager Ilse Guppner den Weg in die Filmateliers. Sie ließ sich nämlich von einem Möbelhaus in Wiens verkehrsreichster Geschäftsstraße als ›Bett-Mannequin‹ verpflichten. Ilses Aufgabe bestand darin, in der Auslage besagten Geschäftes in einem Spitzennachthemd zu liegen. Unter den Hunderten von Neugierigen, die sich ständig vor dem Geschäft stauten, war auch eine der aktivsten Film-Managerinnen, Irmgard Palz. Ein Vertrag mit Irmgard ebnete jetzt den dornigen Weg in die Filmateliers.«

Solche ständig repetierten Mythen vom Aufstieg des Starlets zu Filmruhm und Anerkennung, oft verknüpft mit einer Art moderner Aschenbrödel-Legende, illustrierten die Ideologie von der Chancengleichheit und vom Erfolg durch das »Entdeckt-Werden«.

Mit der Wandlung des Mediums Film (das Kino produziert nicht mehr positive Leitbilder, sondern stellt Ängste und Frustrationen dar, der → Sexfilm führt die Funktion des Starlets ad absurdum, der »Anti-Star« der sechziger und siebziger Jahre könnte sich niemals auf ein solches Buhlen um Publicity einlassen etc.) hatte das Starlet-System seine Basis verloren.

Strip-Tease

Strip-Tease, die lustbetonte Entkleidung, ist eine Form der erotischen Darstellung, die insbesondere in den fünfziger Jahren in Amerika und auch in Europa die beliebteste und zugleich signifikanteste Art der »Unterhaltung durch Sex« war. Der Strip-Tease ist ein Verbindung von Tanz, Pantomime und Exhibitionismus und wird vor allem *life* in Nightclubs, Cabarets und Revue-Darstellungen und in Form von Filmen dargeboten. In abgemilderter Form findet sich der Strip-Tease aber auch in den weniger exklusiven Unterhaltungs-Medien; so etwa kam kaum ein Film der deutschen Edgar-Wallace-Serie ohne das Zitat eines Strip-Tease in einem »verruchten« Lokal aus. Ein Spiel mit der Erwartungshaltung des Publikums, und somit nur auf der Grundlage eines Einverständnisses zwischen Darsteller und Zuschauer praktikabel, ist der Strip-Tease ein »Theaterstück für eine Person ohne Stimme« (Denys Chevalier) und dramatisiert einen Teilbereich der Erotik (Voyeurismus/Exhibitionismus) durch Verzögerung, Akzentuierung und den Aufbau der Darbietung auf einen Höhepunkt hin. Darüber hinaus ist der Strip-Tease als ein symbolischer Akt zu verstehen, insbesondere dort, wo er auf andere Elemente der Sexualität verweist. Gelegentlich werden auch parodistische Akzente gesetzt.

Seinen Ursprung hat der Strip-Tease in religiös motivierten Ritualen, die sich bereits bei den alten Völkern finden. Neben »metaphysischen« Implikationen hatte dort der erotische Tanz oft allegorische Bedeutung. So »bedeutete« beispielsweise bei den Ägyptern in bezug auf den Isis-Kult die stufenweise Entkleidung der Priesterinnen die langsame Enthüllung der Wahrheit. Zugleich war der erotische Tanz aber auch ein Unterwerfungsritual, ein Element, das wohl noch heute zum Wesen des Strip-Tease gehört.

Der Strip-Tease in seiner heutigen Form ist ein puritanischer Mythos; entwickelt hat er sich in Amerika Mitte des vorigen Jahrhunderts in den Saloons der Goldgräber- und Minenstädte. In einem »Land ohne Frauen« hatte der Strip-Tease durchaus die Funktion einer Sinnvergewisserung und diente der sozialen Stabilität: das Wenige an Weiblichkeit, das im Westen vorhanden war, wurde gleichsam »demokratisch« verteilt. Der Strip-Tease stellte eine quasi mystische erotische Einheit her, die das Geschlechtsspezifische unterstrich und die Hoffnung auf die Frau wach hielt.

Unter der Bezeichnung »Burlesque« bürgerte sich der Strip-Tease auch in den Städten des Ostens ein. 1909 wurde beispielsweise das Columbia Theatre in New York ganz der Burlesque reserviert, und die Programme (unter Namen wie »Julius Teaser, Anatomy of Cleopatra«, »Panties Inferno« oder »Strip Strip Hooray«) waren eine Verbindung von Strip-Tease, Revue und Komiker-Auftritten. Strip-Tease wurde als Teil der nationalen amerikanischen Kultur gefeiert. Während ein Senator den Strip-Tease als »eine noble Einrichtung« bezeichnete, warb »Minsky's«, das größte Burlesque-Theater, mit dem Slogan »Where ›Strip-Tease‹ is an American Art«.

Warum gerade das konservative Amerika sich mit dem Strip-Tease so identifizieren konnte, ist nur durch die puritanische Ethik zu erklären, in der die Unterscheidung zwischen Gedanken und Handlung eine große Rolle spielt und die phantasierte Erotik erlaubt ist, solange sie nicht in die Tat umgesetzt wird. Während in der kontinental-europäischen christlichen Vorstellung bereits der »unreine Gedanke« als Sünde verstanden wird, zählt für den Puritaner nur das, was er wirklich tut oder getan hat. Aus dieser Konstellation ergibt sich fast zwangsläufig die Taktik der Ersatzbefriedigung, deren erste Ausformung der Strip-Tease war. In solch domestizierter Form war der Sex gleichsam ein Mittel, die Keuschheit zu bewahren.

Mit dem Export des *American Way of Life* gelangte die Mode des Strip-Tease auch nach Europa, wo er sich mit Formen der Unterhaltung wie dem erotischen Theater, den »lebenden Bildern« und Revue- und »Schönheits«-Tänzen verband. Solche Ausformungen wie in Amerika, wo eine Zeitlang der Strip-Tease geradezu zum Volkssport erhoben worden war (Titel eines Bestseller-Buches: »How to Strip For Your Husband«), erreichte er hier jedoch selten. Mit dem Aufkommen der »Sex-Welle« und damit »deutlicheren« Formen der Erotik, verlor sich das Interesse am Strip-Tease.

Anmerkung

Denys Chevalier: Métaphysique du Strip-Tease. Paris 1961.

Literatur

H. M. Alexander: Strip Tease, The Vanished Art of Burlesque. New York 1938. Patrik Lindermohr: Eintritt frei: Strip-Tease. Lausanne 1963. Irving Zeidman: The American Burlesque Show. New York 1967.

Triebfilm

Der Triebfilm, auch Sittenfilm oder Sexualfilm genannt, bildete in Deutschland zwischen den Kriegen eines der erfolgreichsten Filmgenres. Wie später beim → Sexfilm stand auch bei der Entwicklung des Triebfilms der Gedanke der → Aufklärung Pate: Filme wie »Es werde Licht« (1917/18), »Prostitution« (1918/19) oder »Anders als die anderen« (1919) begründeten den Ruf des Regisseurs Richard Oswald, sexuelle Aufklärung in recht dramatischer Form aufzubereiten. Die Filme behandelten in Form von episodenhaft aneinandergereihten Geschichten die Probleme der Sexualität; die Drehbücher entstanden zu einem Teil in Zusammenarbeit mit dem bekannten Sexualforscher Dr. Magnus Hirschfeld.

Die eigentlichen Triebfilme kleideten sexuelle »Verirrungen« vorwiegend in eine kriminalistische Handlung ein oder verwendeten die Formen von Melodram oder Satire. Die besseren Filme des Genres wie etwa »Die Verführten« (1919 – Regie: Carl Froelich), »Prinz Kuckuck« (1919 – Regie: Paul Leni) oder »Freie Liebe« (1919 – Regie: Max Mack) waren dabei von dem Bemühen um eine authentische Schilderung des Milieus gekennzeichnet.

Die Triebfilme reflektierten die Sehnsucht der deutschen Menschen, die unter dem Weltkrieg und dem Bürgerkrieg gelitten hatten, nach Lebensgenuß. Zugleich waren sie aber auch ein Mittel, den politischen Fragen der Zeit auszuweichen. »Sexuelle Ungehemmtheit ist oft nur ein unbewußter Versuch, das Bewußtsein einer tieferliegenden, inneren Unerfülltheit zum Schweigen zu bringen. Diesem psychologischen Mechanismus scheinen damals auch viele Deutsche erlegen zu sein. Es war gleichsam, als fühlten sie sich wie gelähmt von der ihnen plötzlich dargebotenen Freiheit und als zögen sie sich davor in die unproblematischen Ablenkungen des Fleisches zurück. Ein Dunst von Trauer und Trübsinn lag über den Sexualfilmen« (Siegfried Kracauer).

Nachdem im Jahre 1920 ein Reichsgesetz für den Film erlassen und eine Zensur eingeführt wurde, ebbte die Produktion von Trieb- und Aufklärungsfilmen ab. Zwischen 1924 und 1926 kam es zu einer kurzen Renaissance des Genres. In den frühen dreißiger Jahren wurden noch einmal eine Reihe von, nunmehr weniger anstößigen und in der Tendenz mehr auf eheliche Partnerschaft als auf erotische Sensationen gerichteten Aufklärungsfilmen produziert (»Gefahren der Liebe« – 1931 – Regie: Eugen Thiele; »Wege zur guten Ehe« – 1933 – Regie: Adolf Trotz).

Anmerkung

Siegfried Kracauer: Von Caligari bis Hitler. Reinbek 1958.

Literatur

Felix Bucher: Germany. An Illustrated Guide and Index. London 1970. Jean Mitry: Le cinéma pendant la guerre (1915–1919). In: ders.: Histoire du cinéma 2 (1915–1925). Paris 1969. Oskar Kalbus: Vom Werden deutscher Filmkunst. Altona–Bahrenfeld 1935.

Vamp

Der Frauen-Typus des Vamps, der zu Beginn des zwanzigsten Jahrhunderts in der Malerei, der Literatur und schließlich auch im Film herausgestellt wurde, verdankt seine Entstehung einem spätromantischen Mythos: der vampirähnlichen, lasziven Frau als Gegenbild der guten bürgerlichen Frau. Der Vamp, der seine »Erfüllung darin findet, Männer in möglichst großer Zahl zugrunde zu richten« (Enno Patalas) ist ein Mythos des Übergangs, der am Beginn einer schrittweisen Emanzipation der Sexualität steht.

Im Jahre 1897 erregte ein präraphaelitisches Gemälde von Philip Burne-Jones Aufsehen. Es zeigt eine Frau in einer langen weißen Robe, in der sich grüne Lichter spiegeln, über ein männliches Opfer gebeugt, dem sie offensichtlich das Blut ausgesogen hat. Der Titel des Gemäldes, »The Vampire«, diente auch einem von dem Bild angeregten Gedicht von Rudyard Kipling

Ein Vamp des deutschen Films: Brigitte Helm in Fritz Langs »Metropolis«

als Überschrift. Diese kunstvoll misogyne Ode begann: »A fool there was and he made his prayer / (Even as you and I) / To a rag and a bone and a hank of hair / (We called her the woman who did not care) / But the fool he called her his lady fair / (Even as you and I!)«. Etwa zur selben Zeit kam in Amerika der Roman »Dracula« von Bram Stocker heraus (vgl. *Horror*), und es schien, als sei das Bild des Vampirs der adäquate Ausdruck für das zwiespältige Verhältnis der Menschen dieser Zeit zur Sexualität.

Porter Emerson Browne verwendete das populäre Gedicht von Kipling als Vorlage für ein Theaterstück, das 1906 uraufgeführt wurde und sehr erfolgreich war. (1909 verarbeitete Browne den Stoff noch einmal in Form eines Romans; der Titel lautete, wie bei dem Stück, »A Fool There Was«.) Im Gegensatz zu Kipling legte Browne das Hauptaugenmerk nicht auf den betrogenen Mann, sondern auf die Schilderung der »bösen« Frau, die ihn in den Ruin treibt. Der Struktur nach ein Melodram, wie sie in dieser Zeit zu Dutzenden am Broadway gespielt wurden, brachte das Stück doch einen entscheidenden neuen Aspekt ins Spiel: Die verdorbene oder auch neurotische Frau war nicht nur böse, eine Verkörperung der Sünde oder gar des Teufels, sondern sie war zugleich auch so faszinierend und von erotischer Ausstrahlung, daß das Verhältnis des Publikums zu ihr sich zumindest ambivalent gestaltete. Zudem wurde angedeutet, daß die Frau selber unter ihrer Triebhaftigkeit litt, mit der sie die Männer zerstörte, und daß sie

ihrer Sexualität ebenso hilflos gegenüberstand wie ihre Opfer.
Dieser Stoff war für das junge Medium des Kinos nicht nur deswegen von Interesse, weil Bühnenstück und Roman große Erfolge geworden waren, sondern auch deshalb, weil er die Gelegenheit gab, ein Experiment zu wagen. In den Jahren vor 1910 war es gemeinhin nicht üblich, die Namen der Darsteller in den Filmen auch nur zu erwähnen. Die Geschichte um die sexuell aggressive, amoralische Frau bot die Möglichkeit, eine Schauspielerin zu lancieren, die im Bewußtsein des Publikums in gewissem Grade identisch mit ihrer Rolle war. Als William Fox die Rechte an dem Theaterstück »A Fool There Was« kaufte, folgte er dem Rat des Schriftstellers und Drehbuchautors Upton Sinclair und engagierte für die Hauptrolle eine junge Schauspielerin, Thedosia Goodman; er ließ über sie in der Presse die abenteuerlichsten Legenden verbreiten, die nahelegten, die Darstellerin selbst sei ein solcher Vamp, wie sie ihn im Film verkörperte. Von ihrer Garderobe über ihre Äußerungen bei Interviews (zu Beginn hatte sie vorzugeben, kein Wort Englisch zu sprechen) bis hin zu ihrer Erscheinung (knielanges, schwarzes Haar) bestimmte das Studio das Image dieses ersten → Stars der Filmgeschichte. Eines der entscheidenden Elemente beim »Styling« dieses Stars war der exotisch klingende, lautmalerische Künstlername: Theda Bara.
Neben der Initialzündung für die Entwicklung des Star-Systems im Film leistete das Vamp-Motiv noch eine weitere Neuerung für das Kino: die Einführung erotischer Themen in ein bis dahin recht prüdes Medium. Daß vor allem der amerikanische Film zu dieser Zeit die Erotik meist ausklammerte, lag wohl nicht so sehr an moralischen Erwägungen, und auch eine Zensur hatte man noch nicht zu fürchten, sondern läßt sich viel eher durch die Struktur des Kinopublikums erklären. Das Publikum des amerikanischen Kinos rekrutierte sich zunächst vorwiegend aus den proletarischen Schichten, die aus Europa oder Asien eingewandert waren und für die gerade der Stummfilm das optimale Unterhaltungsmedium darstellte, weil sie der englischen Sprache kaum mächtig waren. Für diese Schichten erzählte der amerikanische Film zwischen 1908 und 1915 Geschichten, die »ihre sozialen Bedingungen bestätigten, indem sie ihnen Menschen zeigten, deren Leben genauso hart wie ihr eigenes war, aber deren Idealismus und Güte, deren unbedingter Optimismus, ihre Treue zu Gott, Vaterland und Familie, die alltäglichen Probleme meisterten« (Alexander Walker). Erst als das Kino eine kapitalintensivere Industrie und der Film ein anerkanntes Medium geworden war, interessierte sich auch der Mittelstand für das Kino, und er verlangte nach Themen, die Sensationelles, Aufregendes, Exotisches, kurz: Unalltägliches transportierten. Die Herausbildung des Vamp-Motivs stand Pate bei der Entwicklung des Kinos zur »Traumfabrik«.
Nach dem Erfolg von »A Fool There Was« trat Theda Bara in einer Reihe von Filmen auf, die immer die gleichen Motiv-Kreise aufweisen: luxuriöse, »gewagte« Kleidung der Heldin, Blicke (direkt in die Kamera), die Abgründigkeit und Verworfenheit signalisierten, die (Ehe-)Männer, die an der vitalen und gleichwohl auch wieder sehr abstrakten erotischen Kraft dieser Frau zugrunde gehen, weil ihre Besitzansprüche an ihr abprallen müssen, Tod und Verderben am Ende. Der Zwang, Männer nicht nur materiell auszubeuten, sondern physisch zu zerstören und ihnen ihr Seelenheil zu rauben, verweist den Typus des Vamps in fast metaphysische oder religiöse Dimensionen; der Vamp (zumindest in den frühen Stummfilmen) ist nicht so sehr ein sündhafter Mensch, als vielmehr die Sünde selbst, die ja in sich, was den Reiz der Ambivalenz in diesen Filmen ausmacht, durchaus »unschuldig« ist. Die Entwicklung der Vamp-Figur aus der christlichen Mythologie läßt

sich auch an den Titeln der Filme mit Theda Bara ablesen: »The Devil's Daughter« (1915), »Sin« (1915), »The Serpent« (1916), »The She-Devil« (1918) oder »The Siren's Song« (1919).
Diese gleichsam biblische Überhöhung des Vamps, die heute wohl eher komisch als dämonisch wirkt, verlor sich bei den Nachfolgerinnen von Theda Bara etwas. Dennoch bleibt auch in den Filmen mit Pola Negri, Gloria Swanson, später Greta Garbo oder Marlene Dietrich das Moralisieren von der Seite der Sünde her und die Bedingungslosigkeit, mit der sich die Helden in der Sünde verlieren, fester Bestandteil des Genres. »Keine andere Filmgattung trägt die Moral so dick auf wie der Vamp-Film« (Siegfried Kracauer). Domestiziert oder, wenn man so will, realistischer gestaltet wurde das Genre im Verlauf der Zeit, indem gezeigt wurde, wie hart der Vamp für seine Untaten büßte und wie eindeutig bürgerliche Wohlanständigkeit über dieses Übel zu triumphieren imstande war.
Das Genre des Vamp-Films entwickelte sich nicht nur im amerikanischen, sondern auch im europäischen Kino. In Frankreich beispielsweise etablierte sich die Schauspielerin Musidora als Star durch ihre Darstellung in »Les vampires« (1915/1916 – Regie: Louis Feuillade). Als »Irma Vep« – ein Anagramm von *vampire* – vernichtete auch sie männliche Existenzen.
Im deutschen Film war Asta Nielsen der Prototyp des Vamps bzw. (wie Enno Patalas diesen Star-Typus bezeichnet) der *femme fatale*. In ihren Filmen, etwa »Afgrunden« (Der Abgrund – 1910), »Die Sünden der Väter« (1911) oder »Der Totentanz« (1912 – Regie bei allen diesen Filmen führte Urban Gad), verkörperte sie die Unheil bringende Fremde, die sich selbst und/oder diejenigen, die sich ihr zuwenden, ins Verderben stürzt. Wie Theda Bara im amerikanischen wirkte Asta Nielsen im dänischen und dann im deutschen Film als Katalysator für eine neue Interpretation der Schauspielkunst im Film, die sich grundsätzlich von der Bühnendarstellung unterscheidet. »Was ich spiele, bin ich auch«, sagte sie einmal und definierte damit einen großen Teil der Star-Qualität. Und ebenfalls wie bei Theda Bara war ihr Mythos nur als Gegenbild zu den Darstellerinnen der durch und durch guten Frauen (Mary Pickford im amerikanischen, Henny Porten im deutschen Film) tragfähig und erlosch, als das positive Leitbild seine Anziehungskraft verloren hatte.

Anmerkungen

Alexander Walker: Sex in the Movies. London 1966. Enno Patalas: Stars – Geschichten der Filmidole. Frankfurt 1967. Siegfried Kracauer: Theorie des Films. Frankfurt 1969.

Literatur

Oskar Kalbus: Vom Werden deutscher Filmkunst. Altona–Bahrenfeld 1935. Marjorie Rosen: Popcorn Venus. Women, Movies and the American Dream. New York 1973.

West

Mae West, geb. 1892, amerikanische Schauspielerin, die als Kinder-Darstellerin auf dem Theater anfing und dann zum Varieté ging. 1911 begann ihre Arbeit auf den Bühnen des Broadway, wo sie in der Rolle einer *femme fatale* bald reüssierte. Sehr früh erkannte Mae West, wie wichtig es war, ihren Mythos zu pflegen, und sie kümmerte sich bei den Stücken, in denen sie auftrat, auch um Regie und Ausstattung und begann schließlich, selbst Stücke zu schreiben. Das erste ihrer Stücke mit dem kurzen und provozierenden Titel »Sex« wurde ein Skandal-Erfolg und brachte ihr neben dem Ruhm einen, wenn auch kurzen, Aufenthalt im Gefängnis ein. Mae West war damit als Symbol des Kampfes für sexuelle Freiheit etabliert, und in der Folgezeit vermischten sich das Auftreten in der Öffentlichkeit, ihre freizügigen Äußerungen und ihre nur wenig variierte Rolle auf der Bühne zu einer neuen Qualität, zu der eines → Stars.
Ihr zweites Stück, »The Drag«, war eine Transvestiten-Revue und löste erneut einen Sturm der Entrüstung aus. Mag ihre

Publicity Pose von Mae West

Exaltiertheit und ihre Selbststilisierung zu dieser Zeit auch einen Teil Publicity-Strategie beinhaltet haben, so war ihr Eintreten für die sexuellen Minderheiten doch ehrlich und im Amerika der zwanziger und dreißiger Jahre nicht ohne persönliches Wagnis.

1932 erhielt Mae West ihre erste Filmrolle in »Night After Night« von Archie Mayo. Bereits ihr zweiter Film, »She Done Him Wrong« (1933 von Lowell Sherman), war ganz auf ihre Person zugeschnitten (das Drehbuch entstand nach einem ihrer Bühnenstücke). In einem Alter, in dem andere weibliche Stars sich vom Film zurückzogen oder ins Fach der Charakterdarstellerin überwechselten, stieg Mae West zu einer »Göttin der Erotik« auf, ein »nahbarer« → Vamp, dem die Bewunderung und die Hingabe der Männer Lebenselixier war.

Aber bei aller »Vulgarität«, bei aller erotischen Offensive, verdankte sich ihre Ausstrahlung doch auch einer gewissen Mütterlichkeit. Sie war eine Lehrerin der Liebe, gegenüber der die Männer nur *boys* – Kinder – waren. Von daher verwundert es kaum, daß Mae West die oft heimliche Idolgestalt auch der »schweigenden Mehrheit« war. Sie verkörperte einen Teil des Frauenideals des alten Westens: das Saloon-Mädchen, das seinen Teil zur Eroberung des Landes beiträgt, indem es den Männern Liebe gibt, ohne sie an sich zu binden, ohne ihnen Verantwortung und die Pflicht, »zu bleiben«, aufzubürden. »Go West, Young Man« (so der Titel ihres Filmes von 1936 – Regie: Henry Hathaway) war also mehr als nur ein Wortspiel.

Die skandalöse Vergnüglichkeit, mit der Mae West die Sexualität behandelte, fand in ihren Filmkomödien vor allem im Dialog ihren Niederschlag. Sie verhöhnte die hohlen melodramatischen Rituale und Floskeln, mit denen Männer ihre Absichten verschleiern; stöhnte einer »Ich möchte Ihr Sklave sein«, so antwortete sie: »Das läßt sich doch machen.«

Wie ernst es ihr mit dieser Forderung nach Unterwerfung der Männer wirklich war, konnten weder ihre Partner in den Filmen noch ihr Publikum mit Sicherheit entscheiden. Einen großen Teil ihrer libidinösen Energie jedenfalls übertrug sie auf Sachen, auf Geld und Luxus, in dem sich ihre Person mehr verwirklichte als in ihren Beziehungen zu Männern. Eine Mae West ohne ihre pompöse, ja hypertrophe Kleidung, ohne ihren Schmuck und ohne ihre Luxus-Appartements wäre wohl kaum ein Mythos geworden. So liegt der Verdacht nahe, daß sie weniger Erotik lebte als »Erotik« spielte. Ihre Erscheinung war, wie George Davis meint, »die des besten Frauen-Imitators aller Zeiten«. Ihr Spiel war immer auch eine Parodie auf Weiblichkeit, eine Abstraktion. Sie verkörperte, wie sie es selbst nannte, »das Ego der Frauen«. Sie hatte es erreicht, sich von den Männern unabhängig zu machen und über ihr Schicksal zu jeder Zeit selbst zu bestimmen. Zugleich aber war sie hoffnungslos in sich selbst verliebt, ein Narziß bis in die Bewegungen, mit denen sie sich den Männern näherte, immer auf der Suche nach einem Spiegel.

Dieser Widerspruch ließ sich wohl nur in der Form der Komödie auflösen.

Anmerkung

George Davis zitiert nach Marjorie Rosen: Popcorn Venus. New York 1974.

Literatur

Michael Bavar: Mae West. New York 1975. Frieda Grafe/Enno Patalas: Mae West – Showlust. In: Im Off – Filmartikel. München 1974. (Zuerst erschienen in »Süddeutsche Zeitung«.) Ulrich Kurowski: Vulgäre Dame – Zur Kinofigur Mae West. In: »Medium« Nr. 11. Frankfurt 1973. Ulrich Kurowski: Niemand kann mich je vergessen. In: »Der Spiegel« Nr. 45. Hamburg 1972. John Tuska: The Films of Mae West. New Jersey 1973. John Tuska: West, Mae No. 469–5391. In: »Musik Express« Nr. 2. Hamburg 1976. Mae West: Goodness Had Nothing to Do With It. New York 1970. Mae West: Interview. In: »Take One« Vol. 4 No. 1. Montreal 1972.

Personen- und Sachregister

Kursive Ziffern verweisen auf Abbildungen

Der populäre Film in 20 Bänden

Der populäre Film ist ein wichtiges Kapitel unserer Kultur- und Geistesgeschichte. Zwei Buchreihen tragen zum Verständnis des Unterhaltungsfilms bei: Die Reihe »Grundlagen des populären Films« erklärt die Mythologie und erzählt die Geschichte aller Film-Genres, die Reihe »Enzyklopädie des populären Films« dokumentiert alle Filme, Regisseure, Stars, Spezialisten und Themen von A — Z.

Bitte Katalog anfordern. Bereits erschienen:

Klassiker der Filmkomik. Von Seeßlen. 128 Seiten, 33 Abbildungen, Filmografie.

Kino des Phantastischen. Von C. Weil und G. Seeßlen. 192 Seiten, 40 Abbildungen, Filmografie.

Der Horror-Film. Von Fernand Jung, C. Weil und G. Seeßlen. 528 Seiten, über 100 Abb., Filmtitelliste und Register.
Paperback-Ausgabe in zwei Bänden,
Leinen-Ausgabe in einem Band.

Roloff und Seeßlen

Verlag für Filmliteratur
Adelsbergstraße 19
8000 München 60,

Betrifft: Film

Gruppe Cinéthique
Filmische Avantgarde und politische Praxis
Hg. von Gloria Behrens, Leo Borchard, Rainer Gansera und Beatrix Schumacher
Mit 35 Fotos
das neue buch 24

Joris Ivens
Die Kamera und ich
Autobiographie eines Filmers
das neue buch 47

Jerry Lewis
Wie ich Filme mache
«The total Film-Maker»
Mit einer Bio-Filmographie versehen von Rainer Gansera
rororo 1927 – März 1976

Charlie Chaplin
dargestellt in Selbstzeugnissen und Bilddokumenten von Wolfram Tichy
rowohlts monographien 219

Sergej M. Eisenstein
dargestellt in Selbstzeugnissen und Bilddokumenten von Eckhard Weise
rowohlts monographien 233

Rowohlt Taschenbuch Verlag

871/1

792/8

NOVALIS / Gerhard Schulz [154]
POE / Walter Lennig [32]
PROUST / Claude Mauriac [15]
RAABE / Hans Oppermann [165]
RILKE / Hans Egon Holthusen [22]
ERNST ROWOHLT / Paul Mayer [139]
SAINT-EXUPÉRY / Luc Estang [4]
SARTRE / Walter Biemel [87]
SCHILLER / Friedrich Burschell [14]
F. SCHLEGEL / Ernst Behler [123]
SCHNITZLER / Hartmut Scheible [235]
SHAKESPEARE / Jean Paris [2]
G. B. SHAW / Hermann Stresau [59]
SOLSCHENIZYN / R. Neumann-Hoditz [210]
STIFTER / Urban Roedl [86]
STORM / Hartmut Vinçon [186]
SWIFT / Justus Franz Wittkop [242]
DYLAN THOMAS / Bill Read [143]
LEV TOLSTOJ / Janko Lavrin [57]
TRAKL / Otto Basil [106]
TUCHOLSKY / Klaus-Peter Schulz [31]
WALTHER VON DER VOGELWEIDE / Hans-Uwe Rump [209]
WEDEKIND / Günter Seehaus [213]
OSCAR WILDE / Peter Funke [148]

PHILOSOPHIE

ENGELS / Helmut Hirsch [142]
ERASMUS VON ROTTERDAM / Anton J. Gail [214]
GANDHI / Heimo Rau [172]
HEGEL / Franz Wiedmann [110]
HEIDEGGER / Walter Biemel [200]
HERDER / Friedr. W. Kantzenbach [164]
HORKHEIMER / Helmut Gumnior u. Rudolf Ringguth [208]
JASPERS / Hans Saner [169]
KANT / Uwe Schultz [101]
KIERKEGAARD / Peter P. Rohde [28]
GEORG LUKÁCS / Fritz J. Raddatz [193]
MARX / Werner Blumenberg [76]
NIETZSCHE / Ivo Frenzel [115]
PASCAL / Albert Béguin [26]
PLATON / Gottfried Martin [150]
ROUSSEAU / Georg Holmsten [191]
SCHLEIERMACHER / Friedrich Wilhelm Kantzenbach [126]
SCHOPENHAUER / Walter Abendroth [133]
SOKRATES / Gottfried Martin [128]
SPINOZA / Theun de Vries [171]
RUDOLF STEINER / J. Hemleben [79]
VOLTAIRE / Georg Holmsten [173]

RELIGION

SRI AUROBINDO / Otto Wolff [121]
JAKOB BÖHME / Gerhard Wehr [179]
BONHOEFFER / Eberhard Bethge [236
MARTIN BUBER / Gerhard Wehr [147]
BUDDHA / Maurice Percheron [12]
EVANGELIST JOHANNES / Johannes Hemleben [194]
FRANZ VON ASSISI / Ivan Gobry [16]
JESUS / David Flusser [140]
LUTHER / Hanns Lilje [98]
MÜNTZER / Gerhard Wehr [188]
PAULUS / Claude Tresmontant [23]
RAMAKRISCHNA / Solange Lemaître [60]
TEILHARD DE CHARDIN / Johannes Hemleben [116]

GESCHICHTE

ADENAUER / Gösta von Uexküll [234]
ALEXANDER DER GROSSE / Gerhard Wirth [203]
BAKUNIN / Justus Franz Wittkop [218]
BEBEL / Helmut Hirsch [196]
BISMARCK / Wilhelm Mommsen [122]
WILLY BRANDT / Carola Stern [232]
CAESAR / Hans Oppermann [135]
CHURCHILL / Sebastian Haffner [129]
FRIEDRICH II. / Georg Holmsten [159]
FRIEDRICH II. VON HOHENSTAUFEN / Herbert Nette [222]
CHE GUEVARA / Elmar May [207]
GUTENBERG / Helmut Presser [134]
HO TSCHI MINH / Reinhold Neumann-Hoditz [182]
W. VON HUMBOLDT / Peter Berglar [161]
KARL DER GROSSE / Wolfgang Braunfels [187]
LASSALLE / Gösta v. Uexküll [212]

LENIN / Hermann Weber [168]
LUXEMBURG / Helmut Hirsch [158]
MAO TSE-TUNG / Tilemann Grimm [141]
NAPOLEON / André Maurois [112]
RATHENAU / Harry Wilde [180]
SCHUMACHER / H. G. Ritzel [184]
STALIN / Maximilien Rubel [224]
FREIHERR VOM STEIN / Georg Holmsten [227]
THÄLMANN / Hannes Heer [230]
TITO / Gottfried Prunkl u. Axel Rühle [199]
TROTZKI / Harry Wilde [157]

PÄDAGOGIK

PESTALOZZI / Max Liedtke [138]

NATURWISSENSCHAFT

DARWIN / Johannes Hemleben [137]
EINSTEIN / Johannes Wickert [162]
GALILEI / Johannes Hemleben [156]
OTTO HAHN / Ernst H. Berninger [204]
HEISENBERG / Armin Hermann [240]
A. VON HUMBOLDT / Adolf Meyer-Abich [131]
KEPLER / Johannes Hemleben [183]
MAX PLANCK / Armin Hermann [198]

MEDIZIN

ALFRED ADLER / Josef Rattner [189]
FREUD / Octave Mannoni [178]
C. G. JUNG / Gerhard Wehr [152]
PARACELSUS / Ernst Kaiser [149]

KUNST

CÉZANNE / Kurt Leonhard [114]
DÜRER / Franz Winzinger [177]
VAN GOGH / Herbert Frank [239]
GEORGE GROSZ / Lothar Fischer [241]
KLEE / Carola Giedion-Welcker [52]
LEONARDO DA VINCI / Kenneth Clark [153]
MICHELANGELO / Heinrich Koch [124]
PICASSO / Wilfried Wiegand [205]

MUSIK

BACH / Luc-André Marcel [83]
BARTÓK / Everett Helm [107]
BEETHOVEN / F. Zobeley [103]
ALBAN BERG / Volker Scherliess [225]
BRAHMS / Hans A. Neunzig [197]
BRUCKNER / Karl Grebe [190]
CHOPIN / Camille Bourniquel [25]
DVOŘÁK / Kurt Honolka [220]
HÄNDEL / Richard Friedenthal [36]
HAYDN / Pierre Barbaud [49]
LISZT / Everett Helm [185]
MAHLER / Wolfgang Schreiber [181]
MENDELSSOHN BARTHOLDY / Hans Christoph Worbs [215]
MOZART / Aloys Greither [77]
OFFENBACH / Walter Jacob [155]
REGER / Helmut Wirth [206]
SCHÖNBERG / Eberhard Freitag [202]
SCHUBERT / Marcel Schneider [19]
SCHUMANN / André Boucourechliev [6]
R. STRAUSS / Walter Deppisch [146]
TELEMANN / Karl Grebe [170]
TSCHAIKOWSKY / Everett Helm [243]
VERDI / Hans Kühner [64]
WAGNER / Hans Mayer [29]
WEBERN / Hanspeter Krellmann [229]

THEATER / FILM

CHAPLIN / Wolfram Tichy [219]
EISENSTERN / Eckhard Weise [233]
PISCATOR / Heinrich Goertz [221]
MAX REINHARDT / Leonhard M. Fiedler [228]